基金支持：国家社会科学基金项目（18BJY230）

刘艳萍 著

基于机构投资者、盈余管理视角的现代化金融监管体系研究

MODERN FINANCIAL SUPERVISION SYSTEM
BASED ON INSTITUTIONAL INVESTORS AND
EARNINGS MANAGEMENT

中国财经出版传媒集团

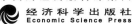

经济科学出版社
Economic Science Press

·北 京·

图书在版编目（CIP）数据

基于机构投资者、盈余管理视角的现代化金融监管体系研究 / 刘艳萍著 . -- 北京 ： 经济科学出版社，2025.1. --（大连理工大学管理论丛）. -- ISBN 978 - 7 - 5218 - 6683 - 4

Ⅰ. F830. 2

中国国家版本馆 CIP 数据核字第 2025JS7594 号

责任编辑：刘　莎
责任校对：郑淑艳
责任印制：邱　天

基于机构投资者、盈余管理视角的现代化金融监管体系研究

JIYU JIGOU TOUZIZHE，YINGYU GUANLI SHIJIAO DE
XIANDAIHUA JINRONG JIANGUAN TIXI YANJIU

刘艳萍　著

经济科学出版社出版、发行　新华书店经销
社址：北京市海淀区阜成路甲 28 号　邮编：100142
总编部电话：010 - 88191217　发行部电话：010 - 88191522
网址：www. esp. com. cn
电子邮箱：esp@ esp. com. cn
天猫网店：经济科学出版社旗舰店
网址：http：//jjkxcbs. tmall. com
固安华明印业有限公司印装
710 × 1000　16 开　22. 25 印张　320000 字
2025 年 1 月第 1 版　2025 年 1 月第 1 次印刷
ISBN 978 - 7 - 5218 - 6683 - 4　定价：116. 00 元
（图书出现印装问题，本社负责调换。电话：010 - 88191545）
（版权所有　侵权必究　打击盗版　举报热线：010 - 88191661
QQ：2242791300　营销中心电话：010 - 88191537
电子邮箱：dbts@ esp. com. cn）

前　言

近年来，我国的经济体量不断增大，金融市场规模不断扩张，投资人数也在不断增加，金融领域受关注程度日渐增高。与此同时，金融市场上的诸多问题逐渐显露。一方面，企业利用关联方交易、调整收入和费用的确认时点、资产重组以及调整会计政策和会计估计方式等盈余管理手段进行利润操纵，骗取投资者的信任，导致中小投资者遭受损失；另一方面，我国机构投资者的发展历史较短，投资行为、投资理念、投资策略尚不成熟，对市场信息的分析处理能力不够，现行金融监管政策难以真正维护中小投资者的利益。整体而言，我国投资市场上存在较为严重的"羊群效应"，投资者盲目买进和卖出，不断被资本收割其收益，金融系统存在较大的风险。

面对金融市场的不合规、不理性行为，金融监管需要发挥其监督管理作用。纵然近几年金融体系不断发展，相关法律法规进一步完善，但我国现代化金融监管仍存在一些问题，如监管内容不全面、法律法规存在漏洞、评价体系不健全等。因此，金融监管需要不断完善，以确保资本市场的平稳运行，同时保护投资者利益。机构投资者投资行为和上市公司盈余管理现象是金融监管过程中需要关注的两大重点内容。所以，本书从机构投资者、盈余管理角度出发，研究机构投资者、盈余管理与金融监管之间的关系，针对存在的问题，提出现代化金融监管的建议。

就机构投资者与现代化金融监管的关系而言，机构投资者作为金融市场投资的主力军，是保证金融市场稳健和健康运行至关重要的一部分，对金融监管具有重要的影响。第一，机构投资者通过风险管理维护金融市场稳定。机构投资者手握大量资金，其行为和决策会对金融市场产生较大影响。金融监管机构重点监测市场风险和系统性风险，并采取必要的措施来防范风险事件的发生和扩散，以维护金融稳定。第二，机构投资者可能拥有对于市场重要参与者而言的关键信息，这可能会给他们带来不对称信息优势。为了维护市场的公平性，金融监管机构规定了信息披露原则，要求机构投资者按规定公开相关信息，确保所有投资者能够平等地获取市场信息。第三，金融监管机构通过监测市场和机构投资者的行为，收集数据和信息，及时了解市场动态和趋势。机构投资者通过相对于个人投资者的信息优势、资金优势等进行投资，代表金融市场的投资风向。监管机构根据监管的实践经验和数据分析，对监管政策进行调整和改进，以更好地适应市场的需求和变化。机构投资者与金融监管之间相互依存、相辅相成。金融监管为机构投资者提供了一个安全、有序的投资环境，而机构投资者的合规性和诚信行为也是维护金融市场稳定和投资者权益的重要保障。

就盈余管理与现代金融监管的关系而言，企业通过调整会计政策、会计估计等方法进行盈余管理，进而影响财务报表。过度的盈余管理，一旦越过法律的红线将恶化成财务舞弊、财务造假。如今，资本市场上频频暴雷、令人震惊的财务舞弊事件往往与公司的盈余管理行为相关。因此，公司盈余管理行为的合规、合法性对金融市场健康发展举足轻重。第一，研究盈余管理的手段能发现监管政策存在的漏洞，有利于完善监管政策。盈余管理行为也许会暴露出监管政策或会计准则的不足之处。监管机构在审查和调查盈余管理问题时，能够发现有待修改或加强的监管政策，促使监管机构加强监管政策的制定，填补监管漏洞。第二，对盈余管理行为的监管新要求会刺激金融监管技术和能力的不断提高。监管机构需要及时更新监管技术、能力并提高监管人员的专业水平，以应对盈余管理变化并实现有效监管，进而更好地应对金融市场的变化。第三，监管机构通过加强对盈余管理行为的监管，提高市场的透明度，有助于投资者更好地了解企业的真实情况，作出更明智的投资决策，维护市场的稳健和公平发展。

　　针对当今存在的金融监管问题，本书从机构投资者、盈余管理的视角进行现代化金融监管体系研究。首先是对机构投资者、盈余管理、金融监管以及三者之间的相互关系进行系统化的理论依据和制度背景综述；其次分析在金融监管体系中，机构投资者的监管目标以及其交易行为对金融市场稳定性的影响，实证研究机构投资者持股对企业投资效率的影响；再次，因公司治理和内部控制与盈余管理联系甚密，从公司治理和内部控制两个角度实证分析其对盈余管理的影响，进而研究与现代化金融监管的关系；接着研究机构投资者异质性对盈余管理的影响机制，并分析在现代化金融监管体系下，对二者之间关系的影响；最后给出金融监管的对策建议。

　　本书研究内容主要包括以下三个方面。

　　1. 机构投资者与金融监管

　　机构投资者的行为具有两面性，一方面，机构投资者作为企业股东能参与公司治理，抑制企业的非理性行为；机构投资者作为具有专业能力的投资机构，其理性投资行为能稳定市场噪声。另一方面，机构投资者也有能力与企业进行合谋，操纵利润赚取短期收益；机构投资者的"羊群行为"和正反馈行为等非理性行为，会激化市场情绪，加剧市场波动。因此，有必要对其行为进行监管，充分发挥机构投资的专业优势，维持正常的市场秩序，维护中小投资者的利益。本书对机构投资者对企业投资效率间的关系进行实证分析，得出机构投资者持股会提高企业的信息透明度、降低分析师预测误差，同时降低代理成本，从而提高投资效率的结论。

　　2. 金融监管下公司治理、内部控制与盈余管理的研究

　　本书对金融监管背景下公司治理、内部控制与盈余管理展开研究，理解公司治理的作用机理及其如何影响盈余管理，在此基础上作理论推导，提出假设，构建模型，通过实证分析得出结论：大股东持股比例对不同方向上不同方式的盈余管理都存在正向影响，即大股东持股比例与正应计盈余管理、正真实盈余管理、负应计盈余管理和负真实盈余管理均呈正相关；机构投资者持股对于上市公司的真实盈余管理行为具有约束作用。

　　在内部控制方面，主要阐述内部控制与盈余管理相关性的理论分析依据，

并从理论上分析上市公司内部控制和盈余管理的相关性，得出结论：QFII 能显著抑制企业真实盈余管理，其持股比例与企业真实盈余管理程度呈显著负相关；内部控制在 QFII 抑制企业真实盈余管理的过程中起到了部分中介作用；内部控制能有效抑制企业盈余管理行为，高质量的内部控制能抑制企业管理的投机行为和冒险主义，有效维护投资者利益。

立足于盈余管理视角，发现现代化金融监管需与公司治理、内部控制及盈余管理紧密结合，从而达到促进金融市场向好、向远发展的目标。在当今金融监管背景下，会计信息是金融监管的重要工具，提高会计信息质量是金融市场改革中的重要一环，企业的盈余管理行为可能会降低会计信息的真实性，金融监管是提高会计信息质量的外部保障。

3. 金融监管背景下的机构投资者与盈余管理

本书在现有理论研究成果的基础上，进一步对机构投资者异质性展开研究，探讨不同类型机构持股如何影响企业盈余管理。其一，根据我国资本市场内机构投资者的实际情况，将机构投资者分为投资基金、社保基金、券商投资、保险公司、信托公司、QFII、财务公司和银行 8 类，采用修正的 Jones 模型衡量应计盈余管理，参照真实盈余管理实证模型，基于股价波动视角研究不同种类机构持股对应计和真实盈余管理的影响。得出结论：机构投资者持股与真实盈余管理水平呈显著负相关，与应计盈余管理水平呈显著正相关；不同类型机构投资者与盈余管理水平之间的关系存在差异；股价波动在机构投资者与盈余管理的关系中起到中介作用。

其二，随着会计准则的日益完善，公司更倾向于使用隐蔽性更高、不易被缺少内部信息的投资者与分析师识别的真实盈余管理。因此，本书根据机构投资者的持股稳定性将其分为交易型和稳定型，探究不同持股稳定性的机构如何影响真实盈余管理及不同产权性质下公司治理效应的差异。得出结论：机构投资者持股能够抑制上市公司真实盈余管理；稳定型机构投资者比交易型更能抑制上市公司真实盈余管理行为；稳定型机构投资者在非国有控股公司中抑制真实盈余管理作用更显著，交易型机构投资者在国有控股公司中抑制真实盈余管理作用更显著。

在此基础上，本书从金融监管出发，进一步分析了金融监管作为调节变量对机构投资者与盈余管理二者间关系的影响，并发现了金融监管对企业的治理作用与机构投资者产生的治理效果存在替代效应。

本书的目标在于研究不同类型机构投资者持股对盈余管理的影响，并基于此建立盈余管理的作用模型，根据我国金融市场的实际情况，提出切实改进监管机制的政策建议，最大化机构投资者对市场监督的效率。基于研究结果，本书为现代化金融监管提供新的思路，从机构投资者及盈余管理视角出发，优化治理结构，强化内部控制，进而抑制企业盈余管理行为，促进我国现代化金融监管体系的发展，为了解决金融监管存在的问题，维护中小投资者的利益，防范潜在的金融风险，维持金融市场的健康稳定发展作出贡献。

本书的理论意义包括以下几个方面：（1）拓宽机构投资者与企业投资效率的研究视角。从信息不对称和代理成本两个方面考察了机构投资者持股对企业投资效率的影响机制，打开了二者作用机制的"黑匣子"，进一步验证了信息不对称和代理成本在公司决策中的作用。（2）拓宽公司治理、内部控制与盈余管理的研究视角。现有学者对公司治理和盈余管理的研究中，多数只考虑内部治理或者外部治理因素中的一类因素。选取内部控制、机构投资者持股两方面分别作为内外部公司治理的代表，并借助数据作实证分析，作为对已有研究文献的补充。（3）通过实证数据分别研究不同性质机构投资者对盈余管理的影响。有利于促进机构投资者切实发挥监督治理作用，同时促进企业完善自身治理结构；探索不同强度的金融监管下，投资者异质性对盈余管理的影响效果，为研究三者间的关系提供了新的思路。（4）在现有理论研究的基础上，研究机构投资者异质性对盈余管理的影响，分别以投资基金、社保基金、QFII、财务公司等 8 类国内常见机构投资者类别以及持股稳定性作为分类方式，探究不同类型机构投资者对盈余管理的影响，丰富了机构投资者与盈余管理关系的相关研究。（5）丰富金融监管与机构投资者及盈余管理间关系的研究，发现金融监管对机构投资者与盈余管理间关系起到调节作用或中介作用，为研究现代化金融监管提供了新的思路。

本书存在以下实践意义：（1）从企业投资效率的视角为机构投资者促进

资本市场稳中求进的发展提供经验证据，特别是国有机构投资者，其作为长期投资者推动了资本市场的稳定发展。（2）为企业内外部治理提供一定的参考建议。充分探究公司治理机制对盈余管理的影响，以便于将来更好地利用两者之间的协调作用。这将为监管部门对股市的监管和投资者对企业的投资提供一定的经验证据。通过细分盈余管理方式和方向，研究上市公司大股东持股比例对不同盈余管理方式和方向的影响机制。对于抑制大股东对企业盈余管理的影响，提高公司信息披露质量，具有重要的现实意义。（3）完善的内部控制体系可以帮助企业更好地面对风险，增强企业对内外部风险的抵御能力，降低风险给企业造成的不利影响，提升企业会计信息的可信度，提高企业的社会声誉。本书的研究可以帮助制造业企业管理层深化对于企业经营过程中具体状况的了解程度，意识到内部控制的必要性，识别出企业内部控制系统中的缺陷，并且找出应对缺陷的有效方法，借此提高企业内部控制的质量，最终促使企业形成系统的监督体系，有效防范和抵御内外部风险，帮助企业优化整合资源，推动持续创新，从而确保企业战略目标实现。（4）通过对机构投资者异质性的研究，能够帮助监管机构更好地辨别不同类型机构投资者对上市公司盈余管理的影响，有助于证券监管部门完善相关法律法规，吸引更多机构投资者进入市场，并依据不同类型的机构特点采取针对性措施，促进公司治理效应的有效发挥。（5）研究金融监管的调节作用，明确金融监管的效用，对政府加强金融监管，完善监管体系，提高我国金融监管强度对实体经济的支持作用具有参考意义。

在此，由衷地感谢国家社会科学基金的资助（项目编号：18BJY230），正是由于对该项目的资助，本书的研究工作才得以顺利开展，逐步形成完整的研究框架；感谢本学科领域的文献作者给予的启发；感谢专家学者的无私帮助；感谢经济科学出版社的大力支持，感谢编辑老师对本书出版所作出的贡献和付出的辛勤汗水！同时，项目也得到了大连理工大学科学技术研究院人文社科研究院的鼎力支持，在此表示真诚的感谢；也感谢我的团队，感谢项目中的每一名成员，正是因为大家的共同努力，才得以顺利完成本书的研究工作。

目录

第一章 导论 ……………………………………………… 1

　第一节 金融监管的概述 …………………………………… 1

　第二节 我国金融监管体制变迁 …………………………… 4

第二章 金融监管、机构投资者及盈余管理研究概述 ……… 9

　第一节 金融监管与机构投资者关系的研究概述 ………… 9

　第二节 金融监管与盈余管理关系的研究概述 …………… 22

第三章 理论基础和制度背景 ……………………………… 38

　第一节 理论基础 …………………………………………… 38

　第二节 制度背景 …………………………………………… 51

第四章 金融监管下机构投资者的研究 …………………… 56

　第一节 金融监管体系下机构投资者的监管目标 ………… 56

　第二节 机构投资者交易行为对金融市场稳定性的影响 … 60

　第三节 机构投资者持股对企业投资效率的影响 ………… 71

　第四节 从机构投资者角度完善现代化金融监管 ………… 98

第五章　金融监管下公司治理、内部控制与盈余管理的研究 …… 105

　　第一节　公司治理概述 ………………………………… 105

　　第二节　内部控制概述 ………………………………… 115

　　第三节　公司治理与盈余管理 ………………………… 129

　　第四节　内部控制与盈余管理 ………………………… 159

　　第五节　现代化金融监管体系与治理体系 …………… 198

第六章　金融监管背景下的机构投资者与盈余管理研究 ………… 205

　　第一节　机构投资者持股与盈余管理 ………………… 205

　　第二节　机构投资者类型对盈余管理的影响 ………… 214

　　第三节　机构投资者持股稳定性对真实盈余管理的影响 ……… 242

　　第四节　金融监管对机构投资者与盈余管理间关系的影响 …… 261

第七章　现代化金融监管体系的启示与思考 ……………… 295

　　第一节　现代化金融监管体系对多方主体的影响 …… 295

　　第二节　基于机构投资者、盈余管理视角对现代化
　　　　　　金融监管体系的建议 ……………………… 299

　　第三节　对构建现代化金融监管体系的建议 ………… 307

参考文献 …………………………………………………… 311

第一章

导　论

　　金融监管是为了平衡金融市场的发展和稳定，确保市场的公平、透明和健康运行。随着金融业的发展和市场的复杂性增加，金融监管变得越发重要，为投资者、金融机构和整个经济体系提供了更稳定和可持续的环境。本章从金融监管的含义、类型、体制变迁等方面简单介绍金融监管。

第一节　金融监管的概述

一、金融监管含义

　　金融监管是指依据国家法律规定，中央银行或其他金融监管机构对整个金融部门，包括金融机构和金融交易进行监督和管理。除上述含义之外，广义的金融监管还包括金融机构的内部控制和审计、跨部门自律组织的监管和中间社会组织的监管等。

　　金融监督管理是金融监督活动和金融管理活动的总称。金融监督活动依法促进金融机构合理经营健康发展，而金融管理活动指的是金融主管当局按照相关法律法规对整个金融行业以及其经营活动进行组织、领导、协调、控制等一系列的行为活动。实际上，金融监管是另一种形式的政府监管，本质上是具有具体内涵和特点的政府规制行为。

金融监管活动具有重要的意义，无论是发达国家还是发展中国家，凡是存在金融市场，都需要国家政府对金融市场及金融体制进行管制，以防止其发展偏离正常轨道，这样做不仅能保障未来国家的金融机构稳健而平稳地经营，维护金融市场上的秩序，更能促进各个企业在金融市场进行公平竞争，通过合法经营来盈利。

二、金融监管的基本内容

金融监管为了防止金融市场的失灵，也是为了弥补金融市场存在的一些缺陷。例如，金融市场对资源配置出现问题导致金融市场失灵，出现垄断、寡头垄断等情况，金融监管就会试图以一种有效的手段来控制市场平衡，为某些小企业寻求发展的空间。在以前，我国的对象程序规则主要是银行和非银行的金融机构，随着金融工具的不断创新，金融监管的范围逐步扩大，涉及任何类似金融机构的商业性质的银行，如集体投资企业，银行子公司或持股公司等，包括对票务发行人、经纪人等相关者进行监管的问题。

赫尔穆特·瓦格纳（Helmut Wagner，2010）认为，监管政策和货币政策不足，是导致最近金融危机的两个主要因素，尤其是金融监管不足，同时金融监管的主要目标之一即加强金融市场对金融危机的应对能力，稳定经济环境。现如今，金融市场发展甚至可以影响一个国家的经济，金融监督管治的对象也扩大到了全盘金融体系。同时，各相关机构之间进行相互配合，形成一套相对完善的金融监管组织体系。

随着经济的不断发展，金融业愈加发达，问题更加多样，对金融监管也提出了更高的要求。刘扬（2011）认为，美国的金融监管过度倾向于新自由主义思维，存在监管部门职能交叉、重复，监管效率低下等问题，并基于美国的实际情况提出一些当下中国监管的完善方向。仲伟周等（2012）认为，在金融监管体制改革过程中，存在一系列诸如金融创新、市场限制等市场监管体系供给不足，市场准入、商业运作、退出市场等行政监管体系供给过剩的问题。李成等（2013）认为，我国现阶段的金融监管存在的主要问题是央行在金融稳定中的地位不够显著，对金融监管的行政干预超出了金融法律体系的影响。金融监管需要不断丰富，与时俱进，能与实际的经济发展相适应。郭树清（2022）指出，当前现代科技的广泛应用使金融业态、风险形态、传导路径和安全边界发生重大变化，金融机构公司治理与高质量发展要求相比仍有差距，专业化处置机构和常态化风险处置机制不健全，金融监管任重而道远。

三、金融监管类型

（一）机构监管

机构监管，即分业监管模式，是金融监管的一个重要方面，它主要关注金融机构，如银行、保险公司、证券公司等。机构监管旨在确保这些金融机构的合规性、稳健性和风险控制，以维护金融市场的稳定和投资者的权益。这一监管模式广泛存在于中国、墨西哥等国家或地区。该模式类型是从金融机构的牌照类型及法律责任的角度出发。

该模式的优点是机构分工明确，监管范围交叉相对较小，方便实施监督操作，多被发展中国家所采用；促进提高监管人员的监管水平和加大监管力度，促进监管人员的专业化；有助于避免由于权力过度集中而导致监管失灵。但其也存在缺点，监管边界相对比较模糊；监管标准不一致，很大程度上会导致套利行为的发生；监管协调的成本相对较高。

（二）功能监管

功能监管，指以金融业务的功能作为监管依据，从而设立监管机构并划分监管职能。它关注金融市场的不同功能性领域，如证券市场、保险市场、支付系统等。功能监管旨在确保金融市场的透明、公平、有序运行，保护投资者的权益，促进市场的健康发展。这一监管模式主要存在于西班牙、巴西、法国等国家或地区。从金融业务类型的角度出发对金融机构进行划分。美国哈佛大学教授罗伯特·默顿指出，应根据金融体系的基本功能来设计金融监管体制，使金融监管更具连续性和一致性。

（三）综合监管

综合监管，也叫统一监管，是指由一个机构统一负责对银行、证券、保险三大主要金融领域进行综合监管。对金融体系进行综合性的监管，以确保金融市场的稳定、透明和健康发展。综合监管通常涉足多个金融领域，包括银行、证券、保险等，以及涉及不同类型的金融机构和市场参与者。同时，注重防范和管理系统性风险，即可能在整个金融体系中传播和引发连锁反应的风险。这种风险可能源自不同领域和市场，综合监管旨在及早识别和遏制这些风险。这一监管模式主要存在于加拿大、德国、瑞士、英国、新加坡、日本、塔尔等国家或地区，皆由一个单一的综合监管机构负责。

（四）双峰监管

双峰监管，又称目标型监管，将金融监管目标一分为二，由两个不同的监管机构分别负责，一个负责审慎监管，另一个则负责金融消费者保护，即行为监管。这种模型旨在通过专门化和集中化的监管机构来提高监管的效率和专业性，以应对金融市场的多样性和复杂性。双峰监管通常是风险导向的，即监管机构将重点放在风险较高的领域或机构上，以提前防范系统性风险的发生。强调监管机构的专业性和专门化。每个监管机构可以更加专注于自己负责的领域，提高监管人员的专业水平和了解度这一监管模式类型主要存在于澳大利亚、荷兰等国家或地区。

第二节　我国金融监管体制变迁

随着不断的学习、探索和实践，我国的金融监管体制也在不断改革变迁，大体可划分为五个阶段。

一、金融监管的缺失

20 世纪 40～70 年代，我国金融监管处于缺失的状况。

1949 年前后，中国人民银行、中国农业银行和中国建设银行相继成立。此后，在计划经济体制下，随着职能的调整，几家银行经历了多次的合并与分立。这样的经济体制背景与金融组织结构，构成了中国金融业与金融监管发展的基础，也逐步形成了计划经济体制下特有的监管体系，我国的金融体系逐渐形成。1948 年 12 月 1 日，中国人民银行成立，统一负责管理其他银行及金融机构；1953 年以后，中国人民银行几乎独揽所有银行业务，非银行业务也由其一并承担，央行在作为金融行政管理机关的同时，还是实体经济，负责承担具体银行经营业务。

张成业（1956）认为，银行的信贷监督不能以放款办法为主，应当以掌握和调查分析企业经济活动情况为主，这样能全面反映企业的情况，并且能系统深入地反映出问题和产生问题的原因。潘家祥（1956）认为，银行监督企业自有资金的变化和外来资金的占用时需要掌握的信息量太过庞大，只有在改进信贷结算制度的前提下，才能确定合理的信贷监督范围，这个时期的相关研究也是在探索金融监督的可能方式。

二、金融监管的确立

20 世纪 70～90 年代，我国金融监管逐步确立。

1978 年底，经济体制改革拉开序幕，我国的金融机构组织体系得以完善和发展。分解原先存在的“大一统”银行，建立起一套以中央银行为核心，辅之以各商业银行，同时设立各种金融机构的多元化金融体系。在这一阶段，随着专业金融机构逐渐独立，对于其业务行为规则也从内部管理转向外部监督。

央行被正式作为中央性质的银行，中国正式的金融监管系统得以建立。中国人民银行同时也是一个监管机构，具有以下特质：相对独立、全面性和统一性。然而，央行的监督和管理职能依然主要取决于行政和直接指挥。在这个监督和管理系统中，每个主体的地位和权力不是由明确的法律授权，而是由行政体制所确定。

刘鸿儒（1981）指出，应该只有一个中央银行，负责全国金融机构的协调和协调以及金融活动的管理。曾康霖（1985）、易宏仁（1986）等学者也对金融理论问题以及中央银行的结构和运作进行了研究和探索。然而，他们往往以西方金融理论为基础，与我国的具体实践联系不够。

在这一阶段，以证监会、保监会、银监会的分业监管的体系逐步形成。中国人民银行完全分离出日常、具体的金融监管权后，主要承担货币政策，也担负支付清算、外汇管理、征信和反洗钱等基本制度和金融基础设施建设，对维持金融市场秩序和市场稳定起主导作用。金融监管步入法治化阶段，基本金融法律体系得以确立和完善。我国金融市场得到了很大发展，统一监管的历史宣告结束，金融监管进入了分业监管阶段。

三、分业监管的确立

20 世纪 90 年代到 21 世纪初，我国逐渐形成分业监管的金融监管模式。

在这一阶段，各个基本法律，如证券法、保险法、银行法等相继出世，分行业的监管体制也逐步建立健全。在完全分离出日常、具体的金融监管权后，中国人民银行主要承担制定货币政策职责，同时在维护金融市场的秩序和稳定等方面也发挥着重要作用。这一阶段，我国金融监管逐步走向法治化，基本金融体系得到建立和完善。

在此期间，相关研究纷纷涌现，涉及银行、保险和法律法规等方面。林志远（1997）从实践的角度开发了许多监督管理体系，对中国金融改革过程中的金融立法也作了深入研究。弓劲梅（2001）分析得出，在银行资产和资本决策中，注重道德败坏的表现，体现道德败坏的社会效果，最后提出风险准确度战略、市场强化战略和风险管理战略，应计资本充足率控制、个人存款保险及其他相关风险控制计划。李宗怡和冀勇鹏（2003）承认了资本充足率控制的重要性，但严格的自我资本比例检查还没有成熟，国有商业银行的公司支配结构相对完善时需要考虑。

四、机构监管的完善

21世纪初至2017年，分业监管逐渐向机构监管转变，并不断完善机构监管。

自2004年起，中国已进一步整合并完善了金融监管系统，同时在监督协调与国际合作等方面也都有了新的进展。在全球金融危机之后，旨在加强宏观监督、管理和其他改革研究的探究、措施正在逐步展开。在这个阶段，中国金融监管的改革和发展与国际背景也分不开关系，全球化、金融创新、综合性运作和金融危机挑战等方面都是我国金融监管改革需要作慎重考虑的。在这个阶段，监督制度的"一行三会"也得到进一步发展和改进。

这一阶段，也有很多学者将注意力放在对金融监管的思考上。2008年的国际金融危机给金融监管带来了更大的挑战。许多经济学家关注改革金融监管体制，就如何应对潜在的金融危机，提出了许多建议和行动措施。谢平和邹传伟（2010）从管理改革的9个方面综合系统地总结了代表世界主要金融监督管理机构。尹哲、张晓艳（2014）和胡再勇（2014）分别介绍了西方国家在金融危机后的金融规制改革措施。丁志杰（2016）认为，金融监督管理体制改革应体现权力和责任论、金融监督管理和金融结构分离论，并从系统稳定的角度出发，提出了为中央银行建立新的监督管理结构的政策建议。王志成等（2016）认为，中国金融改革的目标，是打破行业监管结构，建立市场一体化监管，在监管效率和权力拥有之间形成一定的平衡，缩短调整阶段，提高信息传输效率，同时避免"一家独大"的情况。

五、功能监管的探索

2018 年至今，我国一直在进行功能监管的探索。

秉持着有效防范系统性金融风险，深度强化金融监管的目的，2017 年召开了第五次全国金融工作会议，在会议上建议成立"国务院金融稳定发展委员会"，负责部门间合作和其他相关政策。同时，根据国务院机构改革方案的要求，银行监督委员会和保险监督委员会合并，以统一银行和保险协调。监管相关的最有效和最直接的方法也已经部分适应金融部门发展的新需要。此外，证券监督委员会的相对独立性，这意味着鼓励和支持直接融资市场的发展。中国人民银行建立了两大支柱调整框架：货币和宏观经济政策。同时，各地相继成立地方金融监管局。

随着技术进步，互联网高速发展，互联网金融也在金融体系中占据着越发重要的地位。但是，目前对互联网金融监管的系统并不完善，网络诈骗时有发生，比如一些 P2P 平台的积极营销。谢平等（2014）认为，对于互联网金融的监管，不能采用自由放任的理念，应在一定的思路和监管红线下促进发展，鼓励互联网上的金融创新。王建文和奚方颖（2014）分析了我国金融监管体系中的缺陷，如监管不完善和监管模式滞后。靳文辉（2017）认为，传统的"统一监管"和"证券监管"的金融监管组织模式与互联网金融不存在一定程度的兼容性，必须实施更加具有灵活性、适应性的负责任的监管。

党的二十大报告指出，要加强和完善现代金融监管，强化金融稳定保障体系，依法将各类金融活动全部纳入监管，守住不发生系统性风险底线。必须按照党中央决策部署，深化金融体制改革，推进金融安全网建设，持续强化金融风险防控能力。

第二章

金融监管、机构投资者
及盈余管理研究概述

近年来，国内外学者对机构投资者、盈余管理相关内容作了大量的研究分析，并进一步对机构投资者分类，探究机构投资者异质性对于公司治理、内部控制及盈余管理的影响，通过大量的研究调查和实证分析，得到很多重要结论。本章将梳理机构投资者、盈余管理的相关文献，在理解二者含义的基础上挖掘金融监管与机构投资者、盈余管理之间的联系。

第一节　金融监管与机构投资者关系的研究概述

一、机构投资者研究概述

20 世纪 70 年代以来，西方证券市场开始出现投资机构化趋势，我国资本市场也逐步由起初个人投资者主导转变为目前的机构投资者主导。随着机构投资者的日益发展，如今证券市场上已经有十余种不同类型的机构投资者，发挥着各自的作用。关于机构投资者对资本市场的影响，不同学者从不同角度得到了不同结论，但总体而言，机构投资者相对于散户能够更有效率和效用。

（一）机构投资者的概念

安德烈·施莱费尔和罗伯特·维什尼（Andrei Shleifer & Robert Vishny，1986）提出，机构投资者是使用自有资本或分散的公众募集所获取的资金，用以投资证券的法人实体。戴维斯和斯蒂尔（Davis E P & Steil B，2001）认为，机构投资者是一种特殊的金融机构，在可接受的风险范围和规定的时间内，追求投资回报的最大化。机构投资者是相对于散户而言，在资本市场上专门从事证券投资的法人实体机构（卞金鑫，2007）。

从以上定义中可以看出机构投资者具有以下两种特质：第一，机构投资者是集体理财和专业化投资，投资管理呈现专业化和分散化；第二，机构投资者的资金来源与使用具有委托管理的性质。

作为资本市场重要的参与者，一般来说，机构投资者是指可以通过证券投资基金进行投资的机构，或者根据法律法规、经政府或其他有关部门批准后设立的机构。广义上，机构投资者是指除个人投资者以外的所有非个人投资者。

（二）机构投资者异质性

在有效市场理论的背景下，理性是机构投资者的公认特征，然而，随着行为金融学的深入发展，机构投资者被发现是有限理性的。因此，不同类型的机构投资者会拥有异质性的投资行为特点。陈等（Chen J Z, et al.，2010）认为，机构投资者的类型不同，对盈余管理产生的影响也会存在重大区别。杨海燕（2013）研究发现，机构投资者的异质性影响其参与公司治理、监督管理层的意愿值和效用。如果忽略其间的异质性而将机构投资者作为相同的对象作研究分析，那么可能会得出失真的结论。下面将根据不同划分标准，对机构投资者异质性相关文献作梳理。

1. 按持股比例分类

目前，已有许多学者从持股比例入手进行研究。大量实证结果表明，机构投资者持股比例越高，上市公司的治理水平越高。国外学者马克·迪丰德和詹姆斯·贾姆巴尔沃（Mark L DeFond & James Jiambalvo，1994）研究发现，机构投资者持股比例较大时，企业操纵盈余的可能性会降低，这个比例一般大于5%。帕特丽夏等（Patricia M Dechow et al.，1995）指出，当上市公司的股票被机构投资者大量持有时，公司进行财务造假的概率会相对降低。苏加塔·罗伊乔杜里（Sugata Roychowdhury，2006）研究发现，机构投资者会抑制上市公司真实盈余管理。

国内同样有许多学者得出类似的结论。高雷（2008）研究发现，机构投资者持股比例越高越有助于提高公司治理水平；而公司治理水平越高，盈余管理水平越低；因而发现机构投资者持股比例与盈余管理程度呈负相关，即机构投资者持股能有效监督管理层的盈余管理行为。黄谦（2009）认为，机构投资者在公司治理中的动机受到其持股比例的影响，持股比例不同，动机不同，因而对盈余管理的影响不同；同时，他发现持股比例高时机构投资者持股同盈余管理呈负相关，比例较低时则同盈余管理呈正相关，即两者之间是倒"U"形关系，并研究得出倒"U"形的拐点在持股比例为6%时。李延喜等（2011）同样发现，机构投资者持股与公司盈余管理之间呈倒"U"形关系，临界点为13.07%，同时发现持股的机构投资者数量越多，监管效率越低，盈余管理程度越高，即机构投资者之间存在"搭便车"的现象；刘芹等（2012）研究发现，在民营上市公司中，机构投资者持股比例与盈余管理水平呈倒"U"形关系，拐点在8%左右。曾志远等（2018）研究发现，机构投资者持股能显著提升企业价值，且随着持股比例的增加，对企业价值的提升能力增强。孙维章等（2022）发现，机构投资者的持股比例越高，企业违规的可能性越小，违规频率越低。李晨溪等（2023）发现，机构投资者团体持股能够显著提高企业关键审计事项的信息质量，且持股比例越高，企业信息披露的内容越充分，文本的可读性越强。

同时，机构投资者的公司治理效果也与其规模和能力之间存在关系。姚靠华等（2015）将机构投资者分为大型和小型、稳定型和交易型及独立型和非独立型。实证结果发现，相较于小型、非稳定型和非独立型机构投资者，大型、稳定型和独立型机构投资者对真实盈余管理的抑制作用更加显著，且发现大型、稳定型及独立型机构投资者与企业真实盈余管理之间的关系会显著受到制度环境的影响。汪玉兰等（2017）将投资组合的权重进行考虑，研究发现，机构投资者会积极监管，参与公司治理，显著降低该类企业的盈余管理水平，但前提是其在该企业具有较高的投资权重。张亮（2019）认为，机构投资者和真实盈余管理的关系会受到股权激励的影响。研究发现，与小型机构投资者相比，大型机构投资者持股可以显著抑制股权激励诱发的真实盈余管理行为。李文新和刘小佩（2019）发现，拥有3%以上股份的大型机构投资者，比不到3%的小规模机构投资者，更能够大幅提高企业业绩。

2. 按持股态度分类

根据机构投资者的持股态度，可以将其分为压力抵制型与压力敏感型、长期型与短期型、稳定型与交易型、积极型与消极型。

（1）压力抵制型与压力敏感型

詹姆斯·艾伦·布里克利等（James Alan Brickley et al.，1988）根据机构投资者与被投资公司是否存在现时和未来的商业利益分为两类，一类是压力抵制型，另一类是压力敏感型。压力抵制型机构投资者与企业的投资关系比较单纯，有自己的投资理念，不会受来自上市公司管理层压力的影响，因此会积极参与公司治理，发挥有效的监管作用；压力敏感型机构投资者则相反，他们与上市公司存在其他的利害关系，且相较于投资带来的收益，这一利害关系带来的收益更大，因此他们容易受上市公司管理层的影响，消极发挥监管作用，在一定程度上甚至会提高管理层进行盈余管理的动机。

现有研究表明，压力抵制型机构投资者所占比例较大时，机构投资者表现为主动参与公司治理。玛西娅·米伦·科内特（Marcia Millon Cornett，2007）对现金处理方面进行研究，发现存在潜在业务关系的压力敏感型的机构投资者，会反过来在一定程度上被动地监督管理决策和投资行为。阿加沃尔等（Aggarwal et al.，2011）根据独立性将机构投资者划分为独立型和非独立型，发现相较于非独立型机构投资者，独立型投资机构可以起到外部监督作用，促进公司治理水平的提高。

陈锦（2013）发现，机构投资者整体可以抑制企业真实盈余管理行为，但这一抑制作用主要来自压力抵制型机构投资者。赵钰桓和郭茂蕾（2019）研究发现，相较于压力敏感型机构投资者，压力抵制型机构投资者更具显著提升企业价值的作用。宋岩等（2021）发现，压力抵制型机构投资者比压力敏感型机构投资者更能促进企业的社会责任履行。李安泰等（2022）发现，相较于非独立型机构投资者，独立型机构投资者更能抑制上市公司计提商誉减值准备，降低公司商誉减值风险。王丙楠等（2022）研究发现，机构投资者持股能够缓解企业财务困境，但只有压力抵制型机构投资者能够缓解财务困境，压力敏感型机构投资者会加剧企业财务困境情形。

（2）长期型与短期型

根据机构投资者的持股期限可以将其划分为短期投资者和长期投资者。布莱恩·布希（Brian Bushee，2001）采用因子分析的方法，建立了一个全面的三阶段分类，分析了机构投资者的持股强度、所有权份额和企业对公司盈余的敏感性，包括三个类型的 9 个变量，最终将机构投资者分为短暂型、准指数型、专注型三个类别。许平生（Ping – Sheng Koh，2007）在研究中进一步将其划分为长期和短期两个类型的机构投资者。长期投资者更倾向于关注公司的持续经营和稳定性；短期投资者更倾向于投资多元化，追求短期利润和短期投资。

现有研究表明，相较于短期持股的机构投资者，长期持股的机构投资者参与公司治理的积极性更高，公司治理作用更显著。刘悦和彭玉媛（Laura Yue Liu & Emma Y Peng，2006）研究发现，相较于长期的机构投资者对盈余质量的提升作用，短期的机构投资者则会降低盈余质量。许平生（2007）认为，在那些需要通过进行盈余管理以达到业绩目标的公司中，长期型机构投资者可以帮助抑制这一行为，而短期型机构投资者则未起到监管作用。阿加沃尔等（Aggarwal R et al.，2011）在相关分析中发现，当股权为马来西亚股东监督组织（MSWG）持有的时候，才能对自利性盈余管理行为起到有效的减少作用。

李延喜等（2011）通过实证研究发现，长期投资者的数量增加时，盈余管理行为被抑制。罗付岩等（2015）将机构投资者分为长期型和短期型，结果表明，长期型机构投资者持股比例越高，盈余管理尤其是正向盈余管理水平越低，而短期型机构投资者的情况则相反，随着持股比例的提高，盈余管理尤其是正向盈余管理水平显著上升。张志平和鞠传宝（2021）研究发现，异质机构投资者存在治理效应的差异，长期型机构投资者相较于短期型机构投资者具有显著的治理效应。胡凡等（2023）发现，相较于短期型机构投资者，长期型机构投资者能够通过改善内部信息不对称性、减少资本市场投资者分歧降低股价崩盘风险。

（3）稳定型与交易型

稳定型和交易型是夏晨等（2007）对机构投资者所作的划分。稳定型机构投资者更注重价值导向投资，对公司状况更加了解，能够积极干预公司治理，在一定程度上规范管理层的机会主义行为；交易型机构投资者更倾向于频繁地交易股票，以谋取短期利益，甚至可能和管理层共谋来影响公司的短期股价。

牛建波等（2013）按稳定性的特质，将机构投资者从时间、行业两个角度，划分为稳定型和交易型。研究发现，只有稳定型机构投资者与信息披露密切相关，相较于交易型机构投资者更能激励企业提高披露程度。李争光等（2014）以2001～2012年中国上市企业为对象，区分机构投资者为稳定型和交易型，指出相比交易型，稳定型机构投资者对于企业绩效的提升效果更加强烈，更有动机去探索了解企业内部，更加有效地对企业发挥监督作用，以达到提高企业绩效的目的。胡凌云（2019）将机构投资者分为交易型和稳定型，发现与交易型机构投资者相比，稳定型机构投资者与真实盈余管理负相关。朱磊等（2023）发现，稳定型机构投资者能够通过缓解融资约束提高企业的绿色创新水平，而交易型机构投资者无法起到提升企业绿色创新水平的作用。毕晓方等（2023）指出，稳定型机构投资者能够促进信息属性盈余平滑，抑制机会主义盈余平滑，提升会计信息质量，提高资源配置效率，推动资本市场发展。徐灿宇等（2023）基于深交所上市公司数据研究发现，同交易型机构投资者相比，稳定型机构投资者通过改善上市公司信息环境、提升公司治理水平，能够显著抑制公司财务重述行为。

（4）积极型与消极型

根据机构投资者参与公司治理的态度，将其分为积极型和消极型两类。其中，积极型机构投资者是指投资者会尽可能地参与到公司的日常生产经营决策中；消极型机构投资者是指投资者不能对公司经营起到有效的治理作用，甚至对企业效益的提高起到限制作用（Almazan A et al. ，2005）。

李善民和王媛媛（2011）认为，消极型机构投资者会显著促进公司的盈余管理行为，而积极型机构投资者在持股比例大于5%时会对公司盈余管理产生显著的抑制作用。

（三）国内机构投资者类型

近年来，根据中国证券市场的实际情况，国内学者以不同属性和类型对机构投资者作了更为细致的划分，主要包括证券投资基金、社保基金、保险公司、信托公司、财务公司、企业年金基金、QFII、私募股权基金等。机构投资者种类众多，由于不同机构投资者的监管成本与监管能力的差异，对公司治理的影响也有较大不同。例如，杨海燕等（2012）发现，保险公司、证券投资基金、QFII和社保基金能够提高企业信息披露透明度。袁知柱等（2014）研究发现，机构投资者持股对真实盈余管理的抑制作用会使企业转向应计盈余管理，但银行、财务公司、信托公司和企业年金等持股则无法显著影响真实盈余管理行为，而且非国有上市公司中机构投资者的抑制作用比国有上市公司中更强。本节选择投资者类型中与公司治理相关性较大的三类来介绍，分别为社保基金、证券投资基金和QFII。

1. 社保基金

社保基金作为专业的机构投资者，具有一定的政府背景，不仅承担着基金保值增值的义务，还承担着维持资本市场稳定的责任。莱基和潘（Leckie S & Pan N，2007）研究发现，为实现基金增值，社保基金通常会选择长期持有公司股票以获取长期利益，因此有动机积极参与公司治理，提升企业价值。并且，社保基金通常与持股企业之间不存在利益关系，具有较强的独立性，会通过各种渠道参与公司治理，发挥有效的监管作用。

社保基金投资机构能够在一定程度上有效地提升企业的公司治理水平。李春涛等（2018）研究发现，社保基金会对持股公司盈余质量产生提升作用，且这种效用在国有企业以及内部控制不完善的上市公司中更加显著。朱德胜等（2022）基于上市公司研发数据，发现社保基金持股能够显著提升企业的研发水平，且在市场竞争激烈时提升作用更显著。沈睿诚和宋夏云（2023）研究发现，社保基金持股能够抑制企业金融化，降低金融化水平。

2. 证券投资基金

证券投资基金可以提升公司的治理水平。范海峰等（2009）对社保基金和证券基金进行了调查，以了解不同类型机构投资者对公司价值是否有不同的影响，发现只有证券投资基金能够提升企业价值。毛磊等（2011）研究发现，证券基金对高管薪酬存在显著的正相关，而其余种类的机构投资者与高管薪酬之间不存在显著相关性。梅洁和张明泽（2016）以中国资本市场为背景，基于内生性视角的考察，发现机构投资者对盈余管理具有抑制作用，且证券投资基金在其持股公司中起主导作用，抑制盈余管理行为的作用更为显著。李青原等（2018）研究了监督型基金与上市公司盈余质量的关系，结果表明，监督型基金可以提升上市公司盈余质量。曾志远等（2018）发现，基金持股能够通过约束大股东的利益侵占行为提升上市公司价值。杜阳和郝碧榕（2022）研究发现，公募基金持股能够抑制市场上的交易型操纵行为，提高市场的运行效率和信息效率。

但私募基金股权的存在会对盈余管理产生促进作用。张永明等（2018）研究发现，私募股权会在 IPO 时对盈余管理进行操纵，通过应计盈余管理降低公司业绩。党和杨（Dang L & Yang S，2018）发现，在公司 IPO 上市一年后，公司私募基金股份的增加致使公司更多地采用盈余管理行为。

3. 合格境外机构投资者

合格境外机构投资者（QFII）是指满足我国一系列限制和要求，经我国外汇管理局和证监会批准通过，进入我国资本市场参与投资行为的境外机构投资者。

QFII 对本国公司的盈余管理起到一定的促进作用。金和米勒等（Kim I & Miller S，2016）分析了境内外投资机构在提高盈余信息质量方面的治理差异后指出，境外投资机构受缺乏地缘的信息优势影响，在有效约束管理层的盈余操纵行为方面较弱，从而对盈余管理起到一定的促进作用。霍远等（2022）通过构建门槛效应模型，发现 *QFII* 持股能够抑制企业的避税行为，且长期型 *QFII* 的抑制作用更强。丁红艳（2023）发现，海外机构投资者能够提高上市公司的信贷获取能力，为上市公司提供金融支持。郭东杰等（2023）研究发现，境外机构投资者相较于境内机构投资者，对上市公司的社会责任提升效果更显著。

二、金融监管与机构投资者的关系

（一）机构投资者的有限理性行为与金融监管

1. 投资者的有限理性与证券市场效率

机构投资者的有限理性行为将导致资本市场的低效率。机构投资者盲目模仿他人、"羊群效应"等行为导致了核心价值观的偏离，为理性商业活动造成了冲击，使理性主义者难以发挥提高市场效率的作用；机构投资者的过度自信，即认为自己会盈利的投资者往往抛售股票，加剧了市场投机行为；机构投资者的处置效应迫使投资者不卖出亏损的股票，而要卖出盈利的股票。以上这些行为都会阻碍股票合理价值的形成，导致股市的低效性。

投资者的有限理性会对资本市场效率产生影响。高昊宇等（2022）研究发现，机构投资者卖出股票的行为会增加个人投资者跟风卖出的可能性，增加股票的暴跌风险。王垒等（2022）运用社区发现算法识别机构投资者团体，发现机构投资者抱团会加剧与大股东的合谋行为，操纵管理层业绩预告，为大股东掏空行为提供便利。程小可等（2022）采用科创板与创业板上市公司数据，发现在注册制下的 IPO 询价过程中机构投资者的报价呈现群聚现象，存在合谋效应，降低了投资者报价的信息含量和股票发行价格。吴晓晖等（2022）发现，共同机构投资者具有合谋效应，促进企业的应计盈余管理和真实盈余管理，降低企业会计信息质量。曹越等（2023）研究发现，共同机构投资者为了投资价值的最大化，会与组合内的企业共谋，促进企业的真实盈余管理行为，提高企业审计费用。

2. 培育理性机构投资者的金融监管方向

（1）构造多元化的投资基金群体

构造多元化的投资基金群体主要可以从以下三方面努力：第一，设立投资基金，主要是指数型投资基金。这主要是由于：首先，投资基金允许机构投资者（如保险公司）控制资金交易；其次，投资者理性的缺失对基金投资效益影响不大；最后，可以通过制定具体的证券指数，来满足不同风险偏好的机构投资者的需要。第二，设立债券基金。随着我国债券规模的增长和债券种类的增加，债券市场，特别是国内债券市场，会有较大的发展。债券基金的设立不仅可以带来低风险回报，还可以提高债券的流动性，增加投资机构对债券市场的参与度，刺激债券市场的发展。第三，在公开募集的基础上设立行业投资基金。目前，行业投资基金主要由政府资助或管理，在工业投资和具体项目方面受到限制，无法开展面向市场的工作。在公开募集的基础上成立行业投资基金，不仅可以让基金投资者直接受惠于经济发展，更能够优化资源分配，提高社会资源的运用效率。

（2）增大理性程度较高的机构投资者入市规模并合理降低有关的入市限制

保险基金、社保基金和年金两类机构投资者聚集了中国数量最多的受过高等教育的投资型投资者、经验丰富的专业人士，理论上其理性能力是中国证券市场上最高的，因此增大证券公司和证券投资公司的市场进入规模是促进机构投资者理性进程中至关重要的一项举措。

（3）加快机构投资者的国际合作

逐步放宽对合格境外机构投资者、中外合资、合作投资基金设立和经营范围的政策限制。设立合格的境外机构投资者、中外合资、合作投资基金，不仅可以吸引国外资本进入我国，还可以引进国外的规范运作模式和成功经验，促进我国基金业的发展。

通过实施上述金融监管措施，进一步促进证券市场的合法化和市场化，优化股权结构，完善上市公司治理结构，促使更多业绩良好的公司上市；随着越来越多的开放式基金在我国发行和上市，以及国外合作基金公司在我国成立，证券市场的交易主体将发生重大变化；价值型投资理念将被越来越多的证券公司、基金管理公司、其他机构投资者和个人投资者所采用。随着这些变化，投资者的有限理性将逐渐被克服，有利于优化资源配置，提高市场效率。

（二）金融监管与机构投资者投资

机构投资者投资过程中的金融监管主要包括上市公司层面和政府层面。

1. 上市公司层面金融监管

监事会成员由股东或职工代表大会选举产生，并向股东大会提交报告，以审查公司的日常生产经营活动，尤其是对重要信息披露进行监督。审计委员会是一个特别的委员会，专门负责监督上市公司财务报告的披露、内部和外部审计等。在实际工作过程中，监事会存在监管失灵的现象，而审计委员会由于引入我国上市公司监管的时间较晚，也面临着现实障碍。例如，审计委员会的监督职能能否有效履行，取决于市场是不是一个有效的市场，从理论上讲，需要强调的是，我国证券市场尚未达到半有效阶段（股权过于集中、机构投资者没有成为市场投资的主体等），这不利于发挥审计委员会的监督职能，从而导致上市公司内部监管出现问题。

已有研究发现，上市公司内部监管问题会引发机构投资者投资过程中的非理性行为。马超群和田勇刚（2020）研究发现，上市公司的股息率不稳定会更多地吸引交易型机构投资者，更有可能操纵股价以获取利益，增加上市公司的股价崩盘风险。叶莹莹等（2022）发现，股权质押通过信息传导，降低了企业的会计信息质量和信息披露质量，加剧了机构投资者的"羊群效应"行为。

完善上市公司金融监管对机构投资者有效发挥治理效应具有重要意义。李万福等（2020）发现，企业内部控制对机构投资者发挥治理效应具有重要影响，当企业内控存在缺陷时，机构投资者难以发挥有效的公司治理效应。李峰和傅国华（2021）发现，股东权益能够影响机构投资者行为，在股东权益的影响下，机构投资者持股对企业绩效起到正向的提升作用。潘启东（2023）发现，机构投资者抱团能够显著促进大股东的掏空行为，且这种促进作用在内部控制存在缺陷的企业中更显著，但董事会治理能够弱化机构投资者对大股东掏空行为的促进作用，且弱化作用在内部控制存在缺陷的企业中更明显。

2. 政府层面金融监管

政府层面监管存在的主要问题是：其一，处罚力度不够。监管部门对于违法行为的处罚力度不够大，对于违法行为的处罚力度不够一致，导致了一些违法行为得不到有效的制约和打击。其二，尽管我国证监会和证券交易所建立了双重防线，以控制上市公司初始和持续信息的披露，但由于体制缺陷，仅进行了官方监管，有效、快速地发现问题的能力不足。这主要是由于证监会和交易所职权配置不合理、监管专业力量薄弱等原因导致的。

政府监管问题的存在会影响机构投资者行为，降低资本市场效率。曹海敏和钟雅婷（2021）研究发现，经济政策的不确定性会减少机构投资者对企业投资，降低机构投资者在企业中的持股比例。徐浩峯等（2022）在研究以基金为代表的机构投资者后发现，信息透明度较差的证券更容易在期末时出现机构投资者的超常买入、超常卖出现象，说明机构投资者利用信息透明度较差的证券赚取交易差价。

资本市场制度环境的完善有助于机构投资者积极参与公司治理，履行外部监督职责。钟宁桦等（2021）发现，在股票中加入融资融券交易后，会促进机构投资者交易，提高机构投资者的交易占比。李远慧和陈思（2021）发现，机构投资者持股有助于企业研发创新产出增加，政府补助起到显著的正向调节作用，能够提升机构投资者的促进效果。宫兴国和李贺杰（2021）利用制造业上市公司数据研究，发现机构投资者持股能够促进企业的商业信用融资，且股票流动性起到调节作用，股票流动性越高，机构投资者持股的促进作用越显著。张茹和姚晖（2022）研究发现，机构投资者持股能够显著增强企业会计稳健性，且制度环境会影响二者之间的关系，在非国有企业、东部地区企业中这种影响会更显著。蒋和胜和褚祎鹏（2023）收集科创板上市公司数据，发现注册制的施行使得信息披露更加充分，市场信息可信度提高，增强了机构投资者的询价意愿和申购数量，有利于机构投资者进入市场，提高机构投资者的投资参与度。

三、研究述评

本节对机构投资者概念、机构投资者类型及异质性相关文献作了梳理，并在此基础上探讨金融监管与机构投资者之间的关系。一方面，机构投资者的非理性行为会降低资本市场效率；另一方面，企业内外部金融监管方式能够约束机构投资者行为，促使机构投资者发挥出有效的公司治理作用。但现有研究仍有值得进一步拓展的地方：第一，现有研究多将机构投资者视为理性投资人，以机构投资者持股为解释变量或调节变量，讨论机构投资者持股对公司治理、资本市场的影响，少有学者讨论机构投资者行为的影响。尽管机构投资者具有专业的分析技术和能力，但其同样可能为获取自身利益作出非理性行为，机构投资者的非理性行为值得进一步关注。第二，少有文献探讨金融监管与机构投资者行为的关系。作为公司重要的外部利益相关者，机构投资者一方面可能履行监督职责，促进公司内部治理机制的完善；另一方面也可能为获取自身利益与大股东或管理层合谋，加速侵害中小股东权益。因此，金融监管在机构投资者投资过程中不可或缺，二者间的关系亟待进一步讨论。

基于此，本书从金融监管、机构投资者视角出发，探讨机构投资者行为对上市公司投资效率及金融市场稳定性的影响，并提出金融监管体系下的机构投资者监管目标以及我国金融监管体系的完善建议，以期加速机构投资者参与资本市场活动，规范机构投资者行为，促进资本市场高质量发展。

第二节　金融监管与盈余管理关系的研究概述

一、盈余管理研究概述

（一）盈余管理的概念

盈余管理于 20 世纪 80 年代进入国际会计师的视野，引起学者们的注意。美国会计学家凯瑟琳·席珀（Katherine Schipper, 1989）将盈余管理定义为通过有目的地控制对外财务报告以获取个人利益的公司治理行为。魏明海（2000）认为，在凯瑟琳·席珀（1989）的定义中有三点需要特别注意：第一，将盈余管理限制在对外财务报告范围，把管理会计报告或旨在影响或改变公认会计准则的活动排除在外；第二，该定义表明盈余管理的主要目的是获取某些个人利益；第三，在界定盈余管理时，没有依赖某一个特定的概念，而是将会计数据作为信息资料加以讨论。

威廉·斯科特（William Scott, 1997）认为，盈余管理是在普遍接受的规则范围内，选择适当的会计政策以使企业自身利益或市场价值最大化的过程。陆建桥（2000）认为，盈余管理是在会计准则允许的范围内，选用合适的会计方法以实现企业价值最大化。

目前，盈余管理是用来衡量会计信息质量的重要方法之一。会计信息质量不仅是利益相关者作出财务决策的重要依据，也是影响资本市场证券和衍生品定价效率的重要因素。学者们从多个维度来考量盈余管理的影响因素以及盈余管理的手段。综合专家学者的相关研究成果，本书得出以下定义：盈余管理是公司管理层在遵守会计准则的基础上，有目的地控制、调整向外界报告的会计盈余信息，以实现企业的价值最大化。企业管理部门是盈余管理的主体，公司对外报告的财务信息是这一行为的客体，企业进行盈余管理的最终目标是实现自身利益的最大化。

（二）盈余管理的动机

戴维·伯格斯塔勒和伊利亚·迪切夫（David Burgstahler & Ilia D Dichev，1997）认为：由于金融市场分析师使用会计信息对股票进行估值，企业经营者可能会操纵收益来影响公司的股价表现。尼法尔和哈勒维（Neifar & Halioui，2016）等的研究表明，公司治理结构、CEO薪酬、CEO特征和审计费用对减少盈余管理和金融攻击有重要影响，因此在美国金融危机之后，大公司纷纷采用了盈余管理。我国对盈余管理动机的研究相对较晚。张祥建和徐晋（2006）将其分为合同动机、资本市场动机、政治成本动机三类。李辽宁（2012）分析了中国企业盈余管理动机，分析了企业股票披露、防损退出等犯罪动机和再融资动机。通过梳理现有文献，盈余管理动机主要有以下几方面。

1. 资本市场动机

（1）首次公开募股（IPO）动机

在企业IPO上市过程中，上市公司很有可能为了满足上市条件或高价发行股票条件而进行盈余管理。现有学者的研究成果表明：IPO企业在股票公开发行过程中，盈余管理行为明显，且公司上市当年的盈余管理程度最大；同时发现股票公开发行前的向上盈余管理程度与股票公开发行后公司的市场业绩之间存在显著的负相关。祁怀锦和黄有为（2016）的研究结果显示，IPO企业具有盈余管理的动机，会运用应计盈余管理和真实盈余管理两种方法，其中在IPO当年应计盈余管理比较明显，IPO后一年的真实盈余管理比较明显。时昊天等（2021）通过整理我国IPO注册制改革相关的91个事件，发现在注册制积极推行时期，壳公司会进行更多的应计盈余管理行为。毛志宏和窦雨田（2022）发现，IPO企业在上市过程中存在应计和真实盈余管理问题，且受到自身财务状况、IPO激励和外部政策环境影响。

此外，一些学者对影响IPO企业盈余管理的因素进行了研究。例如，唐运舒和谈毅（2008）、胡志颖等（2012）讨论了风险投资和IPO企业盈余管理的关系，结果显示，股票公开发行前公司存在盈余管理现象，但是风险投资可以大大降低盈余管理程度。陈晶（2022）以 2019～2022 年科创板和创业板上市公司为样本，发现跟投制度、承销商跟投比例与 IPO 企业盈余管理显著负相关，承销费用的提高削弱了跟投制度对 IPO 企业上市前盈余管理的抑制作用。

（2）增发与配股动机

很多学者发现，企业的盈余管理动机和增发配股动机有关。李增福等（2011）发现，当公司进行股权再融资时，会在发行额外股票的前一年开始对盈余作向上调整，再融资当年盈余调整更为严重。王克敏和刘博（2012）发现，由于投资者的逆向选择和其他竞争公司的扩张，上市公司会在上市前实施向上盈余管理。聂建平（2016）探讨了增发新股动机与真实盈余管理程度之间的关系，发现受到公司盈利水平的影响，在高利润率的公司中呈显著负相关，在低利润率的公司中呈显著正相关。张红和汪小圈（2021）根据上市公司 ROE 分布图发现，公司在公开增发过程中存在盈余管理行为。

（3）避免亏损及退市动机

根据《中国证券管理法》的相关规定，上市公司如果存在持续的长期亏损，并且在规定期限内继续亏损，可以作特殊处理，甚至终止上市。这使得企业融资更加困难，严重影响了企业的进一步发展。因此，为了避免被特别处理或终止上市，公司很有可能通过盈余管理来避免亏损。陈晓和戴翠玉（2004）使用净利润低于 0 的亏损公司样本作研究，发现我国亏损公司会通过关联交易和重组手段来进行盈余管理，实现扭亏为盈。马杰和邓静文（2021）发现，长期处于亏损状态的企业，倾向于使用盈余管理手段调节利润，以保住稀缺的壳资源。吴虹雁和朱璇（2021）从中国退市制度变更出发，发现 ST 上市公司存在盈余管理行为，退市制度变更会对 ST 企业盈余管理方式选择产生影响。

（4）匹配盈利预测目标动机

国内外很多学者发现，企业的盈余管理动机与盈利预测目标有关。上市公司自愿公布对外财务预测数据，意味着向投资者承诺利润目标。如果目标不能如期实现，上市公司将面临巨大压力。因此，上市公司很可能通过盈余管理实现盈利预测目标。郭娜和祁怀锦（2010）研究发现，在新会计准则实施的背景下，公开盈利预测目标的公司比未公开盈利预测目标的公司具有更高的盈余管理水平。柳建华等（2021）以2012~2017年中小企业板和创业板公司为样本，发现签订业绩补偿承诺的企业倾向于提高并购后的盈余管理水平，且盈余管理水平与公司业绩承诺目标完成情况有关。宋璐（2022）研究发现，处于业绩落差状态的企业应计盈余管理水平显著提高。李映照等（2022）发现，业绩补偿承诺会引发企业盈余管理行为，但业绩补偿承诺的企业更倾向于应计盈余管理，而不会选择真实的盈余管理。

2. 契约动机

契约动机又称为债务协议动机。为了使公司能够及时偿还借款，债权人在债务合同中加入了限制公司的保护条款。通过这种方式，公司可以管理业绩、美化财务数据、降低相关财务指标的波动性，以使债权人相信该公司有足够的偿付能力来避免和降低公司的违约成本。张玲和刘启亮（2009）的研究发现，非国有企业的负债水平与企业向上盈余管理之间存在着显著的正向关系。李增福等（2011）的实证结果表明，公司的负债率越高，其为了避免违约进行真实盈余管理的动机越强。张体勤和汤媛媛（2022）发现，我国债券发行企业存在应计和真实盈余管理行为，但由于盈余管理存在长期负面影响，反而会加重企业债券违约风险。

3. 薪酬契约动机

在上市公司中，管理者的薪酬容易受到经营业绩的影响，主要体现在各种财务指标上，因此管理者进行盈余管理，提高绩效，以获取较高报酬的动机很强。李延喜等（2007）发现，高管薪酬与企业盈余管理程度的增加具有相关性，说明薪酬可以促使管理者进行盈余管理。徐沛（2020）发现，货币薪酬、股权激励等薪酬制度都会诱发管理者的盈余管理行为。徐经长和李兆芃（2022）以国有企业为研究样本，发现薪酬管制政策通过削减管理者的超额薪酬，会降低企业的会计信息质量，引发企业盈余管理行为。

4. 迎合监管动机

在我国，对监管动机的研究主要集中于避税动机。王跃堂等（2009）在新企业所得税法的背景下，发现如果公司未来税率降低，出于避税原因，公司将进行盈余管理。李增福等（2011）研究了税收改革对盈余管理方式的影响，结果表明，如果预期税率上升，公司更愿意通过实际经营活动来调整盈余；如果预期税率下降，公司更愿意通过调整应计项目来管理盈余。刘庆和邢成（2021）发现，企业会基于税收规避动机进行盈余管理，且税收成本较高的企业更倾向于负向应计盈余管理，二者之间关系受到经济周期因素的影响。谭晓明和李彤彤（2023）研究发现，盈余管理具有避税动因，且在一定程度上能缓解企业的融资约束。

5. 政府补贴动机

现有研究表明，企业的经营状况与企业得到的政府补助金额具有显著的负相关性，且外汇危机后，其相关性进一步加强。赵玉洁和刘敏丽（2018）调查了公共服务企业的盈余管理行为，结果显示，企业有通过向下盈余管理行为获得政府补助金的动机。尹江熙和李明（2021）以我国上市出口企业为研究对象，发现进行负向盈余管理的出口企业能获得更多的政府补助。严若森等（2023）研究发现，企业会采取不同的盈余管理方式以获取政府的差异性补贴，并会导致政府补贴对企业的激励作用减弱。

6. 杠杆操纵动机

作为我国经济面临的主要风险因素之一，高杠杆率影响着中国金融系统的稳定性。许晓芳等（2021）以沪深 A 股上市公司为研究对象，发现了杠杆操纵动机是企业盈余管理的一种特殊动机。

7. 非机会主义动机

一般来说，机会主义行为是管理层进行盈余管理的主要动机，然而，并非所有的盈余管理都出于服务管理层、误导报表使用者的动机。当企业想通过更低的成本来获得更高的利益时，在实现自身利益的同时，又想使对外公布的信息显示公司经营水平及业绩较好，这时公司往往会采取一些手段来实现这一目的。会计信息的不对称为企业管理层盈余管理行为提供了机会，从理性经济人角度分析可以知道，当企业管理者有机会获取更高利润时，他们往往会采取一定的行动。

倪敏和黄世忠（2014）认为，企业盈余管理也可能是出于信息传递动机，更好地展示企业真实业绩，向投资者反映企业的未来盈余信息，帮助投资者作出投资决策。丁方飞等（2021）利用"A＋H"股公司率先实施新审计制度的契机，发现审计制度的监管可以影响管理层的盈余管理行为，激发盈余管理"好"的一面，即非机会主义动机。赛义德·努曼·乔杜里和亚瑟·埃利瓦（Syed Numan Chowdhury & Yasser Eliwa, 2021）的研究指出，上市公司经理人利用会计政策的灵活性与投资者之间的信息不对称性采取真实盈余管理手段来表明公司未来具有更好的业绩水平。

（三）盈余管理的分类

1. 应计盈余管理和真实盈余管理

保罗·希利和詹姆斯·沃伦（Paul M Healy & James M Wahlen, 1999）将盈余管理区分为应计盈余管理和真实盈余管理。应计盈余管理的实质是公司管理层在选择会计政策时运用自由裁量权来计算会计期间的收入，并通过分配支出来操纵盈余，使当期报表的利润价值最大化。而真实盈余管理则是通过调整企业的生产、经营、销售情况来控制成本费用，影响当期利润和现金流量，以达到盈余管理的目的。

（1）应计盈余管理

应计盈余管理是指管理者运用有利的会计准则与政策并采取相应措施对经济活动进行处理，从而实现企业的利益最大化。由于应计盈余管理可能会承担的诉讼风险较低，因此被视作操纵利润的便捷方法而被企业管理者广泛应用。陆建桥（1999）指出，当企业经营状况不稳定时，管理者通过操纵应计项目来调整盈余以避免亏损。王生年（2008）研究发现，上市公司会通过会计操纵进行盈余管理。林芳和冯丽丽（2012）指出，当外部监管不够严格时，企业会采取隐蔽性较弱且成本较低的应计盈余管理手段。孙伟（2020）也指出，BTDs越大，意味着该公司使用更多的应计盈余管理方法来操纵利润。

现有研究提出，应计盈余管理的手段主要包括以下四种：第一，变更存货计价方法，如加权平均法、移动加权平均法、先进先出法等；第二，变更折旧年限或者摊销方法，多适用于制造业等固定资产较多的企业；第三，资产减值准备的计提；第四，研发支出资本化。周夏飞和周强龙（2014）发现，企业会通过应用会计政策或会计估计工具，如长期资产折旧方法的选择、研发成本的资本化、资产减值的提取和周转等，灵活调整企业的实际生产经营活动。尹明和李春艳（2016）提出，应计项目盈余管理主要有会计估计变更、会计政策变更和政府补助调节盈亏三种方式。

学者们对应计盈余管理的实施目的具有不同的看法。弗朗索瓦·德乔治等（Francois Degeorge et al.，1999）和魏明海（2000）认为，应计盈余管理是基于应计项目的盈余管理活动，通过各种会计活动调整公司利润，其变化不会影响公司的现金流水平。曹冉等（2019）认为，公司管理层进行应计盈余管理具有四种目的：第一，满足企业管理的需要；第二，为企业提供长久发展的保障；第三，便于企业实现盈利目标；第四，降低企业的运营成本。

（2）真实盈余管理

随着会计准则和政策的改进，应计盈余管理受到抑制，真实盈余管理逐渐被管理者所采用。约翰·格雷厄姆（John Graham，2005）研究指出，真实盈余管理是指经营者通过改变与经济业务相关的因素来调节利润，从而改变公司的总盈余金额、每个会计年度的盈余以及现金流量。罗伊乔杜里（2006）将真实盈余管理的含义界定为：企业管理者为了达到使利益相关者相信公司业绩良好或可以达成约定目标而采取的操作公司真实业务来调节盈余的行为。格尔特·布拉姆等（Geert Braam et al.，2015）认为，关联公司更有可能采用真实盈余管理手段，虽然成本更高，但相较于应计盈余管理，其保密性与政治因素的掩盖性更胜一筹。

改变真实发生的经济业务以实现调整盈余的目的，是真实盈余管理活动的普遍做法，对公司有很大的负面影响（邓路等，2019）。由于真实盈余管理发生在具体业务之中，所以其隐蔽性非常高，较难从报表中看出。张俊瑞等

（2008）借鉴 Roychowdhury 模型验证了我国微利企业通过销售操控、成本操控、生产操控，来实现利益最大化目标的真实盈余管理行为。彭牧泽和靳庆鲁（2021）指出，已有研究真实盈余管理方式的文献涉及调节研发费用、削减销售费用、股票回购、出售资产和降低销售价格等。

随着学术界对于真实盈余管理的关注逐渐增强，随之发现并被证实影响真实盈余管理的因素越来越多。目前，学术界对于真实盈余管理的影响因素包括公司治理水平、内部控制、机构投资者持股、媒体关注、产权结构、管理者持股、供应商关系、管理者薪酬、大股东持股，审计质量、审计费用等多个方面。陈威等（2017）的研究表明，内部控制质量、企业高管薪酬、审计费用、产权性质、机构投资者持股对于企业真实盈余管理都具有较为显著的影响，其中内部控制质量、企业高管薪酬、审计费用、机构投资者持股对企业真实盈余管理具有明显的抑制作用，并且这些影响因素的抑制作用在非国有企业比在国有企业中更为明显。刘峥颖和张海燕（2021）的研究表明，媒体关注与内部控制对上市公司真实盈余管理都具有抑制作用。杨潇影（2021）发现，企业战略激进度与机构投资者持股对公司真实盈余管理具有明显的约束作用。

盈余管理会对公司未来的经营业绩产生一定的影响，但两种盈余管理方式带来的影响效果并不完全相同。王福胜等（2014）比较了两种盈余管理方式对公司经营业绩的影响，结果显示，两种方式都会产生负面影响，但真实盈余管理对企业绩效的影响在长期来看更为消极，应计盈余管理在短期来看更为消极。邓路等（2019）发现，相较于应计盈余管理，真实盈余管理会对企业造成更为严重的影响。不同的行为对两种盈余管理方式会产生不同的影响。例如，刘斌等（2021）提出，内部控制意愿能够约束真实盈余管理行为，但无法显著影响应计盈余管理活动，内部控制意愿在企业内部控制水平与应计盈余管理的关系中发挥调节效应。

相较于应计盈余管理，真实盈余管理具有更高的隐蔽性，不易被缺少内部信息的投资者与分析师识别，但成本较高。企业在实际生产经营活动中会根据自身的特点选择盈余管理的方式，希望凭借最小的成本来实现价值最大化。

2. 向上盈余管理和向下盈余管理

盈余管理可以按照不同方向划分为向上盈余管理和向下盈余管理，企业可以根据自身的具体需要来决定盈余管理的方向。不同的盈余管理方向往往会体现出管理层不同的利润操纵动机，通过区分盈余管理的方向能够提高相关研究的准确性（许文静和王君彩，2018）。

向下盈余管理多出于平滑利润动机。一方面，企业根据会计稳健性原则对收益进行平滑，避免企业业绩出现大幅波动，保证会计利润平稳发展（边泓等，2016），在有利于企业未来的业绩提升同时也可以实现税收规避；另一方面，由于我国资本市场上壳资源的稀缺性，企业可能会出于避免退市动机进行"洗大澡"行为（刘东和王竞达，2021），为下一年的业绩反转做准备。

向上盈余管理通常是为了满足外部监管要求，提高企业当期盈余以获取增发配股资格、避免股价下跌等，从而达到融资目的，具有时效性和非持续性。向上盈余管理使企业当期业绩上升，误导外部投资者判断，促使投资者高估企业价值，破坏资本市场的平稳运行（李梓和刘亚宁，2023）。

（四）盈余管理的计量方法

在现有的国内外相关研究中，学者们提出了多种方法来衡量盈余管理，比较常用的是总体应计利润法，此外还包括特定应计项目法、真实盈余管理计量法和管理后盈余分布法。

1. 总体应计利润法

作为国外最常用的盈余管理计量方法，总体应计利润法在应用和发展的过程中，进行了数次的改良和修正，先后出现了以下几种计量模式。

（1）Healy 模型

保罗·希利（Healy P，1985）建立了非操纵利润计算模型，为盈余管理的实证研究奠定了基础，该模型通过比较不同样本的平均利润总额来检测盈余管理。Healy 模型假定在任意会计期内，企业会发生系统的盈余管理行为，不区分操纵性应计利润和非操纵性应计利润，而是直接以平均总应计利润代表非操纵性应计利润。该模型可叙述如下：$NDA_i = (\sum TA_i)/TN$。其中，NDA 是预期的非操纵性应计利润；TA 是以资产总额所衡量的应计利润总额；$t = 1, 2, \cdots, T$ 是估计期的年数；i 是指特定事件发生的年份。

（2）DeAngelo 模型

在对 Healy 模型进一步改进的基础上，德安杰罗（DeAngelo，1986）使用应计利润总额的变化，作为操纵性应计利润的表征变量。该模型可表示为：$NDA_t = TA_{t-1}$。该模型假定企业的非操纵性应计利润遵循随机抽样规则，将上年度的应计利润总额作为当年的非操纵性应计利润；当年的应计利润总额与上年度的差额部分，则被认定为操纵性应计利润。此模型可以被视为 Healy 模型的一种变形，均是用总应计利润代替非操纵性应计利润，只是 DeAngelo 模型将其非操纵性应计利润的估计时间限制为上一年。

（3）Jones 模型

琼斯（Jennifer J Jones，1991）认为，Healy 模型和 DeAngelo 模型的共同问题在于没有考虑企业规模的扩大或缩小对非操纵性利润计算的影响。如果企业固定资产规模扩大，应收项目、应付项目、折旧额等利润计算项目也会相应增加。非操纵性应计利润应该被视为企业销售额的增加额和固定资产规模两者的函数，因此，琼斯（1991）使用线性回归模型来进行非操纵性应计利润的计量。其模型的主要思想可以表达成以下公式：$NDA_t = \alpha_1 \left(\dfrac{1}{A_{t-1}} \right) + \alpha_2 \left(\dfrac{\Delta REV_t}{A_{t-1}} \right) + \alpha_3 \left(\dfrac{PPE_t}{A_{t-1}} \right)$。其中，$NDA_t$ 表示经过第 $t-1$ 期期末总资产调整后，第 t 期的非操纵性应计利润；ΔREV_t 是第 t 期收入和第 $t-1$ 期收入的差额；PPE_t 是第 t 期期末企业的总固定资产的合计值；A_{t-1} 是第 $t-1$ 期期末总资产；α_1、α_2、α_3 是公司的特征变量，可以使用推定期间的各值通过回归分析求出。

（4）修正的 Jones 模型

帕特丽夏（1995）等认为，基本 Jones 模型中主营业务的收益变动忽略了企业管理层的利润操纵因素，主张企业管理部门可以利用应收账款操纵主营业务收入，达到盈利的目的。因此，Jones 模型低估了盈余管理，为避免偏差，主营业务收入中应当剔除应收账款的变化。

因此，他们对 Jones 模型进行如下修改：$\dfrac{NDA_t}{A_{t-1}} = \alpha_1\left(\dfrac{1}{A_{t-1}}\right) +$ $\alpha_2\left(\dfrac{\Delta REV_t - \Delta REC_t}{A_{t-1}}\right) + \alpha_3\left(\dfrac{PPE_t}{A_{t-1}}\right)$。其中，$\Delta REC_t$ 为 t 年与 $t-1$ 年的应收款项之差，α_1、α_2、α_3 的回归值意义与 Jones 模型一致。

（5）截面 Jones 模型

截面 Jones 模型是由马克·迪丰德和詹姆斯（1994）共同提出的，除了模型的各变量估计值使用截面数据而非使用时间序列数据之外，该模型与 Jones 模型是类似的。因此，截面 Jones 模型的具体表达如下所示：$NDA_t = \alpha_1\left(\dfrac{1}{A_{t-1}}\right) +$ $\alpha_2\left(\dfrac{\Delta REV_t}{A_{t-1}}\right) + \alpha_3\left(\dfrac{PPE_t}{A_{t-1}}\right)$。其中，$NDA_t$ 是经过第 $t-1$ 期期末总资产调整后，第 t 期的非操纵性应计利润；ΔREV_t 是第 t 期收入和第 $t-1$ 期收入的差额；PPE_t 是第 t 期期末企业的总固定资产额；A_{t-1} 是第 $t-1$ 期期末总资产值；α_1、α_2、α_3 是不同行业、不同年度的特性系数，通过不同行业组的不同年度数据进行回归得到。

（6）行业模型

帕特丽夏等（1995）等提出行业模型，认为在相同行业，非操纵性应计项目的决定因素是一致的，公司的非操纵性应计利润和同一行业同一规模的其他公司应计利润之间存在着相应的关系。其模型如下：$NDA_t = \beta_1 +$ $\beta_2 medianj\left(\dfrac{TA_t}{A_{t-1}}\right)$。其中，$\beta_2 medianj\left(\dfrac{TA_t}{A_{t-1}}\right)$ 是同业的所有非样本公司通过第 $t-1$ 期总资产调整后得到的第 t 期应计利润的中间值，该公式的特性变量 β_1、β_2 是使用估计的时间观测值经 OLS 估计后获得。

（7）扩展的截面 Jones 模型（陆建桥模型）

该模型在前人的基础上进行了改良，增加了无形资产和其他长期资产的相应变量，是陆建桥（1999）对 Jones 模型的进一步修正。该模型如下：$\dfrac{NDA_t}{A_{t-1}} = \alpha_1\left(\dfrac{1}{A_{t-1}}\right) + \alpha_2\left(\dfrac{\Delta REV_t - \Delta REC_t}{A_{t-1}}\right) + \alpha_3\left(\dfrac{PPE_t}{A_{t-1}}\right) + \alpha_4\left(\dfrac{IA_t}{A_{t-1}}\right)$。其中，$IA_t$ 为

当年无形资产值，其余变量含义同上文所述公式。

总体应计利润法模型在多位学者讨论修正的过程中已逐渐成熟，但由于企业的盈利能力、增长速度、政策变化等重要基本要素往往会被忽略，现有模型仍存在一定的测量误差，尚未得到解决。具体来说，对于 DeAngelo 模型和 Healy 模型，如果在估计期间，非操纵性应计利润是固定的，操纵性应计利润的平均值为 0，那么这两个模型所估计得到的非操纵性应计利润是没有误差的；但如果非操纵性应计利润发生变化，那么由两个模型推测的操纵性利润也会产生误差。另外，保罗·希里巴尔和丹尼尔·柯林斯（Hiribar Paul & Collins Daniel，2002）的研究表明，当企业进行合并或分立等活动时，财务报告的范围发生变化，可能会增加利润计算的系统误差。

虽然总体应计利润法在盈余管理研究中的使用范围比较广泛，并开发了多种模型，但是对于哪种模型更有效，学者们尚未达成一致意见。帕特丽夏等（1995）等对盈余管理计算的 6 个利润模型作了比较分析，结果表明修正后的 Jones 模型效果最好，DeAngelo 模型效果最差。托马斯（Thomas J，2000）认为，上述模型对盈余管理有效性的预测均存在失效的可能，并明确了目前盈余管理测量方法中，所有方法的精度都比较低。但是相对而言，Jones 模型在用于测量不同行业的操纵性应计利润时，显示出较好的预测能力。

2. 特定应计项目法

特定应计项目法是在一个或者一组特定应计利润项目的基础上建立测量模型，从而用来检验盈余管理（黄梅，2007）。该方法通常用于特定行业（集团）项目的计算，公司管理当局对该项目的衡量需要根据此进行判断。这种方法的早期应用主要涉及银行部门无法收回的债务准备、公司和保险公司的资产、意外损害等。但在现如今，特别是国外的许多研究人员，通过更广泛的行业范围和更多的计算项目，扩大了特定应计项目法在盈余管理研究中的应用。

特定应计项目法可以使研究对象更为具体和合理，从而降低盈余管理测量过程的噪声。此外，由于特定应计项目法是特定行业计算损益的特定项目，因此区分是否为操纵性部分所依据的假设相较于包含异质性行业、应计项目的总体应计利润法，更为现实和可靠。但是，这种方法的使用需要对制度背景有深刻的理解，存在一定的难度，并且特定应计项目法的具体项目研究大多局限于小样本、行业和特定地区，其研究成果难以得到进一步的推广。

3. 真实盈余管理计量法

真实盈余管理计量法不同于之前讨论的应计利润损益计算方法，应计利润法基于会计估计，评估公司在会计准则和公司法允许的范围内操纵盈余的情况；而真实盈余管理计量法衡量公司偏离正常经营管理活动的情况。真实盈余管理侧重于实际交易的构成，例如，公司可以通过关联方交易提高价格增加收入，增加广告成本或研发支出，通过收购股份或资产等特殊事项，增加总支出，操纵企业剩余资金。苏加塔·罗伊乔杜里（2006）系统地阐述了真实盈余管理的计量方法，认为企业真实盈余管理主要是通过增加销售折扣或改变信用政策、提高产量、减少可操纵性费用三种手段来实现盈余管理目标。

自安然事件以来，审计风险防范和市场监管在国际和国家层面得到改善，使得许多公司减少其对应计项目的控制，并且由于应计项目的运行需要巨大的成本，很多公司更愿意控制实际活动而不是操纵应计项目。

在真实盈余管理的研究中，应消除正常决策的影响，因为经营活动的一部分改变是出于管理层正常的决策变更，另一部分是出于人工操纵的目的，而真实盈余管理的计量中难以区分公司损益和营业利润的真实性。因此，该方法的核心是开发能够真正识别真实盈余管理的模型，而目前国内外学者尚未得到理想结果。在未来的研究中可以考虑使用控制变量来区分公司酌量性费用、固定性成本费用，控制某些成本和交易收入，以此提高真实盈余管理度量准确度。

4. 管理后盈余分布法

管理后盈余分布法是戴维·伯格斯塔勒和伊利亚·迪切夫（1997）提出的另一种非常有效的盈余管理度量方法，这是通过盈余管理的分布密度，判断公司是否进行盈余管理的方法。目的是通过直观的图形来预测特定时刻可能出现的盈余管理行为。

该方法假定未进行管理的盈余呈近似正态分布，密度函数平滑，常用的分布方法有直方图和密度函数统计两种方法。该方法可以推测通过噪声获得的总盈余额，来验证盈余管理现象的存在，并在给定的门槛值中根据分布函数的异常数来识别因无法量化的因素而产生的盈余管理。但是这种方法并不适合广泛使用，仅仅适合临界值时的盈余管理现象检测。

二、金融监管与盈余管理的关系

现有文献已经对盈余管理进行了诸多讨论，已有研究结果显示，盈余管理现象广泛存在于国内企业中。不合理的盈余管理行为会影响企业自身的发展，干扰市场的运行，因此金融监管的落位是必不可少的。

（一）金融监管能够有效抑制盈余管理

从证券监管这一金融监管角度出发，部分学者发现金融监管对提高企业盈余管理质量有积极影响。例如：姚宏等（2006）通过构建具有不同信息结构的市场环境，探讨外部监管对于企业盈余管理行为的影响，结果表明，类证券监管的外部监管对企业的盈余操纵行为具有显著的约束效应。沈红波等（2014）讨论得出，金融监管机构对于提升上市公司的盈余管理质量具有一定的积极作用。陈运森等（2019）将研究对象限制为财务报告受到交易所问询的上市公司，研究发现，收到问询函监管后，企业的盈余管理行为得到抑制，且抑制效果强度和问询次数之间呈明显的正相关。古朴和翟士运（2020）认为，当监管不确定性较高时，企业的应计盈余管理和真实盈余管理都显著增加，盈余质量随之下降。具体而言，证监会换届产生的监管政策不确定性和监管力度下降是影响企业盈余质量的主要原因。

从政策制度这一金融监管角度出发，朱泽钢等（2021）研究发现，新审计准则的实施抑制了盈余管理行为，提高了信息报告质量，提升了资本市场的运行效率。苏三妹和刘微芳（2021）基于渐进性 DID 模型，发现混合所有制改革有助于减少企业盈余管理行为。易碧文（2022）发现，2018 年新收入准则的实施使得企业盈余管理程度下降，会计信息质量提高。徐明亮和张蕊（2022）发现，反收购条款的设立能够缓解企业真实盈余管理行为，提升企业价值。姜永宏等（2022）发现，资本市场互联互通机制能够通过降低信息不对称性，抑制沪深港通上市公司盈余管理行为。李梓和刘亚宁（2023）以 2017 年修订的金融工具准则为外生事件，发现新金融工具准则的修订能够降低企业应计盈余管理，且对企业正向盈余管理抑制作用更显著。

（二）金融监管不能有效抑制盈余管理

也有学者发现，金融监管不能有效抑制企业盈余管理。马亚红（2021）发现，在年报被问询后，公司次年的盈余管理程度依然较高，盈余质量并未得到改善，年报问询这一非处罚性监管措施在改善盈余质量方面的监管效果有限。

具体而言，可能是由于金融监管的加强促使企业更换盈余管理方式，而不是减轻盈余管理程度。科恩（Cohen，2008）等认为，相关监管法规的出台意味着整体金融监管环境更加严格，企业原本采用的应计盈余操控手段在严格的监管环境之下很容易识别，为了达到盈余预期，多数企业转为采用真实盈余操纵手段来虚增利润。然而，刘启亮等（2011）的研究结果却截然相反，即强制实施 IFRS 后，企业减少了真实盈余管理操纵行为，增加了应计盈余管理操纵行为。高丽芳和盛明泉（2012）通过对因财务舞弊遭受惩罚公司的研究，发现受处罚并未减少其之后的盈余管理行为，只是采取了更加隐蔽的盈余操纵手段，惩罚并未起到应有的抑制盈余管理的效果。周卉（2021）同样发现，交易所年报问询函能够减少收函企业的应计盈余管理行为，但却会增加收函企业的真实盈余管理行为，无法真实有效地抑制企业盈余管理。朱凯等（2021）以金税三期实施为契机，发现智能化监管能够增加企业真实盈余管理成本，但不影响企业应计盈余管理，最终使得企业改变盈余管理方式，倾向于选择应计盈余管理。

三、研究述评

本节对盈余管理的概念、动机、分类及计量模式进行了概述，并在此基础上梳理了金融监管与盈余管理关系的相关文献。随着中国资本市场的发展，上市公司盈余质量日益受到学者的关注，尽管现有研究已对金融监管与盈余管理之间的关系展开了诸多讨论，但仍有值得进一步拓展的地方。

第一，金融监管对盈余管理的治理有效性尚需明晰。金融监管涵盖多种形式，现有研究已经表明并非所有的金融监管方式均能对盈余管理起到有效抑制作用。随着外部经济不确定性的加大以及企业内部治理制度的不断完善，特定监管方式对盈余管理的治理有效性尚需随内外部环境变化不断明晰。

第二，少有文献系统性地探讨金融监管与盈余管理的关系。现有文献多以某一监管措施或监管政策为视角，探讨其对盈余管理的影响，少有研究对多种不同监管方式的综合应用进行讨论。随着经济环境的复杂性加大，企业在真实环境中受到不同金融监管政策的叠加影响，系统性地探讨不同金融监管方式对企业盈余管理的影响具有重要意义。

基于此，本书从金融监管、盈余管理角度出发，探究公司治理、内部控制以及机构投资者持股等外部治理机制对公司盈余管理的影响，考察不同金融监管方式对公司盈余质量治理的有效性，系统地探究现代化金融监管体系，力求为有关部门完善我国金融监管体系建设提供新思路。

第三章

理论基础和制度背景

　　自经济危机频发以来，"看不见的手"开始受到质疑。依托于经济背景和经济干预理论，金融监管理论缓慢发展，并与特定时期的金融需求相呼应，具有阶段性特征。金融监管的研究遵循从理论到实践的研究路径，即金融监管在理论基础和制度实践的发展中不断发展。本章主要介绍各时期金融监管理论的发展和制度背景。

第一节　理 论 基 础

一、金融监管理论基础

　　金融监管是指一国政府或其代理机构设置监督机构对各类金融机构和金融市场进行监督和控制，从而确保金融机构的安全性，控制系统性风险。金融监管是政府对市场进行的干预，这与主张自由放任的经济学流派相对立，因此金融监管理论的根源与"看不见的手"相联系，二者背后的经济学的争论贯穿于整个 20 世纪。

　　1776 年，亚当·斯密发表了《国富论》，"无形的手"由此变成金融市场的标准，以"无形的手"当作范式基石，提倡自我放任政策的古典经济学开创。"看不见的手"的深层思想基于市场经济秩序原理，即建立在自私自利理性的个人预设基础上的自由市场，在价格制度的指导下，市场上可以形成自动纠错的经济秩序，并实现市场均衡。所以，政府应当成为市场的"守夜人"，而不应直接参与并干涉经济，因为政府对市场秩序的建立和维持既无必要性，又无可能性。

然而，随着市场经济的不断发展，多次经济波动和经济危机使得市场的固有局限性不断显露。理论界开始对古典经济学理论进行思辨，基于特定经济时期，经济学理论不断丰富和发展，经济学主流学派兴衰更替，金融监管理论也缓慢发展。

1. 20 世纪 30 年代之前："无形的手"鼎盛时期，金融监管自然发轫

最早的金融监管可以追溯到 18 世纪英国的《泡沫法》。17 世纪初伦敦发生的"南海泡沫"案以及 18 世纪初发生的"密西西比泡沫"等案件促成了这一法案的颁布。为防止再一次发生股票投机热潮，英国政府采取了严格的金融监管手段。《泡沫法》标志着金融监管的正式开始。

金融监管的广泛开展依赖于中央银行制度的普遍确立。各国于 19 世纪末 20 世纪初普遍确立中央银行制度，赋予了中央银行金融监管者的地位，这是现代金融监管的起点。这一时期，成为主导流派的古典经济学和新古典经济学，在理论和政策研究上均处于主导地位。"自由银行制度"学派的理论与中央银行制度相对立，其倡导金融行业自由经营，否认市场具有缺陷，主张取消中央银行制度。这一时期自由放任的经济思想占据主导地位，有关政府监督方面的理论学说大多是对其他金融机构的角色进行阐述的，最富有特色的是"真实票据理论"与"通货学派"学说，重点是聚焦在金融货币监督和防范商业银行挤兑，关于对金融机构运营活动的具体干预极少论及。金融监管实践的特点是有限监督。

2. 20 世纪 30 ~ 70 年代：安全优先监管理论

20 世纪 30 年代的经济危机有力批判了自由经济，凯恩斯主义应运而生，政府干预、强化监管走入视线。凯恩斯主义经济学为监管理论和实务提供了

经济学基石。由此，金融监管理论逐渐受到重视，以金融监管需求为研究重点的金融监管理论开始发展，公共利益理论、公共产品论、自然垄断监管理论形成。

（1）公共利益理论

公共利益理论的基础思想是政府部门代表全体人民或者"最广大民众的权利"，政府监管市场是服务于社会公众利益，最终目标是抑制由于存在公共物品、外部性自然垄断、不确定性等引起的市场缺陷，从而维护公众利益。根据该理论，政府监管可以实现社会福利最大化，实现资源配置的帕累托效率。具体在政府部门规定方面，假定官员成为基于公共利益、社会组织有序和政府行政效能来使用立法权的利他主义者。政府代表公共利益，不存在私利，加强对金融机构的监管，进而保障金融市场安全，由此产生的公开收益将超越监督价值。

公共利益理论以市场经济中失灵的政府机构福利理论为依据，认为管制政策是对政府部门公共服务需求的合理反映，提供了金融监管体制的理论依据，成为政府部门用来说明行政权力控制合理性的监管学说。

然而，公共利益理论也存在若干问题。首先，该理论只提出了证券市场的不完全性，没有根据证券市场的各种问题提出不同的理论。其次，该理论建立在维护公共利益的基础上，但却没有明确公共利益的概念。再次，该理论也没有解释政府为何将公共利益目标置于优先地位以及为何政府监管是解决市场失灵的最佳方式。

（2）公共产品论

按照公众经济学的理解，社会商品包括公有商品和私有商品。公有商品有着与私有商品完全不同的三种特点：功能的密不可分性、消费水平的非竞争性和权利的非排他性。凡是能够为个别顾客所占有和享用，并且带有敌对性、排斥性和可分性的商品，都是私有商品。

金融体系不仅具有上述公有商品的三大特性，其还容易引起"搭便车"行为、金融机构违背谨慎经营原则等个体理性行为和集体非理性结果。这就要求由政府部门通过各种手段限制和监督冒险行为，削弱集体非理性，来保证金融体系这一公有商品的稳定性。

（3）自然垄断监管理论

自然垄断监管理论的发展导致 20 世纪 70 年代以来一些国家对自然垄断领域逐步放松了严格规制，很多过去被视为应该加以限制的产业部门都被废除或放宽限制。在这一变化的背后，实质上蕴藏着自然垄断思想的改变和进步。

早期的自然垄断一般是指因为资源的分布聚集导致无竞争或不适合竞争而产生的垄断，企业在这些领域有着天然的垄断地位。在自然垄断的市场上，垄断企业大规模经营以实现规模经济，市场进入者面临高昂的进入成本，该市场上竞争性低，容易发生市场失灵和消费者利益受损的情况，因此政府有必要对该类市场进行监管和控制。

然而，随着经济学家对于自然垄断问题研究的不断深入，自然垄断的可持续性等被发现，有学者指出，只有当自然垄断行业的市场竞争非常有限或不存在时，才需要强制性的规制。另外，技术进步和市场开放等因素也进一步推动了对严格规制的反思。基于这些认识，一些国家开始逐步放松对自然垄断领域的严格规制，采取更加灵活和开放的监管措施。

3. 20 世纪 70 ~ 90 年代：效率优先的金融监管理论

20 世纪 70 年代，长时期的经济"滞胀"使金融市场自由化理念开始复兴，主张放宽对银行过于严格的控制，尤其是在对银行金钩的利率标准、业务范围以及业务的区域环境等方面的约束，恢复银行业的公平竞争，以提升银行业的效益。在监管方法上，主张金融自由化者提出的监管失效理论学说，成为此阶段反击政府过度监管的最主要理论基础。根据"政府掠夺论""监管俘获说""管制寻租说"以及存在着监管成本和监管双方的博弈理论，监管者在长期监管中难以实现最初的监管目标，最终会导致监管失效；并且政府的监管手段使金融机构和金融体系的效能降低，金融机构成长也遭到了遏制。

从 20 世纪 80 年代末期至 90 年代初，金融市场自由化到达了顶峰，国际化、开放性的金融市场体系也从此开始建立。在金融市场自由化理论追求效率优先的直接影响下，这一时期的金融业监管实践开始普遍呈现出放宽管制的态势。国家和地方政府在金融实践上广泛开放对金融监管法规限制并进行机构调整。例如，在 20 世纪 80 年代，英国政府在金融业的"大爆发"揭开了发达国家金融业开放的帷幕。美国政府 1980 年废除《存款机构管理和货币控制法令》、1982 年公布《高恩圣杰曼机构法》，由此美国金融市场的自由化进程完全启动。这一时期的金融监管实践特征为：金融监管全面放开。

这一时期的金融监管理论以监管实效为主，为放宽金融监管、倡导金融自由化提供理论基石。

（1）政府掠夺论

政府掠夺论指出，政府部门并没有代表着整个社会的共同利益，其受自身利益需求的驱动会改变金融监管模式。政府部门进行金融业管理，并不全是为了减少市场失灵，防范金融风险，保持市场稳定性和提升金融服务质量，其最终是为了满足自身的政治目的和经济需求。

政府实施金融监管的利益体现在如下几个方面：第一，垄断纸币发行权对货币发行规模进行调节，并利用这一方法实现财政赤字的调节融资；第二，实行法定准备金制是对储蓄者所实施的隐性征收，是政府为收取潜在的存款而进行的"税收"；第三，管制为政府部门干涉市场经济、扩大职能领域和收取"租金"提供了可能性。

（2）特殊利益论和多元利益论

特殊利益论和多元利益论发展了政府掠夺论，特殊利益论和多元利益论都指出：国家政权在实质上是由多个党派和利益集团所构成的，金融监管工作也是各利益集团经过政治斗争后所产生决策的产物。政府进行金融监管的目标是使某些利益集团的政治利益和经济利益最大化，而不是稳定市场、保障市场的健康发展。

特殊利益论和多元利益论的优点在于把政治学作为监管机制的分析方法，能够以动态视角把握监管工具与机制发展的动力机理及其形成的政治过程。

（3）管制俘获说

管制俘获说认为政府是被管制者俘获的猎物。政府进行的控制从客观上控制着资金的分配，被管制者将能够通过控制获得垄断高价，所以被控制方将尽力寻求这些租金，而政府为了提高收益也愿意设定租金，于是控制就偏离了其本意，政府成为被管制者俘获的猎物。

按照目标方向的不同，管制俘获分为监管俘获和政治俘获两类。监管俘获理论认为监管部门无法达到对公共利益的最大化，进行监督的机构就是被监管者所捕获的对象猎物。政策俘获说与监管俘获说有所不同，其指出，美国政府对金融市场的控制完全是出于自己利益，监管程序更倾向于是被监管人和监管组织之间的讨价还价，并不是明确的谁俘获谁。

管制俘获说进一步研究了政府进行金融监管的后续结果，认为政府在管制之初可以实现监管效果，但后期为了获得更高的收益，政府会逐渐被各利益集团俘获。

（4）管制寻租说

管制寻租理论是由克鲁格·安妮（Krueger Anne，1974）在探讨国际贸易中保护主义政策形成原因的一项研究中正式提出来的，克鲁格将利用资源通过政治过程获得特权，损害他人利益并使所获大于租金的行为定义为寻租。管制寻租理论认为，市场不完全竞争的原因之一是租金，而政府管制为寻租行为提供了更多可能，并产生了政府及其代理人的租金创造和抽租，加剧市场竞争的不完全性和不公平性。因此，政府对市场进行监管的效果是非理想的、非效率的，金融监管将加剧寻租问题，降低金融效率，放松金融管制是削弱寻租的有效途径。

（5）管制供求理论

乔治·斯蒂格勒（George J Stigler，1971）最先提出管制供求理论，该理论运用供求规律解释金融监管效率问题。金融管制的范围受到供求关系的影响，其中供给者为政府，需求者为各利益集团，在监管交换中，前者获得资源和投票，后者获得经济地位。因此，金融管制是政府采用强制措施向特定利益集团提供利益的手段。

4. 20世纪90年代至今：理论上安全和效益并存，但实际处于效率的"陷阱"

自金融市场激烈波动和金融危机频频出现开始，各国逐渐地反思金融市场自由化，并要求既能防止危机又能提高效率的金融监管的回归。金融体系的安全性和系统风险性成为金融监管理论的研究重点。这一时期的典型金融监管理论均指出金融的脆弱性，认为金融风险的形成与累积并非源于外部的，而是金融机构特有的，政府进行金融监管的主要原因和内容就是如何缓解金融机构的内生脆弱性。金融监管理论开始以市场固有缺陷为出发点，兼顾金融业自身特点和监管需求，体现安全和效益并存的特点。

（1）金融不稳定理论

美籍财经家海曼（Hyman P Minsky，1982）指出的"金融机构不稳定性理论"开辟了对金融市场脆弱性学说研究的新纪元，从正面批判了被称为"新古典派综合"的凯恩斯学派的思维模式。该理论指出，以商业银行为代表的信贷提供单位与贷款人之间的关系是金融机构自身固有的内部市场风险，这一内在特征促使金融危机的发生，即金融的自身不确定性通过金融这一中介导致金融危机发生。该理论还指出，市场经济的自我调节包括银行和经济的周期变化，并认为行政干预从根本上克服金融脆弱性是不现实的，但可以有效降低这种脆弱性。

金融不稳定假设是一种资本主义经济的模型，它认为历史循环的原因是资本主义经济的内部力量，以及试图使经济在适当的区域内运作的干预和调控机制。该假设是一种基于债务对系统行为效应的学说，同时考察到了债务形成的途径。与一般的货币计量学说不同，金融不稳定假设把银行业务看作追求收益的活动，这一目标促使其增加风险性业务和活动。

（2）银行挤兑模型

道格拉斯·戴蒙德和菲利普·迪布维格（Diamand Douglas W & Dybivg Philip H，1983）提出的银行挤兑模型重点研究银行业的内在不稳定性，其基本逻辑思想是，银行作为金融中介机构，其主要作用是增强市场上流动性较差的或缺乏流动性的资产的流动性，但这也使得银行面临挤兑的风险性。当一家银行的贷款损失超过了强制性准备金和自愿储备及其产权资本的安全余量时，该银行就失去偿还能力，挤兑存款会加速银行破产。当一国大部分银行都面临此风险时，银行系统性危机将发生。

（3）安全边界理论

克瑞格（Kregel J A，1997）从银行角度分析金融的脆弱性，提出了安全边界理论，指出银行不恰当的评估方法会加剧信贷市场的脆弱程度。银行根据借款人过去的信用记录作出是否放贷的决定。克瑞格认为，这一决定基于借款人自身的"信用风险"，而没有用贷款项目的风险评价估计信用边界。经济繁荣时期，借款人"信用风险"低，导致银行发放贷款的安全边界低，金融脆弱性加剧。当安全边界降到最低时，债务延迟支付，会产生一系列连锁反应，引起金融危机。

（4）功能性金融监管理论

随着全球化进程加快，各金融机构之间的界限不再严格清晰，混业经营逐渐普遍。金融业结构发生变化，金融监管研究也随之改变，功能性金融监管理论出现。默顿和博迪（Merton & Bodie，1993）指出，金融功能比金融机构更稳定，金融功能优于组织结构。金融业的产品和服务具有多变性，但金融体系的基本功能相对稳定，基于功能观的金融监管将更稳定有效，减少了机构利用职能获得利益的可能性，从而便于政府监管。

二、其他理论基础

（一）有效市场假说

对于有效市场，国外学者沃克（Working，1934）首先从理论上对有效市场进行了解释，假定存在一个充分的期货市场，每一阶段的现货价格都是根据当时的市场信息，交割日的合约价格等于现货市场的交易价格。

关于20世纪资本证券市场的效率问题，"有效市场理论"即"EMH"是人们公认的理论。美国学者尤金·法玛（Eugene F Fama，1965）在1965年最早对市场有效性进行定义与确定，即"如果将可得到的所有资讯都在证券价值上充分反映，任何股票和资产的实际价值也总是与其自身价值相当。则投资市场理论就是最有效的理论"。尤金·法玛在1970年发表的《有效资本市场：理论与实证研究回顾》是有效市场理论形成的一个标志。在这篇文章中，有效市场概念获得了多数人的认同。在这个市场中，股票和债券的价格足以反映所有可获得的信息，价格的变化与各种信息密切相关。由于随机信息在资本市场上迅速反应，因此获得已公布的信息对投资者来说是不会有利润的。对有效市场而言，企业不能通过愚弄投资者来获得额外收益，公司若出售有价证券，则需要价格合理。投资人可根据自己的预测作出投资决定，同时这一决定是准确且适时的。

1. 有效市场分类

有效市场理论依据所涉及信息内容的不同，把信息内容界定为"历史信息""公开信息""私有信息"三种类型，并对这三个信息内容的集合分别界定为弱式有效市场、半强式有效市场和强式有效市场。

（1）弱式有效市场

当前证券市场价格能够反映全部历史信息的市场，叫作弱式有效市场。历史信息是证券市场交易资料所表现出的，不是证券未来价格的决定因素。所以，根据历史的数据对未来的走势作出预估是无效的，弱有效性的成立是对证券价格技术分析的否定。

（2）半强式有效市场

目前证券市场的股票价格反映着一切有历史价值的资讯以及各种公开资讯，是所谓的半强式有效市场。"公开信息"包括公司人事变动、公司合并信息等公司层次信息，以及主要包括货币政策调整、税收政策变化、通货膨胀因素等宏观经济形势信息和包含交易规则变更等制度要素的政策信息。由于所有历史价格信息和所有公开获取的信息都反映在目前的证券市场价格上，利用公开信息预测证券价格未来的走势是无效的，任何人都不能从资产负债表、收益表等公开信息中获取收益。投资人不能取得高于平均水平的收益。

（3）强式有效市场

当前的证券市场价格中体现出所有历史信息、公共信息和私有信息的市场，被看作是强式有效市场。因为市价涵盖了所有公开发布的信息和内部消息，所以证券价值的波动性是根本无法预见的。私有消息的公开将使投机者无法获取超额利润，这是效率市场的最高形态，也是通常难以实现的，并且难以确认市场是否达到强式有效性。

2. 有效市场条件

（1）完全竞争市场

在完全竞争市场中，存在着数量巨大的买家与卖家，而且双方的信息是同质的，于是双方都缺乏对价格的选择权，都成为被动的高价接受者。

（2）投资者是理性的

以理性投资者为主导，对资产价值进行理性评价。

（3）交易费用为零

交易会随机性地发生，不影响价格，且交易成本为零，市场无摩擦。

（4）信息具有相同性质

资讯发布渠道畅通，市场参与者可及时获得相同质量的信息。

（5）资金可在市场上自由流通

20 世纪 90 年代，国内学者开始对证券市场有效性问题进行研究，认为它有助于正确认识中国资本市场的现状，并确立更为规范的资本市场运行规则，但它对市场调节本身的作用有一定的夸大和不合理之处。

（二）委托代理理论

公司所有权和经营权的分割是委托代理现象出现的根本原因。委托代理现象的出现有两种原因：一是委托人以公司的经济效益为起点实施经营，而代理人追求自身利益最大化；二是委托人和代理人之间存在信息不对称，代理人可能会偏离委托人的目标函数。代理人为追求自身利益一般会采取如下措施：代理人可以根据公司的经营状况建立合适的经营机制，或控制或限制管理层对代理人的不良行为。当代理人采取此类措施时，委托人难以观察并监督代理人。由此，产生了委托代理问题。

委托人因为代理问题产生的损失，以及为减少代理问题损失而发生的成本，二者均为代理成本。代理成本可具体划分为，为激励和监督代理人所产生的监督成本，为约束代理人进行一定规模的签约和合同的担保成本，以及因最后的委托行为没有实现委托人权益的剩余损失。

对于代理人来说，会计信息能否达标和自己的薪资直接挂钩。为了追求自身利益最大化，控制公司经营管理的代理人对会计政策、会计估计和经济活动作出选择，以使公司的账目提供更有利的信息，从而获得额外的报酬或为自己的收入支付报酬。由此，委托代理问题成为产生企业盈余管理的理论根源。

西方主流代理理论实质上是一种单代理理论。然而，许多国家和地区的大部分上市公司的股权结构特征是相对集中或高度集中，而不是与单代理理论相关的股权分散。对于持股比例比较集中或高度集中的上市股份公司来说，控股股东的自利行动和机会主义会侵犯小持股者的权益，所以，对于上市企业主要存在的代理问题，一是控股股东或大股东与管理人员相互之间的矛盾，二是控股股东或大股东和中小股东相互之间的矛盾。

中国学者冯根福（2004）把代理理论中两个重大问题的构建称为双重委托代理理论。在股权相对集中或高度集中的公司，董事会的实际控制权由控股股东或大股东掌控，中小股东通过其对经营者施加影响，原有的全体股东与管理人员的矛盾变为控股股东或大股东与管理人员的矛盾。引进战略投资者、机构投资者等可以有效缓解这一矛盾。控股股东或大股东掌握公司实际控制权，为实现自身利益最大化，很可能采用各种方式侵害中小股东的利益，由此二者之间存在利益冲突。中小股东需成为一个合格委托人，更有力地激励和约束其代理人。根据上述解释，在股权相对集中或高度集中的公司，应根据双重委托代理理论设置治理机构和治理机制，降低代理成本。

（三）产权理论

近代产权理论是西方学者对传统微观经济学与标准福利经济学的不足之处的补充性研究。传统微观经济学与标准福利经济学认为，明确了所有权，也就明确了所有权之间的权责利关系，公司的产权范围很清楚，无须讨论，所需要考察的只是在产权界限清晰的前提假设下，企业如何实现利润最大化。并且指出市场参与者的交易界限清晰，不存在交易摩擦。

现代西方产权理论研究人员发现，传统微观经济学所指出的资本市场并非无缺陷，现实的市场运作是存在缺陷的。这一缺陷产生的外在性根源来自企业产权界限的不清，进而造成交易过程的摩擦和障碍。所以，研究市场主体的利益最大化行为必须考虑到产权问题。寻找市场缺陷所造成的产权不确定因素的学者主要有科斯与威廉姆斯、斯提格勒、布坎南和舒尔茨等人，他们的研究为产权问题的解决提供了重要指导。

现代西方产权理论指出，在现实生活中，无论是私有制还是公有制下，企业产权的界限都是不清楚的，存在着不同程度的含混。这直接导致企业行为的改变。因此，产权问题与企业行为的相联系，分析企业行为必然要考察不同产权结构与企业行为的对应关系。现代西方产权理论的发展和现代企业活动密切相关。根据不同产权结构，可将企业行为分为资本主义现代公司的产权结构与企业行为、政府直接管理的企业的产权结构与企业行为、非营利性企业产权结构及其行为、社会主义企业产权结构及其行为。这种产权理论既丰富了企业行为理论，又发展了产权理论。

（四）股价崩盘风险成因理论

1. 负面消息累积

企业管理层在披露内部消息时，综合考虑多种因素，往往会选择隐瞒或延期披露负面消息。罗梅尔（Romer，1993）首先提出公司负面消息被隐藏随后集中释放导致股价崩盘。金和迈尔斯（Jin & Myers，2006）从内部管理人员与外部投资者之间信息不对称的角度指出，公司内部管理层容易采取机会主义行为，对外隐瞒公司负面消息，信息持续累积之后，一旦因为不可抗的外部原因爆出，就会对股价造成毁灭性的打击。

部分学者从管理者行为角度出发，布莱克（Bleck，2007）研究发现，管理者为追求私利，选择投资价值为负的项目，当项目亏损时往往隐瞒事实，亏损过大无法隐瞒时导致股价暴跌。基姆（Kim，2011）发现，管理者为实现自身股权价值最大化，往往采取隐瞒负面消息等短期行为，加大了股票暴跌风险。

此外，叶康涛等（2015）分析内部控制信息披露与股价崩盘风险的关系，研究发现企业内部控制信息披露水平与股价崩盘风险负相关。王化成等（2015）发现，第一大股东持股比例与股价崩盘风险负相关。曹丰（2015）指出，机构投资者持股加大了股票崩盘风险。

2. 投资者情绪

行为金融学结合心理学、社会行为学开展了对资本市场的研究，研究发现投资者情绪与股票崩盘风险显著相关。洪和斯坦（Hong H & Stein J C，2003）指出了投资者情绪对股价的影响。由于卖空受限，导致对股价持有下跌预测的投资者拒绝在当下入市，股价也不会反映他们的个人信息。随后的谈判中，一旦股票价格与市场期望相悖，股票下挫时，看跌市场会进入股市，产生坏消息，股价下跌的幅度更大，随后，坏消息不断传来，最终股票价格崩盘。贝克和沃格勒（Baker M & Wurgler J，2007）发现，投资者情绪不仅会对单个公司有影响，还会对整个市场有影响。赵汝为等（2019）研究中国上市公司发现，投资者情绪的剧烈变化会加剧收益的波动程度。同时，向诚和陆静（2018）发现，投资者情绪会引起上市公司的非效率投资，进而加剧股票崩盘风险。陈志娟等（2019）发现，投资者情绪对股价的影响是非对称性的，这会加剧股票崩盘风险。

（五）公司治理理论

"公司治理"一词最早出现在中世纪经济学文献中，并逐渐形成了一种比较系统的公司治理理论。后来，很多学者对公司治理进行了界定，但仍然未能形成一致的看法。李维安在《治理学》一书中将公司治理解释为："是一种管理制度设置，即采用一种官方或非官方的、内在或外界管理机制来统筹企业与各种利益主体相互之间的共同利益，以确保决策科学高效、合理，并最后保护企业各相关方面的共同利益。"

公司治理理论又可以分为单边治理学说和共同治理学说。单边治理学说以企业理论和委托代理理论为理论依据，认为股东是企业的所有者，企业经营目的是实现股东利益最大化，因此该学说主张物质资本主导治理模式的稳定性和合理性。其中，企业理论有力支持"股东利益至上"，委托代理理论提供委托人如何有效激励和监督代理人的理论依据。共同治理学说以利益相关者为出发点，认为企业是一个责任主体，企业在经营时不仅要股东利益，还要兼顾社会责任等其他相关者利益。

随着资本市场的不断发展，机构投资者迅速成长，并逐渐代替散户，成为市场中的主导力量。持股比例较大的机构投资者在公司治理中的作用主要体现在两个方面：一是在公司内部治理中，机构投资者参与治理，并表现为"代理人争夺"；二是机构投资者的存在，有利于降低监管代理人的成本，并利用其信息收集和专业技术优势，获得更大的收益，提升企业价值，因而是一种新兴的公司治理机制。

第二节　制度背景

一、现代化金融监管制度背景

金融是现代经济的核心，因其具有高风险、负外部性等特点，客观上要求政府监管金融业，通过制定一套有效的金融监管制度体系，维护金融安全、保护金融消费者利益、实现资源优化配置。经济与金融的发展和监管环境的变化，推动着金融监管制度的变化。金融危机的频发、全球金融市场的快速发展、金融风险的增加、技术进步的冲击等推动了现代化金融监管制度的形成和发展。

（一）国际金融监管制度的新发展

次贷危机的爆发和蔓延揭露了金融监管的缺陷，美国等发达国家率先对金融监管制度进行改革，国际金融监管制度正在经历新变化。

在监管理念上，从局部性风险监管转向系统性风险监管，强调建立一个对重要系统具有影响力的机构以及对重要支付和结算系统进行独立监管的机关，监管范围不再局限于银行业，以避免系统性金融危机的发生。在监管模型上，从功能监管转向目标监管，将监管机构分为市场稳定监管机关、审慎金融监管机关和商业行为监管机关。其中，审慎监管监测和管理风险，商业行为监管监督营销行为。目标监管统一协调监管，堵塞监管漏洞。在监管程度上，金融监管开始加大力度，采取严格的监管措施，加强对金融衍生产品和评级机构的监管，并对资本监管提出了更高的要求。巴塞尔银行监管委员会发布的《巴塞尔协议Ⅲ》，对银行的资本充足率、杠杆率和流动性要求作了进一步加强。此外，全球监管国际合作和信息共享进一步加强，建立跨国监管机制和合作机制，共同应对全球金融风险。在预测层面上，金融监管与科技发展相结合。随着金融科技的快速发展和金融创新的加速推进，监管机构需要密切关注数字货币、区块链、人工智能等新兴技术的应用，加强监管科技的研究和应用，以应对新的风险和挑战。

（二）中国现代化金融监管制度

近年来，中国对金融监管制度实施了一系列变革，形成了宏观审慎监管与微观审慎控制"两位一体"的完整现代金融监管体系，加强了整体控制与统筹协调，改善了金融监管资源配置与效果，基本适应中国现阶段金融市场特点与市场经济发展需要。

2017 年 11 月，中国设立自治区金融业稳定党委（以下简称"金融委"）。根据中央政府系统计划和战略部署，目前中央和地方政府金融监管工作方式粗具雏形，在融资管理工作主体是中央政府行政事权的情况下，加强属地危机处理职责，由简单监督管理方式向双层监督管理方式逐步转换，遵循权力相匹配原理，实现"大联合、小分权"的监督管理局面，各地政府陆续将融资办（局）升级为当地的金融服务监管组织，逐步完善了中央政府与地方金融机构的治理体系。在监管过程中，中央与地方的监督协调体制上还面临着部分问题，主要内容包括：各地监督的范围、职能与方法等亟须逐步明晰，中央与地方监督分工不清晰出现了缺位、交错的现象；中央与地方监督之间出现了部门职责的不清或不对称，从而影响或降低了各地监督的服务质量与效能等。

2018 年 4 月，中国成立了银行业保险监管委员会，建立"一委一行两会"的金融机构监督管理新体系，建立了金融服务委协调推进央行金融机构监管机构间及跨领域的监督协调体系，强调行动监督和金融消费者保障，建立"双峰监督"格局。通过创新体系改革原来的金融机构监管方式、分割式的金融市场架构与管理，并统筹协调监管政策与活动，适应了当今世界各国监管体制改革发展的主要潮流。但在实践监管过程中，行为监管和审慎监管协调的结合效果还不尽如人意，影响了整个金融市场运作环境与监管效果，存在的问题包括：货币政策和审慎监管边界模糊不清，影响了审慎监管与行为监管之间的相对独立性；行动式金融监管比较审慎监管的重要性程度亟待进一步提升；当前金融市场波动性超过了宏观实体经济波动幅度，并且微观审慎监管部门和金融机构对消费者本身的保障能力仍存在重大欠缺等。

2023 年 7 月，国务院不再保留中国银行保险监督管理委员会，将除证券业之外的金融业监管职责统一交给新建的国家金融监督管理总局。此外，将中国人民银行对金融集团的日常监管和有关金融消费者保护的职责，中国证券监督管理委员会的投资者保护职责划入国家金融监督管理总局。组建国家金融监督管理总局的目标是统筹负责金融消费者权益保护，加强风险管理和防范处置。

二、机构投资者制度背景

近年来，中国证券市场的金融机构参与者队伍快速蓬勃发展起来，并且正朝着更加多样化的走向蓬勃发展，目前已经出现了包含股票投资基金、社保基金、券商、再投资保险公司、信托服务企业、财务公司、企业年金服务公司、QFII 等专业化的市场。其中，1998 年 3 月中国第一家以股票投资基金为主体的全封闭基金体系建立并启动运行，由此中国出现了真正意义上具备专门能力的金融机构投资者。1999 年，规定了三类公司资本才有可能径直流入证券市场，并允许保险公司资本间接流入证券市场，华泰财险公司于 2005 年 2 月 17 日开始进行下单购买证券，这标志着中国境内保险公司径直投入证券市场的工作开始启动。2001 年 9 月底，中国开放式基金建立，自此投资市场的分化也更加明确，基金的投资品种也更加多元化。2002 年，QFII（合格境外机构投资者）制度的推行，促使了外资在可控制的规模下也可以径直投入中国 A 股市场。2003 年，社保基金也开始直接入市，给中国证券市场又带来了一个新鲜血液。由此，中国初步形成了多元化机构投资者格局。2006 年，中国证监会批准了首批 5 家期货公司，开展了金融期货交易，这标志着金融期货市场的正式运行和期货公司的进入。2007 年，由中国政府设立投资公司的中国证券金融股份有限公司，成为战略投资者，进入资本市场，开启国有资本参与市场投资。多个类型的机构投资者的陆续加入，中国机构投资者主体类型逐渐多元化，为资本市场的发展和稳定提供了更为广泛的参与者和更多的投资渠道。

机构投资者的迅速成长使其逐渐代替散户，成为证券市场中的主导力量。并且随着中国资本市场的进一步改革以及企业入市期限的逐渐放开，中国机构资本进入企业所持股的范围也在逐渐增加，不仅持有股价的绝对值不断上升，同时在持有企业流通股中的比重也在逐渐发生变化。

目前，中国的机构投资者种类逐渐多元化，随着其队伍的壮大，中国的证券市场上也会出现百家争鸣的情况。与早期市场上机构投资者相比，现在的机构投资者具有明显的进步。第一，组织化程度变高，大多以组织为单位进行投资行为，无论是体制内机构还是体制外的"私募基金"，都具有明确的组织架构。第二，管理的资金额度较大，机构投资者大多从企业或者个人进行资金收集，不同于个人投资者仅以个人资产来进行投资行为。第三，具有成熟的投资理念，并且运用专业的投资技术进行投资，风险管理程度较高。第四，资金提供者与机构管理人趋向分离。

三、盈余管理制度背景

管理层作为企业经营活动的管理者，相较于外部利益相关者，更清楚公司的经营现状和发展前景。此外，管理层和企业所有者的目标不同，可能会产生利益冲突。信息不对称和契约摩擦就成为促使管理层进行盈余管理的基本条件。具有信息优势的管理层可能操纵盈余信息，以误导利益相关者作出经济决策或影响以财务报告为基础的契约的后果。信息不对称不能被完全消除，只能降低不对称性程度，因此上市公司中广泛存在盈余管理行为。

会计准则规定企业计量和披露财会计信息的标准，确保财务报告的准确性和真实性。同时，会计准则兼顾一定的灵活性，如不同企业对同一会计事项、同一企业在不同时期对同一会计事项可以采用不同的会计方法，会计准则为企业编制财务报告提供了多种备选的会计方法、会计估计、会计政策。这种灵活性可能被管理层滥用。此外，会计准则等政策往往落后于经济和实践的创新行为，存在时滞性。会计准则的灵活性和时滞性为盈余管理提供了可能性。

第四章

金融监管下机构投资者的研究

机构投资者作为金融市场的重要参与者，兼具金融机构和股东的双重身份，相比个人投资者，在资金实力、专业储备、监督治理方面有着显著优势，信息获取和信息甄别处理的能力更强，对金融市场造成的影响也更加强烈。首先，机构投资者作为企业股东能参与企业的监督治理。机构投资者有能力通过股票减持、行使表决权、派驻董事等方式直接或间接参与公司治理，抑制企业的非理性行为；同时，机构投资者也有能力与企业进行合谋，操纵利润赚取短期收益。其次，机构投资者作为金融机构，其增持或减持行为很大程度上会影响散户的投资决策，其理性的投资行为能稳定市场噪声，稳定股价；但其"羊群行为"和正反馈行为等非理性行为，会激化市场情绪，加剧市场波动。因此，有必要对机构投资者行为进行监管约束，确保机构投资者合理行使权力，抑制市场中投资者的过热情绪，减少盲目从众行为，进而加强金融市场的稳定性。

第一节 金融监管体系下机构投资者的监管目标

机构投资者作为金融市场中强有力的组成部分，在价格确定、信息披露、交易稳定方面起着重要作用，而监管制度有效性与机构投资者功能的发挥息息相关：合理的监管制度正向促进机构投资者功能的发挥，维持金融市场秩序，维护中小投资者的利益；过时的监管制度无法规范机构投资者行为，不能起到监督引导的作用。我国金融市场监管现状表明，现有监管制度不够健全、信息不对称程度高、仍存在交易操纵现象。因此，为了最大化发挥机构投资者对金融市场的稳定作用，有必要针对机构投资者特性，结合政府监督、自律监管以及恰当的司法途径，构建与之相适应的监管制度体系。

一、机构投资者的功能定位

机构投资者是金融市场的重要组成部分，充分发挥机构投资者的正向引导作用，有利于经济的快速稳定发展。依据资本市场发展理论与实践，机构投资者具有价格形成功能、信息披露功能、市场流动性功能和交易稳定性功能。

1. 价格形成机制功能

IPO 股票定价采取询价方式，该方式依赖特定机构投资者对市场信息的分析解读能力，机构投资者拥有的专业知识能力、独特的信息获取渠道以及丰富的实践经验是其确定最终定价的有力武器。机构投资者在股票价格确定方面的话语权体现了资本市场价值发现功能。

2. 信息披露功能

机构投资者有相对雄厚的资金支持，可以大规模持股；机构投资者具备专业知识能力，能理性分析市场现状，不跟风买进和卖出，有更强的长期持股倾向；机构投资者属于第三方投资机构，不与被持股企业存在重大利益冲突。这些特质使得机构投资者相比其他主体更能胜任监督者角色。机构投资者可以代表中小股东行使监督权，重视管理中的利益冲突，减少委托代理问题，提高信息透明度，促进权力机构监督重点向事中和事后方向转变，推动市场规范运作。

3. 市场流动性功能

当一级市场对股票交易价格估值普遍过高时，股价崩盘风险高，风传导到二级市场后容易引发投资者的避险情绪，在投机动机与"羊群效应"的影响下退出市场，导致金融市场陷入流动性不足的困境。而机构投资者对被投资企业的关注度会随着持股比例的增加而增加，高持股比例能提高机构投资者参与被投资企业公司治理的主动性，充分发挥其专业优势和信息优势，减少股票买卖价差，缩短价格从偏离状态回归正常状态所需的恢复时间，起到股价稳定器的效果，有效提升后期市场成交量，防范流动性不足的风险。

4. 交易稳定性功能

收集信息需要付出成本，机构投资者在信息搜寻方面具有规模效应，其搜寻成本小于搜寻收益。因此，机构投资者愿意收集信息，具有信息优势。大量专业机构投资者的存在能向市场传递行为信号，减少交易市场中的不理性投资行为，降低市场噪声和股民情绪对证券市场稳定性的影响。其次，机构投资者通过参与公司治理，能够有效遏制其盈余管理行为，保障信息的可靠性，稳定市场，有利于股票市场维持合理的交易水平。

二、现代化金融监管体系对机构投资者的监管目标

（一）功能监管论

1. 功能监管的监管理念

金融机构功能监管观由美国金融学家罗伯特默顿和兹维博迪共同提出，该理论认为，基于功能的金融体系比基于机构的金融体系更能简化政府监管，具体原因有三：一是功能监管观点不是试图保护现有的机构形式，而是着重于预测在未来得以实现中介功能的机构具备何种组织结构，并针对这种必然变化设计相关政策，调整监督方案。二是不同金融机构提供产品和服务的边界随着交易技术的发展和交易成本的降低逐渐模糊，种类繁多的金融产品从功能角度看具有同质性，且长期内相对稳定。三是功能监管降低了机构"监管套利"的可能性，促进金融机构组织变革。

2. 功能监管的理论基础

功能观认为，金融体系的功能基本维持不变，仅存在微小的变化，而不同的金融机构的形式确是千变万化的。该观点认为，金融体系的基础功能基本不随时间及地域的不同而产生变化，具有稳定性。一般而言，金融体系的基本功能有清算和支付、融通资金、股权细分、为时空上的经济资源转移提供渠道、风险管理、信息提供、解决激励问题等。每个基本功能对应一个基本需求，无论机构形式如何变化，基本功能大体不变。

金融功能观适用于各个层面的分析，包括且不限于整个体系层面、机构层面、经营层面和产品层面。从体系层面看，功能观不会抑制金融市场发展，也不需要人为分割金融市场；从机构层面看，金融功能观鼓励机构之间的良性竞争；从经营层面看，功能监管之下，机构运营更富有灵活性；从产品层面看，金融功能观的服务提供主体更加多元化，能有效控制垄断。

金融机构的形式和内容相比其功能具有易变性。其一，同样名称的金融机构，随着时间推移，其性质和职能可能会发生很大变化；其二，地域、法律、政策安排、人文传统等因素的不同，也会导致金融机构的职能定位和业务范围发生变化；其三，同一项金融基本功能的执行载体有许多，银行、保险、信托、共同基金、养老基金、证券或金融衍生品都可以执行同一个金融基本功能，同一机构也可以执行不同的金融基本功能。

（二）监管目标要适应机构投资者的功能

首先，监管机构投资者的监管制度应当有明确的目标。提高市场效率、保护弱势群体是监管的主要目标。考虑成本收益的情况下，监管机构致力于以最低的成本实现监管目标，需要对成本进行衡量，而单纯以价值为依据，并不能全面清晰地反映实际情况，相比之下，以"损害"作为衡量标准更清晰可行，即一旦其行为干扰市场秩序、侵害中小投资者利益，就应当对其行为进行限制。在监管程度方面，应当控制在最小范围内，最小范围即消除"损害"所必须采取措施的范围。

其次，监管机构投资者的手段应当与监管目标相匹配。监管目标的实现需要采取相匹配的监管手段。诸如，监管介入机构投资者和中小投资者之间，是因为中小投资者由于自身专业素质受限、信息匮乏，与机构投资者之间具有明显的信息不对称，中小投资者"自由决策"的背后可能受到机构投资者的引导和操控，因此，应尽可能对公开信息进行监管，减少信息不对称。此外，机构投资者进入市场的行为需要监管介入。从市场安全和秩序的角度出发，投资者进入市场需要进行事前审批，此时的金融监管不宜过于严苛，应以控制为主，即监管手段的严格程度应根据实际情况作出调整。

第二节　机构投资者交易行为对金融市场稳定性的影响

随着投资主体日益多元化，资金丰富、拥有更多专业知识和更全面信息的机构投资者成为资本市场的主力军。他们不断挖掘企业信息，以期提高投资价值。机构投资者的类型不同，对公司的监督作用也有差异，他们对市场效率、股价、企业盈余均有不同程度的影响。机构投资者的"羊群行为"和正反馈交易行为会影响市场流动性、波动性和有效性，从而进一步影响金融市场的稳定性。

一、机构投资者的交易行为

随着机构投资者的不断发展，其交易行为对证券市场的影响日益明显，机构投资者交易行为对市场有效性影响的研究越来越引起人们的重视。大多数学者认为，机构投资者比个人投资者更具有理性特质，他们可以利用自己的专业知识和人脉网络来筛选投资信息，从而提高市场的效率。但是，目前有研究发现，投资者的交易特性也会加剧市场波动。

（一）"羊群行为"

投资者的"羊群行为"是指在某一特定时期，大量投资者对特定资产有相同的偏好或采取相同的投资策略。理性"羊群行为"起因于投资者在选择个别股票时所考虑的因素相同，所获得的信息也相似，经常会作出类似的投资选择；非理性的"羊群行为"更多源自心理方面，指投资者无视个人信息，盲目模仿其他投资者，跟随所谓的市场投资趋势，使股票市场在同一时段存在同一方向的大量买入或卖出，影响市场稳定。投资者的"羊群行为"会导致股票价格无法真实反映股票基本信息，加剧市场波动，更严重时会引发金融危机。

虽然与散户相比，机构投资者在信息获取能力、专业知识等方面具有明显的优势，但现有研究发现，机构投资者的交易行为存在非理性，"羊群行为"即是其中之一。研究表明，在国内外市场上，机构投资者的交易行为都具有非理性色彩。约瑟夫－拉科尼绍克（Josef Lakonishok，1992）认为，如果各基金经理独立进行股票交易，股票买卖的概率是相同的。也就是说，在不存在"羊群行为"的前提下，某一季度股票投资基金中应该有一半是买入，一半是卖出；与此相反，则存在"羊群行为"。在此基础上，他们推导出了后来广泛应用的LSV 模型，该模型验证了国内外股市中的机构投资者都具有"羊群行为"。

学者们认为，机构投资者的投资决策总是为了避免失误或风险，机构投资者的管理决策往往是其模仿的投资行为，而这类行为又容易反向引起其他买家的模仿。

（二）正反馈行为

正反馈交易行为是指在价格上涨时买入，价格下跌时卖出的一种交易方式。投资者认知的扭曲、投资行为偏差和情绪波动导致了对资产价格认知的偏差，认知的偏差进一步加剧投资者的负面投资行为，使价格严重偏离其内在价值。正反馈交易行为的主体称为正反馈交易者。

最先开始进行正反馈交易研究的是布拉德福德·迪隆等（J Bradford De-Long et al.，1990），通过建立 DSSW 模型，将正反馈交易者与套利者结合起来，详细说明了正反馈交易者使股票市价变得不稳定的方式和过程。他们指出，正反馈交易者与股票市场价格在短期内是正相关的，因为采取正反馈交易策略的投资者更重视股票的历史情况，而不是股票的内在价值或可获得的基本信息，正反馈交易基本上是噪声干扰。

正反馈交易策略的不合理也反映在机构投资者的商业决策中。机构投资者通常有两种具体决策：基本策略和短期策略。基于基本策略的投资需要很长时间，短期内情况很可能表现不佳，由于竞争压力增加，机构投资者被迫放弃基本策略，转而追求短期策略，采取短期行动的一种典型的短视行为就是"趋势跟踪"或"正反馈交易"。

二、金融市场的稳定性

（一）金融市场稳定的定义

金融稳定关系到国家政权的安全，关系到世界经济的发展。金融稳定的重要性已得到社会各界的认可，却尚未得出被广泛接受的定义，在什么样的政策有利于金融稳定方面也未达成共识。根本原因在于，金融稳定涉及的内容是清晰的，即金融机构不会突然倒闭、金融市场不存在大幅度动荡、系统动荡造成的损失在合理预期范围内，但金融稳定的界限却是模糊的，现有研究从金融稳定与金融不稳定两个视角给出了对金融稳定的理解。

1. 基于不稳定视角的定义

金融稳定的内涵可以通过金融不稳定反推，金融稳定即不可能发生金融不稳定的状态。弗雷德里克·斯坦利·米什金（Frederic Stanley Mishkin，1999）认为，金融市场在遭受冲击后，信息流受阻，导致金融系统不能正常配置资金，从而形成了金融不稳定状态，即冲击加剧现有的信息不对称导致了金融不稳定，此定义强调金融系统的中介作用。

菲利普·戴维斯（E Philip Davis，2002）将金融不稳定定义为潜在金融危机风险的升高。他认为，金融危机即金融体系的大规模崩溃，服务无法得到支付，生产性机会得不到资金配置，对实体经济造成重大不利影响。该定义认为，促进经济稳定等同于管理系统性风险，而系统性风险的表现为流动性缺失和基础设施崩溃。

钱特（Chant J，2003）指出，金融不稳定包括从银行危机到股市崩溃的所有不稳定情形，因而不同形式的不稳定会刺激不同的金融部门，从而产生不同的结果。他进一步分析认为，金融不稳定与其他不稳定情形的区别在于，金融不稳定的诱因直接来源于金融市场，且金融不稳定不能以价格来度量。钱特（2003）的定义强调金融市场条件变化对实体经济造成的影响。

霍尔丹等（Haldane et al.，2004）认为，金融不稳定是指由于金融部门不完善引起的储蓄和投资计划偏离最优选择的状态。这一思想早在艾伦（Allen，2004）的论著中就有所表达，艾伦形象地将金融不稳定描述为：大量参与者经历着金融危机，多数家庭不能负担生活费用，消费者支出总额急剧下降，谨慎经营的公司却突发财政困难，企业支出总额也大幅度削减等严重受阻的宏观经济现象。

2. 基于稳定视角的定义

除从金融不稳定反推金融稳定外，还可直接从稳定视角出发定义金融稳定。弗雷德里克·斯坦利·米什金（1999）将金融稳定界定为：金融体系能合理且有效地分配投资机会，不形成重大干扰，金融交易持续且普遍存在。安德鲁·克罗基特（Andrew Crockett，1997）在定义金融稳定时考虑金融系统的中介作用，而非金融基础建设，认为金融稳定是金融系统不需要外界帮助仍能正常运转的状态。

福特（Foot M，2002）定义的金融稳定包括货币稳定，他认为连接实体经济与金融稳定的是自然就业率。帕多瓦·斯基亚帕（Padoa-Schioppa，2002）对金融稳定的定义强调冲击吸收能力和金融系统恢复能力，因此他定义下的金融稳定状态可以继续资金配置并有能力支付费用，且支付费用能力至关重要，为不同于中介功能中断，支付功能的崩溃会导致经济活动水平的恶化。加里·希纳西（Garry J Schinasi，2004）打破单一静态视角，将金融稳定视为时间上的连续状态。金融稳定和金融不稳定是走廊的两端，"金融"则在走廊中不断运动，金融系统中不稳定因素的积累或外在的冲击，会致使金融状态向不稳定端移动。

（二）金融市场的稳定与机构投资者

我国证券市场成立之初以个人投资者为主，股市波动被认为是个人投资者的"噪声交易""市场情绪"等非理性行为造成的。传统的理论观念肯定机构投资者的理性和专业性，认为机构投资者的存在能稳定市场噪声，因此超常规发展机构投资者的口号在我国呼声很高。时至今日，我国的机构投资者在数量和规模上均得到了迅猛发展，然而事实显示"对倒""对敲""坐庄""老鼠仓"等术语在股市蔓延，"羊群行为""短视行为"等机构投资者行为会加剧股市波动，急需重新审视机构投资者是否真的能稳定市场。

1. 机构投资者稳定市场的作用机理

机构投资者的专业优势、风险倾向性和负反馈交易策略能稳定股价。

首先，机构投资者相比中小投资者更加具有专业优势，其投资、持仓、减仓等行为依靠的是专业投资团队的集体智慧，是对股票基本面进行谨慎分析后作出的决定，这体现了机构投资者决策的理性。因而机构投资者不会受"噪声交易"的迷惑，不盲目追涨杀跌。此外，机构投资者前期的理性分析也为后续的长期持股奠定了基础，长期稳定持股行为避免了短期快进快出所造成的股价波动，有利于市场稳定。

其次，机构投资者的委托代理特性，有按时支付所需大量资金的义务，因而倾向于选择风险小、流动性高的股票。除此之外，机构投资者持有的巨额股数在交易时需要付出不小的交易成本，为了尽可能减少交易损失，不会像散户一样频繁换股，"买入并持有"的投资行为，有利于持仓股股价的稳定，促进证券市场稳定。

最后，机构投资者的负反馈交易策略，在散户集体大量抛售股票造成股价大跌、跌到低于真正市场价值的情况下，机构投资者能迅速作出反应，增仓持有，挽救下跌的股价，在止跌的同时为股票的发行公司注入活力，助力发行公司的后续发展；而在散户集体涌向某只股票导致其股价泡沫过高时，机构投资者的减持，能为激烈的市场氛围"降温"，使股价回落，稳定局势。

2. 机构投资者加剧市场波动的作用机理

机构投资者"羊群行为""短视行为"和股价操控行为会加剧股票价格波动。

首先，机构投资者的"羊群行为"。追涨杀跌行为会刺激股票需求和供给，供需的急剧变化加剧价格波动，形成市场中的不稳定因素。反对机构投资者能稳定市场的观点的学者认为，机构投资者"羊群行为"比散户更严重，原因有三：第一，机构投资者都是信息的极力捕捉者，由于市场信息本身的一致性，加上机构投资者分析方法的相同或类似，往往得出同样的投资信号，作出同样的投资决策。相比之下，机构投资者拥有的资金更加雄厚，集中在短时间内大规模地买入或卖出，对股价的冲击更加致命，且机构投资者的行为还会扩展至个人投资者，将进一步加剧价格波动。这种"虚假羊群行为"并不能起到稳定股价的作用。第二，机构投资者的"搭便车"行为，也导致了机构投资者的"羊群行为"。机构投资者从投资中获益的前提是基于正确的信息采取行动，而在机构投资者获取信息的能力有限的情况下，会模仿信息拥有者的决策，受限于机构投资者彼此之间了解程度的不同，这种"搭便车"行为所产生的结果也不尽相同。第三，基金经理基于对业绩排名的考虑，而采取的跟风行为。基金经理受到的评价与过往业绩紧密相关，在未能作出有价值的判断时，为了保住业绩及奖金激励，会跟风模仿其他基金奖励的行为。

其次，机构投资者的短视行为。社会公众对机构投资者的业绩进行排名时往往依据其当期表现，而不考虑在持有期间内的长期收益。激烈的竞争压力让机构投资者的投资策略不是基于长远考虑，而是在竞争压力下，选择能让当期排名靠前的投资策略。这种投资选择之下，"炒短线"的优先级高于长期优质股，即便发现有长期发展潜力的优质股票也不一定会选择增仓、建仓，该种短视行为使得机构投资者被迫根据股市的变化随时调整投资组合，加剧市场的不稳定。

最后，机构投资者的股价操控行为。不同于以往的机构投资者能稳定股价的观点，有部分学者认为，机构投资者反而是股价波动的始作俑者。一方面，他们认为机构投资者进行投资的目的是获取利润，而利润来源恰恰是股价的买卖差价，获利的可能性与差价大小正相关。从这一逻辑出发，机构投资者不但不会致力于稳定市场价格，还会希望股价波动更加剧烈。另一方面，我国现阶段不健全、不完善的监管也为机构投资者操纵股价留下了空间，"坐庄""对倒""对敲"也就不足为奇。

三、机构投资者交易行为对市场有效性的影响

中国股市建立以来，已经对中国的市场弱有效性进行了许多研究，但无论是理论分析还是实证研究都没有得出一致的结论，主要原因有：第一，我国证券市场目前处于不成熟状态，市场发展还不完善，上市公司信息披露不充分，部分财务信息不现实；第二，受投资者结构、规模效应和准入限制等诸多因素的影响，我国证券市场也存在着竞争程度相对较低、信息不对称等一系列问题，信息不足的投资者不能依赖有效信息作出理性决策。机构投资者交易行为对市场有效性的影响，主要从他们的"羊群行为"与正反馈行为对市场流动性与市场波动性的影响入手。

（一）机构投资者交易行为对市场流动性的影响

证券市场流动性的高低，是市场有效性在证券交易速度方面的体现。良好的市场流动性应确保市场参与者能够在高水平上快速交付，虽然市场动态不会造成金融交易或资本投资价格的重大波动，但是对机构投资者能否减少市场流动性并确保市场安全这一问题的看法在经济理论和实证结果方面都存在较大差异。在流动性市场中，价格发挥了它的有效功能，就市场信息而言，投资者在次级层面作出决策，以促进资源的有效配置。

徐颖文（2009）研究指出，机构投资行为明显地改善了市场有效性。同时，一部分学者认为机构投资者持股会降低股票市场流动性。张普和薛宏刚（2018）基于2005~2017年的机构投资者详细情况进行实证研究，结果表明：机构投资者及其相互之间对企业私人信息的竞争已经加强，从而加剧信息不对称，可能会进一步引致"羊群效应"，抑制股票市场流动性。

熊海芳和张泽（2019）的研究发现，基金的相关交易需求导致流动性共

变。基金的"羊群行为"和面临的资金流冲击是导致其产生相关交易需求的重要原因,基金是通过"相关流动性冲击"渠道而非"共有所有权"渠道引发流动性共变。

(二) 机构投资者交易行为对市场波动性的影响

证券价格的不断变化是证券市场波动性的主要表现,只有具备一定程度的灵活性,证券市场才能提供公平的市场价值,并向投资者提供对广泛参与者具有吸引力的政策信息,才能维持和扩大市场流动性。因此,正常的波动性是证券市场存在和发展的先决条件。然而,过度的价格波动和过度的投机气氛可能破坏市场周期内价格的运作,打破资源的合理配置,更有甚者不利于整个证券市场和经济体系的稳定发展。因此,证券市场的波动反映了证券汇率波动方面的市场稳定性,这是许多监管机构的一个重要目标。

1. 机构投资者交易行为导致市场过度波动

(1)"羊群行为"加剧市场波动

"羊群行为"被认为是引起股市剧烈波动的主要动因之一。在造成了巨大的股价泡沫之余,它还降低了市场运行的有效性,并不断增加市场中的系统性风险,使股市变得非常脆弱。肯尼斯·弗罗特(Kenneth A Froot,1992)认为,由于投资机构具有的资金实力更强,拥有更多股票,从而会比散户的交易行为对股价起的作用影响更大,从而会放大机构投资者"羊群行为"的影响,股票的价格走势会因为这些机构投资者以同方向买卖相同的股票等操作而发生巨大的波动,不利于股价全面反映市场信息,加剧了市场过度波动。

国内也有相关学者持有相同的观点。姚佩怡(2014)列举了暴民心理、股票市场跟风现象等"羊群行为"的实际例子,指出"羊群行为"会降低资本市场效率,导致股价的大幅波动。邬松涛和何建敏等(2017)研究发现:"羊群行为"导致股票价格波动扩大,出现股票价格联动效应。

(2)正反馈行为加剧市场波动

在进行具体决策时,机构投资者通常面临两种策略选择,即基础策略和短期策略。典型的短视行为之一是"趋势追踪"或"正反馈交易",其表现是跟随市场的主要热点：卖出表现不佳、亏钱的股票，买入表现强劲、赚钱的股票。

布拉德福德·迪隆等（1990）建立的正反馈交易模型在解释价格泡沫的同时也提出了"套利者是否能够稳定市场"的问题。认为在正反馈交易机制下，套利者会使市场更加不稳定。

谭中明和李庆尊（2005）运用 DSSW 模型研究在禁止内幕交易的情况下，发现机构投资者顺势成为次优信息持有者，并且具备资金优势，在股票市场上进行股票吸筹、拉升和出货三阶段，其结果表明，该操作使股价上涨，吸引正反馈交易者买进从而使机构得到超额回报，进而引发股价大幅度波动。魏益华等（2008）、胡超斌等（2013）在该模型的基础上作进一步延伸，增添了两类交易者数量比不唯一的前提，并将信息优势和跟风行为等因素考虑在内。郝军章等（2020）的研究结果表明，不同类型投资者之间转换强度越大，股票市场波动性越大。魏龙飞等（2021）的研究表明，保险机构持股比例变动会加剧股市的波动。

2. 机构投资者交易行为有利于稳定市场波动

（1）"羊群行为"并不一定导致市场波动

如果机构投资者比个人拥有更多的信息来评价股票的基本价值，他们就会选择一起购买低评价的股票，出售高评价的股票。这种无理行为会使股价更倾向于偏离基本价值。另外，这种"羊群效应"加快了股票价格回归基本价值的速度，提高了股市的效率。同时，如果许多机构投资者集体对个人投资者的非理性行为进行反向作用，这种"羊群效应"就会破坏个人投资者的非理性行为。这种成群结队实际上是在起到稳定股市的效果。

罗斯·韦默斯（Russ R Wermers，1999）以 1975～1994 年美国股市的共同基金为研究对象，该研究发现基金整体上存在一定程度的"羊群行为"，其行为可能并非理性，从而发现机构投资者行为有利于股价的调整，促进各种新信息的吸收，提高市场效率。

近年来，比较多的研究认为"羊群行为"对股价波动的影响需依据不同条件来判断。张普等（2021）建立"羊群行为"视角下的股票波动性价值模型，研究发现："羊群行为"对股价波动的影响需要根据不同的信息条件进行分析，在信息不完全但对称的条件下，低信息水平的市场中"羊群行为"对股价波动产生收敛作用，高信息水平的市场中"羊群行为"对股价波动产生发散作用；在中等信息水平的市场中"羊群行为"的作用则不明显；对于信息不完全且不对称的市场，表现为在同等信息不对称条件下，"羊群行为"在信息优势不明显时平抑股价波动，而在信息优势足够大时加剧股价波动。

（2）正反馈行为不一定导致市场波动

现实中的市场参与者需要消化信息，并据此进行交易反应。因此，需要度过一段时期，市场价格才能完全反映新的信息。当市场处于不完全有效时，参与者选择实施短期策略，可能是理性的行为，因为短期策略相对来说可以较为全面地利用股票收益的特点——持续性。

另外，低评价的股票上涨时，如果机构投资者购买该股票的话，股价会迅速回归到基础上。这种趋势追踪没有提升股市的变动性趋势，反而成为股市稳定的力量。只有购买高评价股票，出售低评价股票的趋势追踪行为，才能助长股票市场的波动。

除此之外，"百花齐放，百家争鸣"也是机构投资者所奉行的，机构投资者通常会采取投资战略多维度措施。当处于在市场稳定时期，机构投资者对个别股票的超额需求接近于零。因此，机构投资者的交易行为并不会导致波动性的提升。

（3）机构投资者是更为理性的投资者

相较于个人投资者，机构投资者具有以下优势：搜索信息能力强，拥有专门的研究院和基金经理人。基于这些能力，投资机构能够实现更加精准的股票价值预判，并且与散户不同的是，他们的投资行为不太仰仗于"噪声"或者"市场情绪"，所以散户的非理性行为所造成的市场波动，可以被机构投资者的系列行为所抵消，并进一步降低股票市场的波动性。

（三）机构投资者交易行为对市场有效性的影响

1. 机构投资者"羊群行为"对市场有效性的影响

关于机构投资者"羊群行为"对市场有效性影响的研究，国内外学者通常有两种观点：大部分学者认为机构投资者"羊群行为"对市场有效性起负向作用，不利于维护市场有效性；少部分学者持有相反观点，认为其行为有利于维护市场有效性。

（1）机构投资者"羊群行为"不利于维护市场有效性

国外有部分学者认为，机构投资者"羊群行为"不利于维护市场有效性，其存在加大了股价的波动幅度，使股票的投资风险上升，同时导致股价的过度变化，使股价与其内在价值发生偏离，不利于股价反映市场信息，破坏了市场有效性。菲利普·戴维斯和本·斯泰尔（Davis E P & Steil B，2001）指出，"羊群行为"会让投资者在一定时间内作出相同的交易行为，从而减弱了市场因素对未来股价走势的作用，不利于维护市场有效性。

国内的部分学者也支持该观点。刘莉（2010）认为，机构投资者的"羊群行为"使得我国资本市场的股价波动更加剧烈，同时各种信息无法真实及时地传递给投资者，破坏了资本市场的资源配置功能，使市场有效性降低。邢嘉慧（2021）基于行为金融学分析认为，长期的"羊群行为"会大大增加证券市场中投资风险出现的概率，同时也会对证券市场的稳定性和效率产生很大影响。

（2）机构投资者"羊群行为"有利于维护市场有效性

国内外有一部分学者认为，机构投资者"羊群行为"有利于维护市场有效性。持有该观点的学者认为：较高的搜索信息能力，能够帮助机构投资者，不管是否因为"羊群效应"，其交易行为都可以促使市场更加理性。侯德鑫和薛博（2015）认为，理性的"羊群效应"会增强证券市场的价格发现功能，更好地实现资源的配置，此时的"羊群行为"使大多数资金能够流入投资价值高的企业，股票的价格更接近其内在价值，有利于提高市场有效性。

（3）机构投资者"羊群行为"对市场有效性的影响具有两面性

机构投资者的"羊群行为"既有利于维护市场有效性，又有可能破坏市场有效性。许年行、于上尧和伊志宏（2013）进一步研究分析了机构投资者"羊群行为"与股价同步性之间的关系，他们认为，基于类似的信息源和行为偏好，如果机构投资者的"羊群行为"会促使股价更好地融入这部分相同的信息，从而提高股票的定价效率，能起到维护市场有效性的作用；但如果机构投资者只是去模仿其他人的投资行为而省略自己本身所拥有的各种信息，这会使得投资者不仅无法发挥信息优势，并且自身所掌握的信息也不能够完全反映在现有的股价中，从而会导致股价失调，市场的信息透明度及定价效率会一定程度上降低，不利于市场有效性的发展。

2. 机构投资者正反馈交易策略对市场有效性的影响

正反馈交易策略"齐涨共跌"的特性在一定程度上会加剧股票价格的波动，使股价更加偏离其本身价值，不利于维护市场有效性。

布拉德福德·迪隆（1990）在正反馈交易模型的基础上，提出了"套利者是否能够稳定市场"的问题，他们认为，当处于正反馈交易的情形时，套利者会使市场更加不稳定；当套利者处于向好市场或者持有积极观点时，观测到一段时间内的价格上涨趋势之后，正反馈交易者在未来将会实施仿效行为，当套利者预见了这种情形后，提前获取消息的套利者在当天就会大量买进，从而促使价格在当天或者短时间内就与其内在价值发生较大程度的偏移，这种行为已经破坏了市场有效性的发展。中国机构投资者的正反馈交易程度与资本市场整体的正反馈交易程度基本处于相同的水平，即相比一些中小投资者，中国的机构投资者并没有履行符合其规模的行为。因此，机构投资者的正反馈交易策略不利于稳定市场，反而会削弱市场有效性。

刘贝贝和赵磊（2021）用股价信息含量来衡量资本市场有效性，基于2006~2019 年 A 股上市公司的数据验证合格境外机构投资者对中国资本市场有效性的影响，实证研究发现，QFII 显著提高了上市公司的股价信息含量，且更能提高公司短期的股价信息含量。

证券市场的有效性在一定程度上是安全性的体现。高专业性、较高的信息收集和分析能力是投资机构相较于散户所独具的特征，从而使投资机构能够高效地降低市场的信息不对称度和不确定性，达到提高市场有效性的目的。

第三节　机构投资者持股对企业投资效率的影响

经济飞速发展，在推动企业发展的同时，也带来了企业投资效率低的问题。在我国资本市场上，股票的配置规模及配置效率存在较大的提升空间。在企业投资效率方面，近些年来较多上市公司扩张趋势明显，且其更倾向于投资热门的风口行业，盲目从众扩张容易造成投资过度；同时，也存在一些风险厌恶型企业，其流动资产过剩，或保守投资风险较低的项目，造成投资不足。

投资活动可以给企业带来资金收益，能够保障企业未来的持续经营，并满足其扩大规模的需要。有效的投资行为会促进企业不断成长，同时也会带来充足的现金流。但是我国市场表现出了企业投资效率不高的局面。产生这种局面的原因，一是我国资本市场发展较晚，现有体系制度不完善，无法给投融资活动双方提供成熟的交易环境；二是市场上的机构投资者发展尚不完善，其自身所具备的专业知识和技能有待进一步提升和完善；三是企业内部治理水平不高，同时并未重视企业的投资行为。基于多种原因，造成了市场上整体投资效率水平低下的现象。

机构投资者作为管理机构能够有效减少对公司的无效率投入，也因此机构投资者能够在引起公司无效率投资的"信息不对称"和"委托代理问题"这两个主要问题上起到作用。一方面，机构投资者有得天独厚的信息资源优势，加上机构投资者本身的专业性及资金实力，其持股行为会向市场释放积极信号，吸引外界媒体等的关注。另一方面，机构投资者持股比例高，在董事会中会更有发言权，更有利于行使自己的监督决策权。

一、机构投资者持股与企业投资效率

企业投资效率的高低，是受到公司治理水平高低的影响的。机构投资者作为股东中的一员，其行为必定会影响企业决策进而对企业治理产生影响。已有的研究表明，一方面，机构投资者会及时发现企业中一些影响企业发展的行为，并基于自己的权利及时制止，使企业的全要素生产率在有效监督下得到提升，这在一定程度上完善了公司的内部控制和治理；另一方面，管理层会在机构投资者的有效监督下，进行合理的投融资活动，抑制非效率投资。

国有机构投资者会更有效地提高企业的投资效率。首先，特里维当（Tri Vi Dang，2020）认为，一般来说，国有机构投资者拥有更充足的投资资金，容易引起更多的关注，其投资行为具有更强的信号释放效应和功能导向，会对市场中的资本流动产生重要影响。其次，国有机构投资者相较于一般投资者，投资目标更加长远，国有机构一般不会局限于追求眼前的小利益。最后，段亚林（2000）指出，国有机构投资者因为具有国有资本的背景，基于其特殊的身份、精准的判断力和专业的分析能力，国有机构投资者在管理层拥有较强的话语权。

综上所述，机构投资者更容易掌握被投资公司的私有信息，能够及时有效地阻止一些不良情况的发生。他们出于保护自己利益的考虑，也会去监督企业的日常经营及重大决策，因为企业的经营成果直接影响机构投资者的收益。对于投资者来说，他们一次性投入企业的资金是固定的，可以视为"固定成本"，机构投资者为了及时回本，也会督促企业获得更多的收益，以维护自己的权益。而且，机构投资者自身背负着一些获利压力。因为机构从其他个体手里筹集来资金时，会给对方获利的承诺。所以企业经营的好坏也决定了机构的收益水平，为了使自己的业绩水平有保障，机构投资者也会监督企业的经营决策。基于上述推论，提出假设：

假设 H1：机构持股越多，企业投资效率越高，国有机构改善企业投资效率的效果更好。

二、机构投资者持股与信息不对称

治理水平较高的企业，往往会比较重视其会计信息质量。若企业的信息质量好，则市场上交易各方收获的信息质量越高，信息不对等会减轻。专业机构投资者可以实现股票的流通和股权的分散，削弱大股东的控制和管理，促进企业更加规范的经营和管理。随着机构投资者持股比例的提高，其将更加积极地履行股东责任，监督企业的经营行为。

现有研究将机构投资者对信息不对称的影响分成两大类，一部分学者认为机构投资者的加入反而加剧了企业的信息不对称，另外一部分学者则认为机构投资者持股起到了积极作用，进而缓解了企业的信息不对称。恩斯特·莫格（Ernst Maug，1992）认为监督是有成本的，查尔斯·卡恩和安德鲁·温顿（Charles M Kahn & Andrew Winton，1998）指出，股东参与公司治理的动机来源于边际收益大于边际成本。刘京军等（2012）研究表明，我国有较多的机构投资者将目光局限于短期获益。

但是，仍有研究结论表明，机构投资者在持股企业后，会在一定程度上减轻信息不对称的现象。高雷等（2008）的研究表明，机构投资者持股后会更加关注上市公司发布的报告，进而提高了企业的信息质量。

首先，机构投资者具有明确的持股目的。机构持股比例一般会比较大，且希望长期持有并以此而获利。所以，机构投资者更愿意对上市公司的盈余管理行为进行监督，从而减少不利于企业发展行为的产生，进而提高会计信息质量。其次，机构投资者更为专业，能够准确把握和利用信息。最后，机构投资者持股数量越多，其发言权在股东大会中会起到更加重要的作用，所以他们能在第一时间控制企业决策，从而使企业的信息质量得到提高。基于上述推论，提出假设：

假设 H2a：机构持股比例越高，企业内在信息透明度越好；

假设 H2b：机构持股比例越高，分析师预测误差越小。

三、机构投资者持股与代理成本

为了使公司高效运营，企业所有者会聘请专业的管理团队。因为管理者并非完全理性，所以会在一定程度上存在利己主义。当股东的利益追求会损害管理者的利益时，管理者会首先保护自己的权益，那么管理者利己的操作会对股东产生不利影响，这样一来就产生了第一类代理成本。大股东拥有更多的话语权，故其增加了利用本身权利操控企业经营活动而使决策更利己的可能性，大股东利用其控制权从公司中谋取私利，而这种利己行为一定会对公司的发展产生不利影响，进而侵害了中小股东的权益。

机构持股会在一定程度上减少两类代理问题。伊志宏等（2013）指出，机构投资者因为具备管理权利，所以可以直接影响公司的决策。另外，如果机构的合理诉求得不到满足，那么其抛售手中股票的行为也会对公司决策产生影响。我国市场上，公司的股权集中现象更为严重，所以我国同时有两类代理问题。约恩卡·埃尔蒂穆尔（Yonca Ertimur，2010）指出，机构投资者可以作为中间桥梁，沟通企业各方，让各方利益尽量达成一致，这样做会有利于降低其中的代理成本。已有研究表明，机构持股不一定都会对代理成本产生正面影响。因为机构本身的目的不同，所以也可能产生一些负面影响。

机构投资者具有更雄厚的资金，且其本身具有信息优势，加之其专业的分析能力，使得其信息优势更明显。当他们的持股比例较大时，机构投资者可以有效监督管理层，进而在一定程度上缓解第一类代理成本。其所具有的信息优势及中间人的特殊身份，会通过与大小股东沟通，进而降低第二类代理成本。基于上述推论，提出假设：

假设 H3a：机构持股比例越高，企业第一类代理成本越低；

假设 H3b：机构持股比例越高，企业第二类代理成本越低。

四、中介作用

1. 信息不对称的中介作用

通过前文可知，机构投资者可以通过决策直接影响到企业的投资效率，同时还可以通过其他手段间接对企业的投资效率起到影响。

根据赫希曼（Hirschman A，1971）的股东积极主义理论，机构投资者进入企业后，会积极参与公司治理。高度对称的信息能够提高投资效率。一方面，如果企业的信息对称，那么信息使用者所获得的信息质量也会得到提高，会加强利益双方彼此间的相互了解。外部的信息获得者会更了解企业的实际情况，并根据企业的实情，作出更加准确的判断，使得企业获得更加合理的资金配置。另一方面，高质量的会计信息可以产生约束效果，信息质量提高，那么管理者所掌握的情况也更加真实可靠，就会在一定程度上避免其作出错误的判断，更有利于管理者根据真实的企业信息，作出正确决策。

会计信息主要在以下方面作用于企业的投资效率：一是吸引投资。当企业的信息质量较高时，更易于吸引机构投资者进行投资，企业获得机构投资者投资后，将会拥有更多的资金以进行企业的对外投资，进而增加了投资好项目的可能性。二是缓解信息不对称。会计信息质量越高，越能改善流动性问题和逆向选择问题。三是发挥公司治理作用。高质量的信息披露，会监督管理者少做不利于企业发展的事情。

如上所述，由于机构持股可以缓解"信息不对称"与"委托代理"之间的矛盾，因此机构持股对提高投资效率和信息披露质量具有积极作用。据此，提出假设：

假设 H4：在其他条件不变的情况下，信息不对称在机构投资者持股与企业投资效率的关系中起着中介作用。

2. 代理成本的中介作用

机构投资者在进行每一个决策前，都会事先考虑其付出与收获之间的关系，如果机构投资者认为积极参与公司治理带来的收益大于其无为而治时，作为一个理性经济人，机构投资者一定会作出有益于公司发展的决策。很明显，机构投资者在降低成本这方面与企业有着相同的目标。机构投资者也希望能够降低成本，以取得更大的收益。

代理成本降低无疑会对企业经营产生积极影响。对于企业投资活动来说，代理成本降低，一方面可以给企业争取到更多的投资资金，让企业在投资活动中有更多的选择。另一方面代理冲突的解决，也有助于企业抛开种种利益纠葛，作出真正对企业有益的决策。避免管理层及大股东因自利性而作出不利于企业发展的决策。

机构投资者不仅可以通过发挥监督职能、退出投资的方式来减少管理者的自利行为，而且还可以参与激励措施的制定，让管理者与股东之间利益趋于一致。机构投资者可以提高企业的投资效率也可以降低代理成本，同时代理成本的降低有利于抑制非效率投资。据此，提出假设：

假设 H5：代理成本在机构投资者持股与企业投资效率的关系中发挥了中

介效应。

五、研究设计与数据说明

（一）数据来源

利用 Wind 数据库、CSMAR 数据库及 Choice 金融数据库，取 2015 年至 2019 年沪深 A 股上市公司，对样本数据作了以下处理，最终共得到 10 855 个研究样本：一是剔除样本少于 15 个的行业，确保样本的有效性；二是补充数据有缺失的样本，以保证样本的完整性；三是剔除金融业和保险业上市公司；四是剔除研究中出现过的 ST、*ST 的公司；五是对所有变量进行 1% 以下和99% 以上的 Winsorize 处理，避免极端值影响研究结果。

（二）变量选择与定义

1. 自变量

机构投资者的持股比例用机构投资者持股数量之和/流通 A 股总股数来衡量，记为 *INSHOLD*。数值越大，表明持股数越多。根据 Choice 金融数据库中的分类，将机构投资者分为国有机构投资者和非国有机构投资者。以确保在分类观察的条件下，能够对机构投资者持股的影响和作用进行分析和总结。

如果从外部投资者的角度来看，公司内部信息的质量不高，公司内部信息的透明度也会相应降低。基于内在的公司信息透明度视角，借鉴帕特丽夏等（1995）的研究，以修正的 Jones 模型来计量企业操纵应计盈余的大小，具体模型如下：

$$\frac{TA_{i,t}}{A_{i,t-1}} = \alpha_0 + \alpha_1 \frac{1}{A_{i,t-1}} + \alpha_2 \left(\frac{\Delta REV_{i,t}}{A_{i,t-1}} - \frac{\Delta REC_{i,t}}{A_{i,t-1}} \right) + \alpha_3 \frac{PPE_{i,t}}{A_{i,t-1}} + \varepsilon_{i,t} \quad (4.1)$$

$$NDA_{i,t} = \alpha_0 + \alpha_1 \frac{1}{A_{i,t-1}} + \alpha_2 \left(\frac{\Delta REV_{i,t}}{A_{i,t-1}} - \frac{\Delta REC_{i,t}}{A_{i,t-1}} \right) + \alpha_3 \frac{PPE_{i,t}}{A_{i,t-1}} \quad (4.2)$$

$$DA_{i,t} = \frac{TA_{i,t}}{A_{i,t-1}} - NDA_{i,t} \quad (4.3)$$

采用分析师盈余预测的标准差（*FDISP*）来测度公司的分析师盈余预测分歧度，用所有分析师对某企业一年样本预测的标准差来度量，其计算公式如下：*FDISP* = *Std*（*FEPS*）/*Abs*（*MEPS*），如果 *FDISP* 的数值越大，代表信息透明度越低。

代理成本是指代理问题造成的损失，即为解决代理问题而产生的成本。由于信息不对称，股东并不能在第一时间清楚地掌握管理者的行为目标，所以无法判断管理者是在谋私利还是为了公司的发展竭尽全力。解决这些代理问题所产生的成本称为代理成本。

首先，基于第一类代理问题，因管理层机会主义造成的代理成本，参考刘孟晖等（2015）的研究，用销售管理费用率（*ER*）来测度。其次，基于第二类代理问题，因大股东掏空行为造成的代理成本，参考姜付秀等（2015）的研究，采用上市公司其他应收款率（*ORT*）来测度。

2. 因变量

文章借鉴斯科特·理查森（Scott Richardson，2006）的经典模型来计量企业的非效率投资，具体模型如下：

$$INV_{i,t} = \gamma_0 + \gamma_1 GROWTH_{i,t-1} + \gamma_2 LEV_{i,t-1} + \gamma_3 CASH_{i,t-1} + \gamma_4 AGE_{i,t-1} + \gamma_5 R_{i,t-1}$$

$$+ \gamma_6 SIZE_{i,t-1} + \gamma_7 INV_{i,t-1} + \sum INDUSTRY + \sum YEAR + \varepsilon_t \qquad (4.4)$$

本年度的预期投资水平可以通过对模型回归得到。本年度预期投资水平 – 实际投资之间 = 非正常投资支出。取该残差的绝对值（*INVEFF*）来衡量公司的投资效率，以此来反映企业实际投资偏离预期投资水平的程度。研究所涉及的变量说明如表 4 – 1 所示。

表 4 – 1　　　　　　　　　　　　变量的定义和度量

变量分类	变量名称	变量	变量说明
被解释变量	企业效率投资	*INVEFF*	Richardson 预期投资模型回归残差的绝对值
	投资过度	*OVER_INV*	Richardson 预期投资模型回归残差为正
	投资不足	*UNDER_INV*	Richardson 预期投资模型回归残差为负

续表

变量分类	变量名称	变量	变量说明
解释变量	机构投资者持股	$INSHOLD_{i,t}$	机构投资者持股数量之和/流通 A 股总股数
中介变量	应计盈余程度	ADA	使用修正后的琼斯（1991）的模型来计算应计盈余管理程度，取绝对值
	分析师盈余预测分歧度	$FDISP$	分析师盈余预测的标准差
	第一类代理成本	ER	（营业费用＋管理费用）/主营业务收入
	第二类代理成本	ORT	其他应收款/总资产
控制变量	投资水平	$INVEST$	（构建资产付出的现金－处置资产收回的现金＋购买子公司等付出的现金－处置子公司等所收到的现金）/年初总资产
	公司规模	$SIZE$	期末资产总额的自然对数
	企业成长性	$TobinQ$	$TobinQ=$（股权市值＋净债务市值）/期末总资产
	资产负债率	LEV	期末总负债/期末总资产
	资产收益率	ROA	净利润/平均资产总额
	现金持有	$CASH$	（货币资金＋短期投资）/总资产
	流动性	CR	流动资产/流动负债
	产权性质	SOE	国企＝1，否则为0
	年龄	AGE	样本年份－上市年份
	年度超额回报收益率	R	现金红利再投资年度回报率－综合 A 股市场年度回报率（流通市值加权）
	股权集中度	$TOP10$	前十大股东持股总数/公司全部股数
	年度	$YEAR$	控制年份固定效应
	行业	$INDUSTRY$	按证监会行业分类标准分类

（三）回归模型

为了验证假设 H1，设计了模型（4.5）。

$$INVEFF_{i,t} = \beta_0 + \beta_1 INSHOD_{i,t} + \beta_i CONTROL_{i,t} + \sum INDUSTRY + \sum YEAR + \mu_{i,t}$$

$$(4.5)$$

其中，i 代表公司，t 代表年份。被解释变量 *INVEFF* 代表企业投资效率，包含 3 个测度指标：投资效率（*INVEFF*）、投资过度（*OVER_INV*）和投资不足（*UNDER_INV*）；解释变量 *INSHOLD* 表示机构投资者持股情况，包含 3 种情况：所有机构投资者持股（*INSHOLD*）、国有机构投资者持股（*INSHOLD_G*）、非国有机构投资者持股（*INSHOLD_NG*），其他变量均为控制变量。如果 *INSHOLD* 的系数 β_1 显著为负，则机构投资者持股会抑制企业的非效率投资，即提高上市公司的投资效率。

为了验证假设 H2，设计了模型（4.6）和模型（4.7）。

$$ADA_{i,t} = \gamma_0 + \gamma_1 INSHOD_{i,t} + \gamma_i CONTROL_{i,t} + \sum INDUSTRY + \sum YEAR + \mu_{i,t}$$

$$(4.6)$$

$$FDISP_{i,t} = \gamma_0 + \gamma_1 INSHOD_{i,t} + \gamma_i CONTROL_{i,t} + \sum INDUSTRY + \sum YEAR + \mu_{i,t}$$

$$(4.7)$$

在以上模型中，除了已定义变量外，被解释变量 *ADA*、*FDISP* 代表企业的信息不对称程度，分别是应计盈余程度、分析师盈余预测分歧度，解释变量 *INSHOLD* 表示机构投资者持股情况，其他变量均为控制变量。如果 *INSHOLD* 的系数 γ_1 显著为负，则机构投资者持股降低了企业的信息不对称。

为了验证假设 H3，设计了模型（4.8）和模型（4.9）。

$$ER_{i,t} = \lambda_0 + \lambda_1 INSHOD_{i,t} + \lambda_i CONTROL_{i,t} + \sum INDUSTRY + \sum YEAR + \mu_{i,t}$$

$$(4.8)$$

$$ORT_{i,t} = \lambda_0 + \lambda_1 INSHOD_{i,t} + \lambda_i CONTROL_{i,t} + \sum INDUSTRY + \sum YEAR + \mu_{i,t}$$

$$(4.9)$$

在以上模型中，除了已定义变量外，被解释变量 *ER*、*ORT* 代表企业的代理成本，分别是销售管理费用率、其他应收款率；解释变量 *INSHOLD* 表示机构投资者持股情况；其他变量均为控制变量。如果 *INSHOLD* 的系数 β_1 显著为负，则机构投资者持股降低了企业的代理成本。

为了验证假设 H4，在前述研究的基础上增加模型（4.10）到模型（4.11）。

$$INVEFF_{i,t} = \delta_0 + \delta_1 INSHOD_{i,t} + \delta_2 ADA_{i,t} + \delta_i CONTROL_{i,t} + \sum INDUSTRY$$

$$+ \sum YEAR + \mu_{i,t} \tag{4.10}$$

$$INVEFF_{i,t} = \delta_0 + \delta_1 INSHOD_{i,t} + \delta_2 FDISP_{i,t} + \delta_i CONTROL_{i,t} + \sum INDUSTRY$$

$$+ \sum YEAR + \mu_{i,t} \tag{4.11}$$

如果式（4.5）系数 β_1，式（4.6）和式（4.7）系数 γ_1，式（4.10）和式（4.11）系数 δ_1 和 δ_2 都显著，则说明信息不对称在机构投资者持股与投资效率中起到了部分中介作用；如果式（4.5）系数 β_1，式（4.6）和式（4.7）系数 γ_1，式（4.10）和式（4.11）系数 δ_2 都显著，但 δ_1 不显著，则说明信息不对称在机构投资者持股与投资效率中起到了完全中介作用。

为了验证假设 H5，在前述研究的基础上增加模型（4.12）和模型（4.13）。

$$INVEFF_{i,t} = \delta_0 + \delta_1 INSHOD_{i,t} + \delta_2 ER_{i,t} + \delta_i CONTROL_{i,t} + \sum INDUSTRY$$

$$+ \sum YEAR + \mu_{i,t} \tag{4.12}$$

$$INVEFF_{i,t} = \delta_0 + \delta_1 INSHOD_{i,t} + \delta_2 ORT_{i,t} + \delta_i CONTROL_{i,t} + \sum INDUSTRY$$

$$+ \sum YEAR + \mu_{i,t} \tag{4.13}$$

如果式（4.5）系数 β_1、式（4.8）和式（4.9）系数 λ_1、式（4.12）和式（4.12）系数 δ_1 和 δ_2 都显著，则说明信息不对称在机构投资者持股与投资效率中起到了部分中介作用；如果式（4.5）系数 β_1、式（4.8）和式（4.9）系数 λ_1、式（4.12）和式（4.12）系数 δ_2 都显著，但 δ_1 不显著，则说明代理成本在机构投资者持股与投资效率中起到了完全中介作用。

六、实证结果

（一）描述性统计

所研究的机构持股和企业的投资效率、中介变量及控制变量的描述性统计如表 4 - 2 所示。

表 4 - 2　　　　　　　　　　全样本描述性统计分析

变量	N	Mean	P50	Sd	Min	Max
INVEFF	10 855	0.0800	0.0306	0.1040	0.0001	0.2970
OVER_INV	4 238	0.1020	0.0452	0.0520	0.0001	0.3021
UNDER_INV	6 617	0.0656	0.0539	0.0493	0.0000	0.2980
INSHOLD	10 855	0.3910	0.4130	0.0230	0.0000	0.7570
INSHOLD_G	5 085	0.0246	0.0176	0.0228	0.0000	0.0829
INSHOLD_NG	5 770	0.4246	0.4576	0.0428	0.0000	0.7261
ADA	10 855	0.0703	0.0457	0.0825	0.0009	0.5310
FDISP	10 855	1.1100	0.3330	0.5560	0.0021	2.2112
ER	10 855	0.1670	0.1310	0.1310	0.0135	0.6950
ORT	10 855	0.0183	0.0085	0.0334	0.0001	0.7260
INVEST	10 855	0.0710	0.0802	0.0819	-0.0412	0.5028
SIZE	10 855	22.53	22.36	1.2670	20.04	26.27
TobinQ	10 855	2.1240	1.6510	1.4280	0.8430	9.1340
LEV	10 855	0.4360	0.4290	0.1980	0.0631	0.8840
ROA	10 855	0.0304	0.0318	0.0653	-0.329	0.1830
CASH	10 855	0.1610	0.1350	0.1050	0.0174	0.5430
CR	10 855	0.0214	0.1582	0.0186	0.0017	0.0342
CF	10 855	0.0463	0.0452	0.0653	-0.1530	0.2380
*TOP*10	10 855	0.5660	0.5670	0.1450	0.2390	0.8900

1. 被解释变量的描述性统计分析

从表 4 - 2 中可以发现，企业投资效率（*INVEFF*）这一变量的最小值为 0.001，最大值为 0.2970，意味着我国上市企业的投资效率水平之间有显著的差距，但并没有严重的极端值的存在。在 10 855 个全样本里，有 4 238 个样本是投资过度，6 617 个样本是投资不足，由此可见，我国上市企业相对而言更易产生投资不足的现象。*OVER_INV* 的极值分别为 0. 0001 和 0. 3021，均值是 0. 1020，标准差是 0. 0520，说明各个公司之间投资过度水平差异较小。各个公司之间投资不足的水平差异也较小。除此之外，从全样本数据中能够得出，投资过度多于投资不足。

2. 解释变量的描述性统计分析

机构总体持股比例的波动范围是 0 ~ 75. 70%，标准差为 0. 0230，可以看出其极差较大但波动性不大；持股的平均值是 39. 10%，说明机构在大多数公司中的持股水平不算太高。国有机构持股比例的范围在 0 ~ 8. 29%，其中标准差是 0. 0228，表明国有机构投资者持股水平比较低；从持股比例平均值 2. 246% 可以看出，国有机构持股分布呈现出右偏的特征。可以看出，在所有机构投资者中，非国有机构投资者占据较大的比重。

3. 中介变量的描述性分析

ADA 的变动范围是 0. 0009 ~ 0. 5310，其平均值和标准差分别是 0. 0703 和 0. 0825，由此说明我国盈余信息透明度有极端值。*FDISP* 的平均值为 1. 1100，最小值为 0. 0021，最大值为 2. 2112，标准差为 0. 5560，由此说明我国分析师的盈余预测分歧度差异较大。*ER* 的平均值为 0. 1670，最小值为 0. 0135，最大值为 0. 6950，标准差为 0. 1310，由此说明我国第一类代理成本差异不大。*ORT* 的平均值为 0. 0183，最小值为 0. 0001，最大值为 0. 7260，由此说明，我国第二类代理成本差异较大。

其他变量的描述性统计不再赘述。

（二）相关性分析

对主要变量进行 *VIF* 检验，目的是检验众多变量间是否存在多重共线问题，结果如表 4 - 3 所示。全部变量的方差膨胀系数（*VIF* 值）均小于 2. 3，主要解释变量、被解释变量和中介变量间不存在严重的多重共线性问题。

表 4 – 3   多重共线性检验

变量	VIF	1/VIF
SIZE	2.280	0.438
LEV	2.060	0.484
TobinQ	2.030	0.492
INSHOLD	1.740	0.574
TOP10	1.640	0.609
ROA	1.610	0.622
R	1.320	0.757
AGE	1.190	0.844
INSHOLD_G	1.180	0.844
INV	1.100	0.908
CASH	1.100	0.910
VIF 平均值	1.530	

（三）回归分析

1. 机构持股与投资效率

机构持股与投资效率的基本回归结果如表 4 – 4 所示。列（1）的结果表明，$INSHOLD$ 的系数为 – 0.166，并与 $INVEFF$ 在 1% 水平上负相关，机构投资者持股比例的增加对投资产生负向影响，呈现负相关，即在不考虑其异质性的情况下，机构投资者整体持股比例的增加能够抑制非效率投资。

列（2）结果显示，$INSHOLD$ 的系数为 – 0.172，即其与 $OVER\_INV$ 负相关，并在 1% 水平上显著；列（3）结果显示，$INSHOLD$ 的系数为 – 0.148，并与 $UNDER\_INV$ 在 1% 水平上负相关。在控制相关因素后，变量全部通过了检验。说明增加机构的持股比例，会对 $OVER\_INV$ 和 $UNDER\_INV$ 产生负向影响。

接下来对非效率投资进行分组研究。根据列（2）、列（3）的结果，可以看出，机构投资者持股后，无论是投资过度，还是投资不足，都会起到抑制作用。

表 4 - 4   机构投资者与企业投资效率

变量	(1) INVEFF	(2) OVER_INV	(3) UNDER_INV
INSHOLD	- 0. 166 *** (- 4. 12)	- 0. 172 *** (- 5. 53)	- 0. 148 *** (- 4. 99)
INV	0. 265 *** (2. 022)	0. 358 *** (2. 040)	0. 211 *** (2. 018)
SIZE	- 0. 006 *** (- 6. 021)	- 0. 005 *** (- 6. 002)	- 0. 001 *** (- 6. 401)
TobinQ	0. 002 *** (8. 001)	0. 003 *** (8. 002)	0. 001 *** (8. 001)
LEV	- 0. 052 *** (- 3. 006)	- 0. 067 *** (- 3. 013)	- 0. 014 *** (- 3. 004)
ROA	- 0. 077 *** (- 9. 015)	- 0. 161 *** (- 9. 032)	- 0. 023 *** (- 9. 009)
CASH	0. 019 *** (6. 008)	0. 027 *** (6. 019)	0. 023 *** (6. 005)
CR	0. 002 *** (4. 001)	0. 000 *** (4. 001)	0. 001 *** (4. 000)
SOE	- 0. 005 *** (- 4. 002)	- 0. 003 *** (- 4. 004)	- 0. 009 *** (- 4. 001)
R	0. 001 (0. 902)	0. 008 (0. 905)	0. 001 (0. 901)
TOP10	0. 024 *** (10. 036)	0. 027 *** (10. 013)	0. 014 *** (10. 004)
AGE	- 0. 001 *** (- 5. 000)	- 0. 001 *** (- 5. 000)	- 0. 005 *** (- 5. 000)
YEAR	Controlled	Controlled	Controlled
INDU	Controlled	Controlled	Controlled
F	31. 26 ***	28. 79 ***	27. 91 ***

续表

变量	（1）	（2）	（3）
	INVEFF	*OVER_INV*	*UNDER_INV*
N	10 855	4 238	6 617
Adj_R²	0.079	0.070	0.077

注：*代表在10%水平上显著，**代表在5%水平上显著，***代表在1%水平上显著。

为了验证假设 H1 的后半部分，将数据代入模型（4.5），得到的结果如表 4－5 所示。

列（4）结果显示，*INSHOLD_G* 的系数为 －0.293，并在 1% 水平上与 *IN-VEFF* 负相关。机构投资者持股比例增加，对 *INVEFF* 有负向影响，呈现负相关。列（5）和列（6）中的 *INSHOLD_G* 的系数都是负值，并分别与 *OVER_INV*、*INSHOLD_G* 在 1% 水平上相关。机构持股会对 *OVER_INV* 和 *UNDER_INV* 产生负向影响。

列（7）~ 列（9）结果显示，*INSHOLD_NG* 的系数分别为 －0.098、－0.091、－0.097，并分别在 1% 水平上与 *INVEFF*、*OVER_INV*、*UNDER_INV* 负相关。机构投资者持股比例增加，对非效率投资有负向影响，呈现负相关。*INSHOLD_G* 回归系数的影响程度高于 *INSHOLD_NG* 的系数，从而假设 H1 的后半部分得到了验证，即国有机构投资者持股提高企业投资效率的效果更好。综上所述，假设 H1 得到了验证。

表 4－5　　　　国有机构投资者、非国有机构投资者与企业投资效率

变量	国有机构投资者			非国有机构投资者		
	（4）	（5）	（6）	（7）	（8）	（9）
	INVEFF	*OVER_INV*	*UNDER_INV*	*INVEFF*	*OVER_INV*	*UNDER_INV*
INSHOLD_G	－0.293 *** （－5.42）	－0.282 *** （－6.56）	－0.279 *** （－5.94）	－0.098 *** （－11.024）	－0.091 *** （－10.998）	－0.097 *** （－11.023）

续表

变量	国有机构投资者			非国有机构投资者		
	(4)	(5)	(6)	(7)	(8)	(9)
	INVEFF	OVER_INV	UNDER_INV	INVEFF	OVER_INV	UNDER_INV
INV	0.321 ***	0.376 ***	0.320 ***	0.062 ***	0.038 ***	0.023 ***
	(3.021)	(2.741)	(2.712)	(5.041)	(4.980)	(4.795)
SIZE	-0.005 ***	-0.006 ***	-0.001 ***	-0.039 ***	-0.041 ***	-0.053 ***
	(-5.645)	(-5.099)	(-5.901)	(-33.023)	(-34.027)	(-32.064)
CASH	0.021 ***	0.031 ***	0.029 ***	0.051 ***	0.052 ***	0.049 ***
TobinQ	0.005 ***	0.004 ***	0.002 ***	0.007 ***	0.005 ***	0.009 ***
	(8.657)	(8.427)	(8.341)	(1.203)	(0.929)	(0.986)
LEV	-0.060 ***	-0.069 ***	-0.053 ***	-0.052 ***	-0.066 ***	-0.056 ***
	(-4.506)	(-4.433)	(-5.002)	(0.405)	(0.521)	(0.452)
ROA	-0.070 ***	-0.095 ***	-0.046 ***	-0.321 ***	-0.250 ***	-0.299 ***
	(-8.998)	(-9.002)	(-8.809)	(0.054)	(0.067)	(0.059)
	(6.908)	(6.010)	(6.704)	(5.605)	(5.534)	(6.002)
CR	0.001 ***	0.001 ***	0.002 ***	0.002 ***	0.003 ***	0.005 ***
	(4.501)	(4.054)	(4.023)	(10.501)	(10.061)	(10.009)
SOE	-0.004 ***	-0.003 ***	-0.006 ***	-0.011 ***	-0.009 **	-0.021 *
	(-4.202)	(-4.071)	(-4.504)	(0.006)	(0.001)	(0.002)
R	0.001	0.001	0.001	0.034 ***	0.061 ***	0.074 ***
	(0.932)	(0.951)	(0.971)	(10.042)	(10.607)	(10.498)
TOP10	0.031 ***	0.029 ***	0.024 ***	0.038 ***	0.041 ***	0.050 ***
	(9.006)	(9.013)	(8.994)	(33.081)	(32.888)	(31.908)
AGE	-0.001 ***	-0.001 ***	-0.005 ***	-0.000	-0.001	-0.001
	(-5.000)	(-5.000)	(-5.000)	(-0.000)	(-0.001)	(-0.000)
YEAR	Controlled	Controlled	Controlled	Controlled	Controlled	Controlled
INDU	Controlled	Controlled	Controlled	Controlled	Controlled	Controlled
F	27.29 ***	25.36 ***	24.75 ***	31.6 ***	27.89 ***	26.64 ***
N	5 085	1 994	3 091	5 770	2 244	3 526
Adj_R^2	0.074	0.072	0.071	0.071	0.070	0.074

注：*代表在10%水平上显著，**代表在5%水平上显著，***代表在1%水平上显著。

2. 机构持股与信息不对称

机构持股与信息不对称的基本回归结果见表 4 - 6。列（1）~列（3）结果显示，*INSHOLD* 的系数分别为 - 0.168、 - 0.157、 - 0.165，并在 1% 水平上与 *ADA* 负相关。机构投资者持股比例增加对 *ADA* 有负向影响。列（4）~列（6）结果显示在控制相关因素后，机构投资者持股比例增加，对 *FDISP* 有负向影响，呈现负相关。在不考虑其异质性的情况下，机构投资者整体的持股比例越高，则表明信息披露的质量越高。从低效企业分组的回归结果可以看出，机构投资者的持股在某种程度上提升缺乏投资以及投资过度这类企业的信息披露水平。

根据控制变量的回归结果可以看出，投资水平、资产负债率、总资产收益率、现金持有水平和持股集中度均与 *ADA*、*FDISP* 值呈显著负相关，即与信息披露质量显著正相关；公司规模、企业成长性、流动性和年度超额回报率与 *ADA*、*FDISP* 值呈显著正相关，即与信息披露质量显著负相关；成立年数、产权性质与信息披露质量无关。这说明：①公司规模越大，可能涉及公司内部和外部利益越多，这可能引起信息的不透明度提高；②股权结构层面，前十大股东持股越多越有利，说明股东互相牵制可以提升对股东的监督水平；③具有良好的财务结构的上市公司，他们会拥有更强的盈利能力，但其负债率也会随之提高，债权人会不断加强监督和关注，从而能够提升信息披露的质量；④成立年数对信息不对称不存在显著的影响，说明信息披露与公司的成长周期无关。假设 H2a 及假设 H2b 得到了验证，即机构持股会提高信息透明度，降低分析师预测误差，进而使企业的信息不对称程度得到缓解。

表 4 - 6　　　　　　　　　　机构投资者持股与信息不对称

变量	ADA			FDISP		
	（1）	（2）	（3）	（4）	（5）	（6）
	INVEFF	*OVER_INV*	*UNDER_INV*	*INVEFF*	*OVER_INV*	*UNDER_INV*
INSHOLD	- 0.168 *** （ - 10.004）	- 0.157 *** （ - 10.007）	- 0.165 *** （ - 10.006）	- 0.170 *** （ - 10.145）	- 0.154 *** （ - 10.225）	- 0.122 *** （ - 10.191）

续表

变量	ADA			FDISP		
	（1）	（2）	（3）	（4）	（5）	（6）
	INVEFF	OVER_INV	UNDER_INV	INVEFF	OVER_INV	UNDER_INV
INV	− 0. 059 *** （ − 4. 021）	− 0. 039 *** （ − 4. 028）	− 0. 109 *** （ − 4. 036）	− 0. 452 *** （ − 4. 693）	− 0. 394 *** （ − 4. 915）	− 0. 127 *** （ − 4. 239）
SIZE	0. 029 *** （30. 001）	0. 030 *** （30. 021）	0. 034 *** （30. 042）	0. 029 *** （30. 030）	0. 034 *** （30. 044）	0. 032 *** （30. 041）
TobinQ	0. 003 *** （0. 901）	0. 001 *** （0. 921）	0. 005 *** （0. 891）	0. 009 *** （0. 026）	0. 027 *** （0. 037）	0. 007 *** （0. 035）
LEV	− 0. 033 *** （0. 006）	− 0. 035 *** （0. 009）	− 0. 039 *** （0. 008）	− 0. 038 *** （0. 202）	− 0. 031 *** （0. 306）	− 0. 051 *** （0. 272）
ROA	− 0. 256 *** （0. 014）	− 0. 190 *** （0. 022）	− 0. 294 *** （0. 018）	− 0. 583 *** （0. 465）	− 0. 374 *** （0. 722）	− 0. 310 *** （0. 608）
CASH	− 0. 047 *** （ − 5. 008）	− 0. 044 *** （ − 5. 013）	− 0. 039 *** （ − 5. 010）	− 0. 037 *** （ − 5. 267）	− 0. 048 *** （ − 5. 422）	− 0. 044 *** （ − 5. 348）
CR	0. 001 *** （10. 001）	0. 002 *** （10. 001）	0. 001 *** （10. 001）	0. 020 *** （10. 019）	0. 001 *** （10. 033）	0. 031 *** （10. 024）
SOE	− 0. 006 *** （0. 002）	− 0. 007 ** （0. 003）	− 0. 005 * （0. 003）	0. 001 （0. 061）	0. 099 （0. 088）	− 0. 067 （0. 085）
R	0. 012 *** （10. 002）	0. 011 *** （10. 003）	0. 015 *** （10. 003）	0. 022 *** （10. 065）	0. 006 *** （10. 103）	0. 033 *** （10. 085）
TOP10	− 0. 030 *** （ − 30. 006）	− 0. 048 *** （ − 30. 009）	− 0. 041 *** （ − 30. 008）	− 0. 045 *** （ − 30. 203）	− 0. 052 *** （ − 30. 306）	− 0. 049 *** （ − 30. 270）
AGE	0. 000 （0. 000）	0. 000 （0. 000）	0. 000 （0. 000）	− 0. 021 *** （0. 005）	− 0. 005 （0. 008）	− 0. 025 ** （0. 009）
YEAR	Controlled	Controlled	Controlled	Controlled	Controlled	Controlled
INDU	Controlled	Controlled	Controlled	Controlled	Controlled	Controlled
F	45. 88 ***	15. 57 ***	26. 64 ***	24. 37 ***	22. 29 ***	12. 74 ***
N	10 855	4 238	6 617	10 855	4 238	6 617
Adj_R^2	0. 073	0. 075	0. 072	0. 075	0. 071	0. 078

注：＊代表在10%水平上显著，＊＊代表在5%水平上显著，＊＊＊代表在1%水平上显著。

3. 机构持股与代理成本

机构持股与代理成本的基础回归结果见表 4 – 7。列（1）~列（3）结果显示，$INSHOLD$ 的系数分别为 – 0.204、– 0.303、– 0.514，并在 1% 水平上与 ER 负相关。在控制相关因素后，机构投资者持股比例增加，对 ER 有负向影响，呈现负相关。列（4）~列（6）结果显示，$INSHOLD$ 的系数均为负值。控制变量 $SIZE$、$TobinQ$、$CASH$ 和 CR 的系数为正值即与 ER 正相关。在控制有关因素后，机构投资者所持有的股份比例提升，对 ORT 有负向影响。

表 4 – 7　　　　　　　　　机构投资者持股与代理成本

变量	ER			ORT		
	（1）	（2）	（3）	（4）	（5）	（6）
	INVEFF	*OVER_INV*	*UNDER_INV*	*INVEFF*	*OVER_INV*	*UNDER_INV*
INSHOLD	– 0.204 *** （– 10.006）	– 0.303 *** （– 10.010）	– 0.514 *** （– 10.008）	– 0.306 *** （– 10.002）	– 0.270 *** （– 10.003）	– 0.425 *** （– 10.002）
INV	– 0.005 *** （– 4.030）	– 0.054 *** （– 4.041）	– 0.035 *** （– 4.052）	– 0.049 *** （– 4.008）	– 0.063 *** （– 4.011）	– 0.060 *** （– 4.013）
SIZE	0.029 *** （30.001）	0.017 *** （30.002）	0.030 *** （30.002）	0.019 *** （30.000）	0.022 *** （30.001）	0.038 *** （30.000）
TobinQ	0.023 *** （1.001）	0.017 *** （1.002）	0.027 *** （1.001）	0.001 *** （1.000）	0.006 *** （1.000）	0.002 *** （1.000）
LEV	– 0.167 *** （– 0.509）	– 0.155 *** （– 0.514）	– 0.162 *** （– 0.512）	– 0.150 *** （– 0.502）	– 0.136 *** （– 0.504）	– 0.144 *** （– 0.503）
ROA	– 0.245 *** （0.020）	– 0.255 *** （0.033）	– 0.235 *** （0.026）	– 0.048 *** （0.005）	– 0.059 *** （0.009）	– 0.041 *** （0.006）
CASH	0.057 *** （5.012）	0.043 *** （5.019）	0.061 *** （5.015）	0.006 *** （5.003）	0.010 *** （5.005）	0.006 *** （5.004）
CR	0.002 *** （0.011）	0.007 *** （0.012）	0.003 *** （0.011）	0.002 *** （0.010）	0.002 *** （0.012）	0.001 *** （0.013）

续表

变量	ER			ORT		
	（1）	（2）	（3）	（4）	（5）	（6）
	INVEFF	OVER_INV	UNDER_INV	INVEFF	OVER_INV	UNDER_INV
SOE	− 0. 009 *** （0. 903）	− 0. 008 *** （0. 904）	− 0. 001 *** （0. 904）	− 0. 011 *** （0. 801）	− 0. 021 *** （0. 901）	− 0. 016 *** （0. 801）
R	− 0. 028 *** （10. 003）	− 0. 018 *** （10. 005）	− 0. 034 *** （10. 004）	− 0. 003 *** （10. 001）	− 0. 001 *** （10. 001）	0. 002 *** （10. 001）
TOP10	− 0. 032 *** （ − 30. 009）	− 0. 028 *** （ − 30. 014）	0. 021 *** （ − 30. 011）	− 0. 007 *** （ − 30. 002）	− 0. 004 *** （ − 30. 004）	− 0. 007 *** （ − 30. 003）
AGE	0. 000 （0. 000）	0. 001 *** （0. 000）	0. 000 （0. 000）	0. 000 （0. 000）	− 0. 000 *** （0. 000）	− 0. 000 （0. 000）
YEAR	Controlled	Controlled	Controlled	Controlled	Controlled	Controlled
INDU	Controlled	Controlled	Controlled	Controlled	Controlled	Controlled
F	28. 09 ***	20. 36 ***	15. 40 ***	30. 10 ***	30. 83 ***	18. 14 ***
N	10 855	4 238	6 617	10 855	4 238	6 617
Adj_R^2	0. 075	0. 077	0. 071	0. 074	0. 075	0. 0789

注：＊代表在10%水平上显著，＊＊代表在5%水平上显著，＊＊＊代表在1%水平上显著。

不考虑其异质性时，总体机构投资者持股越多，代理成本越低。在对非效率企业进行分组回归时，机构投资者持股对投资过度、投资不足的企业的代理成本都有降低作用。从控制变量回归结果分析来看，投资水平、资产负债率、总资产收益率、年度超额回报收益率和持股集中度均与 ER、ORT 值呈显著负相关，即与代理成本呈显著负相关；公司规模、企业成长性、流动性和现金持有与 ER、ORT 值呈显著正相关；成立年数不显著。这说明：①公司的规模效应可能对降低企业的代理成本作用不大，公司规模越大其内外部利益牵扯也越多，会提高代理成本；②从股权结构来看，前十大股东持股越多，代理成本越低；③上市公司的财务结构越合理、盈利越多、负债率越高，都可以促进代理成本的降低。假设 H3a 及假设 H3b 得到了验证，即机构持股比例与代理成本负相关。

4. 中介效应分析

经过前文分析，机构投资者持股能够提高企业的投资效率。那么这种影响的具体机制是什么？借鉴温忠麟的做法，从信息不对称和代理成本两个方面考察机构投资者对企业投资效率的作用路径。

（1）信息不对称的中介效应检验

信息不对称的中介效应检验结果见表 4 – 8。$INSHOLD$ 的系数都为负值，说明机构投资者持股与被解释变量（$INVEFF$、ADA、$FDISP$）之间都是负向相关。在列（3）、列（6）中，$INSHOLD$ 的系数为负值且与 $INVEFF$ 在 1% 水平上相关；在列（3）、列（6）中，ADA、$FDISP$ 皆与 $INVEFF$ 在 1% 水平上正相关。由此说明信息不对称发挥了部分中介效应。机构投资者通过降低分析师盈余预测分歧度，提高内在公司信息透明度，从而提高企业投资效率，即验证了假设 H4。

表 4 – 8　　信息不对称对机构投资者持股与企业投资效率关系的影响

变量	ADA			$FDISP$		
	（1）	（2）	（3）	（4）	（5）	（6）
	$INVEFF$	ADA	$INVEFF$	$INVEFF$	$FDISP$	$INVEFF$
$INSHOLD$	- 0. 166 *** （ - 4. 12）	- 0. 168 *** （ - 9. 004）	- 0. 164 *** （ - 1. 12）	- 0. 166 *** （ - 4. 12）	- 0. 170 *** （ - 9. 002）	- 0. 162 *** （ - 1. 43）
INV	0. 265 *** （2. 022）	- 0. 059 *** （ - 4. 021）	0. 035 *** （ - 5. 19）	0. 265 *** （2. 022）	- 0. 049 *** （ - 4. 008）	0. 009 *** （ - 5. 44）
$SIZE$	- 0. 006 *** （ - 6. 021）	0. 032 *** （30. 001）	0. 049 *** （30. 78）	- 0. 006 *** （ - 6. 021）	0. 020 *** （30. 000）	0. 047 *** （30. 57）
$TobinQ$	0. 002 *** （8. 001）	0. 003 *** （0. 901）	0. 043 *** （1. 132）	0. 002 *** （8. 001）	0. 001 *** （1. 000）	0. 038 *** （1. 097）
LEV	- 0. 052 *** （ - 3. 006）	- 0. 024 *** （0. 006）	- 0. 286 *** （ - 6. 77）	- 0. 052 *** （ - 3. 006）	- 0. 036 *** （ - 0. 502）	- 0. 258 *** （ - 6. 97）

续表

变量	ADA			FDISP		
	（1）	（2）	（3）	（4）	（5）	（6）
	INVEFF	ADA	INVEFF	INVEFF	FDISP	INVEFF
ROA	−0.077*** （−9.015）	−0.256*** （0.014）	−0.433*** （−0.068）	−0.077*** （−9.015）	−0.048*** （0.005）	−0.351*** （−0.071）
CASH	0.019*** （6.008）	−0.049*** （−5.008）	0.075*** （5.36）	0.019*** （6.008）	0.006*** （5.003）	0.055*** （5.71）
CR	0.002*** （4.001）	0.001*** （10.001）	0.034*** （0.58）	0.002*** （4.001）	0.002*** （0.010）	0.029*** （0.55）
SOE	−0.015*** （−4.002）	−0.026*** （0.002）	−0.012*** （−1.001）	−0.015*** （−4.002）	−0.024*** （0.801）	−0.013*** （−1.071）
R	0.001 （0.902）	0.012*** （10.002）	−0.071*** （−10.15）	0.001 （0.902）	−0.003*** （10.001）	−0.089*** （−10.75）
TOP10	0.024*** （10.036）	−0.035*** （−30.006）	−0.065*** （−30.06）	0.024*** （10.036）	−0.007*** （−30.002）	−0.061*** （−30.33）
AGE	−0.001*** （5.000）	0.000** （5.000）	0.001*** （5.000）	−0.001*** （5.000）	0.000** （5.000）	0.001*** （5.000）
ADA			0.017*** （0.007）			
FDISP						0.019*** （0.048）
YEAR	Controlled	Controlled	Controlled	Controlled	Controlled	Controlled
INDU	Controlled	Controlled	Controlled	Controlled	Controlled	Controlled
F	12.06***	14.14***	35.90***	19.84***	10.37***	10.43***
N	10 855	10 855	10 855	10 855	10 855	10 855
Adj_R^2	0.070	0.069	0.066	0.068	0.070	0.072

注：＊代表在10%水平上显著，＊＊代表在5%水平上显著，＊＊＊代表在1%水平上显著。

（2）代理成本的中介效应检验

代理成本的中介效应检验见表4－9。回归结果表明，INSHOLD 的系数都

是负值，并在 1% 水平上与被解释变量（*INVEFF*、*ER*、*ORT*）负相关。在列
（9）、列（12）中，*INSHOLD* 的系数为负值且与 *INVEFF* 在 1% 水平上相关；
在列（9）、列（12）中，*ER*、*ORT* 皆与 *INVEFF* 在 1% 水平上正相关。由此
说明公司的代理成本发挥了部分中介作用。机构投资者降低了管理层机会主
义行为导致的第一类代理成本和控股股东自利行为导致的第二类代理成本，
从而提高了企业的投资效率。由此得出：在机构持股对投资效率的影响中
代理成本起到了中介作用，即验证了假设 H5。

表 4-9　　　代理成本对机构投资者持股与企业投资效率关系的影响

变量	ER			ORT		
	(7)	(8)	(9)	(10)	(11)	(12)
	INVEFF	*ER*	*INVEFF*	*INVEFF*	*ORT*	*INVEFF*
INSHOLD	-0.166 *** (-4.12)	-0.204 *** (-10.006)	-0.162 *** (-5.132)	-0.166 *** (-4.12)	-0.306 *** (-10.003)	-0.157 *** (-1.341)
INV	0.265 *** (2.022)	-0.005 *** (-4.030)	-0.316 *** (-4.052)	0.265 *** (2.022)	-0.063 *** (-4.011)	-0.360 *** (-4.213)
SIZE	-0.006 *** (6.021)	0.024 *** (30.001)	-0.001 *** (30.005)	-0.006 *** (6.021)	0.021 *** (30.001)	-0.002 *** (30.020)
TobinQ	0.002 *** (8.001)	0.023 *** (1.001)	0.036 *** (1.011)	0.002 *** (8.001)	0.006 *** (1.000)	0.011 *** (1.000)
LEV	-0.052 *** (-3.006)	-0.167 *** (-0.509)	-0.199 *** (-0.542)	-0.148 *** (-3.006)	-0.156 *** (-0.504)	-0.198 *** (-0.613)
ROA	-0.077 *** (-9.015)	-0.245 *** (-0.020)	-0.331 *** (-0.026)	-0.077 *** (-9.015)	-0.059 *** (-0.009)	-0.151 *** (-0.106)
CASH	0.019 *** (6.008)	0.057 *** (5.012)	0.073 *** (5.532)	0.019 *** (6.008)	0.010 *** (5.005)	0.026 *** (5.201)
CR	0.002 *** (4.001)	0.002 *** (0.011)	0.003 *** (0.013)	0.002 *** (4.001)	0.002 *** (0.012)	0.002 *** (0.014)

续表

变量	ER			ORT		
	(7)	(8)	(9)	(10)	(11)	(12)
	INVEFF	*ER*	*INVEFF*	*INVEFF*	*ORT*	*INVEFF*
SOE	-0.005 *** (-4.002)	-0.026 *** (0.903)	-0.042 *** (0.914)	-0.005 *** (-4.002)	-0.001 *** (0.901)	-0.006 *** (0.831)
R	0.001 (0.902)	-0.028 *** (10.003)	-0.037 *** (10.034)	0.001 (0.902)	-0.001 *** (10.001)	0.002 *** (10.003)
*TOP*10	0.024 *** (10.036)	-0.032 *** (-30.009)	0.031 *** (-30.211)	0.024 *** (10.036)	-0.004 *** (-30.004)	0.037 *** (-30.023)
AGE	-0.001 *** (5.000)	0.000 (0.000)	0.000 (0.000)	-0.001 *** (5.000)	-0.000 *** (0.000)	-0.000 (0.000)
ER			0.018 *** (0.51)			
ORT						0.029 *** (0.23)
YEAR	Controlled	Controlled	Controlled	Controlled	Controlled	Controlled
INDU	Controlled	Controlled	Controlled	Controlled	Controlled	Controlled
F	45.88 ***	15.57 ***	10.14 ***	10.89 ***	32, 16 ***	16.37 ***
N	10 855	10 855	10 855	10 855	10 855	10 855
*Adj_R*²	0.073	0.075	0.072	0.075	0.071	0.078

注：＊代表在10%水平上显著，＊＊代表在5%水平上显著，＊＊＊代表在1%水平上显著。

（四）稳健性检验和内生性检验

采取替换投资效率指标和重新筛选样本的方式进行稳健性检验，结果表明，更换投资效率指标或者重新筛选样本后的结果依然稳健，机构投资者持股比例增加，企业投资效率提高；机构投资者持股对信息不对称存在负向影响。同时，分析师预测误差越小、机构投资者持股比例提升，可以有效降低第一类、第二类代理成本；信息不对称和代理成本在机构投资者与投资效率的关系中起中介作用。

关于内生性问题，采用两阶段最小二乘法（2SLS），用回归残差作为工具变量来检验回归的内生性，使用模型（4.14）进行实证检验。

$$INSHOD_{i,t} = \beta_0 + \beta_1 INVEFF_{i,t} + \beta_i CONTROL_{i,t} + \sum INDUSTRY$$
$$+ \sum YEAR + \mu_{i,t} \qquad (4.14)$$

该模型回归后得到了机构投资者持股的残差 $EINSHOLD$，该残差与机构投资者持股相关，与其他变量不相关，满足了外生性的条件。因此，选用该残差的绝对值作为工具变量对前文模型进行了实证检验，回归结果如表4－10所示，均在1%的水平上显著。因此，原回归结果的可靠性较强。

表4－10　　　　　　　　　内生性检验

变量	回归（1）	回归（2）
	INSHOLD	*INVEFF*
EINSHOLD	－0.361 *** （－15.117）	
INSHOLD		－0.057 *** （－6.221）
SIZE	0.068 *** （26.713）	－0.009 *** （－6.699）
TobinQ	0.073 *** （14.275）	0.011 *** （10.114）
LEV	－0.039 *** （－3.036）	－0.036 *** （－3.033）
ROA	0.215 *** （22.158）	－0.099 *** （－10.355）
CASH	0.096 *** （5.960）	0.034 *** （5.866）
CR	0.074 *** （4.379）	0.016 *** （4.007）

续表

变量	回归（1）	回归（2）
	INSHOLD	INVEFF
SOE	0.051 *** (2.947)	-0.043 *** (-3.782)
R	0.001 (0.632)	0.001 (0.617)
TOP10	0.052 *** (6.684)	0.048 *** (9.007)
AGE	0.001 *** (1.000)	0.001 *** (1.000)
YEAR	Controlled	Controlled
INDU	Controlled	Controlled
F	25.17 ***	21.28 ***
N	10 855	10 855
Adj_R^2	0.077	0.076

注：*代表在10%水平上显著，**代表在5%水平上显著，***代表在1%水平上显著。

（五）　结论

本部分得出以下结论。

（1）机构投资者持股对企业投资效率存在正向影响

机构投资者可以有效改善持股企业的投资行为。机构投资者可以有效抑制投资过度和投资不足，进而提升企业的投资效率。

（2）机构投资者持股对信息不对称存在负向影响

机构投资者持股可以有效监督管理者行为，在一定程度上可以增加企业信息的透明度；同时，企业高质量、快频率的信息报告能够降低分析师预测的分歧。

（3）机构投资者持股对代理成本存在负向影响

机构投资者可以有效降低第一类和第二类的代理成本。

（4）信息不对称和代理成本在机构投资者与投资效率的关系中起中介作用

机构投资者持股可以降低企业的信息不透明度和分析师预测的分歧度，从而提高企业的投资效率。同时，机构投资者持股还可以降低两类代理成本，从而促进企业投资效率的提高。

根据以上研究结果，为进一步提升企业投资效率的治理机制从以下三个角度提出相关建议：①机构投资者应专注于长期持股和价值投资，重点关注公司的内部治理水平，因为较好的治理环境有助于机构更好地发挥其作用。②企业内部应加强机构投资者引进，完善企业投资流程，从而提升企业投资的效率。③监管部门应积极引导机构投资者，完善信息披露政策法规，如果发现存在违法违规的行为，要及时制止这些行为，并给予相应的惩罚，通过这些措施减少公司操纵盈余。

第四节　从机构投资者角度完善现代化金融监管

机构投资者是专业化集中管理散户投资的金融组织。机构投资者作为受托人，有慎重管理委托人资产的义务，行使股东权利，参与公司治理。修订后的《上市公司治理准则》强化了机构投资者行使股东权利、参与公司治理的义务。

机构投资者积极履行其监督管理义务，是实现现代化金融监管的重要一环。武长海和刘凯全（2020）认为，监管制度与机构投资者功能之间具有互动关系：合理的监管制度对科创板机构投资者的功能具有促进作用，促进机构投资者功能发挥的监管制度有利于稳定科创板市场秩序、保证中小投资者利益，科创板市场中机构投资者在价格形成、信息披露、市场流动性以及交易稳定方面起着非常重要的作用。因此，有必要构建与机构投资者功能相适应的监管制度，充分发挥机构投资者在科创板市场的功能。

一、发展机构投资者是建立现代金融体系的客观要求

机构投资者是金融市场的重要组成部分，机构投资者具有更强的信息搜集能力、更专业的知识素养、更长远的投资计划，相比普通投资者不易受市场突发冲击的刺激，属于稳定理性投资。发展机构投资者能促进资本市场的健康稳定发展，进一步助力金融体系的完善和国民经济发展远景目标的实现。《国务院关于推进资本市场改革开放和稳定发展的若干意见》明确指出，鼓励合规资金入市，大力发展机构投资者。

（一）促进金融市场的直接发展

直接融资和间接融资协调发展，关系到国民经济的健康稳定发展，是企业多渠道、低成本筹资的市场基础，有利于平衡债权约束和股权约束，形成行之有效的企业治理结构。当前，我国的间接融资比例过高，直接融资与间接融资的发展不成比例，大量的储蓄资金不能流向投资市场。另外，储蓄资金的分配不均，中小企业面临融资困境。而发展机构投资者能加快储蓄转化为投资的速度，加速直接金融市场的发展，改善直接融资滞后的局面。具体而言，机构投资者可以通过开发新的金融产品，满足特定市场需求，开辟储蓄分流的多样化渠道，引导储蓄资金补充股票、债券和货币市场，从而扩大直接融资占比，缩短与间接融资的比重差距。

（二）健全金融市场的运行机制

机构投资者在不同市场之间起到桥梁作用，通过调整在不同市场的资产配置，调控资金流动，平衡资金分配。发展机构投资者能促进金融市场间的协调发展和有机结合，健全市场运作机制。此外，机构投资者具有灵敏的投资嗅觉，依托其较强的知识分析能力，其投资行为能向市场传递有利信号，提高货币政策调控的灵敏度，促进利率市场化进程。

（三）促进金融体系的稳定运行

机构投资者在不同市场间调控资金，有利于分散非系统性风险，分担信贷市场承担的融资压力，缓解商业银行过高的金融风险，提高金融体系稳定性；机构投资者的存在形式各异、产品丰富多元，如果彼此协调配合，承担起金融市场风险的主体责任，能削减由于金融资产过度向银行集中而导致的系统性风险；除此之外，机构投资者开发了种类繁多的信贷资产的替代产品，能细分特定风险，缓解金融压力过度集中局面。

（四）实现社会保障体系与宏观经济的良性互动发展

从宏观层面来看，发展机构投资者能推进社会保障体系的健全与宏观经济的良性发展。现阶段，我国现收现付的养老制度已不能完全适应时代发展进程，社会保障体系新的改革方向是建立起包括企业年金为主的企业补充养老金和个人自愿储蓄性养老金在内的多支柱养老保障体系。在基金累积制的养老制度之下，养老金是投资资金中的重要组成部分，专业的机构投资者能把整个社会累积的养老金投入各种金融产品之中，这一举措既能保障养老金的偿付能力，又能以巨额长期资金助推企业发展和国家基础建设，最终实现经济和福利水平的共同繁荣。

二、机构投资者对现代化金融监管的启示

按照实施主体的不同，可以将金融监管分为行政监管和自律监管。具体而言，行政监管指一国行政机构在法律授权范围内对某一行业或市场实施的监管，美国是典型的行政监管；自律监管则是指在自律组织的管辖范围内制定并执行其颁布的规则或守则，规范行业行为，并通过仲裁或其他手段解决成员之间争端。比较两种监管模式之下机构投资者参与监管被投资企业的情况以及参与公司治理的具体机制，提出我国机构投资者参与公司治理的可行建议。

（一）自律监管

英国养老金等机构投资者在二战后得以飞速发展，秉持自律监管的传统。从《凯德伯雷报告》到《联合公司治理守则》，都由自律组织发布，遵循"遵守或解释"的实施机制。对于机构投资者应履行的信义义务，也由自律组织发布规则，同样按照"遵守或解释"的原则实施。《机构股东和代理人职责：原则声明》和《英国管理人守则》，都秉持了同样的传统，受托人有义务维护委托人的财产权益，实现资产增值。

"遵守或解释"原则的关键在于"解释"，当受托方选择不完全按照原则执行时，需要对选择原因作详细说明，包括选择的背景、决策的过程以及决策的依据等，这要求机构投资者在决策时要保持"持续理性"，灵活处理，而非盲目照搬原则。同时，"解释"增进了机构投资者与其投资企业的沟通交流，加强机构投资者对投资企业的了解程度，有助于机构更好地履行监督义务，维护委托人的利益。

（二）行政监管

美国强化对金融市场的行政监管始于罗斯福新政，对机构投资者监管的强化同样也发生于这一时期，依靠外部约束制约企业行为、防范内部人控制的公司治理机制，也转向了依靠内部控制进行约束。

行政监管的方式包括完善制度环境、明确义务和强化监管。20世纪80年代，美国证监会发布的"14a – 8规则"为投资者参与工资决策奠定了基础；20世纪90年代，证监会允许投资者就公司治理进行协商，提高机构投资者参与公司治理的积极性；2000年，《公平披露规则》禁止上市公司针对"挑刺儿"投资者进行选择性信息披露，信息披露应对所有人一视同仁；2002年之后，监管力度进一步加大，媒体将《萨班斯法案》称为"监管者主导"，把英国的自律监管称为"股东主导"；2008年金融危机，再一次强化了行政监管；2012年颁布的《多德—弗兰克法案》使行政监管进一步扩张，也更加强化了行政部门对机构投资者的持续监管。

（三）两种监管机制比较

金融监管的历史、公司股权结构以及机构投资者发展现状等多方面因素共同导致了英、美两国机构投资者参与公司治理的机制不同，二者各有优劣。

首先，行政监管在监督机构投资者履行信义义务时所需要的成本更高。理由有三：一是信义义务以及履行义务难以准确界定，无法形成一种概括所有可能情况且不存在歧义的通用定义；二是现实的难以预测性，公司所处环境瞬息万变，规则不可能预料到将来所有可能发生的情况；三是第三方执行难度大，包括调查取证难度大和监管部门、法院、自律组织难以公正裁决。例如，行政监管介入较深的美国，很少有机构投资者因未能履行信义义务而遭受处罚的案例，对机构投资者的监管主要还是依靠信息披露。

其次，行政监管刚性强，自律监管更加灵活。机构投资者能从公司治理中获益多少将直接决定其参与公司治理的积极性。因此，投资策略对机构投资者参与公司治理的积极性而言至关重要，具体表现在三方面：一是投资策略的主动性程度，被动型投资策略倾向于"理性冷漠"的管理，主动型投资策略下，机构投资者更可能积极介入公司的战略调整和重整，提高企业绩效；二是投资周期长短，从介入公司治理到企业股价提高，需要较长的时间窗口，短期投资由于等不到股价升高带来的正向收益，还需额外付出参与成本，机构投资者参与公司治理的积极性就低；三是报酬模式的影响，享受业绩报酬激励的管理人可以获得更高的报酬，参与公司治理的积极性更高。

最后，行政监管的威慑力是保证市场力量发挥作用的基础。由于信息不对称的存在，中小投资者很难对机构这一代理人形成有效监管，无法判断机构投资者是否履行信义义务。这种情况下，行政监管更具优势，法律和行政监管的威慑力有利于防范利益冲突，为自律监管提供制度基础。比较英、美两国，美国行政监管的优势在于监管规定更加透明，各种情况都有相应的规则进行约束，禁止性规定也可以起到禁止作用。因此，英、美两国均将合谋操纵等禁止性行为写入法律或行政法规，以法律威慑力保证实施。

（四）中国监管的选择

2002 年，《上市公司治理准则》指出，机构投资者应承担起董事选任、激励与监督、参与重大决策等作用；《证券投资基金法》为管理人行使基金所对应的股东权利奠定了法律基础。2018 年，修订后的《上市公司治理准则》鼓励机构投资者依法行使表决权、质询权、建议权等相关股东权利，参与公司治理。2021 年政府工作报告，引导银行扩大信用贷款、持续增加首贷户，使资金更多流向科技创新、绿色发展，更多流向小微企业、个体工商户和新型农业经营主体等。"十四五"规划与 2035 年远景目标纲要关注开展科技成果转化贷款风险补偿试点、加快金融机构数字化转型、开展跨境证券投融资改革试点等。2020 年 6 月，我国证监会发布相关文件，宣布创业板公司上市的制度由核准制改为注册制，并进行试点。根据我国监管体制特点和市场发展现状，我国的监管体系需要充分发挥自律监管和行政监管的优势。

1. 发挥行政监管和自律监督合力

我国的资本市场尚处于发展阶段，"一股独大"和相对控股现象普遍存在，中小投资者频繁短线交易，未能形成有效制约，需要机构投资者参与公司治理。在我国长期以行政监管为主的监管制度之下，行政监管的强制性和威慑力不可或缺，在行政监管之外，自律监管的灵活性也是促进机构投资者积极履行职责所不可或缺的。市场的力量随着市场的成熟不断增强，通过立法明确和强化自律组织的职能和作用，发挥行政监管、自律监管和市场约束的合力。

2. 建立管理人履职的自律规则体系

机构投资者参与公司治理需要有一定的行为规范，应当在充分协调的基础上尽可能实现统一，联合制定参与公司治理的行为标准。具体内容包括：一是维护委托人资金利益的职责，主动履行股东监督权、以自身专业优势助力企业战略整合或调整，提高被投资企业绩效；二是保证环境、社会和治理目标的实现，创造长期价值，可以将目标融入长期发展战略，以积极参与公司治理的方式，加速目标的实现；三是防范利益冲突，防止侵害中小投资者利益。

3. 强化信息披露与市场监督

《上市公司治理准则》鼓励机构投资者主动公开参与上市公司治理的目标、原则、如何行使表决权、公司绩效增长情况等详细信息，旨在通过信息公开发挥市场对机构投资者的约束作用。通过更多对外公开生产经营的相关信息、提高市场透明度，减少信息差，引导中小投资者在选择资产管理人时考虑其股东职责的履行情况，从而迫使管理人关注被投资企业的经营状况，参与公司治理。

第五章

金融监管下公司治理、内部控制与盈余管理的研究

　　企业的经营决策与其内外部环境息息相关。在金融监管的背景下，企业公司治理、内部控制环境如何对盈余管理行为产生影响，是值得探讨的问题。公司治理是能够将各方利益进行合理分配的机制，公司治理与盈余管理在利益分配方面紧密相连。内部控制的核心目标之一是确保财务报告的质量，从理论上来说高质量的内部控制在一定程度上能抑制盈余管理。探讨公司治理、内部控制与盈余管理的关系具有现实意义。本章基于金融监管背景，对公司治理、内部控制与企业盈余管理的关系进行探讨，为建立健全金融监管体系提供参考。

第一节　公司治理概述

　　随着现代公司所有权和经营权的分离，股东将经营权委托给管理者，形成了典型的委托代理关系。如何用管理控制权约束管理者为股东利益服务，成为委托代理关系的核心问题。股东和管理者作为缔约方，应建立有效的制衡机制来限制代理行为。公司治理是一种进行激励和实施约束的制衡机制，本质上是公司和关联集团之间权利、责任和资源的协调和分配，可以平衡委

托代理关系，维护公司各方面的利益，有效地监控和限制代理人的行为，并鼓励代理人以客户和受托人的利益为行事原则。

在当今企业环境中，小股东与控股股东之间的利益冲突也越来越突出，这种矛盾往往出现在持股高度集中的公司。在股权集中度高的公司，控股股东往往能够控制公司的决策行动，以牺牲或侵犯小股东的利益为代价，达到追求个人利益的目的。因此，在控股股东存在的情况下，委托代理问题也包含大、小股东之间的利益冲突情况，股东利益冲突情况对代理理论和公司治理理论的发展产生了重要影响，为公司治理的完善指明了方向。

一、公司治理的概念

科林·梅尔（Colin Mayer，1995）将公司治理定义为组织配置，它以现代公司管理制度中的经营权和所有权分离为基础，涵盖了公司董事会到执行经理激励计划的方方面面。奥利弗·哈特（Oliver Hart，1995）认为，公司治理的本质是一种解决公司各利益相关者之间因信息不对称、契约不完备而产生的利益冲突的决策机制。杨瑞龙和周业安（1997）从经济学的角度分析，认为广义的公司治理包括外部治理和内部治理两个方面。

公司治理的定义分为狭义和广义两种。狭义的公司治理一般被称为内部治理，是现代公司在所有权和经营权分离的情况下，为了调整各利益相关者之间的责权关系而建立的一种结构。公司的利益相关者主要包括股东大会、董事会、监事会和管理层。公司为了保证其正常经营，会通过专业人员制定科学的方法，有效协调上、中、基层的分工，使达到员工合理分工、相互制衡、相互协作的效果，通过合理分配利润和权力达到合理分配资源的目的。广义的公司治理包括内部治理和外部治理两部分，外部治理是指公司的外部管理和控制体系，包括资本市场、产品市场、政府监督管理政策、社会文化环境等，通过竞争机制约束公司管理者，影响公司业绩。

二、公司治理发展史

国外资本市场相对成熟，相关法律法规较为完备。国外学者也较早开始了对公司治理的研究，相关研究结论虽不完全相同，但基本一致，所建立的理论体系较为完备。相对而言，我国相关研究起步较晚，前期大多对内部公司治理与外部公司治理、盈余管理的关系作了规范性理论研究，研究结果较为一致，大多认为应通过完善公司治理来控制盈余管理。近年来，公司治理的相关研究产生了不同甚至截然相反的结论。除了计量模型、样本周期、数量、研究对象选择等方面的不同影响外，还与经济体制转型、各类法律法规更新、公司治理不完善等密切相关，本小节将从国外和国内两个角度梳理公司治理发展历程。

（一）国外公司治理发展历程

随着资本主义的发展，英美两国企业中所有权和控制权相结合的经典模式走向了所有权和控制权分离的现代阶段，从而催生了委托代理问题。20世纪80年代以来的公司治理实践促进了对这一问题的深入研究。

20世纪80年代，日本设立两个平行机构即董事会和监事会，形成"双层"治理模式，德国设立双重委员制度的治理模式，都为企业带来了更好的公司业绩，引起了对商业模式的关注。日本和德国治理模式的一大特点是银行和集团控股以及公司的交叉持股。

20世纪90年代，美国经济的上升势头更强，人们开始关注英美治理模式。比较治理效率的研究文献涌现，意在探索更高效的治理方法，为企业实践提供指导。这一时期，英国、美国等地的企业并购量剧增，企业管理者的薪酬也随之增加，但管理者增加的薪酬并没有带来积极的公司业绩，利益相关者的利益仍然得不到保障。为了加强对各方利益的监督和协调，有效维护中小投资者的利益，美国通过独立董事进行事前控制和事中监督，确保财务会计信息的合法性和充分性。随着经济的进一步发展，企业独立董事的财务丑闻披露得越来越多，独立董事制度的有效性逐渐削弱。在此背景下，学者们将注意力集中在公司治理的运行和质量评价上，包括董事会治理绩效评价和上市公司治理状况评价，公司治理的不断发展使投资者更加清楚地了解上市公司的经营状况，帮助投资者分析投资的风险和潜在价值，从而作出正确的决策，也使上市公司及时发现公司管理中存在的问题，解决公司管理中的关键问题，有效实施公司治理。

2016 年以来，国外公司治理领域的发展进度可以分为内外部两方面：一方面，董事会治理、股东治理和高管治理成为公司内部治理研究的热点；另一方面，利益相关者治理和信息披露成为公司重要的外部治理机制。

（二）国外公司治理与盈余管理的研究发展

国外对公司治理和盈余管理的外部调查开始较早，主要从产权结构、董事会和审计委员会等方面研究公司治理与盈余管理财务腐败行为的内部关系。马克·比斯利（Mark S Beasley，1996）通过对董事会和盈余管理关系的研究发现，公司董事会的组成和规模会对盈余管理产生影响：提高独立董事在董事会中的比例，延长独立董事的任期，可以有效控制企业的盈余管理行为。帕特丽夏等（Dechow et al.，1996）的研究表明，股权结构相对分散的公司比大股东控制的公司更有可能进行盈余管理。艾普乐·克莱因（April Klein，2002）以上市公司为样本，对董事会特征、审计委员会与盈余管理之间的关系作了实证研究，结果表明：董事会独立董事比例和审计委员会独立性与盈余管理呈负相关，且董事会独立董事人数较少时，审计委员会独立性与盈余管理的负相关更为显著。莫滕·本尼德森（Morten Bennedsen，2003）认为，外部大股东可以通过加强对公司经理人的监督来保护自身利益，从而减少企业的盈余管理行为。贝达尔·简等（Bedard Jean et al.，2004）以美国公司的数据为样本进行了研究，表明审计委员会的设立会制约盈余管理行为，独立董事在审计委员会中的比例与盈余管理程度呈负相关。曼纽尔（Manuel，2018）认为，不同控股主体下公司的盈余管理程度不同，其中适当增加家族和机构的持股比例能有效降低公司盈余管理行为。拉蕾尔·查布尔（Larelle

Chapple, 2018）验证了内、外部治理机制均会对公司的盈余管理产生影响。根据内、外部治理机制的测量方法衡量公司的治理有效性，当公司的治理有效性越高，则公司越倾向于预测盈余。

（三）国内公司治理发展历程

国内公司治理的发展历程可以分为以下三个阶段。

第一阶段，公司在股东大会之下设立了两个平行的机构，即董事会和监事会，从而形成了"两层模式"。在实际实施过程中，我国上市公司监事会主要由员工或股东代表组成，他们在行政关系中担任公司的管理层，很难对企业进行全面监督。我国"两层模式"的公司治理模式是借鉴日本的"内部共治模式"，但从实际实施过程来看，并不能有效实现公司治理。近年来，中国逐步建立了国有企业监事会制度，将中国的国有企业治理模式转变为"德国治理模式"。

第二阶段，企业独立管理制度建立和完善。2002 年，中国公布了上市公司管理规范，股份分割改革开始，证监会等部门开始强制海外上市公司设立独立董事。2002 年，证监会和国家经济贸易委员会发布了《上市公司治理指南》，在上市公司实行独立董事制度，政策规定，截至 2002 年 6 月 30 日，上市公司独立董事人数不得少于 2 人，截至 2003 年 6 月 30 日，上市公司独立董事人数不得少于公司董事人数的 1/3。在政策颁布前，个别上市公司也设置了独立董事，但企业整体独立董事比例较低。2002 年后，独立董事制度全面推行，独立董事比例迅速上升。

第三阶段，股权分置和全流通体制改革。"股权分置"是中国经济转型和资本市场发展过程中的特殊现象。资本流动有两种形式，一是非流通股的交易和转让，二是流通股的竞争性交易，这两种形式能够避免市场价格机制的扭曲。资本市场运行基础的缺乏限制了资本市场资源配置功能的有效实现。由于公司的管理需要建立在共同利益的基础上，2005 年 5 月，中国上市公司拉开了股权分置改革的序幕。

中国的公司治理改革经过 20 年的发展，权益分置改革、董事会和中央企业监事会的建设等重大公司治理事件有序实施，推动了我国企业公司治理的三个要素（规则、合规和责任制）的构建。

（四）国内公司治理与盈余管理研究发展

近年来，盈余管理的实证研究逐渐增多，并取得了一定的研究成果。

部分学者结合我国企业实际情况，对公司治理与盈余管理展开了研究。陈汉文和林志毅（1999）通过分析"琼民源"会计舞弊的原因，认为我国公司治理结构不完善造成了会计信息的普遍失真，提出了改善盈余管理外部治理结构和内部治理结构的策略建议。吴建友（2001）论述了董事会在公司治理中的组成、作用及与虚假财务报告的关系，提出了完善我国行政管理体制建设、维护董事会独立性的建议。为了降低中国企业发布虚假财务报告的可能性，林钟高和徐正刚（2002）从公司治理结构管理的角度系统分析了内部公司治理结构和外部公司治理结构的影响，比较了英国、美国、日本和德国两种不同治理结构模式下盈余管理的特点，最后，结合我国目前的实际情况，探讨了盈余管理在我国的具体表现，提出了应对盈余管理的三种策略。

部分学者针对公司董事会特征，对公司治理与盈余管理进行了研究。蔡宁和梁丽珍（2003）以存在财务舞弊行为的上市公司为例，考察公司治理与财务舞弊行为可能存在的关系，发现董事会规模和股权集中度与财务舞弊行为相关，上市公司规模越大，财务舞弊行为越少。刘立国和杜莹（2003）以1994～2002年因财务报告舞弊行为被中国证券监督会处罚的上市公司为研究对象，从资产结构和董事会特征两方面对公司治理和财务报告舞弊关系进行了实证分析和总结。王化成和佟岩（2006）选取了1999～2002年沪深两市所有上市公司（金融业除外）的数据进行抽样，发现股东参与率和盈余管理之间存在着显著的负面关系，但如果大股东是国有股东，会有增加盈余质量下降的倾向。

张逸杰等（2006）对企业规模的影响进行了理论分析和实证检验，发现董事会的活动强度和独立性会对上市公司盈余管理产生影响。王建新（2007）确认了公司治理特征、盈亏管理动机与长期资产削减之间的逆转关系。高雷和张杰（2008）选取了2003~2005年沪深上市公司的数据，研究认为：机构投资者持股比例与公司治理呈正相关，公司治理与盈余管理水平呈负相关；机构投资者持股比例与盈余管理水平呈负相关，机构投资者持股比例的增加可以使得盈余管理行为有效减少。在对156家公司的实证研究中，第一股东的参与与盈余管理呈"U"形关系。黄文伴和李延喜（2010）根据2006~2008年597家上市公司的数据，探讨了公司治理与盈余管理的关系，结果显示，在职股份比例、独立董事比例、会计报酬与盈余管理水平有关，董事会中无报酬管理人员的比例与收入管理水平有关。秦婧华等（2015）发现，公司治理下的股权集中、董事会规模以及高管持股情况均会影响盈余质量，其中董事会规模、独立董事与盈余管理显著负相关，可通过扩大董事会规模和独立董事规模，改善公司的盈余管理情况。窦笑晨（2020）指出，公司治理结构中，高管长期任职有助于降低盈余管理程度。

三、公司治理的分类

公司治理包括内部治理与外部治理，二者相辅相成。内部治理包括4个部分：股东、董事会、监督管理机构和管理者，其目标是股东利益最大化。外部治理包括政府、股票市场、信贷市场、市场管理、劳动力市场和产品市场等直接影响公司经营管理的外部相关者，这些外部相关者直接或间接影响公司的战略选择，组成了企业的外部治理。

（一）内部公司治理

内部治理是公司治理的核心和基础，其有效性主要通过建立激励机制、监督机制和决策机制来实现，内部治理的作用主要由股东、董事、监事和高级管理者发挥。股东作为公司的所有者，拥有最终控制权，保留选择董事、监事的权利，能够改变公司的组织形式，其他管理控制职能由股东授权给董事会。董事会必须保持对重要财务和经营事项的决策权，持有对高级管理人员的招聘、解聘、绩效考核和薪酬的决策权。股东授权监事会行使监督职能，监事会负责监督管理董事会和经理人。

（二）内部公司治理结构的基本框架

公司治理是通过建立股东、董事会、监事会和管理层的治理机制，促进企业健康发展，提升企业价值。

1. 股东大会

股东大会有权选举和罢免董事、监事，有权对公司重要经营事项作出决定。股东必须定期或临时召开股东大会，批准公司经营战略和投资计划，批准董事会和董事会的报告，以及公司的融资计划、功能指导手册，避免现代公司制中的两权分离、信息同化和主代理机制下的道德风险和逆向选择发生。

2. 董事会

经股东大会授权后，董事会应执行股东大会决议，全面履行职能，评估经营计划、投资计划等，保护股东、员工、客户等利益相关者的利益，保证独立性，确定管理委员会成员人数，委员会年会次数等。

3. 监事会

监事会作为独立的监管机构，维护全体股东的利益，避免管理层滥用职权。为了保证股东大会的权力，监事会通过对公司财务的审查，监督公司董事、经理的一切经营管理行为，及时发现和纠正董事、经理损害公司利益的行为，并有权对重大事项发表独立意见，提高董事会行动效率。监事会的权威性、公正性和独立性可以有效提高公司绩效。

4. 管理层

管理层在董事会授权的范围内行使管理权力，负责整个公司的日常运作。管理层、股东和董事会之间是委托代理关系，因此他们的利益可能不一致，存在道德风险和逆向选择。管理层应充分发挥其管理作用，确保股东利益最大化。

（三）外部公司治理

外部公司治理是公司为适应外部市场而构建的公司治理制度结构。公司外部环境包括市场经济管理环境和法律治理环境。潜在股东和债权人主要通过资本市场与公司联系。制度化、高效的外部环境可以为公司的生产经营提供制度支持和约束，促进公司内部权力在法律法规框架内的运行，最大限度地实现股东利益。根据契约理论，管理层很难就大、中、小股东等多个利益相关者的目标达成一致，盈余管理行为由此衍生。但内部公司治理不完善、内部制衡的治理方式代价高昂，无法根治这一现象，因此，重视外部公司治理尤为重要。

（四）外部公司治理结构的基本框架

1. 资本市场

资本市场为公司提供交易平台，满足公司长期融资需求，实现社会资源的有效配置，直接影响企业发展。随着资本市场对上市公司再融资的要求发生变化，股票期权可以作为激励，最终会影响上市公司融资。

2. 公司控制权市场

公司控制权市场是指通过并购机制接管市场，以获得对公司的控制权。由于管理不善会导致公司股价下跌，允许外部竞争对手购买股票，因此现有公司的管理层总是受到收购的威胁，激励其精心管理和运营以提高公司的业绩。因此，这种持续的外部威胁有利于提高公司的效率。

3. 股票市场

股票市场的竞争非常激烈，公司的一些管理人员为了维护公司形象，通过洗钱的方式欺骗投资者、债权人、供应商、真实客户和潜在客户。随着股份制改革后管理市场的快速发展，职业经理人已经成为一个单独的管理层级。职业经理人的评价标准主要是其个人水平和能力，包括是否具有专业的管理知识、个人素质和管理技能、经验和个人声誉，但最重要的是经理人管理公司的经营业绩，这往往反映在公司的会计信息中，职业经理人为了自己的未来，会努力提高公司的经营业绩，确保公司的稳定发展。

我国实行市场经济后，政府有关部门由管理者转变为监管者，通过制定相关法律法规和完善制度来改善市场环境，调整市场供求，严厉惩处违法违规行为，引导企业管理者，形成积极向上的企业文化。

四、我国公司治理结构发展现状

公司治理结构被国内外学术界学者广泛讨论，特别是英国、美国的"市场化外部治理模式"和日本的"内部共治模式"。总体而言，两种模式各有优势，适合不同的社会经济发展环境。

中国公司采用的公司治理结构类似于日本和欧洲采用的"共同内部治理模式"。股东大会是由全体股东组成的管理机制，是企业中拥有最大决策权的组织。其中，大多数参与股东通过它行使表决权，少数股东通过网络媒体发表意见。董事会的主要职责包括三点：一是制定和完善公司的战略发展决策；二是监督和制衡公司聘请的管理人员；三是确保公司坚持股东利益最大化的原则。

管理层是董事会聘请的企业专业管理人员，以工资计酬。监事会是独立于董事会和管理层的监督部门，直接对股东负责。监事会成员对董事会和管理层的经营决策进行监督。监事会是公司运作所需的内部监督和管理机构。其设立有效提高了董事会和管理层决策和执行的科学性，防止管理层以权谋私，保证了公司的长期可持续发展。

中国企业的治理结构模式是根据中国社会发展的实际情况形成的。基于"三角稳定"原则，构建多维相互约束机制，体现了去中心化原则。改革开放40余年来，中国企业一直在探索公司治理结构的优化。随着中国市场经济的快速发展以及国内相关监管制度的不断完善，企业生产力不断释放，现代企业管理路径逐渐优化，中国企业参照西方企业管理结构，结合公司的实际经营和发展，实施了一系列改革推进了公司治理结构优化，如简化管理、去中心化、建立资产管理的契约责任等，特别是体现在以下两个方面：第一，目前国有企业中国有资本一般占50%以上，国有资本在国有企业经营管理中承担较多的政治职能，优化了公司治理结构，小股东的权利得到保障。第二，由于企业存在股权结构不平衡的特点，董事会、股东大会等内部公司治理制度保障了企业的整体发展，董事任命由股东大会决定，股东大会的发展由大股东主导，董事会向行使控制权的股东提供服务是基于对股东整体利益或公司整体发展的考虑。

第二节　内部控制概述

在现代企业的治理结构中存在着多元利益主体，内部控制成为企业保护资产安全、保证信息完整、防止舞弊行为发生、控制经营风险的重要管理制度。随着市场经济的不断发展和市场开放程度的加大，企业经营面临多种风险，内部控制成为企业进行风险管理的底层制度设计。

公司治理和内部控制之间存在着密切联系，二者均产生于委托代理关系，公司治理解决企业所有者和管理者之间的代理问题，促使管理者加强企业内部控制。公司治理通过建立有效的内部控制实现对企业经营活动的监督和控制。从公司治理角度出发，企业应建立和完善内部控制。

一、内部控制

（一）内部控制的本质

自内部控制产生以来，学者们从不同视角来认识内部控制的本质。过程论认为，内部控制是企业主体为实现目标提供合理保证的过程。管理活动论认为，内部控制是管理体系的一部分。控制职能论认为，内部控制的本质是控制职能。经济控制论认为，内部控制是一种经济控制系统。新制度经济学从内部控制观的共同特点出发，观点之一认为，内部控制的本质是降低交易费用和弥补契约的不完备性，观点之二认为，内部控制是企业各利益主体之间的相互制约监督。产生不同观点是因为基于不同的内部控制现象。无论何种内部控制现象，都需要回答三个基本问题：控制内容、控制主体、控制方法。

1. 控制内容

企业建立和完善内部控制是为了应对风险。从组织目标出发，风险是影响组织目标实现的各种不确定事项。企业组织目标从宏观角度上包含战略目标、运营目标，从微观角度上包含保障财产安全、保障健康发展、保障合法合规等。内部控制要预防不确定事项的风险，识别可能发生的特定风险，并进行控制。

2. 控制主体

企业组织关系是一种契约关系，所有者与管理者、管理者与员工之间是基本的契约关系，同一科层之间也表现为以供应链或需求链为基础的平等契约关系。这导致企业中会存在侵害他方利益的行为。内部控制是由企业内部各利益相关主体共同实施，进行相互制约监督，控制和防范风险，实现企业目标的机制。内部控制的主体就是企业内部各主体。

3. 控制方法

内部控制通过建立和实施风险应对机制来实现目标。首先，根据企业的目标、现存组织框架等，对风险应对机制作出制度设计，即内部控制制度设计。其次，内部控制将五个内部控制基本要素协调整合。风险评估预测风险，内部环境、控制活动应对风险，信息与交流为整个控制活动的进行提供沟通平台，内部监督保障整个活动的持续有效。最后，企业内部相关人员执行，发挥作用，并独立评估内部控制的有效性，及时发现并整改缺陷。

（二）内部控制的重要性

内部控制是在公司内部治理结构之下，处理高级管理者与其下属之间的管理控制关系，其目标是防止舞弊行为发生，保障企业财产的安全性和会计信息的真实性。大多数学者从实证角度证明内部控制对会计盈余稳健性和盈余质量具有正向影响。内部控制越有效，企业越能抑制管理层盈余管理行为，从而提高会计信息质量。张月玲和周娜（2020）研究发现，有效的内部控制制度有利于提高会计信息披露质量。无效的内部控制则会导致公司的盈余质量下降，贷款利率和权益资本也会更高。张子健等（2023）研究发现，上市公司财务报告审计意见与内部控制审计意见不一致会影响企业商业信用，显著降低商业信用融资水平。

高质量的内部控制可以有效监督企业经营活动，促进企业战略方针的顺利实施，并且可以加强自身薄弱环节建设，应对经营风险。国内外学者逐步发现，内部控制与公司治理紧密相关。内部控制信息披露可以提升企业价值，此外，内部控制信息披露还会影响企业的经营业绩和效果。在经营绩效上，有效的内部控制可以提高企业的资产收益率；在资金配置方面，内部控制质量与企业投资效率正相关；在法律风险方面，高效的内部控制可以降低企业违约风险。

（三）内部控制的要素

内部控制的实施是划分内部控制要素的根本依据。在 COSO 发布的内部控制框架中，与经营、报告、合规三个目标相对应的五要素分别是内部环境、风险评估、控制活动、信息与交流、内部监督。

1. 内部环境

内部环境包括管理体制、制度界定、权力分配、内部监督、人事政策、企业文化等。内部环境是内部控制的基石，企业需建立良好的内部环境，加大管理层对内部控制的重视程度，以实际行动影响所有员工，建立明确的责任制度，营造积极的企业文化环境。

2. 风险评估

风险评估包括及时识别和分析与实现内部控制目标和业务活动相关的风险。为了应对环境变化带来的风险，企业应及时进行风险评估。随着经济环境变得越来越复杂，上市公司在经营和发展过程中总会面临风险，企业内部控制基本准则强调上市公司必须按照既定的内部控制目标收集业务信息，并结合这些目标及时评估风险信息。

3. 控制活动

控制活动是指企业在实现目标的过程中，通过设立一系列程序和制度，对企业经营活动进行监督和管理。主要包括上市公司所有营业点和职能部门为实现内部控制目标而开展的所有业务，授权、实体控制、权责分离、绩效评估、信息处理和其他相关活动。

4. 信息与交流

信息与交流是指企业在实施内部控制过程中，确保相关信息得到及时收集、处理、记录和报告，并通过适当的渠道进行沟通和交流的过程。企业应保证信息传递的准确性、完整性和及时性，并确保员工和相关利益相关者正确和完整地理解企业信息。此外，企业应加强信息沟通管理，良好的沟通渠道有利于 CIMA 信息的披露。

5. 内部监督

内部监督是指对内部控制的建立和运行进行监督检查，评估内部控制的有效性，及时改进内部控制中发现的缺陷，以确保内部控制的合理和有效。这主要包括内部审计、举报机制、行为准则等。

二、内部控制发展史

（一）内部控制理论的演变

研究公司内部控制的基本理论，需要弄清企业、内部环境、内部控制三者的定义。企业是研究主体，它是以获取利润为目的，在市场上提供商品或服务的经济组织。内部环境决定研究范围，这里具体指的是企业的内部环境。内部控制是企业为实现某个目标而进行的控制，所有具有约束和监督作用的因素都可视为内部控制的一部分。

1. 内部牵制阶段

现代企业内部控制诞生于工业革命时代，它首先出现在内部牵制的术语中。18 世纪末，英国以机器生产取代手工生产，以工厂取代小作坊，工业革命正式开始，工厂制度建立。一些企业开始探索组织、控制和检查其生产活动的方法，在内部管理的内容上，以业务授权、职务分离、双重记录、交互核对等作为一种组织结构、责任分配和管理模式，并明确会计和保留财产控制的目的是统一组织。这就是按照所有者目标，建立"内部牵制制度"，以防范和发现错误。"内部控制"一词及其内容在理论上得到定义。

这一时期的内部控制以查错防弊为目的，以职务分离和相互核对等为方法，进行组织分工，任何个人和单位不能单独控制一项活动，各部门或员工之间进行交叉检查和控制，以实现有效经营。

2. 审计控制阶段

20 世纪初，企业为扩大经营规模，主动向银行等金融机构进行贷款。银行贷款前对企业资产的调查实际上促进企业外部监察制度的改善。部分学者指出，账户和程序的合作可以实现内部控制。内部控制可以保证每个员工工作的独立性，并且进行相互检查，将欺诈的可能性控制在最小限度。

20 世纪 30 年代是现代企业发展变化最大的时期，内部控制也随之发生了很大变化。世界性经济危机和资本主义的新发展促使内部控制不仅成为企业管理的需要，也成为外部社会对企业的监督。由此引出了一个新问题：如何在内部和外部进行协调。在探索过程中，不仅各种内部控制机构得到完善，越来越多的主体也介入内部控制，内部控制效果开始受到多种因素影响。

"内部控制"一词最早出现在审计文献中。对企业经济业务进行审查的审计人员发现测试和评价企业内部控制可以提高审计的质量和效率。1936 年美国会计师协会首次正式使用"内部控制"，随后其审计程序委员会不断修改有关内部控制的审计活动。这一时期的内部控制多与审计相关，有关内部控制的理论开始创立并发展。

3. 内部控制结构阶段

20 世纪 70 年代，西方会计审计界进一步深化内部控制的详细内容。《审计准则文告 55 号》指出内部控制目标，明确内部控制的结构，包括控制环境、会计制度、控制程序。这一时期，控制环境纳入内部控制范围。

4. 总体框架建设

20 世纪 80 年代后，多个国家经历金融机构破产后，开始对企业的会计欺诈行为进行全面管理，内部控制进入新的发展阶段。1992 年，COSO 提出《内部控制——整体框架》，完善内部控制整体框架。2004 年发布的综合公司风险管理框架以综合内部控制框架为基础，将其放在企业战略决策层面，内部控制与公司战略目标更加契合。2017 年，COSO 修订《企业风险管理——整体框架》，明确企业风险管理和内部控制的关系，同时强调"控制框架"要嵌入企业管理活动和核心价值链，由"控制框架"转变为"管理框架"，提升主体的价值和业绩。

4 个阶段的内部控制理论演进清楚地展现了企业利益相关者的客观需求以及外部环境的变化。

（二）　内部控制理论的分析

通过深入分析企业内部控制理论，发现虽然内部控制演变的各阶段采用的技术手段有所不同，但各个阶段的目标一致，问题也相似。因此，从理论上讨论问题的发生原因更有助于找到解决问题的方法。

1. 企业资产的安全性处理

资产安全与内部控制目标有关。部分研究者认为资产安全管理是单独的任务，也有部分学者认为资产安全管理应纳入共同管理的技术层面。1988 年，美国会计师协会指出，资产安全性不属于内部控制目标。但在美国审计总局对美国反虚假财务报告欺诈委员会施加压力后，资产安全纳入运营效率测试中，成为内部控制目标范围的一部分，企业需要对影响财务报告准确性的资产安全进行内部控制。

加拿大虽然没有将资产安全作为内部控制的重要目标，但明确了内部控制应该是确保资产的安全保障，英国则是直接把资产安全性纳入内部控制目标，法国和日本等国在内部控制的框架中明确了资产安全是内部公司控制的目标之一。

各国对内部控制本质特征存在不同的理解，因而采用了不同的处理方法。在美国，从会计的角度来看，处于强势地位的注册会计师无法回避资产的安全性，不将其纳入内部控制目标有利于注册会计师规避风险。但在安然、安达信等公司破产后，美国渐渐地将资产的安全性纳入内部控制理论。

2. 战略目标的定位处理

在战略目标的定位上，有两个问题：一是战略规划实现的管理目标的重要程度是多少，是否属于内部控制目标；二是如果战略目标属于内部控制体系，那么内部控制目标的范围是否扩大，内部控制是否具备实现战略目标的能力。如果仅将内部控制视为一种监管工具，那么战略目标和内部控制机制无关。但企业发展离不开二者。战略规划是企业各种决策和行为的出发点和准则，企业需要充分细化战略目标，以实现长远发展。具体而言，企业应当制定相应的公司目标、报告目标和合规目标，然后识别并评估风险，充分考虑所有相关风险因素。内部控制目标的扩展是把握企业面临的机会和风险，并且内部控制的三大目标（经营目标、报告目标、合规目标）是实现战略目标的战术。因此，战略目标是内部控制的本质要求。

3. 企业内部控制理论的本质属性

企业内部控制理论在 20 世纪被提出，包含三点基本属性。

第一，企业内部控制理论经历了三次转变：自发到包容、静态到动态、包容到系统。在实践的发展中，从自发的纠错防弊到确立正确目标，并通过外部审计监督实现目标，再到由政府部门出台政策推行。第二，尽管在各个时期，企业内部控制有独特的名称和功能，但其基本功能是约束、监督、保障和控制企业完成目标并沿着正确的目标前进。第三，内部控制理论与会计、审计密切相关。审计人员的研究为会计人员提供技术支持，会计人员为内部审计改革作出贡献。这一互动的基本目标是建立内部控制结构，加强对公司生产经营活动的管理。

工业革命后，精细分工促进了内部控制理论的发展，内部控制理论与企业共同发展、相互推进，逐渐成为企业管理的重点。在此基础上，中国应建立符合中国国情、社会条件和经济体制特点的内部控制，定位明确，思路清晰，通过理论和实践的良性结合，有效促进中国现代企业的转型发展，更好地实现产业转型的跨越式发展。

三、内部控制质量的计量方式

目前，国内外各学者对内部控制质量的衡量主要基于对公司披露的内部控制自我评价内容的手工整理；是否存在重大会计差错和稳健性；是否受到中国证监会的处罚；内部控制保险报告是否自愿披露；审计师的审计意见；内部控制报告；由厦门大学内部控制指标研究组编制的内部评价指标；国外相应的内部质量数据库，如审计分析、审计报告等。中国学者可以利用相关数据库获取内部控制数据质量，同时使用几种测量方法，增加结果的稳健性。

（一）现有内部控制有效性的评价标准

内部控制信息披露指数旨在从信息披露的角度衡量企业内部控制规范体系建设现状。田高良、齐保垒和李留闯（2010）以2008年深圳市494家披露内部控制报告进行自我评价的公司为研究对象，建立了内部控制缺陷披露的概念模型，并运用逻辑回归分析方法对其作了分析。研究发现，披露内部控制缺陷的企业比未披露内部控制缺陷的企业更为复杂，会计风险更高，内部控制结构更弱；此外，由于代理成本的存在，审计师变更和财务报告重述的公司管理层更有可能披露重新定义的内部控制错误。李林芳和王烨（2023）通过研究发现，管理层权力与内部控制质量之间呈负相关，较大的管理层权力对内部控制质量带来不利的影响；媒体关注能够抑制管理层权力对内部控制质量的负面影响；相对于稳定型机构投资者持股的公司，管理层权力与内部控制质量的负相关在交易型机构投资者持股的公司更加显著。

内部控制有效性的评价标准主要有三种。

1. 以内部控制目标的实现程度衡量

通过"旨在实现相关控制目标的安全程度"来衡量内部控制的有效性。安全水平越高，企业的内部控制越有效。

（1）自行构建内部控制目标实现的指标体系衡量

部分学者从内部控制的目标出发，制定了一套衡量内部控制的指标体系。内部控制的有效性通过三方面来衡量：经营是否可持续，报告目标是否达成，管理是否合规。基于中国的政治制度背景，学者们总结归纳出了公司内部控制评价体系，从内部控制的五个目标来衡量内部控制目标的实现情况。

（2）采用权威机构指数衡量

也有研究人员直接利用相关机构提供的内部控制数据来评价公司内部控制的有效性。其中，迪博指数被广泛采用。迪博指数是根据公司年度报告数据构建的，依据内部控制五要素的实施水平而产生。该指数分为两层，第一层的大目标以五大要素指数为基础，第二层的细分目标的内涵是63个具体指标，数据来自公开发表的信息。迪博指数具有较强的综合性，能真实、客观地反映内部控制的有效性。

该方法是专业的和全面的，不存在因研究者不同导致存在不同指标体系而破坏内部控制指标有效性的情况。但是，这种方法也可能引起索引的一致性，不方便反映作者的个人观点。

2. 以企业披露的内部控制信息衡量

信息的高质量公开加大了企业信息的透明程度，股东和其他利益相关者也可以更加了解企业情况。在证券交易所上市的公司可以在自我评价和可靠性报告上披露内部控制信息，将内部控制的情况向外界披露。

（1）根据企业公开的内部控制信息的结果进行判断

披露内部控制自我评价报告是为了让各利益主体掌握目前企业内部控制系统的建设和实施情况。SOX法实施后，西方学者开始大量研究内部控制信息公开的决策价值，大多数研究者以公司为对象进行研究，将是否公开内部控制的实质性缺陷作为测量基准，若企业内部控制存在实质性缺陷，则无法对其内部控制进行评价。

中国的部分学者也基于自我评价报告进行研究，指出当企业相关披露制度存在缺陷时，其内部控制的有效性较差。部分学者也考虑到中国的内部控制信息披露制度落后，无法通过内部控制报告衡量所有上市公司内部控制的有效性。因此，使用"是否受到中国证监会或交易所的处罚""是否对财务报告进行重述""审计师是否发表了否定意见"等相关的替代指标测量内部控制的有效性。此外，有学者指出，测量内部控制有效性应建立在"是否公开内部控制自我评价报告或内部控制的验证报告"的基础上。

（2）根据企业披露的内部控制信息详细程度进行判断

公司披露的内部控制信息在一定程度上反映了内部控制的有效性，但并不能完全下定论。年度报告中提到的"内部控制次数"可以部分反映内部控制的有效性。

高级管理人员的心理动态在一定程度上可以通过披露内部控制信息的详细程度反映，也可以测量内部控制的有效性。但是，由于公司的公开习惯往往影响内部控制信息的详细内容，内部控制信息详细程度不能完全反映其有效性，因此使用这个指标来测量的研究人员很少。

3. 根据内部控制要素构建情况进行判断

内部控制要素和内部控制目标相互影响。合理设置和正确操作内部控制要素是内部控制目标实现的保证，要素设置的完整程度影响内部控制的实施。很多学者以COSO报告的5个要素作为评价基准，构建与这5个要素对应的内部控制评价体系。部分学者在内部控制五要素的基础上创建了三级指标体系，采用层次分析法评价内部控制有效性。还有部分学者从5个方面设置20个二级指标进行识别，然后用平均得分的合计数来测定内部控制有效性。内部控制要素的构建与内部控制的最终运营和效果有关，但没有绝对的关联。

（二）内部控制有效性评价指标体系的构建

1. 内部控制有效性评价指标的构建原则

（1）可行性原则

评价体系中选择的指标必须保证可行性原则，不仅要保证指标体系的可行性和功能性，还要保证指标体系能够成功地被应用，否则，建立指标体系和评价结果将失去其价值。这就要求在建立评价指标体系时，不仅要确保体系的良好设计，还要确保相关数据的可用性，采用可量化的指标，明确指标的重要性和含义，并与相关人员更好地合作和实施具体措施。

（2）可比性原则

可比性原则要求内部控制指标体系不仅要确保同一企业的纵向可比性（单一指标），还要确保不同企业的横向可比性（一般指标）。因此，通常应选择具有代表性的指标，并尽量不替换相应的估值指标，以确保估值结果的可比性。

（3）成本效益原则

公司的内部控制活动会产生成本。同时，企业修复内部控制缺陷会产生收益。因此，内部控制有效性评估指标的建立应考虑成本效益原则。内部控制有效性的评估与企业经营相伴随，是一个持续的过程。评估指标应尽可能少且准确，并突出关键点，忽略对内部控制有效性影响不大但其实现需花费大量成本的目标，以最大限度地实现公司利益。

2. 内部控制有效性评价体系的指标选择

企业制定的内部控制有效性评价体系应具有多样性，以满足不同的利益相关者对公司的内部控制目标的不同要求。根据《企业内部控制基本规范》的内容，大量学者指出，以"目标愿景"为基础，从合规目标、财务报告目标、资产安全目标、战略目标4个方面来判断内部控制指标体系的有效性。

（1）合规目标

确保公司遵守国家法律法规以及市场和行业准则是合规目标的重要目的。在当前社会环境中，遵守法律法规是企业建立的前提和基础，也是利益相关者的共同需求。有效的内部控制能够在企业内部树立较强的法律概念，并在确保企业的合法性经营方面发挥重要作用。一般认为，如果企业或责任人存在违法行为，就意味着企业没有遵守法律法规。如果该实体存在法律纠纷且该实体是被告，通常可以认为该实体违法经营的可能性较大。因此，可以根据法律合规目标的要求选择两个指标，即确定是否存在被动争议以及是否存在侵权。

（2）财务报告目标

财务报告的可靠性是正确衡量和评估公司经营业绩的保证，是内部控制的基础目标。一份真实、完整的财务报告有利于促进公司管理层科学决策的实施，完善的内部控制制度可以为各种业务活动提供有效的保留机制，从而提高财务信息质量，减少错报发生。由于中国内部控制制度不完善，因此财务报告目标的实现情况更多反映在编制财务报告的能力上。如果企业重述其财务报告，则该企业前期财务报告中存在错误，无法真实反映该实体的财务状况。企业为实现自身利益最大化而进行盈余管理，则意味着其提交的财务报告不完全准确。当企业财务报表被出具非标准意见时，则意味着外部审计不认可财务报表的真实性、准确性和完整性，此时企业的财务报告目标尚未实现。因此，根据财务报告目标的要求，可以选择"财务重组""审计""收入管理"3个指标衡量目标。

（3）资产安全目标

资产是给企业带来经济效益的资源，是企业生存和发展的基本保证，其重要性不言而喻。除了保证资产的实物安全外，资产的安全性更多地体现在资产的价值安全上，即公允价值水平。有效的内部控制制度可以保障资产的安全性。当资产发生减值时，意味着企业资产清查工作出现漏洞。当资产被关联方过多占用时，企业自身的营运能力受损。同样，当企业有外部担保时，可能会因法律纠纷造成企业资产的巨大损失，严重影响企业的资产安全。因此，根据资产安全目标的要求，可以选择三个指标来衡量目标："资产减值损失率""资产关联方占用率""对外担保率"。

（4）战略目标

企业战略是指企业根据自身情况和外部环境，为自身发展而制定的目标，这是企业内部控制面向未来的目标，战略目标是一种总需求。它反映了公司中长期的发展水平，反映了公司在战略时期的总体任务，是公司发展的根本方向，完善的内部控制制度可以促进公司战略目标的实现。企业的战略目标主要体现在其在行业中的竞争力、可持续发展的能力以及适应不断变化的经济需求的能力。与市场上的其他公司相比，行业竞争力越强的公司，其提供产品或服务的效率就越高。可持续发展能力不仅是稳定增长和确保企业市场地位的需要，而且是企业为实现可持续经营而考虑的重点。当然，企业在稳定发展的过程中不可避免地会面临不同的风险。在战略制定的过程中，企业不仅要遵循高速发展，也要控制风险。因此，可以根据公司战略目标的要求选择"市场份额""风险系数""销售增长""托宾 Q 值"4 个指标来衡量内部控制有效性。

内部控制的有效性对于保证企业的可持续发展起着非常重要的作用，在政府相关法规的规范下，我国上市公司的内部控制得到了改善，但内部控制有效性仍然未达到预期。如何对上市公司内部控制有效性进行度量和完善，已成为我国资本市场亟待解决的问题。以符合内部控制制度设置的"目标愿景"为基础，结合中国资本市场和上市公司的特点，构建更好的内部评价指标体系。同时，密切关注外部环境的变化，特别是资本市场的变化，不断调整和丰富指标体系，以更好地管理企业内部控制体系的建立。

四、公司治理与内部控制关系

（一）公司治理与内部控制的联系

1. 公司治理与内部控制目标的一致性

内部控制的五大目标是实现企业目标的保证。公司治理的实施建立在企业目标的基础上，调节企业所有者、经营者等利益相关者之间的冲突，确保企业经营的公平和效率，促进公司目标的实现。因此，公司治理和内部控制具有一致的最终目标。

2. 内部控制和内部治理遵循成本效益平衡理论

控制的成本不应超过控制的收益，这是公认的内部控制原则。不论是否能获得收益，实施任何一项制度都需承担一定的成本。在公司治理机制中，也需要权衡成本与收益。在所有权和经营权分离后，所有者为自身利益对管理层进行监督和激励，或通过"激励相容性"合同，或者通过考核机制，但现实是所有者无法完全控制管理层，因为监督成本太高。如果监管机制太"完善"，会造成"清水无鱼"的局面，最终不利于企业经营。

3. 公司治理结构与内部控制有着共同的制度

企业的内部控制制度和治理结构均是企业经营的必要制度，构成一个整体。二者的建立和发挥作用依赖于企业组织载体。若脱离组织载体，无论公司的内部控制和治理结构多么完善，都是没有依据的，不能产生理想效果。此外，控制建立在信息的基础上。会计信息与公司治理相互影响。有效的公司治理机制保证会计信息的真实性、完整性和及时性，同时会计信息的真实性、完整性和及时性是公司治理和内部审计实施的基本前提。

4. 公司治理结构与内部控制是相辅相成的

内部控制发生在公司治理的背景下，有效的内部控制离不开完善的公司治理结构，良好的内部控制制度只有在完善的公司治理环境中才能真正发挥作用。公司治理结构是保障内部控制有效性和实施效果的前提；内部控制是公司治理结构中的内部管理和监督体系，有利于企业管理层实现企业目标、完成受托任务。

（二）公司治理与内部控制的区别

公司治理与内部控制存在以下区别。

1. 所处层面不同

内部公司治理是企业所有者为激励和监督管理层形成的控制制度，形成了所有者、董事会、监事会和管理层的制衡。内部控制是管理层为确保企业经营活动中财产安全、防止舞弊行为发生、提高财务报告质量等建立的控制措施和程序，是管理层对其下属的控制。

2. 委托代理层次不同

内部公司治理是基于所有者和管理层的委托代理关系产生。内部控制产生于管理层与下属员工的分层委托代理关系。公司治理在一定程度上受到公司法和证券监管法的约束，但未有法律具体规定内部控制制度，建立完善的内部控制制度并确保其有效运行是管理层的责任。

3. 目标不同

公司治理的目标是在所有者和管理层之间建立激励、监督与制衡机制，以有效缓解委托代理问题，保护各利益相关者的利益。内部控制的目标是帮助企业识别并应对风险，确保企业的合规经营和高效运作，进而提升企业的竞争力和可持续发展能力。

第三节　公司治理与盈余管理

企业高质量发展是经济高质量发展的微观基础。提高公司治理水平是提高上市公司质量的基础。公司治理是关系到企业健康和长远发展的重要因素。因此，公司治理问题一直是国内外学者的研究重点。盈余管理作为上市公司调整会计收益信息质量的重要手段，已成为公司会计信息和会计管理研究领域的热点问题之一。本节试图利用我国 A 股企业的数据对公司治理和盈余管理作实证分析，探讨两者之间的关系。

一、内外部公司治理

（一）内部控制的治理效应

内部控制作为公司治理的核心内容，对内部公司治理水平的提高起到巨大作用。赵焕卫（2012）的研究表明，内部控制是公司治理的一个核心部分，内部控制不仅是公司治理与组织机构之间的纽带，同时内部控制外延的变化也能够有效地完善公司治理的需要。

内部控制与内部公司治理属于相辅相成、互相成就与完善的关系，两者分别从宏观与微观的层面进行解释。陈磊（2018）的研究表明：内部治理与内部控制相互促进，内部治理着眼于公司宏观层面，而内部控制着眼于公司微观层面。健全的内部控制体系可以促进内部公司治理水平的提高，同时良好的内部治理环境也是完善的内部控制系统得以实现的基础。

内部控制通过影响上市公司盈余管理，提高公司会计信息质量参与公治理。根据王敏（2021）研究分析可以了解到，作为公司治理机制中重要组成部分的内部控制与外部审计分别从内部与外部对公司会计信息质量与财务报表进行把关。完善的内部控制体系是上市公司以较低成本保证会计信息质量的手段之一，对于公司治理有着重要作用。

（二）机构投资者的治理效应

机构投资者持股后将更有可能参与到上市公司治理中来，并在公司治理中发挥积极作用。陈慧姿（2019）在研究中发现，机构投资者对于公司的投资相对具有长期性，其具有主动参与公司治理的动机，同时能够降低公司盈余管理水平进而提高公司治理的效率及经营绩效。机构投资者作为公司所有者的一员时，公司长期利益与其个人利益一致，机构投资者将更积极地参与到对管理层的监管中来，这将有利于公司治理水平的提高。

机构投资者持股通过不同的方式参与公司治理。高群、黄谦和任志刚（2012）的研究发现：机构投资者持股通过对大股东进行控制以及对公司盈余管理进行约束进而达到公司治理效应。当机构投资者持股比例较大时，其可以作为公司治理的积极力量参与公司治理中，并且机构投资者持股可以在一定程度上优化公司股权结构。杨潇影（2021）的研究表明：机构投资者持股后与管理层直接接触增多以及其话语权的增大，使投资者与企业管理层之间的信息差减少，对上市公司管理层起到更大的威慑作用，约束了其盈余操作倾向，对公司治理作用巨大。机构投资者持股直接影响或通过影响公司治理水平的其他影响因素对公司治理水平的提升发挥重要作用。

二、公司治理对不同类别盈余管理的影响

应计盈余管理的本质是转移不同会计期间的收入和费用，以达到调节各期报告盈余的目的，使企业的财务报表呈现管理层期望的盈余状况；真实盈余管理是企业通过构造真实交易或控制经济活动时间来操纵报告盈余的行为，以实现特定目的。应计盈余的管理并不影响现金流和公司收入的整体水平，

它只是改变了不同会计期间的收入分配，而真实盈余的管理不仅会影响企业的现金流和总收入，还会影响不同会计期间的收入分配。事实上，自从罗伊乔杜里（2006）发表了一篇关于真实盈余管理的文章以来，许多学者都将他的真实盈余管理模型作为参考。管理者的盈余管理不是单一的，而是实际业务活动和周期性系统的结合。虽然真实盈余管理可以在统计上进行衡量，但由于真实盈余管理更多地反映在具体业务成本的控制中，更加隐蔽，企业盈余管理活动加剧了外部投资者信息的不确定性。此外，真实盈余管理是基于公司的实际业务活动，其管理活动的高成本将对公司未来的现金流产生负面影响，也会影响公司的长期经营业绩。

（一）公司治理与应计盈余管理

1. 董事会独立性对应计项目盈余管理的影响研究

已有研究探究了中国上市公司盈余质量与董事会独立性之间的关系。蔡吉甫（2007）通过实证研究发现，独立经理人、关键股东参与管理和盈余管理之间没有显著的相关性。孙亮和刘春（2010）按所有权类型将上市公司分为民营和国有两类，研究结果表明，国有上市公司与民营上市公司在公司治理结构和利润管理约束方面存在显著差异，民营上市公司董事会独立性与盈余管理程度呈显著正相关，而股权集中度和制衡度与盈余管理程度则存在倒"U"形的非线性关系。与此不同的是，国有上市公司的董事会、监事会及股权结构对盈余管理程度的制约作用均不显著。曹廷秋和钱先航（2008）调查了中国上市公司的公司治理水平和应计盈余管理的关系，其结果表明，改善公司治理将显著降低上市公司的盈余管理水平，这主要是由于董事会、监事会等公司治理机制的积极作用。

2. 股权激励与应计盈余管理

通过盈余管理营造更好的经营情况假象，满足薪酬合同的要求是公司管理层进行盈余管理的重要原因之一。同时，学者所作的大量实证研究也证明了股利计划可以促使公司进行盈余管理。一些文献除了从整体上考察股权激励与应计盈余管理之间的关系外，还进一步研究了可能影响股票价格的盈余管理行为，包括股票期权的特许权、行权、撤销和重新确认。

（二）公司治理与真实盈余管理

1. 真实盈余管理的动因

真实盈余管理是通过组织投资时间或融资决策，改变报告盈余或收益的几个子项目来管理实际盈余。当应计盈余的争议风险对公司不利时，公司倾向于进行真实盈余管理。研究表明，外部审计质量越高，上市公司就越倾向于真实盈余管理。鉴于诉讼的高法律风险和高质量的外部审计，管理者减少了对应计收入的管理，增加了对实际收入的管理，原因是真实盈余管理遵守充分披露的原则，在形式上未违反相关法律。

2. 股权激励与真实盈余管理

许多学者认为，控制公司常规费用的能力可能受到前几年累积利润和公司当前经营状况的限制，使公司通过实际经营活动进行真实盈余管理。肖淑芳等（2013）认为，由于企业激励情况的存在，管理者容易通过管理实际收益来抑制考核期间的绩效，以降低行使权利的难度。刘银国等（2018）则发现，股权激励计划会诱导更高程度的真实盈余管理。为了满足企业财务业绩要求，实施股权激励计划的企业管理层更倾向于使用真实盈余管理方法，通过操纵企业实体经济业务来改变企业当年的经营业绩。因此，科学合理地界定股票激励条件对股票激励的有效性程度具有决定性影响，并且需要合理把握股票激励条件的程度，太低或太高都会不利于股权激励的效果。此外，为了通过股权激励抑制管理层的真实盈余管理行为，优化股权结构很重要。

三、内外部公司治理与真实盈余管理关系

内外部公司治理水平的高低与上市公司真实盈余管理频繁与否有着密切的联系，良好的公司治理机制能够明显抑制上市公司的真实盈余管理。

根据内部控制、机构投资者持股与真实盈余管理关系的相关文献研究可以发现，良好的内部控制对于公司真实盈余管理具有抑制作用，机构投资者

持股能够约束上市公司真实盈余管理，内部控制与机构投资者持股对于真实盈余管理的抑制作用属于相互促进关系。

（一）内外部公司治理与真实盈余管理

真实盈余管理问题已逐步成为公司治理的重点问题。根据刘峥颖和张海燕（2021）的研究分析可以了解到，良好的内外部治理机制与上市公司真实盈余管理行为存在显著负相关，对于真实盈余管理治理效应的研究具有非常重大的实践意义。

外部公司治理对于公司真实盈余管理具有抑制作用。尤素福·卡尔布哈里等（Yusuf Karbhari et al.，2020）的研究表明，监管机构通过强制手段实施更高的审计质量将十分显著地减少企业异常经营性现金流，进而减少公司管理者的真实盈余管理行为。同时，赛义德·努曼·乔杜里和亚瑟·埃利瓦（Syed Numan Chowdhury & Yasser Eliwa，2021）研究再次证明了良好的外部监管如审计质量等能够十分有效地抑制管理者采取真实盈余管理行为。潘迪·阿普拉吉塔（Pandey Aprajita，2022）在研究中也指出，分析师数量、潜在投资者以及监管机构能够通过影响上市公司董事会的有效性来参与到公司治理中，进而对管理层盈余管理起到约束作用。

内部公司治理对于真实盈余管理也具有明显的约束作用。桑达·瓦利和萨娜·马尔代西·马斯穆迪（Sonda Wali & Sana Mardessi Masmoudi，2020）的研究表明，上市公司内部控制系统提高了通过库存过剩、可自由支配费用减少和销售量实现的真实盈余管理水平所反映的会计信息质量。符安平和谭招晖（2022）的研究表明，股权结构中股权集中度与企业真实盈余管理显著正相关，高管持股与真实盈余管理显著负相关。

（二）内部控制与真实盈余管理

完善的内部控制体系能够直接影响上市公司真实盈余管理，有效抑制管理层过度盈余管理。程小可、郑立东和姚立杰（2013）的研究发现，自愿披露公司内部控制鉴证报告的上市公司真实盈余管理程度较低，应计盈余管理程度更低。葛格、肖翔和廖添土（2021）研究指出，内部控制体系发展较为完善的公司在经营活动及关联交易等事项发生变更时，会对变动原因及其影响进行详细披露，这类企业履行社会责任的水平较高，从根本上减少了企业真实盈余管理行为。

内部控制还可以通过影响与真实盈余管理关系显著的其他因素间接地影响上市公司真实盈余管理。马啸宇（2021）的研究指出，内部控制可以增强战略差异化与企业盈余管理的相关性，良好的内部控制能够在一定范围内抑制企业高管的盈余管理，进而在一定程度上减少公司财务造假现象。

内部控制对真实盈余管理的间接作用还体现在内部控制通过增强机构投资持股对真实盈余管理的约束作用进而抑制公司真实盈余管理行为。田昆儒和韩飞（2018）的研究发现，企业真实盈余管理程度随着内部控制质量与机构投资者持股比例的提高而明显降低，内部控制在机构投资者对真实盈余管理的抑制作用中起中介作用，机构投资者持股能够增强内部控制对真实盈余管理的约束作用。

（三）机构投资者持股与真实盈余管理

机构投资者在上市公司中持有一定股份能够直接影响上市公司真实盈余管理，有效抑制管理层过度盈余管理。高群和黄谦（2010）的研究指出，持股比例高的机构投资者有利于缓解内部人控制导致的盈余管理，持股比例小的机构投资者不利于缓解内部人控制导致的盈余管理。埃科·苏约诺和奥马尔·法鲁克（Eko Suyono & Omar Al Farooque，2018）的研究发现，机构投资者持股、管理层持股以及独立董事会对上市公司盈余管理行为具有明显的威慑作用。张宏霞和杨婷（2023）的研究表明，上市公司利益相关者了解公司经营情况的重要指标之一为盈余状况，机构投资者的监管对公司有关经济行为产生影响，能够有效约束公司真实盈余管理行为。

机构投资者持股还可以通过影响与真实盈余管理关系显著的其他因素间接地影响上市公司真实盈余管理。高群、黄谦和任志刚（2012）的研究发现，机构投资者持股比例较高时，机构投资者的介入起到了股权制衡作用，抑制了大股东对于小股东利益的侵害。在这种情况下，公司管理者的盈余管理行为受到了监督，对公司盈余管理起到了抑制作用。孙光国、刘爽和赵健宇（2015）的研究表明，在大股东控制下，机构投资者持股仍能通过股权制衡，对上市公司盈余管理起到抑制作用。

机构投资者持股对真实盈余管理的间接作用还体现在机构投资者持股通过加强公司内部控制对真实盈余管理的抑制作用进而约束公司真实盈余管理行为。许莹莹（2019）的研究发现，机构投资者可以凭借其专业能力、管理经验以及在企业中的话语权来直接抑制企业真实盈余管理行为，还可以通过促进企业内部控制体系及内部控制机制来完善，提高内部控制质量的角度间接抑制管理层真实盈余管理行为。钱红光、程熠琳和周叶叶（2021）的研究表明，上市公司内部管理水平与盈余管理呈现显著负相关，同时机构投资者持股能够有效加强内部控制对盈余管理的抑制作用。

四、大股东持股比例与盈余管理

近年来，我国经济发展迅速，上市公司通过盈余管理进行利益输送的腐败做法越来越多，如康美药业、世通等一系列财务腐败丑闻损害了众多投资者的利益。因此，如何约束上市公司违规进行盈余管理，提高会计信息质量成为亟待解决的问题。大股东持股比例作为公司治理的重要因素，会影响企业的盈余管理行为。本节将探究大股东持股与盈余管理的关系。

（一）大股东持股比例与盈余管理研究现状

我国上市公司大股东的持股比例通常较高，他们对企业拥有绝对或相对控制权，为了实现自身利益最大化，大股东有操纵企业盈余的动机，同时由于大股东具有信息优势，也具有操纵企业盈余的能力。这种盈余操纵行为会向市场传递错误信号，误导投资者决策，影响市场稳定。

郑高钰和权秀英（Kooyul Jung & Soo Young Kwon，2002）的研究表明，当大股东具有绝对控制权的时候，大股东会实施盈余管理以实现自身利益最大化。金正本和海迪（Jeong – Bon Kim & Cheong H. Yi，2006）以韩国上市公司与非上市公司为研究对象，发现随着控制权与所有权的差距越来越大，控股股东为隐藏他们的行为，避免惩戒行为等不良后果，更倾向于进行机会主义的盈余管理。杨志毅（Chi – Yih Yang，2008）的研究发现，大股东持有公司股份越多，通过选择不同的会计准则操纵的盈余越多。

王化成和佟岩（2006）对控股股东进行研究，结果表明，其持有公司股本的比例越高，企业的盈余质量越低。除了盈余质量外，还有学者对盈余程度进行研究。章卫东（2010）对公司拥有最多股份的股东进行研究，发现其拥有的持股比例越高，操纵盈余管理的行为越多。赵国宇（2013）也对公司持股比例最高的股东进行研究，发现其持股比例越高，上市公司操纵盈余程度越高，侵占其他股东和公司资金程度也更高。李文洲、冉茂盛和黄俊（2014）的研究发现，大股东的资金侵占行为会导致企业经营表现下降，管理层人员为了防止业绩表现下降导致的被动失去职位风险，会选择与大股东合谋操纵企业盈余管理。孙光国（2015）的研究发现，第一大股东持有的公司股份占公司总股份的比例越高，表现为公司操纵盈余的程度越高，呈现正相关性。陈泽艺（2018）也对第一大股东进行研究，实证研究发现，其持股比例越高，"掏空"公司和其他股东利益的情况越严重。

部分学者对两者的关系持有不同的观点。张祥建和郭岚（2007）对持有公司股份最多的股东进行研究时，发现其拥有的股份与企业操纵的盈余程度呈现出倒"U"形的关系。袁知柱、郝文翰和王泽楽（2014）对企业管理层进行研究，发现其持有质押公司股份的比例越高，企业操纵应计盈余管理程度越高，操纵真实盈余管理程度越低。王敏和何杰（2020）的研究发现，大股东控制权越大，违规行为被发现的风险越高，从而企业越少地操纵盈余。

（二）研究假设

国内外现有研究表明，大股东持股比例的高低会对企业盈余管理程度产生影响。郑国坚、林东杰和张飞达（2013）的研究中发现，企业面临财务压力时，大股东对上市公司显示其强烈的"掏空"动机。李文洲、冉茂盛和黄俊（2014）的研究发现，大股东的资金侵占行为会导致企业经营表现下降，管理层人员为了防止业绩表现下降导致的离开岗位风险，会选择与大股东合谋操纵企业盈余管理。国内外学者杨志毅等（2008）、赵国宇（2013）、孙光国（2015）和陈泽艺（2018）分别从不同的角度研究，发现第一大股东持股比例越高，操纵盈余管理的能力和动力越大。

从理论上讲，首先，上市公司大股东持有的股份越多，与中小股东和外部监管部门的不完全契约问题、委托代理问题、信息不对称问题越严重，实施盈余管理的能力越大。其次，大股东持股比例越高，与企业的联系越密切，越有可能采取投机行为，以牺牲控股公司的利益为代价为自己谋取最大利益，因此实施盈余管理的动力就越大。最后，无论企业实施正向盈余管理还是负向盈余管理，大股东持股比例越高，对其控制能力就越大，从而促进了各种形式的盈余管理。

基于上述推论，提出以下两个假设：

假设 H6：大股东持股比例与上市公司的正向应计盈余管理程度呈正相关，与正向真实盈余管理程度呈正相关。

假设 H7：大股东持股比例与上市公司的负向应计盈余管理程度呈正相关，与负向真实盈余管理程度呈正相关。

（三）研究设计

1. 样本选择与数据来源

本研究利用 Wind 数据库，选取 2013～2018 年沪深 A 股上市公司的数据作为研究对象，最终共得到 15 675 个研究样本，并对样本数据作了以下处理：剔除样本数不足 15 个的行业，补充数据有缺失的样本，剔除金融业和保险业上市公司，剔除研究期间中出现过 ST、*ST 的公司，对所有变量进行 1% 以下和 99% 以上的 Winsorize 处理。

2. 变量的定义与度量

借鉴帕特丽夏（1995）的研究，以修正的 Jones 模型来计量企业操纵应计盈余的大小（DA），具体模型如下：

$$\frac{TA_{i,t}}{A_{i,t-1}} = \alpha_0 + \alpha_1 \left(\frac{1}{A_{i,t-1}} \right) + \alpha_2 \left(\frac{\Delta REV_{i,t}}{A_{i,t-1}} - \frac{\Delta REC_{i,t}}{A_{i,t-1}} \right) + \alpha_3 \left(\frac{PPE_{i,t}}{A_{i,t-1}} \right) + \varepsilon_{i,t} \quad (5.1)$$

$$NDA_{i,t} = \widehat{\alpha_0} + \widehat{\alpha_1} \left(\frac{1}{A_{i,t-1}} \right) + \widehat{\alpha_2} \left(\frac{\Delta REV_{i,t}}{A_{i,t-1}} - \frac{\Delta REC_{i,t}}{A_{i,t-1}} \right) + \widehat{\alpha_3} \left(\frac{PPE_{i,t}}{A_{i,t-1}} \right) \quad (5.2)$$

$$DA_{i,t} = \frac{TA_{i,t}}{A_{i,t-1}} - NDA_{i,t} \quad (5.3)$$

其中，$TA_{i,t}$ 表示 t 年度 i 公司的总应计额，用当年营业利润与当年经营活动净现金流的差值表示；$\Delta REV_{i,t}$ 表示 t 年度比上一年度 i 公司主营业务收入的增加值；$\Delta REC_{i,t}$ 表示 t 年度比上一年度 i 公司应收账款的增加值；$PPE_{i,t}$ 表示 t 年度 i 公司的固定资产总额；$A_{i,t-1}$ 表示 $t-1$ 年度 i 公司的总资产；$NDA_{i,t}$ 表示 t 年度 i 公司的非操纵性应计额；$DA_{i,t}$ 即 t 年度 i 公司操纵性应计盈余的大小。

借鉴国外学者罗伊乔杜里（2006）的研究成果，考虑企业经营活动现金流量异常额、生产成本异常额和酌量性费用异常额，计算企业的真实盈余管理程度（RM），具体模型如下：

$$\frac{CFO_{i,t}}{A_{i,t-1}} = \alpha_0 + \alpha_1 \frac{1}{A_{i,t-1}} + \alpha_2 \frac{SALES_{i,t}}{A_{i,t-1}} + \alpha_3 \frac{\Delta SALES_{i,t}}{A_{i,t-1}} + \varepsilon_{i,t} \quad (5.4)$$

$$\frac{COGS_{it}}{A_{i,t-1}} = \alpha_0 + \alpha_1 \frac{1}{A_{i,t-1}} + \alpha_2 \frac{SALES_{i,t}}{A_{i,t-1}} + \varepsilon_{it} \quad (5.5)$$

$$\frac{\Delta INV_{it}}{A_{it-1}} = \alpha_0 + \alpha_1 \frac{1}{A_{i,t-1}} + \alpha_2 \frac{SALES_{i,t}}{A_{i,t-1}} + \alpha_3 \frac{\Delta SALES_{i,t-1}}{A_{i,t-1}} + \varepsilon_{i,t} \quad (5.6)$$

$$\frac{PROD_{i,t}}{A_{i,t-1}} = \alpha_0 + \alpha_1 \frac{1}{A_{i,t-1}} + \alpha_2 \frac{SALES_{i,t}}{A_{i,t-1}} + \alpha_3 \frac{\Delta SALES_{i,t}}{A_{i,t-1}} + \alpha_4 \frac{\Delta SALES_{i,t-1}}{A_{i,t-1}} + \varepsilon_{i,t}$$

$$(5.7)$$

$$\frac{DISX_{i,t}}{A_{i,t-1}} = \alpha_0 + \alpha_1 \frac{1}{A_{i,t-1}} + \alpha_2 \frac{SALES_{i,t-1}}{A_{i,t-1}} + \varepsilon_{i,t} \quad (5.8)$$

$$RM_{i,t} = RM_{PROD_{i,t}} - RM_{CFO_{i,t}} - RM_{DISX_{i,t}} \quad (5.9)$$

若 $RM_{i,t}$ 大于等于 0，则为正向真实盈余管理（RMZ）；若 $RM_{i,t}$ 小于 0，则对其取绝对值，作为负向真实盈余管理（RMF）。

使用大股东持股比例（$TOP1$）为上市公司第一大股东持股数占公司全部

股数的比例。以往的研究中，大多数学者认为大股东持股比例越高，大股东对公司经营管理决策的影响越大，盈余管理的能力和动机越大。所涉及的全部变量说明如表 5-1 所示。

表 5-1　　　　　　　　　　变量的定义和度量

变量分类	变量名称	变量符号	变量说明
因变量	正向应计盈余管理	DAZ	若应计盈余管理大于等于 0，则取其值
	负向应计盈余管理	DAF	若应计盈余管理小于 0，则取其绝对值
	正向真实盈余管理	RMZ	若真实盈余管理大于等于 0，则取其值
	负向真实盈余管理	RMF	若真实盈余管理小于 0，则取其绝对值
自变量	第一大股东持股比例	TOP1	第一大股东持股数/公司全部股数
控制变量	公司规模	SIZE	期末资产总额的自然对数
	总资产收益率	ROA	净利润/总资产
	资产负债率	LEV	期末总资产/期末总负债
	全部资产现金回收率	OPECASS	经营活动产生的现金流量净额/期末资产总额
	流动性	CR	流动比率，流动资产/流动负债
	企业成长性	GRO	基本每股收益（同比增长率）
	年度	YEAR	2013～2018 年度六组
	行业	INDU	按证监会行业分类标准分类

3. 模型设计

为了验证假设 H6，设计了模型（5.10）和模型（5.11）。为了验证假设 H7，设计了模型（5.12）和模型（5.13）。

$$DAZ = \alpha_0 + \alpha_1 TOP1 + \alpha_2 CONTROL + \varepsilon_{i,t} \tag{5.10}$$

$$RMZ = \alpha_0 + \alpha_1 TOP1 + \alpha_2 CONTROL + \varepsilon_{i,t} \tag{5.11}$$

$$DAF = \alpha_0 + \alpha_1 TOP1 + \alpha_2 CONTROL + \varepsilon_{i,t} \tag{5.12}$$

$$RMF = \alpha_0 + \alpha_1 TOP1 + \alpha_2 CONTROL + \varepsilon_{i,t} \tag{5.13}$$

当假设 H6 成立时，对模型（5.10）和模型（5.11）回归后，得到 TOP1 的系数均应显著为正；当假设 H7 成立时，对模型（5.12）和模型（5.13）

回归后，得到 $TOP1$ 的系数均应显著为正。

(四) 实证分析

1. 描述性统计分析

本研究主要变量第一大股东持股比例、应计盈余管理和真实盈余管理，以及其他控制变量的全样本描述性统计结果如表 5 – 2 所示。由表 5 – 2 中 DAZ、DAF、RMZ 和 RMF 的描述性统计结果可知，各公司之间正向应计盈余、负向应计盈余、正向真实盈余和负向真实盈余的操控水平差异均较大，且真实盈余程度高于应计盈余管理程度；$TOP1$ 的描述性统计结果说明我国大股东的股份持有率处于较高水平，平均值已经接近 60%。

表 5 – 2　　　　　　　　　全样本描述性统计分析

变量	平均值	最小值	中位数	最大值	标准差
DAZ	0.0569	0.0006	0.0381	0.4029	0.0593
DAF	0.0549	0.0008	0.0405	0.3331	0.0513
RMZ	0.1494	0.0028	0.1293	0.7235	0.1108
RMF	0.2171	0.0021	0.1417	1.2983	0.2241
$TOP1$	0.5798	0.0000	0.5996	0.9271	0.1704
$SIZE$	9.6069	8.6247	9.5355	11.3374	0.5311
ROA	0.0602	– 0.1750	0.0545	0.2563	0.0556
LEV	0.4074	0.0000	0.3985	0.8956	0.2052
$OPECASS$	0.0430	– 0.1629	0.0416	0.2344	0.0630
CR	0.0232	0.0000	0.0169	0.1556	0.0204
GRO	– 0.1209	– 20.7500	0.0503	7.5000	2.1449

2. 相关性分析

对主要变量大股东持股比例与盈余管理进行了相关性系数检验，结果如表 5 – 3 所示。其中，上三角为 Pearson 相关系数，下三角为 Spearman 相关系数。由表 5 – 3 可知 $TOP1$、DAZ、DAF、RMZ 和 RMF 之间的 Spearman 和

Pearson 相关系数全部低于 0.30，由此说明，变量间无严重的多重共线性问题。

表 5 - 3　　　　　　　　　　　　相关性系数矩阵

变量	DAZ	DAF	RMZ	RMF	TOP1
DAZ	1	0	0.4580 **	0.1310 **	− 0.0300 *
DAF	0	1	0.1270 **	0.1960 **	0.0730 **
RMZ	0.3230 **	0.0420 **	1	0	0.0400 **
RMF	0.0560 **	0.1630 **	0	1	0.0800 **
TOP1	− 0.0350 *	0.0560 **	0.0570 **	0.1010 **	1

注：*、** 和 *** 分别表示在 10%、5% 和 1% 水平上显著。

3. 回归结果分析

利用模型（5.10）和模型（5.11）对假设 H6 验证，回归结果如表 5 - 4 中回归（1）和回归（2）所示；利用模型（5.12）和模型（5.13）对假设 H7 验证，结果如表 5 - 4 中回归（3）和回归（4）所示。

回归（1）结果显示 TOP1 的系数为 0.0126，并在 1% 水平上与 DAZ 正相关，回归（2）结果显示 TOP1 的系数为 0.0268，并在 1% 水平上与 RMZ 正相关，说明在控制相关因素后，第一大股东持股比例的增加，对企业实施正向的应计盈余管理和正向的真实盈余管理均有正向影响，从而验证了假设 H6。

回归（3）结果显示 TOP1 的系数为 0.0143，并在 1% 水平上与 DAF 正相关，回归（4）结果显示，TOP1 的系数为 0.1014，并在 1% 水平上与 RMF 正相关，说明控制相关因素后，第一大股东持股比例的提高，对负向的应计盈余管理和负向的真实盈余管理有正向影响，从而验证了假设 H7。

综上所述，通过以上 4 个回归，假设 H6 和假设 H7 得到了验证，即第一大股东的持股比例与正向应计盈余管理、正向真实盈余管理、负向应计盈余管理和负向真实盈余管理均显著正相关。

表 5 - 4 持股比例与盈余管理

变量	回归（1）	回归（2）	回归（3）	回归（4）
	DAZ	RMZ	DAF	RMF
TOP1	0. 0126 *** (5. 27)	0. 0268 *** (3. 96)	0. 0143 *** (7. 08)	0. 1014 *** (5. 44)
SIZE	2. 0779 *** (5. 24)	− 1. 2066 *** （− 5. 47）	− 2. 4286 *** （− 5. 89）	0. 4298 * (1. 93)
ROA	0. 8775 *** (9. 62)	− 0. 3524 *** （− 3. 41）	− 0. 0. 6407 *** （− 8. 32）	1. 2050 *** (2. 32)
LEV	− 0. 0356 *** （− 2. 46）	0. 0753 *** (9. 92)	0. 0548 *** (2. 31)	− 0. 0349 （− 1. 49）
OPECASS	− 1. 0993 *** （− 34. 95）	− 1. 0854 *** （− 5. 87）	0. 8749 *** (8. 85)	0. 7949 *** (5. 58)
CR	− 0. 2940 *** （− 2. 46）	0. 2593 *** (3. 85)	0. 3221 *** (2. 54)	− 0. 5222 *** （− 2. 83）
GRO	0. 0016 *** (6. 16)	0. 0010 * (2. 25)	− 0. 0012 *** （− 3. 57）	− 0. 0115 *** （− 5. 58）
YEAR	Controlled	Controlled	Controlled	Controlled
INDU	Controlled	Controlled	Controlled	Controlled
F	22. 29 ***	12. 74 ***	24. 87 ***	15. 74 ***
N	6 555	7 942	7 203	5 848

注：* 、** 和 *** 分别表示在10%、5%和1%水平上显著。

4. 稳健性检验

使用前五大股东持股比例（TOP5）替换第一大股东持股比例（TOP1），对模型（5. 10）至模型（5. 13）进行回归，结果如表 5 - 5 所示。

对于假设 H6 的检验：回归（1）中 TOP5 的系数为 0. 0016，在10%水平上与 DAZ 正相关；回归（2）中 TOP5 的系数为 0. 0214，在1%水平上与 RMZ 正相关。再次验证了假设 H6 成立。

对于假设 H7 的检验：回归（3）中 TOP5 的系数为 0. 0065，在1%水平

上与 *DAF* 正相关；回归（4）中 *TOP5* 的系数为 0.0060，在 5% 水平上与 *RMF*
正相关。再次验证了假设 H7 成立。

　　综上所述，通过替换第一大股东持股比例，再次验证了假设 H6、假设
H7，即大股东持股比例与正向应计盈余管理、正向真实盈余管理、负向应计
盈余管理和负向真实盈余管理均正相关，研究结论稳健。

表 5 - 5　　　　　　　　　　　　稳健性检验

变量	回归（1）	回归（2）	回归（3）	回归（4）
	DAZ	*RMZ*	*DAF*	*RMF*
TOP5	0.0016 * (1.85)	0.0214 *** (3.10)	0.0065 *** (3.20)	0.0060 ** (2.14)
SIZE	2.0864 *** (5.47)	- 1.2601 *** (- 5.76)	- 2.3510 *** (- 5.24)	2.3744 (1.37)
ROA	0.8856 *** (3.62)	- 0.3524 *** (- 3.41)	- 0.0.6293 *** (- 3.35)	1.2524 ** (2.14)
LEV	- 0.0358 *** (- 2.55)	0.0720 *** (9.55)	0.0547 *** (2.34)	- 0.0370 *** (5.38)
OPECASS	- 1.0996 *** (- 4.85)	- 1.0861 *** (- 5.94)	0.8769 *** (9.26)	0.7937 *** (5.38)
CR	- 0.2848 *** (- 2.65)	0.2562 *** (3.81)	0.3311 *** (3.41)	- 0.3813 ** (- 2.06)
GRO	0.0014 *** (5.60)	0.0009 ** (2.07)	- 0.0013 *** (- 3.87)	- 0.0120 ** (- 5.72)
YEAR	Controlled	Controlled	Controlled	Controlled
INDU	Controlled	Controlled	Controlled	Controlled
F	22.65 ***	13.23 ***	16.59 ***	12.33 **
N	6 553	7 986	7 227	5 732

　　注：*、** 和 *** 分别表示在 10%、5% 和 1% 水平上显著。

(五) 研究结论与政策建议

1. 研究结论

通过对样本的描述性统计、相关性和回归分析，得出以下结论，大股东持股比例对不同方向上不同方式的盈余管理均存在正向影响。大股东持股比例与正向应计盈余管理、正向真实盈余管理、负向应计盈余管理和负向真实盈余管理呈正相关。主要原因可能是，大股东持股比例越高，控制权越高，信息优势越大，操纵盈余管理的能力越大；大股东持股比例越多，与企业的相关性越高，通过操纵盈余管理实现自身利益最大化的动机越明显；无论企业出于何种目的进行正向或负向盈余管理，大股东持股比例越大，控制权越大，操纵盈余管理的能力越大。

2. 政策建议

（1）针对公司内部的建议

我国上市公司大股东的持股比例大多处于较高水平，第一大股东掌握着公司的控制权，机会主义动机越强，操纵盈余管理的能力就越大。针对这一现象，一方面，我国上市公司应实现股权结构多元化，降低大股东持股比例，分散大股东控制权；另一方面，内部监督和处罚机制应更加完备，要求大股东及时披露准确的公司信息，减少信息不对称性，加大对虚假信息的处罚力度，大股东操纵公司盈余的能力因此受到抑制。

（2）针对投资人的建议

越来越多投资者为了维护自身利益，会将注意力转移到上市公司信息披露的盈余质量上，而上市公司在通过盈余管理获取私利的同时危害了许多利益相关者的权益。投资者应更加谨慎地进行投资，加强对企业真实经营状况的关注，提高自身的专业素养，利用可获得信息对企业及时作出评估，识别公司粉饰财务报表的行为，增加大股东财务违规暴露的风险和成本，减少盲目跟风投资。

（3）针对监管部门的建议

监管部门应该不断完善政策制度，规范上市公司的治理机制，提高拟上市公司的治理结构门槛，针对我国越来越多的上市企业选择实施隐蔽性较强的真实盈余管理，监管部门应该提高信息披露质量要求，加强对不同盈余管理方向和方式的监管，加大处罚力度，坚决杜绝与抵制披露虚假信息故意操纵股价的行为，保护广大投资者的利益，避免具有较大控制权的大股东利用治理机制的缺陷侵占中小股东的利益。

五、内外部公司治理对真实盈余管理的影响

（一）研究假设

1. 内部控制对真实盈余管理影响

内部控制旨在改善经营管理水平、提高经济效益，是一种全面实行、全员参与、全过程把握的程序，可以用较低的成本防止上市公司出现经营问题与错误。目前国内外有关研究对于内部控制与盈余管理之间的关系已经有较为丰富的成果。自美国 2001 年《SOX 法案》之后，已经有大量文献证明，内部控制对盈余管理具有较为明显的抑制作用。

根据委托代理理论及机会主义行为分析可知，由于管理者与所有人目标的不一致，导致管理者往往会产生投机心理，为了自身利益会利用信息差进行盈余管理行为。管理层过度盈余管理行为使得他们能够较为稳定地向外界传递正向的、有利于自身的信息，但是这也侵害了公司的长期利益。政府强制要求以及企业自身进行内部控制的目的就是能够完善两权分离的经营模式，通过企业内部的控制，提高公司的盈利能力。而良好的内部控制系统能够较好地对管理层进行监督，在提高会计信息质量的同时缩减管理层与所有者之间的信息差，进而抑制管理层的投机思想，约束公司管理层的机会主义行为，最终提高公司运行效率。

根据成本收益理论分析可知，良好的内部控制体系规范了公司的信息披露，导致管理层在盈余管理方面采取手段的成本提高，故而有效的内部控制体系能够抑制公司真实盈余管理，减少公司对外公布的会计信息被操纵的可

能性。同时良好的内部控制也会通过控制公司生产、销售、费用项目等（方红星等，2012），来降低管理者真实盈余管理行为的监管成本，使得管理层通过隐蔽的真实盈余管理粉饰公司财务信息被发现的风险增高，这也使得内部控制水平较高的公司管理层真实盈余管理较少，因此良好的内部控制对公司真实盈余管理具有抑制作用。

管理层常见的真实盈余管理手段主要包括降低信用条件来促进销售，扩大生产规模来降低单件商品成本，缩减研究费用等。这些真实盈余管理手段因其在特定情况下的合法性，使得外部监管机构很难发现管理层过度盈余管理。内部控制涉及销售控制、生产控制以及费用控制，因此良好的内部控制对企业来说是强有力的自我监管机制，使得原本较为隐蔽的真实盈余管理行为变得更容易被发现。高质量的内部控制体系在公司财务、销售、成本、费用等各个方面都约束着管理层的不当行为，使得管理层机会主义行为能够及时被发现，进而对管理层侵害公司长远利益的行为进行遏制，降低企业真实盈余管理程度。

由此，提出假设：

假设 H8：内部控制对于公司真实盈余管理具有抑制作用。

2. 机构投资者持股对真实盈余管理影响

盈余管理作为管理层机会主义倾向的表现形式之一，是管理层谋求自身利益最大化的主要手段。管理层借助会计准则的灵活性以及与其他利益相关者的信息差，通过盈余管理来满足其降低公司业绩考核难度，实现与债权人之间的契约约定，美化公司会计信息进而降低债务融资难度的多重目标。而机构投资者的介入可以减少管理层获取自身利益的机会，将有效抑制公司管理者真实盈余管理行为。

根据委托代理理论分析可知，管理者作为理性经济人，当自身利益与股东利益最大化的目标发生冲突时，理性的管理者会舍弃本应坚守的股东利益最大化的目标，转为采取一定措施来实现自身利益最大化，这就往往会使得股东利益受损。而管理层实现自身利益最大化的手段往往是盈余管理。机构投资者本身作为企业所有人的一员，与股东权益一致，而且其专业性也往往能够发现管理层将要采取的侵害股东权益谋求自身利益的手段，因此当机构投资者通过持股的方式介入公司治理中时，能够在一定程度上缩小所有人与代理人之间的信息差，减少公司真实盈余管理行为。

基于债务契约假说分析能够了解到，在两权分离的公司经营模式下，公司更像是由一个个契约组成的实体（方红星和张志平，2012），为了达成契约中规定的目标，管理者会利用自身信息与决策优势，通过利用会计政策弹性，采取真实交易活动的行为美化所公布的会计信息，但是这种真实盈余管理行为往往会侵害到其他契约方的利益。机构投资者为了自身利益，将在一定程度上威慑公司管理层保证其对外公布的财务信息的准确性与可靠性，有利于提高会计信息质量。

根据成本收益理论也可了解到，当股东对于公司治理的收益不足以弥补公司治理成本时，股东往往不会采取公司治理行动，这也导致了很多中小股东会存在一种"搭便车"的心理，而机构投资者持股会因为其专业性、规模等原因参与到公司治理中来，能够平衡成本与收益，对公司治理具有重要作用，对于公司真实盈余管理有抑制作用。

之前学术界对于机构投资者持股对真实盈余管理的影响存在一定争议，这主要是因为机构投资者之间差异以及不同股权性质的公司治理形式不同，使得机构投资者持股对于公司真实盈余管理的影响呈现差异，这就导致了之前学者的研究中对于机构投资者持股对真实盈余管理的影响呈现正向、不相关与负向等多种相互矛盾的看法。

随着近些年学者们对于机构投资者持股的相关研究发现，异质机构投资者对上市公司真实盈余管理影响不同，机构投资者持股对于不同产权性质的公司真实盈余管理显著性也有较大差异。

根据众多研究者研究发现：压力抵制型机构投资者比压力敏感型投资者更能约束上市公司真实盈余管理行为，稳定型机构投资者比交易型机构投资者更能约束上市公司真实盈余管理行为（杨潇影，2021）。同时，根据相关文献也能够了解到，即使在大股东控制的情况下，机构投资者持股仍能很好地抑制公司真实盈余管理行为（孙光国、刘爽和赵健宇，2015）。同时对于不同性质的公司，虽然机构投资者持股对国有企业真实盈余管理的抑制作用没有对私有企业真实盈余管理行为抑制作用那么明显（田昆儒和韩飞，2017），但总体来看，机构投资者持股对于公司真实盈余管理仍然存在较为明显的抑制作用。

由此，本节研究提出假设：

假设 H9：机构投资者持股能够约束上市公司真实盈余管理行为。

（二）研究设计

1. 样本选择与数据来源

选取中国沪深两市 2017～2021 年剔除 ST、ST* 以及金融行业上市公司的公开数据，为了确保数据的有效性以及可比性，剔除以下数据：①去除 ST、ST* 的上市公司数据样本。②剔除金融行业相关数据。③剔除 DIB 内部控制数据库中内部控制指数缺失严重的企业。④剔除机构投资者持股比例缺失的企业。⑤剔除本节研究所选其他控制变量严重缺失的样本。

采取证监会行业分类标准 2021 进行行业分类，最终得到 4 815 家公司数据，经过剔除后共计 15 275 个观测值。除真实盈余管理根据相关数据进行计算外，内部控制指数采取 DIB 内部控制数据库相关数据，财务数据使用 CS-MAR 数据库中相关数据，对于数据的处理主要采取软件 Stata17.0 进行分析。

2. 变量设计

被解释变量为真实盈余管理；解释变量为内部控制指数以及机构投资者持股；控制变量为上市时间，审计质量，公司规模，公司成长性，盈余激进度，第一大股东持股比例；虚拟控制变量为公司所处行业以及年份。

（1）被解释变量

目前学术界对于真实盈余管理的计量采用最广泛的 Roychowdhury 模型，本节研究对于真实盈余管理的计算也是基于罗伊乔杜里（2006）的计量模型来计算的。Roychowdhury 模型对于真实盈余管理的计量主要从三个方面进行，分别为经营活动现金流量、生产成本、酌量性费用。本节研究在区分公司所处行业以及数据年份的基础上通过初步数据处理得出正常的经营活动现金流量、正常生产成本与正常酌量性费用。再通过使用 CSMAR 数据库查询公司当年的实际数值，通过实际数值与正常数值作差得出异常数据值，这些异常数值分别记作异常经营活动现金流量（R_CFO）、异常生产成本（R_PROD）以及异常酌量费用（R_DISEXP）。

被解释变量为真实盈余管理（REM），主要通过模型（5.4）~模型（5.9）对上市公司真实盈余管理作出计算。

（2）解释变量

①机构投资者持股（Ins）。机构投资者持股以公司每年期末机构投资者总持股数量与企业当年 A 股总股本之比计算得出。根据 CSMAR 数据库可以得出各企业每年机构投资者中持股数以及总股本数，通过简单数据处理得到机构投资者持股相关数据。

②内部控制指数（IC）。本节研究对于内部控制进行量化衡量，以迪博（DIB）内部控制与风险管理数据库中的内部控制指数为具体衡量标准，衡量企业内部控制系统是否完善，内部控制指数越高，证明上市公司内部控制系统有效性越好，公司内部治理越严格。迪博内部控制指数基于五大目标进行研究设计，并应用内部控制修正指数进行修正，数据质量较好、可信度较高。同时迪博数据库中数据采取主观与客观相结合的方式来衡量指标权重的做法也获得较多学者的认可，近年来被学术界广泛应用。

迪博内部控制指数计量模型见式（5.14）：

$$IC = \sum_{t-1}^{2} Strategy_t + \sum_{t-1}^{2} Operation_t + \sum_{t-1}^{2} Reporting_t + \sum_{t-1}^{2} Compiance_t$$
$$+ Assetsafe - Correction \qquad (5.14)$$

其中，IC 代表公司内部控制指数，Strategy 代表公司战略指数、Operation 代表公司经营指数、Reporting 表示公司报告指数、Compliance 代表公司合规指数、Assetsafe 代表公司资产安全指数、Correction 表示修正指数。

（3）控制变量

根据目前已有文献以及相关数据研究，本节研究选取上市时间、审计质量、公司规模、公司成长性、盈余激进度、第一大股东持股比例以及资产负债率（仅在稳定性检验中采用）作为控制变量。

此外本节研究还考虑了年度虚拟变量（Year）和行业虚拟变量（Sicm）。

本节研究关于主要变量的定义见表5-6。

表5-6 变量定义汇总

类别	变量	变量名称	变量定义
因变量	REM	真实盈余管理	参照罗伊乔杜里、Cohen、李增福的研究
自变量	Ins	机构投资者持股	各公司每年期末机构投资者总持股数量与企业当年A股总股本之比
	IC	内部控制指数	以迪博（DIB）内部控制与风险管理数据库中的内部控制指数为具体衡量标准
控制变量	Age	上市时间	本年与公司上市时间之差
	Audit	审计质量	上市公司被四大会计师事务所审计为1，否则为0
	Size	公司规模	取企业资产总额的对数
	Growth	公司成长性	营业收入变动额/上期营业收入
	EA	盈余激进度	本期净利润与经营活动现金流的差与上期期末总资产之比
	TOP1	第一股东持股比例	第一大股东的持股比例
	LEV	资产负债率	年末负债总额/资产总额
	Year	年度变量	年度虚拟变量
	Sicm	行业变量	行业虚拟变量

3. 模型构建

构建模型（5.15）、模型（5.16）验证机构投资者持股与内部控制对真实盈余管理影响的假设。

$$REM = \beta_0 + \beta_1 Ins + \beta_2 Age + \beta_3 Size + \beta_4 Audit + \beta_5 Growth + \beta_6 EA + \beta_7 TOP1 + \varepsilon$$

$$(5.15)$$

$$REM = \beta_0 + \beta_1 IC + \beta_2 Age + \beta_3 Size + \beta_4 Audit + \beta_5 Growth + \beta_6 EA + \beta_7 TOP1 + \varepsilon$$

(5.16)

其中，β 为公式的回归系数，ε 为随机常数项，各变量所采取的代表符号见上文变量定义中，Ins 表示机构投资者持股比例，IC 表示内部控制指数，Age 表示上市时间，$Audit$ 表示审计质量，$Size$ 表示公司规模，$Growth$ 表示公司成长性，EA 表示盈余激进度，$TOP1$ 表示第一大股东持股比例。

本节研究根据模型（5.15）来验证假设机构投资者持股对真实盈余管理具有约束作用，如果机构投资者持股比例系数显著为负，表明机构投资者持股与企业真实盈余管理行为显著负相关，进而验证假设。同样，根据模型（5.16）来验证假设内部控制对企业真实盈余管理有抑制作用，如果内部控制的系数显著为负，则表明内部控制与企业真实盈余管理呈显著负相关，进而验证假设。

（三）实证结果与分析

1. 描述性统计

本节研究关于主要变量的描述性统计结果见表 5-7。

表 5-7　　　　　　　　　　　主要变量的描述性统计

变量	样本数	均值	标准差	最小值	最大值
Age	15 275	13.8467	7.9925	2	32
$Audit$	15 275	0.0629	0.2428	0	1
$Size$	15 275	9.1225	2.4038	0	12.4367
$Growth$	15 275	0.2972	8.5065	-0.9420	944.0996
EA	15 275	-0.0108	0.0782	-0.9012	0.8965
$TOP1$	15 275	33.1876	14.6380	2.43	89.99
Ins	15 275	0.4165	0.2513	0	2.1149
IC	15 275	2.8058	0.0725	2.0625	2.9737
REM	15 275	-0.0059	0.1848	-0.7078	0.5021

根据表 5 - 7 相关描述性统计结果分析可以看出，真实盈余管理（REM）的均值为 - 0.0059，最大值为 0.5021，最小值为 - 0.7078，标准差为 0.1848。通过数据分析结果可以了解到，上市公司的盈余管理行为是普遍存在的，但是不同公司的真实盈余管理情况差异较大。

内部控制指数（IC）的均值为 2.8058，最大值为 2.9737，最小值为 2.0625，标准差为 0.0725。通过数据分析可以看出，在去除内部控制缺失的数据后，总体情况较为稳定。

机构投资者持股（Ins）的均值为 0.4165，最大值为 2.1149，最小值为 0，标准差为 0.2513，这反映出机构投资者持股在上市公司中还是较为普遍的，但是持股比例差距较大。

2. 相关性分析

本节研究运用软件 Stata17.0 对模型涉及的所有主要变量进行 Pearson 相关性分析，相关性分析结果如表 5 - 8 所示。

表 5 - 8　　　　　　　　　　主要变量相关性分析

变量	REM	Ins	IC	Age	Audit	Size	Growth	EA	TOP1
REM	1								
Ins	- 0.0442	1							
IC	- 0.076	0.1141	1						
Age	0.088	0.2823	- 0.058	1					
Audit	- 0.0641	0.2672	0.1001	0.069	1				
Size	- 0.0211	0.1218	0.0757	0.0523	0.0984	1			
Growth	- 0.0036	0.0162	0.0107	- 0.0199	0.0442	0.0084	1		
EA	0.2032	- 0.0295	0.1498	- 0.0793	- 0.0358	- 0.0487	0.0072	1	
TOP1	- 0.0504	0.4896	0.1341	- 0.0008	0.1429	0.0901	0.0088	0.0168	1

通过相关性分析结果可以看出，企业内部控制与真实盈余管理之间呈负相关，初步验证了企业内部控制对真实盈余管理存在抑制作用的假设；同样根据结果还可以看出，机构投资者持股与真实盈余管理之间呈负相关，初步

说明机构投资者持股对于真实盈余管理行为有约束作用。

同时根据表 5 - 8 可以看到，内部控制与机构投资者持股之间存在正相关，结合前文理论分析所得结论，机构投资者持股与内部控制之间是相互促进的关系，初步得出结论：以内部控制与机构投资者持股为代表的内外部公司治理对上市公司真实盈余管理具有抑制作用，即上市公司内外部公司治理水平越高，其发生真实盈余管理的可能性越小。

表 5 - 8 的相关性分析结果显示，模型中所涉及的其他各变量之间的相关系数的绝对值均未超过 0.5，这表明模型所采用的各变量在统计学意义上并不会产生多重共线性，各变量之间不会产生交互作用，因此可以直接将各控制变量纳入回归模型中进行实证分析。

3. 回归分析

（1）内部控制与真实盈余管理

表 5 - 9 为本节研究中内部控制指数（IC）与真实盈余管理（REM）之间关系的回归分析结果。根据表中结果分析可以看出，内部控制指数的回归系数为 - 0.2399，且在 1% 的水平上显著，这表明内部控制与真实盈余管理之间存在显著负相关。这一回归结果证明了内部控制对于企业真实盈余管理行为具有明显抑制作用，即公司内部控制越严格，公司的真实盈余管理程度越低。这验证了假设 H8：内部控制对于真实盈余管理行为有抑制作用。

表 5 - 9　　　　　　　　　　内部控制与真实盈余管理回归分析

变量名称	变量	REM
内部控制	IC	-0.2399^{***} （ -11.7 ）
上市时间	Age	0.0024^{***} （13.15）
审计质量	Audit	-0.0371^{***} （ -6.11 ）

续表

变量名称	变量	REM
公司规模	Size	−0. 0001 (−0. 07)
公司成长性	Growth	−0. 0001 (0. 04)
盈余激进度	EA	0. 5307 *** (28. 23)
第一股东持股比	TOP1	−0. 0004 ** (−4. 31)
截距项	con	−0. 6568 *** (11. 46)
年份	Year	控制
行业	Sicm	控制
观测值	Obs	15 275
调整后的 R^2	$Adj - R^2$	0. 0667

注： * 、 ** 、 *** 分别表示在10% 、5% 、1% 水平上显著。

根据表5 – 9 内部控制与真实盈余管理回归结果来看，模型中涉及的其他变量对真实盈余管理也有一定影响，例如审计质量对公司真实盈余管理有显著负向影响，显著水平为1% ，而第一大股东持股比与真实盈余管理之间也呈显著负相关，显著水平为5% ，上市时间与盈余激进度和真实盈余管理呈显著正相关，显著水平为1% 。

（2）机构投资者持股与真实盈余管理

表5 – 10 为本节研究对机构投资者持股（Ins ）与真实盈余管理（REM）之间关系的回归分析结果。根据表中结果分析可以看出，机构投资者持股比例的回归系数为 – 0. 0349，在1% 的水平上显著，也就是说机构投资者持股与真实盈余管理显著负相关，表明机构投资者持股对于企业真实盈余管理具有明显的约束作用，即机构投资者持股比例越高，公司的盈余管理程度越低。

这验证了假设 H9：机构投资者持股对于真实盈余管理行为有约束作用。

表 5 – 10　　　　　　　机构投资者持股与真实盈余管理回归分析

变量名称	变量	REM
机构投资者持股比	Ins	− 0. 0349 *** (− 4. 86)
上市时间	Age	0. 0028 *** (14. 61)
审计质量	Audit	− 0. 0369 *** (− 5. 93)
公司规模	Size	− 0. 0004 (− 0. 58)
公司成长性	Growth	− 0. 0001 (0. 06)
盈余激进度	EA	0. 4965 *** (26. 62)
第一股东持股比	TOP1	− 0. 0003 ** (− 2. 54)
截距项	con	− 0. 0097 ** (− 1. 43)
年份	Year	控制
行业	Sicm	控制
观测值	Obs	15 275
调整后的 R^2	$Adj - R^2$	0. 0594

注：＊、＊＊、＊＊＊分别表示在10％、5％、1％水平上显著。

根据回归结果来看，模型中涉及的其他变量对真实盈余管理也有一定影响，例如审计质量对公司真实盈余管理有显著负向影响，显著水平为1％，而第一股东持股比和真实盈余管理之间也呈显著负相关，显著水平为5％，上市时间与盈余激进度和真实盈余管理呈显著正相关，显著水平为1％。

（3）内外部公司治理与真实盈余管理

根据表5－9及表5－10的回归结果分析可以了解到，以机构投资者持股及内部控制为代表的内外部公司治理变量都对真实盈余管理有较为显著的约束作用。同时，根据表5－8的相关性分析结果也可以看出，机构投资者持股与内部控制之间呈正相关，这与之前文献综述部分所提到的内部控制可以加强机构投资者持股对真实盈余管理的抑制作用以及机构投资者持股可以促进内部控制对上市公司真实盈余管理行为结论相一致。因此本节研究对于回归结果作进一步延伸，得到相关结论：良好的内外部公司治理对上市公司真实盈余管理具有抑制作用。

（4）稳健性检验

通过变换回归模型进行稳健性检验，得到相关回归结果，在原有模型基础上加入资产负债率（LEV）进行变换，得到模型（5.17）以及模型（5.18）。

$$REM = \beta_0 + \beta_1 Ins + \beta_2 Age + \beta_3 Size + \beta_4 Audit + \beta_5 Growth + \beta_6 EA + \beta_7 TOP1$$
$$+ \beta_8 LEV + \varepsilon \qquad (5.17)$$

$$REM = \beta_0 + \beta_1 IC + \beta_2 Age + \beta_3 Size + \beta_4 Audit + \beta_5 Growth + \beta_6 EA + \beta_7 TOP1$$
$$+ \beta_8 LEV + \varepsilon \qquad (5.18)$$

通过Stata17.0软件对所收集的数据作相关处理，模型（5.17）及模型（5.18）的OLS回归结果见表5－11。

表5－11　　　　　　增加控制变量法稳健性检验回归分析

变量	模型（5.17）	模型（5.18）
	REM	
Ins	－0.0402 *** （－5.33）	
IC		－0.2146 *** （－10.06）
Age	0.0018 *** （8.77）	0.0014 *** （6.95）

续表

变量	模型 (5.17)	模型 (5.18)
	REM	
Audit	− 0. 0345 *** (− 5. 38)	− 0. 0361 *** (− 5. 67)
Size	− 0. 0195 *** (− 5. 57)	− 0. 0194 *** (− 5. 76)
Growth	0. 00003 (− 0. 17)	0. 00003 (− 0. 19)
EA	0. 5620 *** (30. 69)	0. 5912 *** (31. 99)
TOP1	− 0. 0002 ** (− 2. 11)	− 0. 0004 *** (− 4. 32)
LEV	0. 2413 *** (27. 28)	− 0. 2352 *** (26. 57)
con	0. 0906 *** (2. 92)	0. 6902 *** (11. 13)
Year	控制	控制
Sicm	控制	控制
Obs	14 330	14 330
$Adj - R^2$	0. 1111	0. 1156

注: * 、 ** 、 *** 分别表示在 10% 、5% 、1% 水平上显著。

根据表 5 - 11 的回归结果分析同样可以看出, 机构投资者持股、内部控制与真实盈余管理之间依旧呈现显著负相关, 与前文两次回归结果一致且都可以验证本节研究假设。

(四) 研究结论与建议

本研究通过对样本作描述性统计、相关性和回归分析等方法, 得出以下结论。

机构投资者持股对于上市公司的真实盈余管理行为具有约束作用。当机构投资者在一定比例下适当持股，可以有效监管上市公司，有利于抑制上市公司管理层过度盈余管理，有利于公司长远发展。内部控制对于上市公司真实盈余管理具有抑制作用。良好的内部控制体系不仅是上市公司内部治理水平良好的体现，也是其公司所公布的财务数据，会计信息质量更加可靠的表现，而相较而言，内部控制缺失的公司往往更容易采用真实盈余管理来粉饰数据，误导利益相关者尤其是广大中小投资者。内外部公司治理水平与真实盈余管理呈负相关，良好的内外部公司治理水平能够有效地约束上市公司真实盈余管理行为，有利于上市公司长期稳定的发展。内外部公司治理水平较差的公司更容易发生真实盈余管理行为，其公司的财务数据及会计信息质量的可信度相较于内外部公司治理水平较高的公司要低一些，公司未来发展也更差一些。

根据所得结论，从政府、企业、投资人角度提出以下建议。

我国政府应进一步加强与落实上市公司内部控制管理办法，通过强硬的态度，合适的手段，积极监管上市公司内部控制体系完善程度，帮助上市公司提高企业内部控制质量，使企业以更低成本、更高水平完成内部公司治理。政府可以对于机构投资者在企业持股采取一定的鼓励措施，利用市场手段进一步帮助机构投资者发展壮大，进一步完善外部监管体系，约束并抑制公司管理层真实盈余管理行为，降低公司真实盈余管理水平。

公司应积极配合政府完善自身内部控制体系，形成良好的内部治理体制。公司不仅需要建立董事会与监事会对公司管理层进行监管，还需建立全方位、多方面的信息获取渠道，减少与管理层之间的信息差。这对于管理层的选择以及管理者职业道德素质的提升是十分必要的，当上市公司管理者自身素质与修养较高，能够与公司所有者利益一致，顾全大局时，公司就可以从根本上减少真实盈余管理行为。此外，企业可以在一定程度上接受外部机构投资者介入，通过外部机构投资者对公司管理层作进一步的监管，降低公司过度真实盈余管理行为，为企业长远的发展共同努力，实现共赢。

对于内部控制较为完善的公司，其会计信息质量以及相关财务信息披露更加准确可靠，更值得投资人投资。当上市公司具有一定比例的外部机构投资者持股时，面临的外部监管更加严格，相较而言其真实盈余管理水平较低，其报表的真实性更有保证，相较于无外部机构投资者持股的公司投资风险更小一些。对于内外部公司治理存在缺陷的公司，所披露的相关数据更应给予较多的关注，公司可能存在粉饰财务数据甚至财务造假的行为，投资时要斟酌考量。内外部公司治理水平较高的公司，往往其管理层能力、道德素质等方面相对较高，更能保证股东利益。

第四节 内部控制与盈余管理

随着互联网的发展，公司内部控制信息的披露要求越来越高。在此背景下，越来越多的学者关注内部控制与盈余管理的关系。公司内部控制质量越高，信息的可靠性越高，信息的披露质量越高。加强公司内部控制，提高内部控制质量，有利于提高公司信息质量。但是，对于缺乏内部控制的公司，为了能够散布更好的信息，公司会更积极地使用盈余管理，其盈余管理程度高于内部控制质量高的公司。

国内学者从我国国情出发，研究内部控制对盈余管理的影响。张国清（2008）发现，内部控制的好坏对7个指标盈余管理程度的影响不大。张龙平（2010）发现，内部控制是企业会计盈余质量提高的重要保证。贾丽（2022）发现，内部控制可以抑制盈余管理、改善供应商关系，通过中介效应检验发现，内部控制可以通过改善供应商关系降低企业盈余管理程度，其中中介效应占总效应的9.86%。郝颖（2022）发现，机构投资者持股对管理层应计盈余操纵行为有正向抑制作用，但无助于抑制真实盈余管理行为，股权集中对盈余管理的影响主要取决于内部控制的质量和有效性的发挥。

一、内部控制对不同类别盈余管理的影响

盈余管理是利益相关者之间利益冲突的产物，是管理者利用各种手段影

响会计数据的行为，而内部控制是对这种行为的规范和约束。内部控制的有效性直接影响企业盈余管理行为。针对内部控制对盈余管理的影响，国内学者研究侧重各有不同。方红星和金玉娜（2011）研究发现，内部控制可以有效抑制应计盈余管理。范经华等（2013）指出，高质量的内部控制可以有效抑制应计盈余管理，但对真实盈余管理作用并不显著。程小可等（2013）发现，主动发布内部控制评估报告的企业真实盈余管理和应计盈余管理程度较低。

（一） 内部控制与应计盈余管理

凯瑟琳·席珀（1989）认为，通过对应计项目活动的操纵，可以实现对收入的盈余管理，具体方式就是对生产、销售和运营成本的操纵，这样可以实现对收益的有效管理。因为应计盈余管理的执行是基于会计分期假设，其变更不会影响公司的现金流。曹冉和朱彩霞等（2019）认为，企业进行盈余管理有以下 4 个动机：满足业务管理的需要、实现公司持续稳定发展、维持公司利润稳定和降低运营成本。

从信息不对称理论可以看出，股东利益与上市公司管理层的利益并不完全一致，导致这种现象产生的原因主要在于产权与经营权的分离。公司股东的最终目标是实现公司利益最大化，通过业务价值的不断扩大，公司不断扩大，获得更多的股权和股息。管理人员则希望获得更多的私人利益。在这种情况下，管理层容易进行盈余管理，牺牲股东利益。沃尔特·埃尔斯和丹尼斯·科米尔（Walter Aerts & Denis Cormier，2009）研究表明，有内部控制缺陷的公司比内部控制健全的公司具有更高的竞争能力和盈余管理水平。田高良等（2011）研究认为，如果上市公司存在内部控制缺陷，投资者很容易质疑会计信息的真实性，净利润对股价的解释能力会降低。方红星和金玉娜（2011）则强调，随着内部控制的改善，企业的盈余管理水平将逐步下降。由此可见，上市公司内部控制与应计盈余管理显著负相关。

（二） 内部控制与真实盈余管理

关于真实盈余管理的研究起步较晚，凯瑟琳·席珀（1989）首次将真实资产操纵纳入盈余管理研究。真实盈余管理是对财务报告进行有针对性的干预，来获取私人利益。真实盈余管理能够通过财务决策改变财务报表的收益情况。

张然（2012）提出，通过建立具体的实际交易并控制交易的时间，实现对盈余管理的有效管理。从理论上讲，真实盈余管理不仅影响现金流和当前盈余，而且还会影响到企业信用。

1. 权益性超额薪酬与真实盈余管理

企业的外部监管程度随着相关法律法规的实施逐渐加强。如果上市公司管理者过度实施真实盈余管理，会损害企业的长远利益，影响企业的正常决策和发展潜力。

在激励理论中，管理者的薪酬分为基本薪酬和超额薪酬。肖燕明（2023）认为，股权薪酬的主要形式是向管理者授予股权资本，使得管理者的利益更接近股东，并在一定程度上抑制了股东的利益。从有效契约观的角度来看，高管参与削弱了管理者对真实盈余管理的偏好。

虽然有些学者认为以工资为基础的奖励体系是解决委托代理问题的最有效方法，但薪酬契约的激励也存在缺陷，经理利益目标与股东的利益目标并不完全一致，股东的利益是公司存在期间现金流入的现值，经理的利益是合同期间相应工资净现金流的现值。而已有的研究并未对超额报酬进行划分，当前国内外的研究很少以两因素理论为基础，把高管人员薪酬划分为保健因素和激励因素，研究超额报酬对真实盈余管理的作用机制。将超额报酬与现有薪酬契约和真实盈余管理研究作比较，可以用精确的激励因素来检验股权报酬的有效性，但是激励因素在理论上是否有效的争论仍然存在。

2. CEO 权力强度、权益性超额酬金与真实盈余管理

CEO 处于公司权力金字塔的最上部，被认为是公司日常商业决策的核心。

一方面，CEO 的权力强度决定了他的个人意志对决策结果的影响。根据社会和组织行为的理论框架，在个人集权下，决策会引起经济波动，如果 CEO 的权力过于强大，就会出现"一人当权"的现象。因此，CEO 个人决策的理智程度直接影响公司业绩。如果 CEO 的相对权力较小，企业决策需要管

理层的批准，这样决策就能更容易集中各方的智慧，经营业绩就相对稳定。

另一方面，如果 CEO 的权力过大，公司经营风险会增加，寻租机会就越大，腐败程度越高，因而造成波动或业绩不佳，进而股东会采取措施，例如降低工资。由于管理团队绩效波动较大，管理团队绩效与管理团队期望之间存在较大差距，管理层从个人利益出发进行盈余管理。为改善业绩，获取超额报酬，稳定职位，避免处罚，CEO 将进行盈余管理，以使公司盈余朝自利方向发展。黎文靖等（2007）考察了执行力与会计稳健性的关系，发现管理权越大，其盈余管理可能性越大，主要表现为为了私利进行盈余管理，从而降低会计信息质量。

3. 内部控制、权益性超额薪酬与真实盈余管理

内控制度是为了避免公司在经营活动中发生问题和失误，通过建立不同联系的限制性关系，确保在公司内部进行相互核算和监督，以低成本、高效率地协调公司各部门，提高财务报表信息的质量，内部控制制度可提高财务信息的准确性。尽管从理论上看，内部控制不能完全消除盈余管理行为，但内部控制能够为控制目标的实现提供充分的保障，并有效限制盈余管理的范围，这在一定程度上有效阻止了真实盈余管理的发生。

保证良好的财务报告质量是企业内部控制的重要目标，其内部控制机制越合理，财务报告的披露也越可靠。完整的内部控制体系除报告目的外，还包括公司目标、合规目标和战略目标。为此，公司对生产和经营的整个环节，包括生产、分配、库存管理等环节实行内部控制工作。与此同时，内部控制集中关注销售折让、存货积压与信用政策放宽等真实活动盈余管理常涉及环节。内部控制的重要意义在于授权和强化内部制度，这在一定程度上限制了 CEO 的权力，使其权力控制在于内部控制系统的笼子中，从而对机会主义行为的操纵产生一定的抑制影响。

行之有效的内部控制能够限制高管的机会主义行为，是保护股东切身利益的重要保证。当公司内部控制质量不理想时，管理层可以在没有正式制度的情况下，更倾向于操纵实际业务，任意选择会计方法，披露最符合自身利益的会计信息，大大降低了会计信息质量和财务报告的可比性。

同西方发达国家相比，国内企业内控制度不健全，还有相当大的差距和不足。建立上市公司内部控制制度，既要符合法律法规的发展要求，又要确保实际执行的可行性。比如，学习现代西方企业的内部控制并将其与中国企业相结合，明智而有效地运用内部控制制度，提高管理水平，减少管理层的盈余管理行为，提高企业价值。

二、内部控制对 *QFII* 持股与盈余管理的中介作用

目前，*QFII* 机制作为一种有限引进外资、开放资本市场的过渡手段，主要存在于资本项目以及货币兑换尚未完全开放的国家中。*QFII* 要求境外机构投资者在一国的资本市场进行投资活动之前，需要得到该国专门机构的审批，将一定额度的外汇转换为该国的货币进行投资，并在专门的账户中接受严格的监督。

我国的 *QFII* 制度已经经历了十几年的发展。2002 年 11 月 5 日，我国正式引入 *QFII* 机制。2012 年 4 月 3 日，通过修订办法，我国降低了 *QFII* 的准入门槛，并增加了 *QFII* 的投资限额。2016 年，我国再次对 *QFII* 制度进行改革，取消单家机构投资额度上限，同时取消机构投资者资金汇入期限要求。

盈余管理是指企业管理层通过灵活的会计政策选择或者虚假交易的构建，对会计利润信息进行调整，以达到自身利益最大化的目的。弗朗索瓦·德乔治等（Francois Degeorge et al. ，2013）认为，管理层为了实现报告正利润、保持近期业绩以及满足分析师预期等目的，都可能会产生强烈的盈余管理动机。因此，盈余管理作为一种蓄意操纵利润的手段，降低了企业披露的信息质量，使投资者无法准确评估企业，加剧了企业与利益相关者之间的信息不对称问题，破坏了资本市场。为了完善我国证券市场机制，约束企业盈余管理程度，提高信息披露质量是必须解决的问题。

QFII 能够起到抑制企业盈余管理的作用。*QFII* 进入一国的证券市场需要满足一定的条件，其中包括不能短期炒作这一核心要求，即 *QFII* 具有中长期投资的性质。如果机构投资者能够长久地投资一家公司，对该公司的投资比

较稳定，则这家机构投资者对该公司有更强的监督动机，更倾向于参与该公司的治理中，监督公司是否存在不合规行为而影响公司的经营。相较于交易型机构投资者，稳定型机构投资者能够更好地监督上市公司的盈余管理行为。引入 QFII 能够减少管理层的短视行为和投机行为，抑制企业盈余管理程度，促进企业长远发展。另外，相较于其他类型的机构投资者，QFII 具有前沿的投资理念、成熟的管理团队以及雄厚的资金基础，对盈余管理能够发挥更好的抑制作用。

综上所述，QFII 对抑制企业盈余管理、提升信息披露质量以完善证券市场机制具有较大的积极作用，但是现有文献中有关 QFII 的研究，特别是 QFII 对企业真实盈余管理影响的研究并不完善。因此，研究 QFII 对企业真实盈余管理的影响，对提高企业公司治理水平具有一定的意义。同时，国家外汇管理局宣布取消 QFII 投资额度，意味着 QFII 将在公司治理中发挥更大的作用，因此研究 QFII 对真实盈余管理的影响，对预测该政策实施后的效果也具有一定的意义。此外，内部控制作为重要的公司治理机制之一，将其纳入研究框架中，对丰富公司治理理论也具有一定的意义。

（一）研究假设

1. QFII 持股与真实盈余管理

一方面，根据信息不对称理论，不同人员对企业信息的了解是存在差异的，作为企业的管理层，相较于其他利益相关者，拥有更加充分的信息，处在相对比较有利的位置。而根据第一类委托代理问题，其有可能利用这一优势实施盈余管理，损害信息贫乏人员的利益，以达到自身利益最大化的目的。QFII 作为机构投资者，相较于个人投资者而言，能够获取更加充分的信息，减弱与管理层的信息不对称问题，更有意愿也更有能力抑制企业的真实盈余管理行为。

程书强（2006）研究发现，机构投资者能够有效改善企业的盈余信息质量。夏冬林和李刚（2008）的研究也有相似的结论，认为机构投资者能够提高上市企业的会计盈余质量。

另一方面，虽然 QFII 制度在我国已经历了 10 多年的发展，其持股比例仍然处在一个比较低的水平，而持股比例代表了股东在企业中的话语权以及参与公司治理的积极性，持股比例较低的 QFII 可能难以对企业的盈余管理行为产生显著的影响。同时，根据第二类委托代理问题，持股比例较低的 QFII 作为企业的中小股东，承担的是委托人的角色，可能并不能完全监督大股东的行为，即大股东仍有很大可能实施盈余管理。孙光国等（2015）研究了大股东控制、机构投资者持股与盈余管理的关系，发现机构投资者在非大股东绝对控制的企业中，对盈余管理有显著的抑制作用，但是该抑制作用在大股东绝对控制的企业中并不显著。

综上所述，提出假设：

假设 H10：QFII 能够显著抑制企业的真实盈余管理，其持股比例与企业的真实盈余管理程度负相关。

假设 H11：QFII 对企业真实盈余管理的抑制作用在持股比例较低时显著性消失。

2. 内部控制与真实盈余管理

《审计准则公告》对内部控制进行了如下的定义：内部控制是在一定的环境下，企业为了提高经营效率、充分有效地获得和使用各种资源，达到既定管理目标，而在企业内部实施的各种制约和调节的组织、计划、程序和方法。

杨德明和胡婷（2010）研究发现，随着内部控制质量的提高，企业财务报告被发表非标准审计意见的概率显著下降。

综上所述，提出假设：

假设 H12：高质量的内部控制能够显著抑制企业的真实盈余管理。

3. 内部控制中介效应

虽然 QFII 有意愿也有能力参与企业的公司治理、抑制企业的盈余管理行为，但是根据委托代理理论，经营权与所有权分离，身为企业股东的 QFII 仅保留企业的剩余索取权，而将经营权让渡，并不会直接参与企业的管理。QFII 实际上并不能直接抑制企业的真实盈余管理行为，而是需要通过间接手段对真实盈余管理行为进行监督和抑制。

结合之前对内部控制的研究，其很有可能成为 *QFII* 抑制真实盈余管理的方式之一。*QFII* 作为公司的股东，可以通过某些政策的制定或修改，通过提高企业内部控制质量的间接方法以达到抑制企业盈余管理的目的。曹建新和陈志宇（2011）认为，引入机构投资者能够显著增强企业的内部控制有效性。赵蕙芳等（2015）进一步划分了压力抵制型和压力敏感型机构投资者进行研究，发现压力抵制型机构投资者对内部控制的提升作用更强。董卉娜和何芹（2016）从内部控制缺陷的角度进行研究，得到了类似的结论，即机构投资者持股能够显著降低企业内部控制缺陷的可能性。

假设 H13：内部控制在 *QFII* 抑制企业真实盈余管理的过程中发挥了中介效应。

（二）研究设计

1. 样本选择与数据来源

选取沪深两市 2013～2018 年 A 股上市公司作为研究对象，并对数据作了筛选处理，剔除了以下数据：①金融类样本；②ST 和 *ST 样本；③带有缺失值的样本；④迪博内部控制指数为 0 的极端样本。最终得到 *QFII* 持股样本 1 036 个。本研究迪博内部控制指数数据来源于迪博（DIB）内部控制与风险管理数据库，其余数据均来源于 CSMAR 和 RESSET 数据库。

2. 变量衡量

（1）真实盈余管理

现有文献对真实盈余管理的度量，大多选择罗伊乔杜里（2006）的模型，本研究也借鉴其方法，以异常产品成本（*APROD*）、异常经营现金流（*ACFO*）以及异常酌量性费用（*ADISEXP*）对企业的真实盈余管理程度进行度量，并构造变量 *RM* = *APROD* − *ACFO* − *ADIEXP* 作为真实盈余管理程度的度量。

$$\frac{PROD_{i,t}}{A_{i,t-1}} = \alpha_0 + \alpha_1\left(\frac{1}{A_{i,t-1}}\right) + \alpha_2\frac{\Delta SALE_{i,t}}{A_{i,t-1}} + \alpha_3\frac{\Delta SALE_{i,t-1}}{A_{i,t-1}} + \alpha_4\left(\frac{SALE_{i,t}}{A_{i,t-1}}\right) + \varepsilon_{i,t}$$

$$(5.19)$$

$$\frac{CFO_{i,t}}{A_{i,t-1}} = \alpha_0 + \alpha_1\left(\frac{1}{A_{i,t-1}}\right) + \alpha_2\frac{\Delta SALE_{i,t}}{A_{i,t-1}} + \alpha_3\left(\frac{SALE_{i,t}}{A_{i,t-1}}\right) + \varepsilon_{i,t} \qquad (5.20)$$

$$\frac{DISEXP_{i,t}}{A_{i,t-1}} = \alpha_0 + \alpha_1 \left(\frac{1}{A_{i,t-1}} \right) + \alpha_2 \left(\frac{SALE_{i,t}}{A_{i,t-1}} \right) + \varepsilon_{i,t} \qquad (5.21)$$

其中，$PROD_{i,t}$ 代表 i 公司 t 期的生产成本，$CFO_{i,t}$ 代表 i 公司 t 期的经营活动净现金流，$DISEXP_{i,t}$ 代表 i 公司 t 期的酌量性费用，$\Delta SALE_{i,t}$ 与 $\Delta SALE_{i,t-1}$ 分别代表 i 公司两期的营业收入变动额，$SALE_{i,t}$ 代表 i 企业 t 期的营业收入，$A_{i,t-1}$ 代表 i 公司 $t-1$ 期的资产总额。分年度分行业回归后，模型（5.19）、模型（5.20）、模型（5.21）得到的残差分别代表 i 企业 t 期的异常产品成本（APROD）、异常经营现金流（ACFO）和异常酌量用（ADISEXP）。进一步构造变量 $RM = APROD - ACFO - ADISEXP$ 作为衡量真实盈余管理的综合指标。

（2）内部控制

方红星和金玉娜（2013）研究发现，内部控制质量较低的企业可能会仿照其他企业披露自愿性内部控制鉴证报告，误导报告使用者对其内部控制质量的估计，因此以企业是否披露自愿性内部控制鉴证报告来度量内部控制质量，可能会出现较大误差。本研究选取迪博内部控制指数作为基础，并取其自然对数作为企业内部控制质量的度量标准。

（3）控制变量

本研究还选择了公司规模（SIZE）、资产负债率（Lev）、总资产周转率（Turnover）、营业收入增长率（Growth）、独董比例（Indep）、第一大股东持股比例（Share1）、审计事务所是否为四大（Big4）作为控制变量，另外控制了年份、行业，具体定义见表 5-12。

表 5-12　　　　　　　　　　变量定义

变量类型	变量名称	变量说明
被解释变量	RM	真实盈余管理，异常产品成本—异常经营现金流—异常酌量性费用
	APROD	异常产品成本
	ACFO	异常经营现金流
	DISEXP	异常酌量性费用

续表

变量类型	变量名称	变量说明
解释变量	QFII	QFII 持股比例
	Dib	迪博内部控制指数的自然对数
控制变量	Size	公司资产规模，期末资产总额的自然对数
	Lev	资产负债率，期末总负债/期末总资产
	Turnover	总资产周转率，营业收入/总资产
	Growth	营业收入增长率
	Indep	独董比例，独立董事人数/董事总人数
	Share1	第一大股东持股比例
	Big4	审计事务所是否为四大，是取1，否则取0
	Year_	年份虚拟变量，属于某年份取1，否则取0
	Industry_	行业虚拟变量，属于某行业取1，否则取0

3. 模型设计

（1）QFII 持股与真实盈余管理模型

为验证假设 H10 和假设 H11，构建如下模型：

$$RM(APROD/ACFO/ADISEXP) = QFII + Size + Lev + Turnover + Growth + Share1$$
$$+ Big4 + Year\_ + Industry\_ + \varepsilon \qquad (5.22)$$

其中，RM 代表真实盈余管理程度，APROD、ACFO、ADISEXP 分别代表真实盈余管理操纵中的异常产品成本、异常经营现金流和异常酌量性费用，QFII 代表 QFII 持股比例。

（2）内部控制与真实盈余管理模型

为验证假设 H12，构建如下模型：

$$RM = Dib + Size + Lev + Turnover + Growth + Share1 + Big4 + Year\_ + Industry\_ + \varepsilon$$
$$(5.23)$$

其中，Dib 代表内部控制指数。

（3）内部控制中介效应模型

为验证假设 H13，构建如下模型：

$$Dib = QFII + Size + Lev + Turnover + Growth + Share1 + Big4 + Year\_ + Industry\_ + \varepsilon$$

$$(5.24)$$

$$RM = QFII + Dib + Size + Lev + Turnover + Growth + Share1$$

$$+ Big4 + Year\_ + Industry\_ + \varepsilon$$

$$(5.25)$$

本研究借鉴温忠麟等（2005）提出的中介效应检验方法，首先检验 $QFII$ 对企业的真实盈余管理是否发挥抑制作用，其次检验 $QFII$ 是否能够提升企业的内部控制质量，最后检验内部控制在 $QFII$ 抑制企业真实盈余管理的过程中是否起到了中介效应。

（三）实证结果与分析

1. 描述性统计与差异分析

本研究将 $QFII$ 持股分为全样本组、高持股比例组和低持股比例组，对其中的主要变量包括 RM、$APROD$、$ACFO$、$ADISEXP$、$QFII$ 和 Dib 进行了描述性统计，计算了 3 组数据的平均数和中位数，并对高持股比例组和低持股比例组进行了 T 检验，结果如表 5 – 13 所示。

表 5 –13　　　　　　　　　　主要变量描述性统计

变量	全样本		高持股比例组		低持股比例组		Test
	平均数	中位数	平均数	中位数	平均数	中位数	
RM	– 0. 0942	– 0. 0498	– 0. 1723	– 0. 1283	– 0. 0157	0. 0047	9. 530 ***
$APROD$	– 0. 0442	– 0. 0240	– 0. 0876	– 0. 0663	– 0. 0007	0. 0047	8. 441 ***
$ACFO$	0. 0295	0. 0234	0. 0403	0. 0382	0. 0186	0. 0071	– 3. 162 ***
$ADISEXP$	0. 0205	– 0. 0022	0. 0444	0. 0118	– 0. 0037	– 0. 0127	– 8. 469 ***
$QFII$	0. 0118	0. 0074	0. 0195	0. 0147	0. 0041	0. 0040	– 23. 624 ***
Dib	6. 5224	6. 5367	6. 5331	6. 5423	6. 5119	6. 5301	– 2. 651 ***

注：*、**、***、分别表示在 10%、5%、1% 水平下显著。

高持股比例条件下，企业真实盈余管理程度的平均值低于低持股比例条件下真实盈余管理程度的平均值，异常产品成本低于低持股比例条件下的异常产品成本，而异常经营现金流和异常酌量性费用均更高，且差异性 T 检验在 1% 水平下显著，说明 QFII 持股比例更高的企业普遍比 QFII 持股比例更低的企业具有更低的真实盈余管理程度，初步证明假设 H11 成立。

从内部控制质量（Dib）来看，高持股比例条件下的内部控制质量均高于低持股比例条件下的内部控制质量，且差异性 T 检验在 1% 水平下显著，说明 QFII 持股比例较高的企业具有更好的内部控制质量，初步证明 QFII 持股能够显著提升企业的内部控制质量，内部控制很可能作为 QFII 抑制企业真实盈余管理的中介变量。

2. 相关性分析

本研究对回归模型中的主要变量进行了皮尔逊相关性分析，结果如表5－14所示。

结果显示，各个解释变量与控制变量间的相关系数较小，说明变量之间不存在严重的多重共线性问题。

3. 多元回归分析

（1）QFII 持股与真实盈余管理

表 5－15 为 QFII 持股与真实盈余管理的回归结果。

从第一列的回归结果来看，QFII 的回归系数为 －4.136，且在 1% 水平下显著，说明 QFII 能显著抑制企业的真实盈余管理，其持股比例与企业的真实盈余管理程度显著负相关，假设 H10 得证。

进一步分析第（2）列到第（4）列的回归结果，QFII 对 APROD 的回归系数为 －2.400，且在 1% 水平下显著，对 ADISEXP 的回归系数为 1.375，且在 1% 水平下显著正，对 ACFO 的回归系数为 0.362，但是相关性不显著，说明 QFII 持股抑制企业的真实盈余管理中的生产操纵和费用操纵，但对现金操纵作用不显著。

（2）持股比例与真实盈余管理

表 5－16 为持股比例对真实盈余管理影响的回归结果。

表 5 - 14　主要变量皮尔逊相关性分析表

	RM	ABPROD	ABCFO	ABDISEXP	QFII	Dib	Size	Lev	Turnover	Growth	Indep	Share1	Big4
RM	1	0.846***	-0.517***	-0.780***	-0.204***	-0.133***	0.009	0.246***	-0.087***	-0.053*	-0.040	-0.038**	-0.096***
ABPROD		1	-0.73**	-0.572***	-0.190***	-0.122***	0.035	0.259***	-0.107***	0.190***	-0.031	-0.024	-0.083***
ABCFO			1	0.206***	0.046	0.122***	0.094***	-0.091***	0.045	0.286***	0.009	0.111***	0.077***
ABDISEXP				1	0.198***	0.026	-0.073**	-0.143***	0.008	-0.165***	0.053*	0.062**	0.040
QFII					1	0.071**	-0.001	-0.054*	0.065**	-0.004	-0.081***	-0.066**	-0.028
Dib						1	0.363***	0.085***	0.191***	0.022	-0.035	0.112***	0.247***
Size							1	0.459***	0.055*	0.001	-0.114***	0.223***	0.491***
Lev								1	0.138***	-0.029	-0.112***	0.005	0.144***
Turnover									1	-0.035	0.019	0.051*	0.010
Growth										1	0.000	-0.002	0.008
Indep											1	0.015	-0.063***
Share1												1	0.197***
Big4													1

注：*、**、***，分别表示在10%、5%、1%水平下显著。

表 5 – 15   *QFII* 持股与真实盈余管理

变量	RM	APROD	ACFO	ADISEXP
QFII	– 4. 136 *** (– 6. 495)	– 2. 400 *** (– 6. 199)	0. 362 (1. 405)	1. 375 *** (6. 148)
Size	– 0. 013 * (– 1. 736)	– 0. 005 (– 1. 093)	0. 011 *** (3. 492)	– 0. 003 (– 0. 968)
Lev	0. 455 *** (8. 902)	0. 279 *** (9. 159)	– 0. 103 *** (– 5. 107)	– 0. 064 *** (– 3. 617)
Turnover	– 0. 050 *** (– 2. 969)	– 0. 034 *** (– 3. 307)	0. 018 *** (2. 645)	– 0. 002 (– 0. 315)
Growth	– 0. 001 (– 1. 287)	0. 003 *** (7. 044)	0. 002 *** (9. 250)	0. 001 *** (5. 211)
Indep	– 0. 001 (– 1. 360)	0. 000 (– 0. 715)	0. 000 (0. 664)	0. 001 * (1. 870)
*Share*1	– 0. 047 (– 0. 796)	– 0. 018 (– 0. 517)	0. 054 ** (2. 269)	– 0. 026 (– 1. 238)
*Big*4	– 0. 087 *** (– 3. 451)	– 0. 058 *** (– 3. 777)	0. 002 (0. 240)	0. 027 *** (3. 014)
AdjustR^2	0. 137	0. 174	0. 124	0. 090
N	1 036	1 036	1 036	1 036

注： * 、 ** 、 *** 、分别表示在 10% 、5% 、1% 水平下显著。

表 5 – 16   持股比例对真实盈余管理的影响

变量	高持股比例组				低持股比例组			
	RM	APROD	ACFO	ADISEXP	RM	APROD	ACFO	ADISEXP
QFII	– 2. 270 *** (– 2. 604)	– 1. 235 *** (– 2. 729)	0. 179 (0. 768)	0. 857 ** (2. 537)	– 8. 486 (– 1. 441)	– 12. 346 *** (– 2. 881)	– 5. 684 * (– 1. 738)	1. 824 (1. 013)
Size	– 0. 017 (– 1. 425)	– 0. 008 (– 1. 231)	0. 014 *** (4. 347)	– 0. 004 (– 0. 971)	– 0. 006 (– 0. 675)	– 0. 003 (– 0. 497)	0. 005 (0. 874)	– 0. 002 (– 0. 562)

续表

变量	高持股比例组				低持股比例组			
	RM	APROD	ACFO	ADISEXP	RM	APROD	ACFO	ADISEXP
Lev	0. 480 *** (6. 111)	0. 277 *** (6. 791)	- 0. 133 *** (- 6. 341)	- 0. 070 ** (- 2. 302)	0. 394 *** (6. 342)	0. 263 *** (5. 816)	- 0. 069 ** (- 2. 001)	- 0. 062 *** (- 3. 273)
Turnover	- 0. 091 *** (- 2. 892)	- 0. 056 *** (- 3. 395)	0. 016 * (1. 836)	0. 202 * (1. 650)	- 0. 031 * (- 1. 698)	- 0. 023 * (- 1. 742)	0. 020 ** (1. 972)	- 0. 012 ** (- 2. 175)
Growth	- 0. 014 (- 2. 514)	- 0. 004 (- 1. 519)	0. 007 *** (4. 987)	0. 002 (1. 011)	- 0. 001 (- 1. 087)	0. 003 *** (6. 757)	0. 002 *** (7. 249)	0. 001 *** (6. 479)
Indep	0. 000 (- 0. 044)	0. 000 (0. 379)	0. 000 (0. 537)	0. 000 (0. 251)	- 0. 002 * (- 1. 806)	- 0. 001 (- 0. 962)	0. 000 (0. 586)	0. 001 ** (2. 555)
Share1	- 0. 004 (- 0. 041)	- 0. 023 (- 0. 485)	0. 010 (0. 421)	- 0. 029 (- 0. 836)	- 0. 197 (- 2. 580)	- 0. 072 (- 1. 294)	0. 120 *** (2. 836)	0. 005 (0. 211)
Big4	- 0. 125 *** (- 3. 270)	- 0. 060 *** (- 3. 010)	0. 028 *** (2. 766)	0. 037 ** (2. 502)	- 0. 035 (- 1. 119)	- 0. 043 * (- 1. 905)	- 0. 020 (- 1. 173)	0. 012 (1. 257)
AdjustR²	0. 131	0. 145	0. 192	0. 038	0. 109	0. 165	0. 122	0. 126
N	518	518	518	518	518	518	518	518

注：＊、＊＊、＊＊＊、分别表示在10%、5%、1%水平下显著。

从表5－16第（1）列和第（5）列的回归结果来看，第（1）列中 QFII 的回归系数为 - 0. 270，且在1%水平下显著，说明高持股比例条件下 QFII 持股能显著抑制企业的真实盈余管理，其持股比例与企业的真实盈余管理程度显著负相关；第（5）列中 QFII 的回归系数为 - 8. 486，但是相关性不显著，说明低持股比例条件下 QFII 对企业的真实盈余管理抑制作用不显著，假设 H11 得证。

进一步分析其他几列的回归结果。

高持股比例条件下，QFII 与 APROD 的回归系数为 - 1. 235，且在1%水平下显著，与 ADISEXP 的回归系数为 0. 857，且在5%水平下显著，与 ACFO 的回归系数为 0. 179，但是相关性不显著，说明高持股比例条件下，QFII 抑制企业的真实盈余管理，对异常经营现金流的抑制作用仍然不显著。

低持股比例条件下，*QFII* 与 *APROD* 的回归系数为 -12.346，且在 1% 水平下显著，与 *ACFO* 的回归系数为 -5.684，且在 10% 水平下显著，与 *ADIS-EXP* 的回归系数为 1.824，但是相关性不显著，说明低持股比例条件下 *QFII* 仍能显著抑制异常产品成本，与高持股比例组保持一致，但是其对异常酌量性费用的抑制作用显著性消失，而且其与异常经营现金流显著正相关，即低持股比例条件下，*QFII* 会显著通过促进企业异常经营现金流操纵的方式进行真实盈余管理。以上两点可能是导致低持股比例条件下，*QFII* 对企业真实盈余管理的抑制作用不显著的原因。

（3）内部控制与真实盈余管理

表 5-17 为内部控制与真实盈余管理的回归结果。

表 5-17 内部控制与真实盈余管理

变量	RM	APROD	ACFO	ADISEXP
Dib	-0.217 *** (-2.986)	-0.130 *** (-2.949)	0.061 ** (2.112)	0.026 (1.016)
Size	-0.009 (-1.117)	-0.003 (-0.511)	0.009 *** (2.704)	-0.002 (-0.759)
Lev	0.443 *** (8.626)	0.277 *** (8.880)	-0.098 *** (-4.826)	-0.068 *** (-3.755)
Turnover	-0.047 *** (-2.654)	-0.032 *** (-2.974)	0.016 ** (2.222)	-0.001 (0.092)
Growth	-0.001 (-1.181)	0.003 *** (7.024)	0.002 *** (9.200)	0.001 *** (5.085)
Indep	-0.001 (-0.876)	0.000 (-0.262)	0.000 (0.571)	0.000 (1.393)
*Share*1	-0.026 (-0.440)	-0.007 (-0.183)	0.053 ** (2.235)	-0.033 (-1.588)
*Big*4	-0.073 *** (-2.853)	-0.050 *** (-3.197)	0.000 (0.018)	0.023 *** (2.575)

变量	RM	APROD	ACFO	ADISEXP
AdjustR^2	0.109	0.150	0.126	0.057
N	1 036	1 036	1 036	1 036

注：＊、＊＊、＊＊＊、分别表示在 10%、5%、1% 水平下显著。

从表 5 - 17 第（1）列的回归结果来看，Dib 的回归系数为 - 0.217，且在 1% 水平下显著，说明内部控制与企业的真实盈余管理显著负相关，这表明企业的内部控制质量越高，企业的真实盈余管理程度就越低，假设 H12 得证。

进一步分析第（2）列到第（4）列的回归结果，Dib 与 APROD 的回归系数为 - 0.130，且在 1% 水平下显著，与 ACFO 的回归系数为 0.061，且在 5% 水平下显著，与 ADISEXP 的回归系数为 0.026，但是相关性不显著，说明内部控制主要从异常产品成本和异常经营现金流两个方面抑制企业的真实盈余管理。

（4）内部控制中介效应

表 5 - 18 为内部控制中介效应检验的回归结果。

表 5 - 18　　　　　　　　　内部控制中介效应

变量	Dib	RM
QFII	0.508＊ （1.812）	- 4.039＊＊＊ （- 6.351）
Dib		- 0.191＊＊＊ （- 2.677）
Size	0.037＊＊＊ （11.188）	- 0.006 （- 0.752）
Lev	- 0.107＊＊＊ （- 4.880）	0.425＊＊＊ （8.418）
Turnover	0.053＊＊＊ （7.085）	- 0.040＊＊ （- 2.323）

续表

变量	Dib	RM
Growth	0.000 (0.853)	−0.001 (−1.219)
Indep	0.000 (−0.023)	−0.001 (−1.366)
Share1	−0.017 (−0.648)	−0.050 (−0.853)
Big4	0.026 ** (2.340)	−0.082 *** (−3.256)
$AdjustR^2$	0.243	0.142
N	1 036	1 036

注：＊、＊＊、＊＊＊、分别表示在10%、5%、1%水平下显著。

从表5-15第（1）列的回归结果可知，QFII 能够显著抑制企业的真实盈余管理，中介效应检验的第一步通过，因此进行第二步的中介效应检验。

表5-18 的第（1）列是 QFII 对企业内部控制质量影响的回归结果，QFII 的回归系数为0.508，且在10%水平下显著，说明 QFII 持股能够显著提升企业的内部控制质量，QFII 持股比例更高的企业普遍具有更高的内部控制质量，中介效应检验的第二步通过，因此进行最终的中介效应检验。

表5-18 的第（2）列是内部控制中介效应检验的最终结果。Dib 的回归系数为 −0.191，且在1%水平下显著，说明内部控制在 QFII 抑制企业真实盈余管理的过程中发挥了中介效应，假设 H13 得证。进一步分析第（2）列的回归结果可知，QFII 的回归系数为 −4.039，且在1%水平下显著，说明 QFII 在抑制企业真实盈余管理的过程中也发挥了一部分直接作用，因此内部控制在 QFII 抑制企业真实盈余管理过程中发挥的是部分中介效应。

4. 稳健性检验

为使上述研究结论更加具有可靠性，构建新的真实盈余管理衡量变量 RM_1（APROD − ACFO）和 RM_2（− ACFO − ADISEXP）。

（1）RM_1 稳健性检验

表 5 - 19 为 RM_1 稳健性检验的回归结果。

表 5 - 19　　　　　　　　　　　　　　RM_1 稳健性检验

变量	RM_1	RM_1	RM_1	RM_1	RM_1
QFII	- 2.761 *** (- 5.732)	- 1.414 ** (- 2.342)	- 6.662 (- 1.341)		- 2.673 *** (- 5.566)
Dib				- 0.191 *** (- 3.496)	- 0.174 *** (- 3.225)
Size	- 0.016 *** (- 2.745)	- 0.021 *** (- 2.602)	- 0.008 (- 1.005)	- 0.011 * (- 1.842)	- 0.009 (- 1.528)
Lev	0.382 *** (10.090)	0.410 *** (7.539)	0.332 *** (6.336)	0.375 *** (9.717)	0.363 *** (9.529)
Turnover	- 0.052 *** (- 4.071)	- 0.071 *** (- 3.253)	- 0.044 *** (- 2.802)	- 0.047 *** (- 3.574)	- 0.043 *** (- 3.289)
Growth	0.000 (0.718)	- 0.012 *** (- 3.065)	0.001 (1.058)	0.000 (0.809)	0.000 (0.807)
Indep	- 0.001 (- 0.929)	0.000 (0.077)	- 0.001 (- 1.216)	0.000 (- 0.513)	- 0.001 (- 0.936)
Share1	- 0.072 (- 1.628)	- 0.033 (- 0.526)	- 0.192 *** (- 2.984)	- 0.060 (- 1.329)	- 0.075 * (- 1.701)
Big4	- 0.060 *** (- 3.164)	- 0.088 *** (- 3.324)	- 0.023 (- 0.871)	- 0.050 *** (- 2.590)	- 0.056 *** (- 2.933)
$AdjustR^2$	0.154	0.182	0.110	0.136	0.161
N	1 036	518	518	1 036	1 036

注：* 、** 、*** 、分别表示在10%、5%、1%水平下显著。

表 5 - 19 的第（1）列到第（3）列为 QFII 在全样本、高持股比例和低持股比例条件下对企业真实盈余管理（RM_1）影响的回归结果，第（4）列为内部控制对企业真实盈余管理影响的回归结果，第（5）列为内部控制中介效

应检验的回归结果，皆与之前的回归结果保持一致。

（2）RM_2 稳健性检验

表 5 - 20 为 RM_2 稳健性检验的回归结果。表 5 - 20 的第（1）列到第（3）列为 $QFII$ 在全样本、高持股比例和低持股比例条件下对企业真实盈余管理（RM_2）影响的回归结果，第（4）列为内部控制对企业真实盈余管理影响的回归结果，第（5）列为内部控制中介效应检验的回归结果，皆与之前的回归结果保持一致。

表 5 - 20 RM_2 稳健性检验

变量	RM_2	RM_2	RM_2	RM_2	RM_2
$QFII$	- 1.737 *** (- 4.728)	- 1.036 ** (- 2.306)	3.860 (0.990)		- 1.698 *** (- 4.621)
Dib				- 0.087 ** (- 2.089)	- 0.076 * (- 1.843)
$Size$	- 0.008 * (- 1.858)	- 0.009 (- 1.526)	- 0.003 (- 0.474)	- 0.007 (- 1.409)	- 0.005 (- 1.141)
Lev	0.167 *** (5.781)	0.203 *** (5.022)	0.131 *** (3.189)	0.166 *** (5.655)	0.159 *** (5.441)
$Turnover$	- 0.016 * (- 1.662)	- 0.036 ** (- 2.194)	- 0.008 (- 0.650)	- 0.015 (- 1.485)	- 0.012 (- 1.222)
$Growth$	- 0.004 *** (- 9.655)	- 0.010 *** (- 3.348)	- 0.004 *** (- 9.070)	- 0.004 *** (- 9.507)	- 0.004 *** (- 9.614)
$Indep$	- 0.001 (- 1.604)	0.000 (- 0.468)	- 0.001 * (- 1.671)	- 0.001 (- 1.253)	- 0.001 (- 1.607)
$Share1$	- 0.028 (- 0.836)	0.019 (0.410)	- 0.125 ** (- 2.476)	- 0.020 (- 0.575)	- 0.030 (- 0.874)
$Big4$	- 0.029 ** (- 2.003)	- 0.065 *** (- 3.316)	0.008 (0.404)	- 0.023 (- 1.595)	- 0.027 * (- 1.864)
$AdjustR^2$	0.142	0.110	0.174	0.127	0.144
N	1 036	518	518	1 036	1 036

注：＊、＊＊、＊＊＊、分别表示在10%、5%、1%水平下显著。

综上所述，将 *RM_1* 和 *RM_2* 代替 *RM* 作为真实盈余管理的度量变量之后，回归结果均与之前保持一致，证明该研究具有较好的稳健性。

（四）研究结论与建议

本节从 *QFII*（合格境外投资者）的视角出发，研究企业的真实盈余管理问题，探究 *QFII* 对企业真实盈余管理的影响，并考虑了持股比例因素在其中发挥的作用；同时，从 *QFII* 持股对企业真实盈余管理影响路径的研究角度，探究内部控制在 *QFII* 对企业真实盈余管理的影响过程中发挥的中介效应。

1. 研究结论

本节研究得到以下实证结果：

QFII 能够显著抑制企业的真实盈余管理，其持股比例与企业的真实盈余管理程度显著负相关。一方面，*QFII* 作为企业的股东，可能更关注企业的长期利益，希望能够从企业的长期经营中获利，因此其对于管理层通过真实盈余管理手段粉饰经营业绩、误导投资者的短视行为，有意愿承担自己的股东责任进行管理；另一方面，相比于个人投资者而言，*QFII* 作为机构投资者普遍拥有更高的持股比例，在企业中有更大的话语权，且其拥有更加先进的投资理念和更加成熟的管理团队，并且有雄厚的资金支持，因此其对于管理层的真实盈余管理行为，有能力通过自己的股东身份进行管理。

在持股比例较低的情况下，*QFII* 对企业真实盈余管理的抑制作用不显著。可能的原因是，*QFII* 的整体持股比例较低，目前企业中 *QFII* 持股比例的平均值为 1.18%，对于其中持股比例较低的 *QFII* 而言，以低持股比例组为代表，其持股比例平均值仅为 0.41%。一方面，从监督真实盈余管理的能力来看，其话语权可能不足以支持其对企业的真实盈余管理行为进行监督；另一方面，从监督真实盈余管理的意愿来看，由于持股比例较低，*QFII* 参与公司治理的积极性可能也较低，因此，其不愿意付出时间和成本监督企业的真实盈余管理行为。

较高的内部控制质量能够抑制企业的真实盈余管理行为。作为重要的公司治理制度之一，内部控制通过授权、分权等方式规范并监督企业的经营流程以及员工和管理层的行为。考虑成本效益原则，管理层只有在真实盈余管理的实施收益大于实施成本的前提下才有可能进行真实盈余管理，而在同样收益的条件下，在内部控制质量较高的企业中，管理层的真实盈余管理行为具有更高的实施成本，即内部控制质量较高的企业中真实盈余管理的实施成本有可能超过实施收益，进而导致管理层停止实施真实盈余管理，以达到抑制企业真实盈余管理的目的。

内部控制在 QFII 抑制企业真实盈余管理的过程中发挥了部分中介效应。首先，由于经营权和所有权分离，身为股东的 QFII 不能直接参与企业的经营管理中，因此其可能需要通过一些间接的途径以达到抑制企业真实盈余管理的目的，而内部控制作为重要的公司治理机制之一，能够在 QFII 抑制企业真实盈余管理的过程中发挥中介效应；其次，内部控制可能只是 QFII 抑制企业真实盈余管理行为的途径之一，除此之外，可能还存在其他的途径，如管理层薪酬、股权激励、审计委员会等。因此，其发挥的是部分中介效应。

2. 建议

综合以上结果，本节提出如下建议。

进一步推进 QFII 制度的发展，完善 QFII 相关法律法规。根据本节研究，QFII 持股能够显著抑制企业的真实盈余管理，说明其在完善企业公司治理方面发挥了一定的积极作用。我国应该不断完善 QFII 制度以充分发挥 QFII 对我国企业以及资本市场的改善作用。另外，QFII 作为企业的投资者，其根本目的是实现自身的利益，因此在发挥 QFII 积极作用的同时，我国应该同时完善相应的法律法规，以规范 QFII 的行为，确保能够切实发挥 QFII 对我国资本市场的改善作用。

完善内部控制制度，加强企业内部监督。首先，内部控制制度作为公司治理的重要组成部分，通过分权、授权等方式对企业进行内部监督，较高的内部控制质量能够增加真实盈余管理的实施成本，进而达到抑制企业真实盈余管理的目的。与此同时，其在公司治理的其他方面，如信息披露、资金转移等方面也能发挥一定的作用。另外，内部控制也是 QFII 抑制企业真实盈余管理的间接方法之一，其在 QFII 持股抑制企业真实盈余管理的过程中发挥了部分中介效应。虽然我国的内部控制制度已经取得了一定的发展，但是仍然存在较大的提升空间，企业应该进一步完善自身的内部控制制度，加强内部监督，以达到抑制真实盈余管理、完善公司治理结构的目的。

追踪新政实施进展，推进新政不断完善。QFII 虽然具有一定的公司治理效果，但是其持股比例普遍较低。本节研究发现，当 QFII 持股比例较低时，并不能达到显著抑制企业真实盈余管理的效果，但是这一现状很可能在新政实施后得到全面的改善。

新政宣布全面取消 QFII 投资限额，进一步开放我国的资本市场，意味着 QFII 在我国资本市场的投资限制将会被进一步解除。可以预测，新政实施首先带来的影响便是 QFII 持股比例的显著提升，其在抑制企业真实盈余管理以及其他公司治理方面可能会发挥更大的积极作用。其次，新政的实施在进一步开放我国资本市场的同时，也会带来新的风险与挑战。因此，在看到新政积极作用的同时，也要关注其可能存在的问题，在新政实施的过程中进行严格的监督与管理，追踪其实施情况，及时发现并纠正其存在的问题，推进新政在实施过程中不断完善，促进我国资本市场的健康发展。

三、内部控制对盈余管理的影响研究

（一）研究假设

1. 内部控制对盈余管理的影响

在当今社会，企业面临着更大的挑战，快速变化的内外部环境对企业的综合素质提出了更高的要求。而内部控制就是企业提升核心竞争力的重要手段之一，对企业能否获得成功起到了极其关键的作用。

在学术界的研究中，内部控制的作用也得到了广泛的认可。徐虹（2014）研究发现，内部控制是盈余质量的保障。葛格等（2021）研究发现，内部控制质量越高，对于应计盈余管理和真实盈余管理的抑制作用越明显。综上所述，高质量的内部控制体系可以有效减少企业的盈余管理行为，并且在大部分的研究中，内部控制对于盈余管理行为的抑制作用是显著的。基于此，提出假设：

假设 H14：制造业上市企业高质量的内部控制能抑制企业的盈余管理行为。

2. 公司特征对盈余管理的影响

关于股权集中度与盈余管理之间的关系，有观点认为，当股权集中度达到一定程度之后，上市企业的控股股东和管理层便更有可能联合起来对抗外部监管，此时内部控制体系也会失去原有的制衡作用。在这种情况下，企业的盈余管理行为会呈现极大的上升趋势。

简玉峰和刘长生（2013）研究发现，上市企业股权集中度越高，控股股东便越有动机进行盈余管理行为。王卫星和杜冉（2016）研究发现，股权集中度越高，内部控制对于盈余管理行为的抑制作用越弱。

债务契约假说能够有效解释企业进行盈余管理行为的原因，债务契约假说认为企业越接近于违反契约中规定的条款，企业管理层进行盈余管理的可能性就越大。企业债务契约可以令债权方对债务方提出要求，比如限制债务方损害企业利益的行为，限制债务人的支出等以保证债权人的合法权益。债务契约也可以要求企业维持一定的财务指标水平，比如限制企业的资产负债率，对企业的资产总额提出要求，提升企业的资产报酬率，等等。而企业管理层是否选择进行盈余管理，显然会对债务契约的履行造成很大的影响。彭彬（2011）、李鼎塈（2022）经实证研究发现，资产负债率的提升对盈余管理程度有正向影响。

综上所述，本节提出假设：

假设 H15：制造业上市企业股权集中度和资产负债率的降低能抑制企业的盈余管理行为。

3. 不同产权性质对内部控制与盈余管理关系的影响

在本节研究的制造业上市企业中，非国有企业占比为 73.87%。刘启亮等（2012）研究发现，所有权归地方政府的企业内控质量往往不如所有权归中央政府的企业，而非国有企业则比地方政府控制的企业内控质量高。虽然国有企业有更多的资源以及更高的投入来进行内控制度的建设，但是由于国有企业拥有政府层面的优渥资源，其面临风险时的应对能力更强，因此进行内控制度建设的紧迫性和意愿较低，再加上国有企业一般规模较大，难以在短时间内建立完善的内控体系。

相较于国有企业，非国有企业面临着更加错综复杂的风险，需要建立更加灵活的内部控制机制来直面危机，其对于内控制度的建设拥有更多的热情，会为内控制度的建设倾注更多的精力。程小可等（2013）的研究发现，在规模较大的公司中，非国有企业的内控质量较高，对于应计以及真实盈余管理活动的抑制作用更强。杨旭东（2019）研究发现，高质量的内部控制不仅能降低企业盈余管理，而且能降低企业的盈余波动性，并且这种现象在非国有企业中更显著。基于此，提出假设：

假设 H16：不同产权性质下，非国有企业内部控制质量更高，更能抑制企业的盈余管理行为。

（二）研究设计

1. 样本选择与数据来源

选取 2017～2021 年中国 A 股制造业上市企业为研究样本，通过公开渠道获取企业的年报数据并作分类归集，所选取的数据均来源于国泰安数据库和迪博内部控制数据库，之后利用数据分析软件作变量处理与分析。为保证实证分析中数据的可靠性以及结果的准确性，将收集到的数据作以下处理：去除 ST 企业样本数据，剔除所需数据缺失或变量有异常值的企业样本数据，剔除缺失控制变量的企业样本数据。

最终选取了 2 721 家企业的样本数据，共得到了 10 025 个观测值样本：2017 年 1 695 个，2018 年 1 976 个，2019 年 2 018 个，2020 年 2 081 个，2021 年 2 255 个。为消除极端值给回归结果带来影响，对所有连续型变量都进行了 1% 水平上的缩尾处理。

2. 变量定义与度量

（1）被解释变量

目前，国内外在衡量企业的盈余管理程度时，普遍利用应计利润分离法，将应计利润分为操控性和非操控性两部分。在应计利润分离法中，应用最广泛的模型是修正的 Jones 模型，它是帕特丽夏等（1995）在 Jones 模型的基础上加入了应收账款的变动而形成的，解决了 Jones 模型中容易低估基于收入的盈余管理的问题。

本节研究选用修正的 Jones 模型来计算可操控性应计利润，进而来估算公司的盈余管理水平，具体计算方法内容如下：

$$\frac{TA_{i,t}}{Asset_{i,t-1}} = \beta_1 \frac{1}{Asset_{i,t-1}} + \beta_2 \frac{\Delta REV_{i,t}}{Asset_{i,t-1}} + \beta_3 \frac{PPE_{i,t}}{Asset_{i,t-1}} + \varepsilon_{i,t} \quad (5.26)$$

$$\frac{NDA_{i,t}}{Asset_{i,t-1}} = \beta_1 \frac{1}{Asset_{i,t-1}} + \beta_2 \frac{\Delta REV_{i,t} - \Delta AR_{i,t}}{Asset_{i,t-1}} + \beta_3 \frac{PPE_{i,t}}{Asset_{i,t-1}} \quad (5.27)$$

$$DA_{i,t} = \frac{TA_{i,t}}{Asset_{i,t-1}} - \frac{NDA_{i,t}}{Asset_{i,t-1}} \quad (5.28)$$

其中，TA 表示当期营业利润与经营活动现金净流量的差值；$Asset$ 表示资产总额；ΔREV 表示营业收入的增长额；PPE 表示本期固定资产账面原值；NDA 表示非操控性应计利润；AR 表示本期应收账款的变化额。

首先通过模型（5.26）进行回归计算，求出 β_1、β_2、β_3 三个系数值，将其代入模型（5.27）中，即可估算出非操控性应计利润（NDA），而操控性应计利润（DA）等于总应计利润减去非操控性应计利润，详见模型（5.28）。由于企业管理层可以虚增利润也可以虚减利润，因此盈余管理程度（$ABSDA$）是对操控性应计利润（DA）取绝对值之后形成的。

（2）解释变量

有关内部控制质量的衡量，目前学术界有多种不同的方法。针对我国企业建设内部控制体系以来的实际情况，主要有两种办法进行度量。首先，可以通过查阅企业的内部控制报告，寻找企业是否对内部控制缺陷进行了披露，可以将是否披露内控缺陷作为一个虚拟变量来进行研究。其次，依据多方面的考核标准，将企业的内部控制建设情况作量化评估，形成内部控制指数。

目前深圳迪博公司披露的迪博指数和厦门大学课题组披露的内控指数应用较为广泛。迪博内部控制指数包括多个方面的评估指标，如财务报告的准确性、内部审计的有效性、风险管理的能力等。通过对这些指标的评估，可以得到一个综合的内部控制指数，反映企业内部控制水平的高低。迪博内部控制指数的评估通常由专业的评估机构或律师事务所进行，他们会对企业的内部控制制度进行全面的审查和评估，以确保企业的内部控制水平符合法律法规和行业标准。同时，这些评估机构还会提出改进建议，帮助企业改善内部控制水平，提高企业的管理效率和风险控制能力。厦门大学内部控制指数是由厦门大学会计学院研究团队设计并发布的一项衡量企业内部控制质量的指标。该指数以内部控制五要素为标准进行评估，综合反映企业内部控制制度的有效性和健全程度。本节研究选取迪博指数（IC）作为解释变量来对我国制造业上市企业的内控质量进行衡量。

（3）控制变量

选取以下变量作为本节研究的控制变量：股权集中度（Top5）、资产负债率（LEV）、企业规模（SIZE）、董事会规模（Board）、独立董事占比（DU）、资产报酬率（ROA）、产权性质（SOE）、行业与年份效应（Industry/Year），具体变量定义见表 5 - 21。

表 5 - 21　　　　　　　　　　　　变量定义表

变量类型	变量名称	变量符号	变量计算方法
被解释变量	盈余管理	ABSDA	基于分年度分行业的修正 Jones 模型
解释变量	内部控制	IC	迪博指数
控制变量	股权集中度	Top5	前五大股东持股比例
	资产负债率	LEV	资产总额/负债总额
	企业规模	SIZE	企业总资产的自然对数
	董事会规模	Board	董事会人数
	独立董事占比	DU	独立董事人数/董事会人数
	资产报酬率	ROA	净利润/平均总资产
	产权性质	SOE	国有企业取1，否则取0
	行业	Industry	虚拟变量
	年份	Year	虚拟变量

由于制造业下还细分多种不同的行业，其具体经营环境有所差异，如食品加工业、纺织业、汽车制造业等，并且不同的年份中政策环境和市场形势不同，会对企业经营造成不同的影响，进而影响企业盈余管理的情况。因此，加入行业与年份效应可以令研究结果更为准确。

3. 模型构建

结合各个变量和本节研究提出的假设，使用 2017～2021 年 5 年的相关数据进行多元回归分析，建立了多元线性回归模型（5.29）。

$$ABSDA_{i,t} = \beta_0 + \beta_1 IC_{i,t} + \beta_2 Top5_{i,t} + \beta_3 LEV_{i,t} + \beta_4 SIZE_{i,t} + \beta_5 Board_{i,t}$$
$$+ \beta_6 DU_{i,t} + \beta_7 ROA_{i,t} + \beta_8 SOE_{i,t} + \beta_9 Industry + \beta_{10} Year + \varepsilon_{i,t}$$

$$(5.29)$$

（三）实证检验与结果分析

1. 描述性统计

利用 STATA 软件对样本数据所涉及的变量作描述性统计。通过结果分析，可以对本研究所涉及的变量作初步的了解，有助于后续实证研究的开展。具体结果如表 5 – 22 所示。

表 5 – 22　　　　　　　　　　　描述性统计

变量	（1）样本量	（2）均值	（3）标准差	（4）最小值	（5）最大值
ABSDA	10 025	0.283	0.282	0.003 26	1.596
IC	10 025	609.4	170.3	0	941.3
SIZE	10 025	22.18	1.193	19.89	25.78
Board	10 025	8.279	1.538	4	17
DU	10 025	0.379	0.055	0.333	0.571
Top5	10 025	0.518	0.147	0.198	0.865
LEV	10 025	0.405	0.192	0.067	0.949
ROA	10 025	0.040	0.079	– 0.329	0.237
SOE	10 025	0.261	0.439	0	1

由表 5 - 22 可知，我国制造业企业的盈余管理程度均值为 0. 283，最大值为 1. 596，最小值为 0. 00326，标准差为 0. 282，体现出我国制造业企业的盈余管理程度较大，且由于各个企业实际情况不同，盈余管理程度存在着明显的差异。迪博指数的均值为 609. 4，属于较高的水平，体现了我国制造业企业对于内控体系的建设较为重视。但迪博指数的最小值为 0，最大值为 941. 3，不同企业间的差距依然存在，表明个别企业的内部控制体系建设仍需进一步完善。同时，还存在内控指数为 0 的企业，这体现出某些企业的内控体系建设失灵，管理层的机会主义倾向明显，可能会给资本市场带来资源的错配，令投资者蒙受不必要的损失。

2. 相关性分析

（1）Pearson 检验

为了了解本节研究选取变量间的变化规律以及线性相关的情况，本节研究选用 Pearson 系数检验变量之间的相关性，并且利用方差膨胀因子检验变量之间是否存在多重共线性问题，结果见表 5 - 23。

表 5 - 23　　　　　　　　　　相关性分析

变量	ABSDA	IC	SIZE	Board	DU	Top5	LEV	ROA	SOE
ABSDA	1								
IC	- 0. 122 ***	1							
SIZE	- 0. 391 ***	0. 157 ***	1						
Board	- 0. 111 ***	0. 033 ***	0. 274 ***	1					
DU	0. 063 ***	- 0. 018 *	- 0. 027 ***	- 0. 566 ***	1				
Top5	0. 038 ***	0. 160 ***	0. 050 ***	- 0. 032 ***	0. 051 ***	1			
LEV	- 0. 100 ***	- 0. 202 ***	0. 413 ***	0. 099 ***	0. 019 *	- 0. 115 ***	1		
ROA	- 0. 038 ***	0. 389 ***	0. 079 ***	0. 054 ***	- 0. 051 ***	0. 207 ***	- 0. 391 ***	1	
SOE	- 0. 081 ***	0. 013	0. 311 ***	0. 253 ***	- 0. 045 ***	- 0. 004	0. 177 ***	- 0. 025 **	1

注：* 、** 、*** 分别表示在 10% 、5% 和 1% 的显著性水平下显著。

由表 5 - 23 可知，内部控制 （IC） 与盈余管理程度 （ABSDA） 的相关系

数为 -0.122，在 1% 的显著性水平上显著为负。内部控制贯穿于企业的全生命周期，能够确保企业遵纪守法、诚信经营，增强企业对风险的抵御能力，降低风险给企业带来的潜在损失。相关性分析的结果表明，制造业上市公司高质量的内部控制能抑制企业的盈余管理行为，初步验证了假设 H14，进一步的分析需要通过多元回归来实现。

同时，本节研究选取的股权集中度、资产负债率、企业规模、董事会规模、独立董事占比、资产报酬率等控制变量均与变量盈余管理程度在 1% 的水平上显著。这体现了控制变量的选择没有脱离研究实际。但是相关性回归中没有考虑年份、行业的固定效应，还需要通过下文的多元回归作进一步的检验。

根据上述相关性检验结果发现，本节研究所涉及的变量间相关系数最大为 0.566，因此本节研究变量有多重共线性问题的概率较小。

（2）方差膨胀因子检验

由表 5 - 23 中变量间的相关系数可以看出，变量间的相关系数均小于 0.57，初步判断变量不存在多重共线性的问题。但是，相关性分析只能检验两个解释变量之间的相关性，对于更多（比如三个）解释变量的相关性检验并不适用。因此，本节研究继续利用 VIF 法对多重共线性问题进行检验，检验结果如表 5 - 24 所示。

表 5 - 24 多重共线性 VIF 检验

变量	*VIF*	*1/VIF*
IC	1.23	0.81
SIZE	1.54	0.648
Board	1.7	0.588
*Top*5	1.06	0.943
LEV	1.58	0.633
DU	1.53	0.656
ROA	1.43	0.699

续表

变量	VIF	1/VIF
SOE	1.16	0.863
Mean VIF	1.4	

由表 5-24 可知，各个变量间的方差膨胀系数（VIF）最大为 1.7，容差（1/VIF）最小为 0.588。当 VIF>10、1/VIF<0.5 时，变量之间才存在多重共线性。因此，变量之间并不存在多重共线性的问题。

（3）多元回归分析

本节研究以内部控制质量为解释变量，盈余管理程度为被解释变量，股权集中度、资产负债率、企业规模、董事会规模、独立董事占比、资产报酬率等为控制变量。回归结果如表 5-25 所示，第（1）列为控制行业和年份效应的回归结果，第（2）列为未控制行业和年份效应的回归结果。

表 5-25　　　　　　　　企业内部控制对盈余管理影响的回归结果

变量	(1) ABSDA	(2) ABSDA
IC	-0.00009*** (-3.85)	-0.00011*** (-4.55)
SIZE	-0.10688*** (-29.31)	-0.10404*** (-28.62)
Board	0.00605*** (2.76)	0.00581*** (2.62)
DU	0.32105*** (5.56)	0.34426*** (5.83)
Top5	0.12926*** (7.08)	0.13101*** (7.27)
LEV	0.11394*** (5.31)	0.11955*** (5.74)

续表

变量	(1) ABSDA	(2) ABSDA
ROA	0. 10716 ** (2. 19)	0. 14968 *** (3. 10)
SOE	0. 01129 ** (1. 97)	0. 02486 *** (4. 28)
_cons	2. 15470 *** (25. 01)	2. 34809 *** (28. 49)
行业效应	控制	不控制
年份效应	控制	不控制
N	10 025	10 025
R^2	0. 222	0. 171
Adj. R^2	0. 22	0. 17

注：* 、** 、*** 分别表示在10%、5%和1%的显著性水平下显著。

由表 5 – 25 可知，首先，在回归（1）中，内部控制的回归系数为 – 0.00009，在 1% 的水平上显著为负，表明高质量的内部控制能够抑制企业的盈余管理行为，假设 H14 得到了验证。由此可以看出，企业建立完善的内控体系能够有效降低企业管理层的机会主义倾向，减少扰乱资本市场秩序的行为，有利于提升企业的盈余信息的真实性与公允性。

在控制变量方面，股权集中度、资产负债率、董事会规模、独立董事规模、企业规模、资产报酬率以及企业性质对企业盈余管理程度均存在显著的影响。其中，企业规模的回归系数显著为负，表明企业规模的扩张会抑制企业盈余管理行为，有利于企业盈余质量的提高。资产负债率、股权集中度、董事会规模、独立董事规模、资产报酬率以及企业性质的回归系数显著为正，表明资产负债率、股权集中度、董事会规模、独立董事规模、资产报酬率的升高，会使企业的盈余管理程度增强。假设 H15 得到了验证。

（4）进一步研究

我国上市企业的产权性质不同，王运陈（2015）认为，国有与非国有企业面临着不同的监管环境并且企业运营方式也存在着较大的差异。本节研究将样本企业按照不同产权性质分为国有以及非国有两组。描述性统计结果如表5－26所示，表格上半部分"SOE＝0"为非国有企业统计结果，表格下半部分"SOE＝1"为国有企业统计结果。

表5－26　　　　　　　不同产权性质下样本的描述性统计结果

变量	（1）	（2）	（3）	（4）	（5）
			SOE ＝ 0		
	N	*mean*	*sd*	*min*	*max*
ABSDA	7 405	0.297	0.298	0.00326	1.596
IC	7 405	608.0	167.1	0	893.2
SIZE	7 405	21.96	1.070	19.89	25.78
Board	7 405	8.048	1.438	4	17
DU	7 405	0.380	0.0533	0.333	0.571
Top5	7 405	0.519	0.148	0.198	0.865
LEV	7 405	0.385	0.185	0.0666	0.949
ROA	7 405	0.0408	0.0835	− 0.329	0.237
变量	（1）	（2）	（3）	（4）	（5）
			SOE ＝ 1		
	N	*mean*	*sd*	*min*	*max*
ABSDA	2 620	0.245	0.225	0.00326	1.596
IC	2 620	613.2	179.0	0	941.3
SIZE	2 620	22.80	1.298	19.89	25.78
Board	2 620	8.932	1.621	4	17
DU	2 620	0.375	0.0586	0.333	0.571
Top5	2 620	0.517	0.143	0.198	0.865
LEV	2 620	0.462	0.198	0.0666	0.949
ROA	2 620	0.0363	0.0636	− 0.329	0.237

由表 5 – 26 的统计结果所示，本节研究选取的数据中非国有企业占比较大，为 73.87%。这体现出我国自改革开放以来民营经济的蓬勃发展以及国有企业的深度改革。在制造业领域，民营企业已经占据了相当大的市场份额，为我国迈向制造业强国提供了强有力的支持。非国有企业与国有企业相比，平均盈余管理程度较大，内部控制质量较低，这可能是由于非国有企业面临的竞争压力大，资金来源不稳定，更容易受到市场环境变化的影响，企业管理层进行盈余管理的意愿更为强烈。同时，非国有企业内部控制建设起步较晚，相应的建设资源配置不足，导致内部控制质量不高。非国有企业在企业规模上普遍小于国有企业，资产负债率略低于国有企业，资产收益率略高于国有企业，反映出我国制造业上市企业中的非国有企业仍有较大的发展空间。

分组多元回归结果如表 5 – 27 所示，第（1）列为非国有制造业企业的回归结果，第（2）列为国有制造业企业的回归结果。

表 5 – 27　　不同产权性质下企业内部控制对盈余管理影响的回归结果

变量	(1)	(2)
	$SOE = 0$	$SOE = 1$
IC	– 0. 0001 *** (– 3. 82)	– 0. 0000 ** (– 2. 54)
SIZE	– 0. 13626 *** (– 28. 72)	– 0. 04336 *** (– 7. 78)
Board	– 0. 00013 (– 0. 04)	0. 00894 *** (3. 19)
DU	0. 07327 (0. 93)	0. 40552 *** (5. 30)
Top5	0. 09569 *** (4. 38)	0. 07302 ** (2. 33)
LEV	0. 15138 *** (5. 78)	0. 02503 (0. 87)
ROA	0. 16885 *** (3. 03)	0. 04879 (0. 55)

变量	（1）	（2）
	$SOE = 0$	$SOE = 1$
_cons	2.97244 *** （25.04）	1.49418 *** （13.69）
行业效应	控制	控制
年份效应	控制	控制
N	7 405	2 620
R^2	0.269	0.198
$Adj. R^2$	0.26	0.18

注：＊、＊＊、＊＊＊分别表示在10%、5%和1%的显著性水平下显著。

由表5－27可知，虽然国有企业与非国有企业的内部控制回归系数都为负，但是明显非国有企业所对应的回归系数绝对值更为大一些，而且显著性水平也要高于国有企业。这表明在非国有企业中内部控制对于盈余管理的抑制作用更为明显。在大多数控制变量的回归结果中，非国有企业的回归系数绝对值也要高于国有企业，这体现出非国有企业的稳定性较弱，企业的盈余管理程度很容易受自身经营状况的影响，内部控制体系建设还有很大的进步空间。

通过对上述研究发现，无论是国有企业还是非国有企业，高质量的内部控制都能够显著抑制企业的盈余管理行为。通过显著性水平以及相关系数的比较发现，在其他条件相同的情况下，非国有企业的内部控制对于盈余管理的抑制作用要大于国有企业，假设H16得到了验证。

（5）稳定性检验

①替换控制变量。本节研究实证回归部分内部控制质量是由迪博公司公布的上市公司内部控制指数来替代的，这一替代变量也被广大学者所接受。但是单一指标的验证不够严谨，参考史忠党（2019）的做法，选取上市公司内部控制披露缺陷（*ICW*）作为替换变量，作进一步验证。内部控制缺陷变量为虚拟变量，若上市公司内部控制报告中显示公司存在内部缺陷，取值为

1，否则为0。构建模型（5.30），回归结果如表5-28所示。

$$ABSDA_{i,t} = \beta_0 + \beta_1 ICW_{i,t} + \beta_2 Top5_{i,t} + \beta_3 LEV_{i,t} + \beta_4 SIZE_{i,t} + \beta_5 Board_{i,t}$$
$$+ \beta_6 DU_{i,t} + \beta_7 ROA_{i,t} + \beta_8 SOE_{i,t} + \beta_9 Industry + \beta_{10} Year + \varepsilon_{i,t}$$

$$(5.30)$$

表5-28显示了内部控制缺陷与盈余管理关系的回归结果。此模型中内部控制缺陷是解释变量，它与盈余管理程度的回归系数为正，并且回归系数绝对值较大，显著性水平很高。与前文研究结果一致，说明研究结论稳健。同时，股权集中度和资产负债率与盈余管理也呈正相关，并且在1%的水平上显著，验证了假设H15。表中的第（3）列、第（4）列是对模型（5.30）进行产权性质分类之后的回归结果，非国企的ICW回归系数显著大于国企，验证了假设H16。说明实证结果不受变量度量方式影响，研究结论可靠。

表5-28 内部控制变量替换的稳健性检验回归结果

变量	（1）ABSDA	（2）ABSDA	（3）ABSDA（SOE=0）	（4）ABSDA（SOE=1）
IC	-0.00009*** (-3.88)			
ICW		0.02699*** (4.57)	0.03526*** (4.72)	0.00209* (0.24)
SIZE	-0.10626*** (-29.22)	-0.10970*** (-28.77)	-0.13874*** (-28.15)	-0.04753*** (-8.26)
Board	0.00582*** (2.65)	0.00585*** (2.67)	-0.00005 (-0.02)	0.00945*** (3.37)
DU	0.32495*** (5.63)	0.32275*** (5.59)	0.09215 (1.17)	0.41580*** (5.39)
Top5	0.12978*** (7.09)	0.12077*** (6.61)	0.08837*** (4.05)	0.07022** (2.21)
LEV	0.11250*** (5.27)	0.12120*** (5.50)	0.15898*** (5.85)	0.04186 (1.49)

变量	(1)	(2)	(3)	(4)
	ABSDA	ABSDA	ABSDA (SOE=0)	ABSDA (SOE=1)
ROA	0.10335 **	0.05666	0.10856 **	0.00164
	(2.10)	(1.25)	(2.15)	(0.02)
SOE	0.01115 *	0.00604		
	(1.94)	(1.04)		
_cons	2.14282 ***	2.16870 ***	2.95793 ***	1.50617 ***
	(24.90)	(24.83)	(24.87)	(13.51)
行业效应	控制	控制	控制	控制
年份效应	控制	控制	控制	控制
N	9 990	9 990	7 384	2 606
R^2	0.222	0.222	0.268	0.195
Adj. R^2	0.22	0.22	0.26	0.18

注：*、**、*** 分别表示在10%、5%和1%的显著性水平下显著。

②改变样本量。上市公司遭遇经营困境时，常常会利用"洗大澡"行为来掩盖真实的财务状况，即企业在特定年份对损失或费用进行过度确认。经"洗大澡"行为粉饰后的财务报表不能如实地反映企业的财务状况。同时，这种行为会对多元回归分析结果产生干扰，因此本节研究借鉴李姝等（2017）的做法，在全样本的基础上剔除了资产报酬率（ROA）低于1%的公司，进行稳健性检验，回归结果如表5-29所示。

表5-29　　　　　剔除 ROA 低于1%的稳健性检验回归结果

变量	(1)	(2)
	ABSDA	ABSDA
IC	-0.00009 ***	-0.00007 **
	(-3.85)	(-2.32)

续表

变量	(1)	(2)
	ABSDA	ABSDA
SIZE	-0.10688*** (-29.31)	-0.09426*** (-26.06)
Board	0.00605*** (2.76)	0.00087 (0.36)
DU	0.32105*** (5.56)	0.28861*** (4.53)
Top5	0.12926*** (7.08)	0.13815*** (7.17)
LEV	0.11394*** (5.31)	0.09646*** (4.14)
ROA	0.10716** (2.19)	0.29515*** (4.01)
SOE	0.01129** (1.97)	0.01962*** (3.04)
_cons	2.15470*** (25.01)	1.89258*** (22.13)
行业效应	控制	控制
年份效应	控制	控制
N	10 025	7 930
R^2	0.222	0.215
Adj. R^2	0.22	0.21

注：*、**、***分别表示在10%、5%和1%的显著性水平下显著。

表5-29显示了剔除ROA低于1%的样本之后，内部控制质量与盈余管理关系的回归结果。在表中的第（1）列是剔除之前的回归结果。表中的第（2）列是剔除之后的回归结果。从剔除之后的回归结果来看，内部控制质量与盈余管理呈负相关，且在5%的水平上显著，假设H14得到了进一步验证。同时，股权集中度和资产负债率与盈余管理呈正相关，并且在1%的水平上显

著，假设 H15 也通过了稳健性检验。

（四）实证结果与政策建议

1. 实证结果

本研究主要对内部控制与盈余管理的关系进行实证分析。采用我国沪深两市 A 股制造业上市公司为样本，首先，对所有变量进行描述性统计、相关性分析以及多重共线性检验；其次，根据多元回归模型对相关变量作回归分析，挖掘内部控制质量对盈余管理的影响机制，并且依据产权性质将数据分为国有与非国有企业两组，进一步探究产权性质对于实证结果的影响；最后，采用更换解释变量、改变样本量的方式进行稳健性检验。

研究发现：内部控制能够有效抑制企业进行盈余管理的行为，高质量的内部控制可以抑制企业管理层的投机行为和冒险主义行为，有效维护投资者利益；股权集中度和资产负债率过高会促使企业更频繁地进行盈余管理，即制造业上市公司股权集中度和资产负债率越低，越能抑制企业的盈余管理行为；在内部控制对盈余管理的影响中，制造业上市企业的产权性质对两者之间的影响具有不同的作用。相较于国有企业，非国有企业内部控制对盈余管理行为的影响更大，即不同产权性质下，非国有企业内部控制质量更高，更能抑制企业的盈余管理行为。

2. 政策建议

根据上述实证结果，提出以下建议。

在当今社会，我国制造业企业面临着更大的挑战，快速变化的内外部环境对企业的综合素质提出了更高的要求，我国全面推进社会主义现代化建设的过程中也更加需要制造业企业提供强大的助力。而内部控制对于企业来说至关重要，对企业能否获得成功起到了极其关键的作用。企业必须加强内控体系的建设：保证会计及财务信息的真实性和公允性，建设行之有效的内部审计系统；重视内部文化工作的开展，提升企业人员的道德素养；将董事会规模控制在合理的范围内。

上市企业应合理控制资产负债率，科学制定资本筹资计划。根据企业的战略目标和发展规划及行业发展趋势，充分评估企业未来的投资需求，制订切实可行的资本筹资计划。企业可以通过优化资产结构来降低资产负债率。具体来说，可以减少固定资产，增加流动资产。流动资产可以使企业拥有更加灵活的经营策略，流动资产的比例增加，可以提高企业的偿债能力，减少财务风险。企业可以通过增加产品的利润率来降低资产负债率。当产品利润率提升之后，在负债总量不变的条件下，企业将会拥有更多的流动资金。

上市企业应该改善股权结构。股权结构对企业的发展具有重要作用，合理的股权结构有助于上市企业加强内部控制、稳健发展，提高市场竞争力。上市企业在改善股权结构方面应从以下几个方面着手：实现股权分散，增强控股股东的稳定性，引进战略投资者，推动员工持股制度的建设，优化完善公司治理架构。上市公司应完善治理机制，强化对董事会、监事会以及高管团队的监督与激励，提高公司治理水平。

第五节　现代化金融监管体系与治理体系

金融是现代经济社会发展的纽带，是现代国家治理体系的重要组成部分。金融监管体系建设应与整个社会生产力和生产关系的发展相适应，以助力实体经济增速。金融体系及其调节经济的能力应嵌入国际治理体系现代化，不断完善金融治理体系，吸引在国际竞争中具有制度优势的资本和人才，积累生产要素，提高竞争优势。金融是实体经济的血液，金融体系的竞争力直接影响经济体系的竞争力。

一、盈余管理行为对现代化金融监管的影响

（一）会计信息质量对现代化金融监管的影响

防范金融风险需要完善监管体系、不断推进机构改革，提高规范性和透

明度是制度建设的重中之重，金融市场最重要的信息来源是公司公布的会计信息，并且这些信息的重要性已经得到学术界的广泛认可，因此金融市场改革的重要内容之一是提高会计信息质量。

会计信息是金融监管的基础，是监管者分析和评估商业运营现状的重要信息来源。高质量的会计信息可以提高企业自身管理层的决策质量，降低潜在风险，提高金融机构集团的信息透明度。此外，会计信息是一种具有外部性的公共产品，影响会计信息使用者的决策判断，包括管理层的机会主义行为、盈余操纵利润等风险承担行为。

会计信息是衡量财务稳定性的基础。财务稳定性评价中的各项指标都依赖于会计信息。基于会计信息衡量的财务稳定性，只有在会计信息符合会计准则，真实、完整、公允地表达了公司的基本情况，才有意义。例如，各国最低资本充足率、留存超额资本充足率等资本充足率指标以及流动性覆盖率、资本利润率、杠杆率等监管比率的计算都依赖于会计信息，其可靠性直接取决于会计信息的真实性。因此，会计信息的准确性也会影响金融监管部门的监督和控制。

高质量的会计信息是促进金融稳定的核心要素。首先，金融监管部门可以通过高质量的会计信息随时了解市场发展状况，全面掌控市场发展方向，有选择地加强市场约束，确保金融机构集团稳定运行。其次，投资者可以根据会计信息反映的企业经营状况，作出合理的选择，有目的地调整投资目标，减少风险损失，避免过度反应及盲目跟随市场趋势，破坏价格机制。最后，真实的会计信息为类似的比较分析提供了条件，有助于加强对整个金融体系稳定性的把握，减少市场混乱，防范系统性风险。

会计信息是金融监管的重要工具。金融市场不是一个国家或一个地区的金融市场，而是一个全球可互操作的金融市场。经济越繁荣，国际金融市场之间的联系越紧密，就越需要国际趋同的会计准则和及时可靠的会计信息。高质量的会计信息有助于降低国际金融活动面临的各种风险，化解金融风险，维护金融稳定。首先，国际趋同的会计准则可以降低跨境和跨地区贸易的难度，助推国内金融市场的发展，提高全球资本的灵活配置。其次，透明可靠的会计信息提高了金融机构集团抵御风险的能力，减轻了整个金融市场波动对国内金融机构集团和金融市场的影响和损害。此外，不断完善会计准则，提升会计信息的准确性，可以提高投资者面对强波动金融市场的心理预期，助推金融市场复苏。

（二）盈余管理行为对会计信息质量的影响

公司披露的财务报告是向利益相关者传达经营状况的信号。作为公司的利益共同体，公司债权人和股东关注公司盈余质量的动机强烈，在企业会计信息真实的前提下，企业经营状况越好，债权人和股东的利益就越高；反之，如果公司通过盈余管理、财务欺诈等手段虚假粉饰财务报告，利益相关者会形成错误的心理预期，可能遭受更大的风险损失。盈余管理会降低会计信息的真实性，随着企业规模不断扩大，拥有的金融资产越多，管理层越容易具有盈余管理动机，可选择的盈余管理方式也越多，而在盈余管理下，财务报告只反映管理层希望外部投资者看到的信息，必然导致会计信息质量下降，向外界发出错误信号，损害投资者利益。

就股市而言，当盈余管理行为尚未被外界发现时，投资者的投资决策受到不真实会计信息的影响，容易出现偏差，从而在后续业绩反转中遭受损失。在金融改革背景下，加强会计信息监管，加大对金融腐败行为的惩罚力度，是防控金融风险的有力措施之一。监管部门在出台新的监管制度时，也应尽可能综合考虑，以免上市公司钻制度空子。

就债券市场而言，从中国证监会对康得新、康美药业等上市公司的调查中可以看出，企业财务舞弊行为和盈余管理行为仍然存在，一些高利润龙头企业和优质企业只是财务舞弊所伪造出的假象。上市公司业绩的突变给中小股东带来巨大的经济损失，虚假会计信息增加了散户承担的风险，上市公司财务舞弊具有一定的隐蔽性，证监会监管难度大。

就银行放贷领域而言，受经济市场下行压力影响，商业银行推出更多信贷业务助推实体经济发展，这也给银行带来了更多的不确定性风险。在强大的监管压力保护下，虽然未发生严重的系统性风险，但仍需防范区域性金融风险。出于安全审慎的原则，银行管理层选择不时通过盈余管理来降低风险水平，但此举将掩盖银行的真实经营状况，干扰投资者和监管机构的判断，增加不确定性，增加金融监管难度。此外，在我国特殊的制度环境下，会计信息的重要中介地位被产权制度和政治联系所取代，这将破坏经济发展的平衡，使民营企业的发展更加困难。互联网的发展也催生了支付宝、微信等第三方支付和网贷等互联网金融新模式。这些在提高金融系统效率的同时，也给金融监管带来了更大的挑战。大数据技术的快速发展也增加了金融监管的难度。2022 年，中国人民银行印发《金融科技发展规划（2022～2025 年）》，明确了对金融科技创新实施穿透式金融监管。

（三）内外兼修，提高会计信息质量

盈余管理会弱化会计信息的真实性，干扰外部投资者的判断，增加财务监管的难度，需要采取相应措施遏制企业盈余管理行为。公司治理关注各利益相关者的行为，旨在降低委托代理关系的成本。权力制衡可以有效遏制管理层和控股股东的利己行为，减少投机性盈余操纵的空间，规范公司日常经营活动，保证会计信息的真实性。建立健全企业监督机制，规范内部控制的评价机制，可以创造更加透明的环境，减少盈余管理行为。总之，完善的内部控制制度和适当的公司治理制度可以有效抑制管理层的利己行为，在企业内部层面提高会计信息的可靠性。

金融监管是会计信息质量的外部保障。证券市场的发展与证监会的行为息息相关，市场对政策取向的敏锐识别度在其 30 年的发展中得到了证明。证监会负责人的更换通常意味着监管政策和监管力度的调整，对上市公司的行为选择有直接影响。交易所出具的问询函属于非惩罚性监管，以问询性质督促上市公司改善信息披露。颜敏等（2021）发现，一家公司收到的问询函越多，会计信息的可比性越高。当监管不确定性较高时，企业应计盈余管理和真实盈余管理都显著增加，进一步导致盈余质量下降。因此，提高会计信息质量需要减少监管不确定性，在外部监管不足的情况下，公司内部治理可以在一定程度上缓解监管不确定性对盈余管理的负面影响。此外，有必要进一

步研究证券市场信用评级与会计信息质量之间的关系，从而抑制企业盈余管理行为达标的动机。在保障商业银行经营稳定性方面，金融监管需要不断完善贷款损失准备金监管，细化监管方案，关注市场动态，防范系统性风险。商业银行需要具备更强的抗风险能力和风险化解能力，承担社会责任，保护投资者利益。

二、金融监管要与金融治理密切结合

（一）金融监管与金融治理

监管和治理既有联系又有区别。监管通常是指监管机构通过规则限制被监管实体的行为，而治理是指各种公共机构或私人管理共同事务的各种方式的总和，强调调和利益冲突并采取共同行动的持续过程。监管强调"单一的监管主体"，而治理是"利益相关者"。监管依赖于"自上而下的强制"，而治理是"自下而上的谈判"。监管强调"法律"，而治理侧重于"契约"。治理的主体不仅限于国家政府，还包括非政府组织。不同类型的治理主体通过合作互动协调各方利益，共同实现治理目标，治理网络包含了更多的信息、资源和能力。

库曼将治理分为三种形式：社会治理、合作治理和科层治理。其中，社会治理的重点在于公共产品的供给，科层治理是指政府垄断了社会公共产品的供给，而合作治理则位于两者中间，更加温和。治理不是监管的替代品，而是监管的有益补充，共同维护金融市场的稳定。目前，监管理论不断发展，分散监管的趋势逐渐显现。传统的监管思维已经开始向治理思维转变。通过引入多种治理工具，可以更公平、更有效地实现监管的目标和任务。在新时代背景下，金融体系必须适应经济高质量发展的要求，重点从"规模"转向"质量"，功能特征从"调动储蓄、促进交易、配置资源"拓宽到"公司治理、信息披露、风险管理"。

（二）建立健全金融监管体系建设

根据我国自身金融体系的发展现状，从"金融监管"向"金融治理"的过渡必须从以下三个方面入手。

1. 建立和完善金融市场体系

资本市场发展的重点是扩大资金规模，优化收益分配：一是大力发展债券市场，完善债券市场融资机制，减少中长期贷款，降低融资成本；二是提高融资效率，促进市场主体公平竞争；三是拓宽融资渠道，在发展主板的前提下，全面推进创业板、中小板、新三板市场和场外市场建设。

推进汇率和利率自由化。第一，让金融市场回归市场化，通过市场确定贷款基本利率的报价，为信贷产品定价提供重要参考。第二，为国内外资本互联互通提供便利渠道，放宽跨境投资限制，鼓励个人出境投资。

完善财政政策和金融政策协调机制。一是发行中短期国债专项债券，降低准备金率，从而扩大国债交易规模，更好地协调财政政策和货币政策。二是丰富国债品种，扩大投资者选择范围，利用互联网简化交易程序。三是加强央行现金管理，适当减少现金储备，将闲置资金投放市场。四是开发中小企业特殊融资渠道，用国家政策改善中小企业资金来源困境。

2. 推进政府金融治理

研究发展金融业引导基金，加强对金融业结构调整的支持。一是要牵头制定和指导国家战略部门的发展战略，充分发挥支持实体经济的作用，推动一批具有全局性、基础性、战略性重大项目建设。二是积极运用私募基金和创业投资基金，引导和支持创新型、成长型企业股权融资。三是将保险资金投向风险可控的股权基金。四是建立有机衔接的证券市场体系，建立健全各级统一的机构登记结算平台。

从财政风险与金融风险的相互转换中防范问题。一是提高金融体系和财政体系防范和吸收风险的能力，完善相关制度，包括风险检测、防范和处置机制。二是加强对隐性和显性金融债务覆盖面的严格控制，收紧金融风险限额。三是加强政府和企业在公共基础设施建设领域的合作，积极推广公共采购或 PPP 模式。

完善金融治理结构。一是加大打击非法所得资金的监管力度。设立专门机构，建立适当的监控体系，促进跨境资本流动和监管信息交流。二是加强创新、发展和风险的全球平衡。在加强金融监管，防范潜在金融风险的同时，满足实际发展需要，建立有效的存款担保制度，运用市场化手段防范和管理市场风险。三是深化债券市场互联互通，提高债券市场整体运行质量，优化外债规模和结构。

3. 发展多层次、专业化的金融机构

致力于推进普惠金融，以减少金融抑制。第一，提高资源优化配置能力，提升国际竞争力。第二，促进社会资本高效配置，建设适应不同需求的多层次专业化金融机构群。第三，深化并拓宽金融创新的深度和广度。第四，寻求制度措施，发展综合融资，促进资金向"三农"、中小企业和城市转移，扩大金融服务的覆盖面和渗透力。

第六章

金融监管背景下的机构投资者
与盈余管理研究

20 世纪 70 年代，欧美证券市场中开始出现投资机构化的倾向，我国的证券市场在发展过程中同样由以个人投资者为中心逐渐演变为以机构投资者为中心，投资机构发挥着越来越积极的作用。机构投资者相较于个人投资者来说掌握着更多的信息来源、更丰富的投资经验、更多的资金支持，在证券市场中占据着主导地位。随着机构投资者的不断发展，目前已经有十余种不同类型的机构投资者共存于证券市场中，发挥着各自的作用，机构投资者对资本市场的影响也受到了学者们的广泛关注。上市公司盈余质量是金融监管的重要内容之一，随着机构投资者发展日益壮大，探讨金融监管背景下机构投资者与盈余管理的关系具有重要意义。

第一节　机构投资者持股与盈余管理

我国资本市场在过去几十年中不断完善，机构投资者作为其中重要的组成部分，也得到充分的发展，具备能力与动机参与公司的经营管理中。相较于个人投资者的盲目投票，机构投资者由于投资资金数额巨大，不会轻易盲从作出投资决策，为了提高投资收益率，机构投资者对参与公司治理具有较高的主动性。企业的盈余质量是公司对外信息的重要方面，因此，机构投资者能够影响企业的盈余质量。机构投资者和盈余管理行为的关系，依赖于机会主义行为效应和持续监督效果的相互作用，机会主义行为效应在企业日常经营活动中发挥着重大作用。因此，关于机构投资者能否有效抑制公司盈余管理行为，学者们尚未达成一致结论。

一、机构投资者的治理效应

在现有的实证研究中，有关机构投资者持股的经济后果主要有三种观点，即有效监督假说、无效监督假说和异质性假说。

（一）有效监督假说

史蒂芬·巴萨姆（Steven Balsam，2003），朱莉·科特、穆夫塔·纳贾赫（Julie Cotter & Muftah M Najah，2012），布莱恩·布希等（Brian J Bushee et al.，2014）认为，机构投资者通过聘请专业人士、干预企业行为、改善公司治理结构等方式提高了上市公司信息披露的可信度。石美娟和童卫华（2009）发现，机构投资者通过治理活动促进了企业价值的提升。朱彬彬（2018）探讨了机构投资者持股和信息披露可信度之间的关系，认为在预算松弛的情况下，机构投资者持股对公司盈余管理的抑制作用更弱。李兰云等（2019）对细分行业进行了研究，发现在制造行业中，机构投资者对企业真实盈余管理的抑制作用更强。卜华和范璞（2020）从产品市场竞争角度探究机构投资者与盈余管理之间的关系，证实激烈的产品市场竞争会加强机构投资者对盈余管理的抑制作用。

此外，机构投资者能够发挥信息效应，通过提升企业的信息透明度（杨侠和马忠，2020），提高企业会计信息质量（宋云玲和宋衍蘅，2020），抑制企业盈余管理行为，对企业进行有效监督。翟淑萍等（2021）发现，机构投资者能发挥监督治理效应，从而压缩国有上市公司杠杆操纵空间。孙维章等（2022）发现，机构投资者持股能够显著降低上市公司违规的可能性，减少上市公司违规的频率。尚航标等（2022）研究发现，通过任免高管、参与企业决策，机构投资者能够监督管理者，进而降低管理者道德风险，减轻盈余操纵倾向。

（二）无效监督假说

布兰德特等（Brandt et al.，2010）发现，机构投资者通过知情交易增加了私人信息套利的可能性；李善民等（2011）的研究认为，机构投资者的存在增加了企业的盈余操纵行为；花冯涛（2018）认为，机构投资者可以获取内幕信息，导致公司质量风险发生变化，同时企业管理层和控股股东会通过选择性披露经营信息，寻求套利空间。李红权和曹佩文（2022）发现，大股东股权质押会加剧企业股价崩盘风险，而机构投资者在此过程中未发挥出有效的治理作用。

（三）异质性假说

詹姆斯·艾伦·布里克利等（1988）从投资者独立性角度进行研究，将投资者划分为抗压型和感压型两类。普斯帕·穆尼安迪等（Puspa Muniandy et al.，2016）以澳大利亚市场为研究样本，发现抗压型机构投资者能明显改善上市公司的短期业绩。杜勇等（2018）研究发现，抗压型机构投资者更能影响公司未来的业绩损失。徐鹏和杨潇影（2021）发现，压力抵制型机构投资者能够有效约束上市公司真实盈余管理，而压力敏感型机构投资者对真实盈余管理的作用不显著。

布莱恩·布希（Bushee B，1998）从投资者交易特性角度进行研究，将机构投资者划分为指数型、长期型和短期型三类。李万福等（2020）研究发现，相较于外地或短期型机构投资者，在本地或长期型机构投资者更有助于降低盈余噪声，提高盈余信息质量。胡帆等（2023）发现，相较于短期机构投资者，长期机构投资者能缓解企业内部的信息不对称性、减少资本市场上的投资者分歧，使得股价崩盘风险降低。

李争光等（2015）根据机构投资者交易频率的高低将其分为交易型和稳

定型。王晓艳和温东子（2020）以创业板上市公司为研究对象，发现相较于交易型机构投资者，稳定型机构投资者参与公司治理的意愿更高、更积极，并且稳定型机构投资者参与公司治理的行为对公司盈余管理的影响更显著。毕晓方等（2023）发现，稳定型机构投资者能够促进企业信息属性盈余平滑，降低机会主义盈余平滑，提升会计信息质量。

二、机构投资者持股与盈余管理

近年来，很多国内外学者对机构投资者持股与盈余管理和公司治理之间的关系展开了讨论，但始终没有得出一致的结论。本节将在下文阐述三种关于机构投资者对盈余管理影响的观点，以及盈余质量对机构投资者持股的影响。

（一）机构投资者持股能够有效抑制盈余管理

瓦拉姆·拉杰戈帕尔（Shivaram Rajgopal，1999）发现，机构投资者与利润操纵活动的减少有关；理查德·钟（Richard Chung，2002）发现，大型机构投资者的存在降低了盈余管理的趋势；桑塔努·米特拉和威廉·克雷迪（Santanu Mitra & William Cready，2005）得到了与理查德·钟（2002）相似的结论，并且特别是在信息不对称程度较高的小公司中，机构投资者的抑制作用更为显著。奥马尔·法鲁克和辛德·艾尔－贾伊（Omar Farooq & Hind El Jai，2012）研究发现，最大股东为国外或当地机构投资者的公司盈余管理水平显著低于其他公司。林凤仪（Fengyi Lin，2014）发现，与会计稳健性较低、机构持股比例较高的公司相比，会计稳健性较低、机构持股比例较低的公司更倾向于盈余管理。

程书强（2006）使用沪市 A 股数据探究盈余信息及时性与机构投资者持股比例的关系，发现机构投资者持股能够抑制上市公司对于应计利润的操纵行为。高雷和张杰（2008）通过对机构投资者、盈余管理和公司治理三者之间关系的研究，发现机构持股比例与公司盈余管理程度显著负相关，与公司治理水平显著正相关。曾振等（2012）研究应计项目的错误定价发现，机构投资者能够通过调整投资策略，有效减少应计异象，纠正错误定价，提高市场效率。范海峰和胡玉明（2013）通过研究 R&D 支出，结果显示机构投资者持股能够减少上市公司的盈余操纵。王瑶和郭泽光（2021）发现，通过增加机构持股比例，公司内部资源配置效率能够有效提升，从而通过高效的资源配置，在一定程度上制约企业进行杠杆操纵等盈余管理行为。魏文君和李黎（2023）探究了机构投资者持股对企业盈余管理的影响，发现机构投资者持股能够发挥信息效应、资源效应以及治理效应进而抑制企业盈余操纵。卿小权等（2023）研究发现，机构投资者通过发挥"注资效应"和"监督效应"抑制企业的利润操纵行为。

随着研究的不断深入，也有学者从机构投资者调研、特定类型机构投资者的角度展开研究。尹洪英等（2021）研究指出，机构实地调研能够抑制上市公司的盈余管理，起到监督作用。刘贝贝和李春涛（2022）发现，合格境外机构投资者能够显著抑制企业应计盈余管理，但不影响企业真实盈余管理。钟海燕和王捷臣（2022）发现，连锁机构持股能够降低公司融资需求和提高内部控制质量，以抑制公司应计盈余管理和真实盈余管理。岳思诗等（2023）从机构投资者披露信息文本角度，发现机构投资者调研信息与投资行为一致性能够减少的盈余操纵，起到正向的外部治理作用。

（二）机构投资者持股不能有效抑制盈余管理

李善民等（2011）以沪深两市 2004～2006 年的数据为实证样本，发现机构投资者持股比例与盈余管理程度之间呈显著正相关。邓可斌和唐小艳（2012）研究发现，机构投资者持股比例与上市公司盈余管理的绝对值呈正相关。目前，我国机构投资者在持股公司的选择上较为短视。宋建波等（2012）通过研究盈余持续性发现，机构投资者持股并没有从实质上改善持股公司的盈余质量，反而通过增加短期盈余的行为，降低盈余持续性。袁知柱等（2014）发现，机构投资者持股会促使上市公司采用其他手段来实现盈余管理的目标，即操纵应计项目的利润。程小可等（2017）从信息披露的角度出发，发现频繁的机构投资者调研会使上市公司尽可能模糊地进行盈余预测。吴晓晖等（2022）发现，共同机构投资者会带来"合谋效应"，操纵企业应计盈余管理和真实盈余管理，加重企业负向盈余管理程度。

（三）机构投资者能否抑制盈余管理取决于特定因素

机构投资者能否抑制企业盈余管理可能受到其他因素影响，例如机构投资者的持股比例、企业性质等因素会导致机构投资者的治理效果产生差异。

一方面，机构投资者与盈余管理的关系取决于机构投资者的持股比例。黄谦（2009）发现，机构投资者持股比例与盈余管理程度呈倒"U"形关系，拐点为6%，即机构持股少于6%时对盈余管理起加剧作用，机构持股高于6%时对盈余管理起抑制作用。李延喜等（2011）以机构投资者与公司层的博弈和纳什均衡为切入点，使用2004~2006年沪深两市的数据作实证研究，验证了机构持股比例与盈余管理呈倒"U"形关系，且13.07%为临界点，决定了机构投资者持股是否能对企业盈余管理行为起到有效的抑制作用；并且持股机构对企业的监管效率随着机构投资者数量的增加而降低。薛坤坤和王凯（2021）同样发现，机构投资者持股与盈余管理之间呈倒"U"形关系，临界点为9.68%，当机构投资者持股比例低于9.68%时对盈余管理起到促进作用；反之，则起到抑制作用。

另一方面，机构投资者与盈余管理的关系受企业性质的影响。薄仙慧和吴联生（2009）通过研究机构投资者与国有控股对于公司治理的影响及交互作用发现，国有控股会限制机构投资者的作用，表现为随着机构投资者持有股份的增加，只有非国有企业的向上盈余管理能够得到抑制，国有企业的向上盈余管理和向下盈余管理均不能得到抑制。李兰云等（2019）通过比较制造业和非制造业企业数据发现，机构投资者在制造业上市公司会比其在非制造业上市公司中发挥出更为积极的治理作用。

（四）盈余质量对机构投资者持股的影响

不仅机构投资者会对持股公司的盈余管理水平产生影响，上市公司的盈余质量也会反过来影响机构投资者的选择。薛爽和郑琦（2010）以解除定向增发新股的锁定为特定事件展开研究，发现上市公司的盈余质量越高，其机构投资者的信心越强，减持行为越少，股票换手率也越低，股东更倾向于长期持有。章卫东等（2011）同样以上述事件为着眼点，发现关联股东的减持比例与公司盈余管理呈正相关，表明上市公司存在通过操纵盈余，向关联股东输送利益的短视行为。邓德强等（2014）研究发现，公司内部控制质量与机构投资者持股比例呈正相关，内控质量越高，机构投资者持股越多。刘永祥和赫明玉（2017）研究发现，机构投资者在选择持股公司时，对于盈余持续性强的公司有显著的偏好，而对于企业的短期行为则考虑较少。李小胜（2021）考察了机构持股的内幕交易行为，发现机构持股的资金流入或流出与公司未预期盈余之间显著正相关，说明企业会通过内幕交易获取企业盈余信息，对自身持股情况进行调整。

三、机构投资者异质性与盈余管理

目前学术界关于机构投资者对盈余管理的影响研究数量较多，但尚未得到一致结论。陈等（2010）认为，机构投资者的类型不同，对盈余管理产生的影响也会存在差异。因而不少国内外学者对机构投资者类型进行了细分，探究机构投资者异质性和盈余管理之间的关系。本节对现有研究作了梳理，内容包括机构投资者性质（不同分类标准）与盈余管理、机构投资者类型（不同属性）与盈余管理两部分。

（一）机构投资者性质与盈余管理

机构投资者的投资动机各不相同。长期稳定持股的股东更有可能与管理层达成合作，创造有利于其他股东的财富，而信息驱动和持续交易的短期投资者对公司的监管无法起到较大的作用。布莱恩·布希（1998）发现，高资产组合周转率的机构所有者所持有的股份比例（在美国从事动量交易的不稳定投资者）与研发（R&D）支出预算减少有关，以提高公司的短期盈利目标。

布莱恩·布希（2001）发现，短期收益仍然是短期机构投资者关注的焦点。何塞·米格尔·加斯帕尔等（José - Miguel Gaspar et al.，2005）研究了股东的投资视野和公司控制市场，其研究结果表明，股东投资期限对并购交易的管理行为有一定的影响。由股东短期持股的公司在并购交易中获得的溢价较低，表明这些公司的经理在并购中几乎没有议价能力。因此该文得出结论，由于投资者对公司的监管不力，短期投资者持股比例较高的公司经理可能会产生更多自利行为。许平生（2007）发现，长期机构投资者的存在限制了公司进行预期性权责发生制操作以达到或超过盈利预期的能力。相似地，罗伊乔杜里等（2007）发现，更高的机构持股比例与更低的收益操纵相关。凌琳和帕维妮·马诺万（Ling Lin & Pavinee Manowan，2012）发现，临时机构投资者（持有高周转率的多样化投资组合）的持股比例与可自由支配的会计权责发生制之间存在显著的正相关。

刘京军和徐浩萍（2012）以换手率为分界变量，将机构持股分为短期机构投资者与长期机构投资者。实证研究发现，长期机构投资者有利于证券市场的稳定，而短期机构投资者却会在一定程度上加剧市场波动。邓德强等（2014）研究发现，独立机构投资者在选股时偏好高内控质量的公司，而灰色机构投资者在选择持股公司时则不着眼于此。李万福等（2020）研究发现，相较于短期机构投资者，长期机构投资者更有助于降低盈余噪声，提高盈余信息质量。魏文君和李黎（2023）发现，稳定型机构投资者对企业杠杆操纵的抑制作用更显著。毕晓方等（2023）发现，稳定型机构投资者能够促进公司信息属性盈余平滑，降低机会主义盈余平滑，提高企业会计信息质量。

（二）机构投资者类型与盈余管理

詹姆斯·艾伦·布里克利等（1988）对机构投资者进行了分类，根据股东与被投资公司的潜在业务关系，以及他们对管理压力的敏感性，将机构投资者分为三类。这三类投资者包括压力不敏感型（如投资公司）、压力敏感型（银行和保险公司）和压力中间型（如养老基金）投资者。其研究发现，压力不敏感型投资者表现积极，甚至可能会挑战管理层的决策，因为他们与被投资公司之间未保持业务关系，因此不存在利益冲突。相反，压力敏感型投资者倾向于采取被动的态度，因为他们与被投资公司之间除股权投资外还有其他业务联系。

近年来，根据中国证券市场的实际情况，国内学者以不同属性和类型对机构投资者作了更为细致的划分，主要包括证券投资基金、社保基金、保险公司、QFII、私募股权基金等，对于机构投资者异质性与盈余管理的研究也更为具体细致。阿尼斯·祖阿里和伊斯坎达尔·雷贝（Anis Zouari & Iskandar Rebai，2009）从机构投资者的具体类型出发，指出了证券投资基金加重了企业的盈余管理程度。高敬忠等（2011）发现，机构投资者中的一般基金机构和银行、财务公司类机构能够对管理层盈余管理行为起抑制作用，而养老、保险类机构投资者则未对盈余管理起到抑制作用。杨海燕等（2012）发现，证券投资基金、QFII、保险公司和社保基金等机构持股能够增加信息披露的透明度，但对财务报告的可靠性没有影响；信托公司持股则对这两者均无影响。

袁知柱等（2014）发现，社保基金、证券公司、QFII、投资基金、保险公司持股会对真实盈余管理起抑制作用，对应计盈余管理起促进作用；而银行持股、财务公司、信托公司和企业年金不显著影响公司上述两种行为。梅洁和张明泽（2016）实证研究发现，机构投资者中的证券投资基金对盈余管理的作用更为显著、发挥主导地位。罗劲博（2016）研究发现，QFII和基金持股能够对上市公司正向盈余管理起到有效抑制作用，而社保基金则没有这种作用；此外，机构投资者只对正向盈余管理起抑制作用，对负向盈余管理则没有效果。李春涛等（2018）发现，社保基金能够发挥增加调研次数、限制资金占用的作用，从而提升持股公司的盈余质量。李青原和时梦雪（2018）研究发现，监督型基金能够有效改善持股公司的盈余质量。徐鹏和杨潇影（2021）发现，基金、社保基金和QFII能够有效抑制公司真实盈余管理，但其他机构持股则不能有效抑制真实盈余管理。

第二节　机构投资者类型对盈余管理的影响

不同类型的机构投资者拥有不同的目标和定位，由于投资限制、资产性质、行为方式、债务特征、目标偏好、委托要求、资金来源和持股周期等存在差异，必然导致机构的信息获取和成本差异，从而对公司治理发挥出差别化的监督效果。如社保基金与 *QFII* 一般为长期持股，青睐价值投资，因此会持续关注和监督公司业绩；投资基金由于其市场化的特征，核心利益是实现"保本增值"，因此会更加在意上市公司的日常经营决策；银行和信托公司等可能会与持股公司存在联系，影响其独立决策。下面将展开讨论机构投资者异质性对盈余管理的影响。

一、理论分析与假设提出

众所周知，上市公司的高层管理者实质上是代理人，而公司股东则为实际委托人，它们二者之间的委托代理问题普遍存在，上市公司高管通过对应计项目的控制进行盈余管理，从而实现诸如高管薪酬、绩效考核等自身目标的行为也屡见不鲜。而机构投资者作为一个相对独立的存在，可以通过与公司高管的有效沟通与监督，在一定程度上影响上市公司的应计盈余管理行为。机构投资者不同于国有控股、大股东控股以及家族企业的投资者，其对于公司的监督作用较少有自身私利、政治关联等因素的影响；亦不同于个人散户的盲目投票，具有自己的判断与选择能力。因此，从理论上分析，机构投资者持股对上市公司应计盈余行为会起到显著影响。

程书强（2006）、高雷和张杰（2008）等研究了机构持股与应计盈余管理的关系，实证结果表明，机构持股能够有效抑制应计盈余管理。李善民等（2011）、邓可斌和唐小艳（2012）等则得出了完全不同的实证结论，认为机构持股与应计盈余管理呈正相关。黄谦（2009）、李延喜等（2011）

均发现了机构持股与应计盈余管理之间呈倒 "U" 形关系，并给出了不同的临界点值。

基于以上学者得出的不同结论，本节研究认为，由于我国资本市场尚未成熟，机构投资者的持股比例相对较低，其投资规模、投资能力、投资经验均不足，因此很可能出现短视行为，这在一定程度上对上市公司的应计盈余管理行为起到了促进作用。同时，随着外部监管的日益严格，公司更多地转向不易被察觉的真实盈余管理，反而使得机构投资者放松对公司应计盈余管理的关注。基于以上分析，提出假设：

假设 H17：机构投资者持股比例与上市公司应计盈余管理程度显著正相关。

上市公司采取真实活动盈余管理比应计盈余管理更具有隐蔽性，更能逃避审计监管，达到自利目的。但随着机构投资者持股规模的扩大和投资经验的增长，其对于公司的真实盈余管理行为也具有更高的警惕性与发现能力，因此有理由认为，机构持股能够在一定程度上对企业的真实盈余管理起到抑制作用。

李增福等（2013）发现，机构投资者持股能够有效地抑制企业的真实盈余管理。袁知柱等（2014）指出，机构投资者持股虽与企业真实盈余管理负相关，但并不能真正地起到抑制作用，因为企业会转真实盈余管理为应计盈余管理。据此提出假设：

假设 H18：机构投资者持股比例与上市公司真实盈余管理程度显著负相关。

羊群效应指出，机构投资者存在羊群行为，从而引起股价波动。威廉·比弗（William H Beaver，1968）发现，股价的波动与公司年报的信息具有相关性，即投资者在投资时会参考和研究公司年报；丹尼尔·泽加尔（Daniel Zeghal，1984）认为，财务信息的披露滞后性会引起投资者决策的变动；孙君威（2018）发现，股价的波动受到公司信息环境的影响。公司信息环境主要是公司透明度，这与企业盈余管理水平息息相关，真实盈余管理与应计盈余管理都是企业财务披露的真实性组成部分。此外，学者们发现，为了在高位维持股价，企业有充分的动机进行盈余管理。据此，提出假设：

假设 H19：机构投资者通过股价波动影响真实盈余管理与应计盈余管理。

不同投资期限、不同投资类型、不同投资偏好的机构投资者对上市公司盈余管理行为的影响不尽相同。国内外学者已对机构投资者采用了多种分类标准，分别研究其如何影响公司盈余管理行为，发现不同的机构投资者与盈余管理的关系不同，即机构投资者的异质性会对盈余管理造成显著影响。

詹姆斯·艾伦·布里克利等（1988）将机构投资者分为压力不敏感型（如投资公司）、压力敏感型（银行和保险公司）和压力中间型（如养老基金）三类。其研究发现，压力不敏感型投资者表现积极，而压力敏感型投资者倾向于采取更被动的态度。罗付岩（2015）研究发现，不同投资期限的机构投资者对盈余管理的影响不同，短期机构投资者对上市公司盈余管理行为起到促进作用，而长期机构投资者则对其起到抑制作用。袁知柱等（2014）发现，社保基金、证券公司、*QFII*、投资基金、保险公司持股会对真实盈余管理起抑制作用，对应计盈余管理起促进作用；而银行持股、财务公司、信托公司和企业年金则不显著影响上述两种公司行为。

根据我国证券市场的实际情况，市场中存在着投资基金、社保基金、券商投资、保险公司、信托公司、*QFII*、财务公司、银行等众多机构投资者，因此本节从这种不同类型机构投资者的持股比例入手，比较其分别对上市公司盈余操纵的影响，以此研究机构持股对上市公司应计盈余管理和真实盈余管理的影响，并由此提出研究假设：

假设 H20：机构投资者异质性对上市公司应计盈余管理程度有显著影响，即不同类型的机构投资者持股对应计盈余管理的影响不同；

假设 H21：机构投资者异质性对上市公司真实盈余管理程度有显著影响，即不同类型的机构投资者持股对真实盈余管理的影响不同。

二、样本选择与数据来源

实证研究过程中所采用的样本为 2014～2018 年我国沪深两市 A 股主板上

市公司，数据主要来源于 CSMAR 数据库，对样本数据作了如下处理：

①剔除保险和金融类上市公司。金融行业在资本结构、业务特征等方面与非金融类公司有着显著差异，在财务数据上尤为明显。为了避免不同行业性质对研究过程造成的影响，数据处理中对金融类上市公司的样本数据进行了剔除操作。

②剔除 ST、PT 等类型的公司样本。一般而言，被证券交易所停牌处理的公司，面临着严重的退市风险，其财务状况必然存在严重缺陷，其盈余管理的动机也异常强烈，与一般类型的上市公司大不相同，容易对研究结果产生偏差，故需要作剔除处理。

③剔除存在缺失值的样本。为了保证样本数据的连续性、稳定性与准确性，对存在缺失值的样本作了剔除，确保样本的完整性。

④缩尾处理。为了消除极端异常值的干扰，对于模型中的连续型变量进行缩尾处理，只取位于其99%分位以内的样本数据，提高准确性。

三、变量度量与模型设计

（一）盈余管理的度量

应计项目盈余管理（AM）在创立之初被认为具有随机游走和均值回复的特性。1991 年琼斯抛弃传统的想法，提出时间序列模型来衡量企业的应计盈余程度，认为公司的总应计项目由管理层可操纵的和不可操纵的两部分组成，其中不可操纵的应计项目包括主营业务收入和固定资产账面价值。后来的学者对传统 Jones 模型作了检验和研究，最终形成修正 Jones 截面模型。本研究使用修正 Jones 模型度量上市公司应计盈余管理的程度，选用的变量包括主营业务收入、固定资产账面价值、净利润、经营活动产生的现金流、总资产以及应收账款等。

Jones 模型中对于总应计利润的计算，采用公司净利润减去经营活动产生的现金流量得到，如模型（6.1）所示。

$$TA_{i,t} = NI_{i,t} - CFO_{i,t} \tag{6.1}$$

其中，$TA_{i,t}$ 为 i 公司第 t 年的总应计利润，$NI_{i,t}$ 为 i 公司第 t 年的净利润，$CFO_{i,t}$ 为 i 公司第 t 年经营活动产生的现金净流量。

Jones 模型中对于非操纵性利润的计算，与公司的主营业务收入、应收账款和固定资产账面价值有关，如模型（6.2）所示。

$$NDA_{i,t} = \alpha_0 + \alpha_1 \times \frac{1}{A_{i,t-1}} + \alpha_2 \times \frac{\Delta REV_{i,t} - \Delta REC_{i,t}}{A_{i,t-1}} + \alpha_3 \times \frac{PPE_{i,t}}{A_{i,t-1}} + \alpha_4 \times ROA_{i,t}$$

$$\tag{6.2}$$

其中，$NDA_{i,t}$ 为 i 公司第 t 年的非操纵性应计利润，$\Delta REV_{i,t}$ 为 i 公司第 t 年的主营业务收入的变化量，$\Delta REC_{i,t}$ 为 i 公司第 t 年的应收账款的变化量，$PPE_{i,t}$ 为 i 公司第 t 年的固定资产账面价值的总额，$ROA_{i,t}$ 为 i 公司第 t 年的总资产报酬率，$A_{i,t-1}$ 为 i 公司第 $t-1$ 年的总资产。此外，为了消除公司规模（以总资产来衡量）对应计利润计算造成的影响，将等式两端各变量都除以总资产。

模型（6.2）中的系数 α_0、α_1、α_2、α_3、α_4 通过模型（6.3）得到。

$$\frac{TA_{i,t}}{A_{i,t-1}} = \alpha_0 + \alpha_1 \times \frac{1}{A_{i,t-1}} + \alpha_2 \times \frac{\Delta REV_{i,t} - \Delta REC_{i,t}}{A_{i,t-1}} + \alpha_3 \times \frac{PPE_{i,t}}{A_{i,t-1}} + \alpha_4 \times ROA_{i,t} + \varepsilon_{i,t}$$

$$\tag{6.3}$$

总应计减去模型（6.2）得到的非操纵性应计，得到操纵性应计 DA，而 DA 的值就可以用来估计应计盈余管理程度 AM，如模型（6.4）和模型（6.5）所示。

$$DA_{i,t} = TA_{i,t} - NDA_{i,t} \tag{6.4}$$

$$AM = DA_{i,t} \tag{6.5}$$

真实盈余管理（RM）与应计盈余管理不同，它表示的是上市公司对于真实活动的操纵行为程度。对于真实盈余管理程度的衡量，参考罗伊乔杜里（2006）提出的方法，分为销售操纵、费用操纵和生产操纵三种操纵途径，分别用异常活动现金流（CFO）、异常酌量性费用（$DISX$）和异常生产成本（$PROD$）三个代理变量来进行估计。同样参考琼斯（1991）的方法，将异常数值的计算转化成实际值与正常值的差额。其中正常值分别用模型（6.6）、模型（6.7）和模型（6.8）进行估计。

$$\frac{NCFO_{i,t}}{A_{i,t-1}} = b_0 + b_1 \times \frac{1}{A_{i,t-1}} + b_2 \times \frac{SALES_{i,t}}{A_{i,t-1}} + b_3 \times \frac{\Delta SALES_{i,t}}{A_{i,t-1}} \tag{6.6}$$

$$\frac{NDISX_{i,t}}{A_{i,t-1}} = c_0 + c_1 \times \frac{1}{A_{i,t-1}} + c_2 \times \frac{SALES_{i,t-1}}{A_{i,t-1}} \tag{6.7}$$

$$\frac{NPROD_{i,t}}{A_{i,t-1}} = \theta_0 + \theta_1 \times \frac{1}{A_{i,t-1}} + \theta_2 \times \frac{SALES_{i,t}}{A_{i,t-1}} + \theta_3 \times \frac{\Delta SALES_{i,t}}{A_{i,t-1}} + \theta_4 \times \frac{\Delta SALES_{i,t-1}}{A_{i,t-1}}$$

$$\tag{6.8}$$

其中，$NCFO_{i,t}$ 为 i 公司第 t 年正常经营活动产生的现金流量，$SALES_{i,t}$ 为 i 公司第 t 年的销售额，$\Delta SALES_{i,t}$ 为 i 公司第 t 年与第 $t-1$ 年销售额的变化量（差额），$A_{i,t-1}$ 为 i 公司第 $t-1$ 年的总资产，$NDISX_{i,t}$ 为 i 公司第 t 年的正常酌量性费用，$NPROD_{i,t}$ 为 i 公司第 t 年正常产品成本。此外，为了消除公司规模（以总资产来衡量）对真实盈余管理计算过程造成的影响，将等式两端各变量都除以总资产。

模型（6.6）、模型（6.7）及模型（6.8）中各项的系数 b_0、b_1、b_2、b_3、c_0、c_1、c_2、θ_0、θ_1、θ_2、θ_3、θ_4 用模型（6.9）、模型（6.10）及模型（6.11）进行估计。

$$\frac{CFO_{i,t}}{A_{i,t-1}} = a_0 + a_1 \frac{1}{A_{i,t-1}} + a_2 \frac{SALES_{i,t}}{A_{i,t-1}} + a_3 \frac{\Delta SALES_{i,t}}{A_{i,t-1}} + a_4 \frac{\Delta SALES_{i,t-1}}{A_{i,t-1}}$$
$$+ a_5 \frac{TC_{i,t}}{A_{i,t-1}} + a_6 \frac{EC_{i,t}}{A_{i,t-1}} + a_7 \frac{OC_{i,t}}{A_{i,t-1}} + \varepsilon_{i,t} \tag{6.9}$$

$$\frac{DISX_{i,t}}{A_{i,t-1}} = c_0 + c_1 \times \frac{1}{A_{i,t-1}} + c_2 \times \frac{SALES_{i,t-1}}{A_{i,t-1}} + \mu_{i,t} \tag{6.10}$$

$$\frac{PROD_{i,t}}{A_{i,t-1}} = \theta_0 + \theta_1 \frac{1}{A_{i,t-1}} + \theta_2 \frac{SALES_{i,t}}{A_{i,t-1}} + \theta_3 \frac{\Delta SALES_{i,t}}{A_{i,t-1}} + \theta_4 \frac{\Delta SALES_{i,t-1}}{A_{i,t-1}} + \lambda_{i,t}$$

$$\tag{6.11}$$

其中，$CFO_{i,t}$ 为 i 公司第 t 年实际经营活动产生的现金流量，$SALES_{i,t}$ 为 i 公司第 t 年的销售额，$\Delta SALES_{i,t}$ 为 i 公司第 t 年与第 $t-1$ 年销售额的变化量，

$A_{i,t-1}$ 为 i 公司第 $t-1$ 年的总资产，$DISX_{i,t}$ 为 i 公司第 t 年的实际酌量性费用（由于我国上市公司没有单独披露 R&D 经费支出以及广告费用的规定，而是将这些费用合并放入管理费用和销售费用中，因此本研究中的酌量费用计算中加入了管理费用和销售费用），$PROD_{i,t}$ 为 i 公司第 t 年的实际产品成本。此外，为了消除公司规模（以总资产来衡量）对真实盈余管理计算过程造成的影响，将等式两端各变量都除以总资产。

上市公司的异常活动现金流、异常酌量性费用和异常生产成本三个代理变量估计值的计算过程如模型（6.12）、模型（6.13）及模型（6.14）所示。

$$RM_{CFO} = CFO_{i,t} - NCFO_{i,t} \qquad (6.12)$$

$$RM_{DISX} = DISX_{i,t} - NDISX_{i,t} \qquad (6.13)$$

$$RM_{PROD} = PROD_{i,t} - NPROD_{i,t} \qquad (6.14)$$

根据所得到的 RM_{CFO}、RM_{DISX} 和 RM_{PROD} 可计算得出上市公司真实盈余程度，计算过程如模型（6.15）所示。

$$RM = RM_{PROD} - RM_{CFO} - RM_{DISX} \qquad (6.15)$$

（二）机构投资者的度量

为了探讨机构投资者持股与企业盈余管理的关系，参考现有研究中的普遍做法，采用机构投资者的持股比例（$INST$）衡量机构投资者持股变量，在第一阶段的实证研究中，将其作为解释变量（自变量），应计盈余管理水平 AM 和真实盈余管理水平 RM 为因变量，在此基础上作回归分析。

根据我国证券市场的实际情况，市场中存在着投资基金、社保基金、券商投资、保险公司、信托公司、$QFII$、财务公司、银行等众多机构投资者，因此本研究在机构投资者异质性的衡量上，采用这 8 种机构投资者的持股比例，将其分别作为解释变量（自变量），与应计盈余程度 AM 和真实盈余程度 RM 作回归。

（三）盈余管理回归模型

本节参考李增福等（2011）、艾米·臧（Amy Zang，2012）的研究方法，在研究机构投资者持股与盈余管理的关系时，以机构总体持股比例为自变量，应计盈余管理和真实盈余管理为因变量，构建回归模型如模型（6.16）和模型（6.17）所示。

$$AM = \varphi_0 + \varphi_1 INST + \varphi_2 DIFF + \varphi_3 EPS + \varphi_4 SIZE + \varphi_5 GENT + \varphi_6 ROE$$
$$+ \varphi_7 LEV + \varphi_8 AUD + \varphi_9 OPIN + \varphi_{10} SAME + \varphi_{11} EXCP + \varphi_{12} RM$$
$$+ \varphi_{13} OTHER\_i + \varphi_i \sum_{i=14}^{30} INDU + \varphi_i \sum_{i=31}^{36} YEAR + \delta \qquad (6.16)$$

$$RM = \mu_0 + \mu_1 INST + \mu_2 DIFF + \mu_3 EPS + \mu_4 SIZE + \mu_5 GENT + \mu_6 ROE$$
$$+ \mu_7 LEV + \mu_8 AUD + \mu_9 OPIN + \mu_{10} SAME + \mu_{11} EXCP + \mu_{12} AM$$
$$+ \mu_{13} OTHER\_i + \mu_i \sum_{i=14}^{30} INDU + \mu_i \sum_{i=31}^{36} YEAR + \iota \qquad (6.17)$$

其中，AM 为应计盈余管理，RM 为真实盈余管理，其还可以被 RM 的具体计算组成部分销售操控 R_CFO、生产操控 R_PROD 和费用操纵 R_DISEXP 表示；φ_0 与 μ_0 为截距项；φ_i 与 μ_i 为回归系数，$i = 1, 2, \cdots, 36$；δ 和 ι 是残差项。其余变量的具体说明见表 6-1。

控制变量的选择充分参考之前的相关研究。参考潘卡杰·萨克塞纳（Pankaj Saksena, 2001）的研究，加入每股收益 EPS；参考莫琳·麦克尼科尔斯（Maureen F McNichols, 2000）的研究，加入企业规模 $SIZE$；参考陈信元和夏利君（2006）的研究，加入其他机构持股 $OTHER_i$，包括基金、合格境外投资者、券商、保险、社保基金、信托、财务公司和银行；参考王化成和佟岩（2006）的研究，加入股权集中度 $GENT$；参考史蒂文等（Steven et al., 2003）的研究，加入是否为四大审计 AUD；参考李增福等（2011）的研究，加入长期负债率 LEV。参考李补喜和王平心（2005）的研究，加入净资产收益率 ROE。参考杨志强和王华（2014）的研究，加入高管薪酬 $EXCP$ 和两职合一 $SAME$。此外，为了控制不同年度的宏观政策和行业的影响，加入行业虚拟变量 $INDU$ 和年度虚拟变量 $YEAR$。具体变量说明见表 6-1。

表 6 – 1 变量说明

类型	名称	符号	变量定义
因变量	应计盈余管理水平	AM	根据修正的 Jones 模型得到
	真实盈余管理水平	RM	$RM = RM_{PROD} - RM_{CFO} - RM_{DISX}$
	销售操纵	R_CFO	异常经营现金净流量
	生产操纵	R_PPROD	异常产品成本
	费用操纵	R_DISEXP	异常酌量费用
自变量	机构投资者持股比例	$INST$	机构投资者持股数量与公司股本的比值
	单独机构投资者持股	$INST_i$	不同类型机构投资者持股数量与公司股本总数的比值
中介变量	股价波动	$DIFF$	年末收盘股价与年初开盘股价之差绝对值的对数
控制变量	其他机构持股	$OTHER_i$	不同机构投资者剩余持股数量与公司股本总数的比值
	每股收益	EPS	税后利润与股本总数的比值
	企业规模	$SIZE$	企业总资产的自然对数
	股权集中度	$GENT$	第一大股东的持股比例
	净资产收益率	ROE	净利润与股东权益平均余额的比值
	长期负债比率	LEV	企业长期负债与企业总资产的比值
	是否为四大审计	AUD	若审计机构为四大事务所则取 1，反之取 0
	审计意见类型	$OPEN$	若审计意见为标准无保留意见则取 1，反之取 0
	两职合一	$SAME$	若董事长和总经理为同一人则取 1，反之取 0
	高管报酬	$EXCP$	前 3 名高管年薪总额的自然对数
	行业变量	$INDU$	行业虚拟变量
	年份变量	$YEAR$	年份虚拟变量

（四）中介效应检验模型

为了研究股价波动是否在机构投资者持股与盈余管理之间起到中介作用，本节参考温忠麟等（2005）的研究，使用三步法检验中介效应，如模型（6.18）、模型（6.19）和模型（6.20）所示。

$$RM/AM = \nu_0 + \nu_1 INST + \nu_2 DIFF + \nu_3 EPS + \nu_4 SIZE + \nu_5 GENT + \nu_6 ROE$$
$$+ \nu_7 LEV + \nu_8 AUD + \nu_9 OPIN + \nu_{10} SAME + \nu_{11} EXCP + \nu_{12} AM/RM$$
$$+ \nu_{13} OTHER\_i + \nu_i \sum_{i=14}^{30} INDU + \nu_i \sum_{i=31}^{36} YEAR + \xi \quad (6.18)$$

$$RM/AM = \rho_0 + \rho_1 INST + \rho_2 EPS + \rho_3 SIZE + \rho_4 GENT + \rho_5 ROE + \rho_6 LEV$$
$$+ \rho_7 AUD + \rho_8 OPIN + \rho_9 SAME + \rho_{10} EXCP + \rho_{11} AM/RM$$
$$+ \rho_{12} OTHER_i + \rho_i \sum_{i=13}^{29} INDU + \rho_i \sum_{i=30}^{35} YEAR + \zeta \quad (6.19)$$

$$DIFF = \lambda_0 + \lambda_1 INST + \lambda_2 EXCP + \lambda_3 EPS + \lambda_4 SIZE + \lambda_5 GENT + \lambda_6 ROE$$
$$+ \lambda_7 LEV + \lambda_8 AUD + \lambda_9 OPIN + \lambda_{10} SAME + \lambda_{12} AM + \lambda_{11} RM$$
$$+ \lambda_{13} OTHER\_i + \lambda_i \sum_{i=14}^{30} INDU + \lambda_i \sum_{i=31}^{36} YEAR + \chi \quad (6.20)$$

其中，$DIFF$ 是样本公司每一年年末收盘股价与年初开盘股价之差绝对值的对数。由于盈余管理的特殊性，一般是以年度为单位测算，因此本节的股价波动以年度标准差计算。并且，考虑到多重共线性和量纲的影响，对差值作对数化处理。

ν_0、ρ_0 与 λ_0 为截距项；ν_i、ρ_i 与 λ_i 为回归系数，$i = 1$，2，$\cdots$，36；ξ、ζ 和 χ 是残差项，其余变量与上文相同。

四、实证结果分析

（一）描述性统计与相关性分析

描述性统计结果如表 6 - 2 所示，变量相关性结果如表 6 - 3 所示，其中下三角单元为 Pearson 相关系数，上三角单元是 Spearman 相关系数。

根据 Pearson 相关系数和 Spearman 相关系数，机构投资者持股与应计盈余管理显著正相关，与真实盈余管理显著负相关，机构持股与销售操纵和费用操纵显著正相关，与生产操纵显著负相关。根据真实盈余管理的计算公式，各具体组成项目的相关性结果与综合指标一致，初步证实了假设 H17 和假设

H18。基金、合格境外投资者、券商、保险、社保基金、信托、财务公司和银行种类别机构持股与应计盈余管理和真实盈余管理程度之间呈现不同的关系，其中部分显著相关，部分相关性不显著，初步证实假设 H20 和假设 H21，即不同类型机构投资者对盈余管理行为可能具有不同影响。中介变量 $DIFF$ 与应计盈余管理和真实盈余管理之间均显著相关，同时 $INST$ 与 $DIFF$ 在 1% 水平上显著正相关，表明机构投资者持股会在一定程度上促进股价的波动，但三者之间的关系并未直接证实假设 H19，需要进一步实证检验。

表 6-2 描述性统计结果

变量	样本数	均值	标准差	最小值	最大值
AM	9 840	0.005	0.072	-0.286	0.257
RM	9 840	-0.051	0.212	-0.782	0.723
R_CFO	9 840	0.002	0.069	-0.245	0.221
R_PROD	9 840	-0.002	0.084	-0.299	0.273
R_DISEXP	9 840	0.001	0.059	-0.140	0.288
$INST$	9 840	0.072	0.069	$1.80e-05$	0.380
$INST_1$	9 840	0.042	0.053	0	0.426
$INST_2$	9 840	0.001	0.006	0	0.139
$INST_3$	9 840	0.007	0.014	0	0.177
$INST_4$	9 840	0.005	0.022	0	0.588
$INST_5$	9 840	0.005	0.011	0	0.124
$INST_6$	9 840	0.013	0.032	0	0.718
$INST_7$	9 840	0.0002	0.003	0	0.068
$INST_8$	9 840	$7.90e-05$	0.001	0	0.071
$DIFF$	9 840	1.068	1.232	-4.605	4.828
EPS	9 840	0.363	0.522	-2.297	3.313
$SIZE$	9 840	22.520	1.246	20.010	26.43
$GENT$	9 840	0.339	0.147	0.081	0.757
LEV	9 840	0.191	0.172	0	0.739
ROE	9 840	0.036	0.055	-0.519	0.185
$SAME$	9 840	0.272	0.445	0	1
$EXCP$	9 840	14.520	0.673	12.880	16.880
$OPIN$	9 840	0.981	0.137	0	1
AUD	9 840	0.064	0.245	0	1

表6-3

变量的相关性分析

变量	AM	RM	INST	DIFF	$INST_1$	$INST_2$	$INST_3$	$INST_4$	$INST_5$	$INST_6$	$INST_7$	$INST_8$
AM		0.384***	0.073***	0.038***	0.069***	-0.013	0.030***	0.017*	0.023**	0.015	0.013	0.016
RM	0.366***		-0.100***	-0.070***	-0.140***	-0.126***	0.028***	-0.049***	-0.120***	0.061***	0.026**	0.006
INST	0.064***	-0.118***		0.207***	0.813***	0.136***	0.270***	0.311***	0.417***	0.342***	0.051***	-0.002
DIFF	0.026**	-0.078***	0.178***		0.241***	0.023***	-0.065***	0.042***	0.123***	-0.002	-0.022**	-0.017
$INST_1$	0.056***	-0.159***	0.827***	0.218***		0.116***	0.066***	0.203***	0.380***	0.026**	0.018*	-0.016
$INST_2$	-0.008	-0.111***	0.149***	0.017*	0.085***		0.055***	0.056***	0.090***	-0.069***	-0.014	-0.014
$INST_3$	0.047***	0.037***	0.259***	-0.042***	0.008	0.022**		0.078***	0.041***	0.080***	0.029***	0.012
$INST_4$	0.001	-0.009	0.305***	0.018*	0.058***	0.001	0.061***		0.164***	-0.010	-0.002	-0.013
$INST_5$	0.016	-0.103***	0.431***	0.100***	0.340***	0.049***	0.033***	0.066***		-0.039***	-0.000	-0.013
$INST_6$	0.026**	0.049***	0.369***	-0.003	-0.019*	-0.034***	0.064***	-0.004	-0.027***		0.031***	-0.007
$INST_7$	0.017	0.038***	0.070***	-0.012	0.018*	-0.017	0.066***	-0.006	0.002	0.021**		0.020
$INST_8$	0.008	0.003	0.002	-0.012	-0.016	-0.010	0.013	-0.010	-0.015	-0.009	0.031***	

注：* 表示在10%水平下显著，** 表示在5%水平下显著，*** 表示在1%水平下显著。

（二）回归结果分析

1. 机构投资者持股与应计盈余管理和真实盈余管理回归结果

在本节中，我们使用模型（6.16）和模型（6.17）验证假设，并在表 6 - 4 中展示了回归结果。

表 6 - 4　　　　　机构投资者对盈余管理影响的回归结果

变量	RM	R_CFO	R_PROD	R_DISEXP	AM
INST	- 0. 250 *** (- 8. 62)	0. 011 * (1. 88)	- 0. 067 *** (- 5. 56)	0. 070 *** (7. 58)	0. 034 *** (3. 37)
DIFF	- 0. 007 *** (- 4. 39)	0. 001 * (1. 83)	- 0. 001 (- 1. 62)	0. 002 *** (4. 21)	0. 002 *** (3. 77)
EPS	- 0. 002 (- 0. 27)	- 0. 004 *** (- 3. 33)	- 0. 007 *** (- 3. 05)	- 0. 001 (- 0. 69)	- 0. 009 *** (- 4. 72)
SIZE	0. 014 *** (6. 45)	0. 002 *** (3. 42)	0. 010 *** (11. 47)	- 0. 005 *** (- 6. 81)	0. 004 *** (5. 06)
ROE	- 1. 525 *** (- 28. 75)	0. 720 *** (64. 49)	- 0. 585 *** (- 26. 44)	0. 162 *** (9. 56)	0. 621 *** (34. 50)
LEV	- 0. 075 *** (- 6. 14)	0. 032 *** (12. 32)	- 0. 015 *** (- 2. 98)	- 0. 019 *** (- 4. 85)	0. 032 *** (7. 52)
SAME	- 0. 006 (- 1. 47)	0. 002 *** (2. 86)	- 0. 003 (- 1. 57)	0. 003 ** (2. 25)	0. 001 (0. 76)
GENT	0. 036 *** (2. 65)	- 0. 003 (- 1. 19)	- 0. 012 ** (- 2. 04)	- 0. 004 (- 0. 89)	- 0. 023 *** (- 5. 04)
OPIN	0. 058 *** (4. 22)	- 0. 012 *** (- 4. 21)	0. 036 *** (6. 25)	- 0. 005 (- 1. 14)	- 0. 007 (- 1. 50)
AUD	- 0. 010 (- 1. 18)	0. 002 (1. 29)	- 0. 010 *** (- 3. 06)	0. 004 (1. 62)	- 0. 012 *** (- 4. 11)
EXCP	- 0. 000 *** (- 9. 96)	- 0. 000 ** (- 2. 09)	- 0. 000 *** (- 9. 72)	0. 000 *** (12. 47)	- 0. 000 (- 0. 97)

续表

变量	RM	R_CFO	R_PROD	R_DISEXP	AM
AM	1.233 *** (46.52)	− 0.779 *** (−139.53)	0.297 *** (26.88)	− 0.080 *** (−9.41)	
RM					0.147 *** (46.52)
常数项	− 0.303 *** (−6.23)	− 0.033 *** (−3.26)	− 0.225 *** (−11.10)	0.100 *** (6.43)	− 0.072 *** (−4.29)
样本数	9 840	9 840	9 840	9 840	9 840
R^2	0.284	0.698	0.209	0.067	0.269
行业效应	控制	控制	控制	控制	控制
年度效应	控制	控制	控制	控制	控制
调整 R^2	0.281	0.697	0.206	0.0642	0.266
F 值	117.8	686.1	78.39	21.46	109.1

注：* 表示在10%水平下显著，** 表示在5%水平下显著，*** 表示在1%水平下显著。

由表6-4可知，当因变量为 RM 时，INST 的回归系数为负，且在1%的水平上显著；t 值为 −8.62，说明机构持股比例越高，真实盈余管理行为越少。当 R_CFO 与 R_DISEXP 为因变量时，回归系数显著为正；当 R_PROD 为因变量时，回归系数显著为负，表明真实盈余管理分项回归结果与综合指标一致。上市公司通过控制利润而显示出更低的现金净流量、更低的操纵性费用和更高的生产成本。因此机构投资者持股占比越多，对真实盈余管理约束性越大，即假设 H18 得到验证。

当因变量为 RM 时，DIFF 的回归系数在1%的水平上显著为负，表明当年度股价变动较大时，公司的真实盈余管理会减少。SIZE 的系数为0.014 且在1%水平上显著，说明公司规模越大，真实盈余管理程度越高。ROE 的系数显著为负，t 值高达 −28.75，说明当上市公司经营不良时，管理层会更加积极地通过真实业务操纵利润。LEV 的回归系数为 −0.075，且在1%水平上显著，说明公司负债越多，反而会减少真实盈余管理行为。

$GENT$ 回归系数显著为正，表明单股独大现象越严重的公司，经济业务操纵现象越多。$OPIN$ 的系数显著为正，说明业务操纵多发生于会计估计相对稳健的企业。$EXCP$ 的系数显著为负，说明高管得到的薪酬越高，利润操纵侵害股东利益的行为越少。

由于模型中控制变量较多，本节对回归过程中的多重共线性问题进行分析，发现在同一个回归模型中，变量之间的方差膨胀因子，即 VIF 值均小于3，说明变量之间的关系对整体回归无显著影响。同时，在其余多个模型中，多重共线性对回归结果也无明显影响。

当因变量为 AM 时，$INST$ 的系数在 1% 水平上显著为正，t 值为 3.37，说明机构投资者持股占比越高，应计盈余管理行为越多，即机会主义行为效应占据主导地位，机构投资者的存在促使公司管理层转向使用应计盈余管理手段。因此机构投资者持股占比越高，应计盈余管理行为越多，即假设 H17 得到验证。

当因变量为 AM 时，$DIFF$ 的系数在 1% 水平上显著为正，即当年度股价波动较大时，应计盈余管理行为会相应增多。EPS 的系数显著为负，表示收益较差的公司更有进行应计盈余管理的倾向。ROE 的系数显著为正，说明当上市公司经营业绩良好时，管理层更倾向于通过应计项目操纵利润。AUD 的回归系数为 -0.012，且在 1% 水平上显著，表明接受大型会计师事务所审计的上市公司会在一定程度上减少应计盈余管理行为。

2. 机构投资者异质性与两种盈余管理关系的检验结果

机构投资者的类型是机构投资者异质性的重要方面，根据我国机构投资者现状，可以将机构投资者分为基金、$QFII$、保险、信托、证券公司、财务公司、社会保险基金和银行八类。为了探究类别相异的机构投资者与公司盈余管理的关系，将不同类别的机构投资者分别与真实盈余管理和应计盈余管理按所建立的多元线性模型进行回归。回归结果如表 6-5 和表 6-6 所示，因篇幅限制，表格中省略相关控制变量的回归结果。

表 6 - 5　　　　　　　　机构投资者异质性与应计盈余管理关系的回归分析

自变量	AM 为因变量							
	$INST_1$	$INST_2$	$INST_3$	$INST_4$	$INST_5$	$INST_6$	$INST_7$	$INST_8$
$INST_i$	− 0. 025 * (− 1. 76)	− 0. 414 *** (− 3. 53)	0. 178 *** (3. 35)	− 0. 039 (− 1. 18)	− 0. 187 *** (− 2. 76)	0. 066 *** (2. 96)	0. 579 ** (2. 18)	0. 255 (0. 50)
$DIFF$	0. 001 ** (2. 31)	0. 001 ** (2. 01)	0. 001 ** (2. 25)	0. 001 ** (2. 03)	0. 001 ** (2. 11)	0. 001 ** (2. 28)	0. 001 ** (2. 11)	0. 001 ** (2. 08)
常数项	− 0. 139 *** (− 7. 49)	− 0. 143 *** (− 7. 77)	− 0. 133 *** (− 7. 11)	− 0. 142 *** (− 7. 70)	− 0. 141 *** (− 7. 67)	− 0. 142 *** (− 7. 69)	− 0. 141 *** (− 7. 66)	− 0. 141 *** (− 7. 65)
样本数	9 840	9 840	9 840	9 840	9 840	9 840	9 840	9 840
R^2	0. 108	0. 108	0. 108	0. 107	0. 108	0. 108	0. 108	0. 107
行业效应	控制	控制	控制	控制	控制	控制	控制	控制
年度效应	控制	控制	控制	控制	控制	控制	控制	控制
调整 R^2	0. 105	0. 105	0. 105	0. 104	0. 105	0. 105	0. 105	0. 104
F 值	35. 85	36. 08	36. 06	35. 71	35. 92	36. 05	35. 82	35. 67

注：* 表示在 10% 水平下显著，** 表示在 5% 水平下显著，*** 表示在 1% 水平下显著。

如表 6 - 5 所示，当因变量为应计盈余管理 AM 时，券商、信托和财务公司的回归系数显著为正，即当券商、信托和财务公司持股时，公司的应计盈余管理会得到一定程度的促进。而基金、QFII 和社保基金的回归系数显著为负，即当基金、QFII 和社保基金持股时，公司的应计盈余管理会在一定程度上得到约束。银行和保险与应计盈余管理之间的关系不显著，可能是由于其持股比例较低造成的，假设 H20 得到验证。

表 6 - 6　　　　　　　　机构投资者异质性与真实盈余管理关系的回归分析

自变量	RM 为因变量							
	$INST_1$	$INST_2$	$INST_3$	$INST_4$	$INST_5$	$INST_6$	$INST_7$	$INST_8$
$INST_i$	− 0. 421 *** (− 10. 10)	− 2. 501 *** (− 7. 37)	0. 299 * (1. 93)	− 0. 166 * (− 1. 73)	− 0. 637 *** (− 3. 23)	0. 179 *** (2. 76)	1. 833 ** (2. 38)	− 0. 192 (− 0. 13)

续表

自变量	RM 为因变量							
	$INST_1$	$INST_2$	$INST_3$	$INST_4$	$INST_5$	$INST_6$	$INST_7$	$INST_8$
DIFF	-0.004 ** (-2.51)	-0.006 *** (-3.32)	-0.005 *** (-3.01)	-0.006 *** (-3.15)	-0.006 *** (-3.16)	-0.005 *** (-2.77)	-0.006 *** (-3.14)	-0.006 *** (-3.18)
常数项	-0.446 *** (-8.34)	-0.481 *** (-9.01)	-0.446 *** (-8.24)	-0.473 *** (-8.83)	-0.472 *** (-8.83)	-0.473 *** (-8.86)	-0.472 *** (-8.82)	-0.473 *** (-8.83)
样本数	9 840	9 840	9 840	9 840	9 840	9 840	9 840	9 840
R^2	0.129	0.129	0.126	0.125	0.126	0.130	0.126	0.125
行业效应	控制	控制	控制	控制	控制	控制	控制	控制
年度效应	控制	控制	控制	控制	控制	控制	控制	控制
调整 R^2	0.126	0.126	0.123	0.122	0.123	0.127	0.123	0.122
F 值	44.10	44.14	43.00	42.60	42.73	44.34	42.83	42.58

注: * 表示在 10% 水平下显著, ** 表示在 5% 水平下显著, *** 表示在 1% 水平下显著。

如表 6-6 所示,当因变量为真实盈余管理 RM 时,基金、QFII、社保基金和保险机构回归系数显著为负,即当基金、QFII、保险、社保基金持股时,持股企业的真实盈余管理行为会被约束;证券公司、信托、财务公司的回归系数显著为正,即当证券公司、信托、财务公司持股时,持股企业的真实盈余管理行为会增多;银行持股与真实盈余管理之间的关系不显著,可能是由于银行的特殊性导致的,假设 H21 得到验证。

3. 机构投资者通过股价波动影响盈余管理的检验结果

机构投资者通过股价波动影响盈余管理的检验结果如表 6-7 所示。

表 6-7 机构投资者与盈余管理的回归分析

变量	RM	R_CFO	R_PROD	R_DISEXP	AM
INST	-0.267 *** (-9.29)	0.013 ** (2.19)	-0.069 *** (-5.77)	0.075 *** (8.18)	0.039 *** (3.97)

续表

变量	RM	R_CFO	R_PROD	R_DISEXP	AM
EPS	- 0. 004 (- 0. 79)	- 0. 004 *** (- 2. 99)	- 0. 007 *** (- 3. 05)	- 0. 001 (- 0. 34)	- 0. 008 *** (- 4. 11)
SIZE	0. 016 *** (7. 67)	0. 001 *** (3. 21)	0. 011 *** (12. 46)	- 0. 005 *** (- 8. 23)	0. 003 *** (4. 43)
ROE	- 1. 514 *** (- 28. 64)	0. 719 *** (64. 58)	- 0. 584 *** (- 26. 51)	0. 159 *** (9. 41)	0. 615 *** (34. 30)
LEV	- 0. 077 *** (- 6. 26)	0. 032 *** (12. 35)	- 0. 016 *** (- 3. 04)	- 0. 019 *** (- 4. 74)	0. 032 *** (7. 59)
SAME	- 0. 006 (- 1. 49)	0. 003 *** (2. 95)	- 0. 003 (- 1. 49)	0. 003 ** (2. 22)	0. 001 (0. 89)
GENTARL	0. 030 ** (2. 23)	- 0. 003 (- 1. 16)	- 0. 014 ** (- 2. 41)	- 0. 002 (- 0. 36)	- 0. 023 *** (- 4. 87)
OPIN	0. 059 *** (4. 28)	- 0. 012 *** (- 4. 25)	0. 036 *** (6. 25)	- 0. 005 (- 1. 18)	- 0. 007 (- 1. 55)
AUD	- 0. 008 (- 0. 98)	0. 002 (1. 33)	- 0. 010 *** (- 2. 83)	0. 004 (1. 35)	- 0. 012 *** (- 4. 12)
AM	1. 229 *** (46. 36)	- 0. 778 *** (- 139. 52)	0. 296 *** (26. 79)	- 0. 078 *** (- 9. 24)	- 0. 001 (- 0. 95)
EXCP	- 0. 034 *** (- 10. 37)	- 0. 002 ** (- 2. 26)	- 0. 015 *** (- 10. 81)	0. 014 *** (13. 48)	0. 146 *** (46. 36)
常数项	0. 100 * (1. 77)	- 0. 010 (- 0. 81)	- 0. 042 * (- 1. 77)	- 0. 070 *** (- 3. 89)	- 0. 046 ** (- 2. 36)
样本数	9 840	9 840	9 840	9 840	9 840
R^2	0. 283	0. 698	0. 210	0. 068	0. 268
行业效应	控制	控制	控制	控制	控制
年度效应	控制	控制	控制	控制	控制
调整 R^2	0. 280	0. 697	0. 208	0. 0647	0. 265
F 值	120. 8	707. 4	81. 56	22. 26	111. 9

注：* 表示在10%水平下显著，** 表示在5%水平下显著，*** 表示在1%水平下显著。

本节利用三步法检验机构投资者对两种盈余管理行为的影响机制。首先对未包含中介变量的回归模型进行分析。表6-7显示，因变量为真实盈余管理 *RM* 时，机构投资者持股的回归系数为 -0.267，且在1%水平上显著，说明机构持股对真实盈余行为有明显的约束作用。当因变量为应计盈余管理 *AM* 时，机构投资者持股的回归系数为0.039，且在1%水平上显著，说明机构持股比例越高，应计盈余管理程度越高。

利用模型考察机构投资者持股 *INST* 与股价波动 *DIFF* 之间的关系，回归结果如表6-8所示。如表中可以看出，当因变量为股价波动 *DIFF* 时，机构投资者持股的回归系数为2.667，且显著性水平为1%，*t* 值高达14.80，说明了机构投资者持股占比越大，股价的年度波动性越大。由于本节研究的股价波动是年度指标，所以借此推测机构投资者持股会给股价波动带来更多的正向促进，与机构投资者持股是为了获取一定收益的目的相符。

表6-8　　　　　　　　机构投资者持股对股价波动影响的回归分析

变量	*DIFF*
INST	2.667 *** (14.80)
EPS	0.596 *** (16.83)
SIZE	-0.267 *** (-20.53)
ROE	-2.257 *** (-7.01)
LEV	0.151 ** (1.97)
SAME	0.086 *** (3.31)
GENT	0.432 *** (5.10)

续表

变量	DIFF
OPIN	−0.138 (−1.59)
AUD	−0.041 (−0.80)
EXCP	0.000 *** (4.02)
常数项	5.924 *** (19.87)
样本数	9 840
R^2	0.164
行业效应	控制
年度效应	控制
调整 R^2	0.162
F 值	62.20

注：* 表示在 10% 水平下显著，** 表示在 5% 水平下显著，*** 表示在 1% 水平下显著。

　　通过对机构投资者持股 INST 与中介变量 DIFF 回归系数和中介变量 DIFF 与两种盈余管理回归系数的分析，中介效应检验第二步验证通过。下面对最后一步进行检验，利用前文的回归模型，得到的回归结果如表 6 – 6 所示。当因变量为 RM 时，INST 的系数显著为负，t 值为 – 8.62，说明机构投资者持股占比越大，真实盈余管理行为越少。而当因变量为 AM 时，INST 的系数显著为正，t 值为 3.37，说明机构投资者持股占比越大，应计盈余管理行为越多。因此中介效应检验步骤均得到满足，机构投资者能够通过影响股价波动来影响公司盈余操纵，假设 H19 得到验证。

　　4. 进一步分析：异质性机构投资者与股价波动中介效应分析

　　由上文的分析可知，机构投资者的异质性，即不同类型的机构投资者持股对盈余管理行为的作用效果不同，并且机构投资者能够通过影响股价波动来影响公司盈余操纵行为。在此基础上，为了进一步探究不同机构投资者是否都能通过股价波动来影响盈余管理行为，将机构投资者分为基金、合格境外投资者、券商、保险、社保基金、信托、财务公司和银行八种类型分别进行中介效应检验程序回归分析。

首先对未包含中介变量的回归模型进行分析，当因变量为真实盈余管理时，检验结果如表6-9所示；当因变量是应计盈余管理时，回归结果如表6-10所示。

表6-9　　不同类型机构投资者与真实盈余管理行为的中介效应回归分析

自变量	RM 为因变量							
	$INST_1$	$INST_2$	$INST_3$	$INST_4$	$INST_5$	$INST_6$	$INST_7$	$INST_8$
$INST_i$	-0.438 *** (-10.68)	-2.492 *** (-7.34)	0.308 ** (1.99)	-0.168 * (-1.76)	-0.657 *** (-3.34)	0.176 *** (2.72)	1.853 ** (2.40)	-0.248 (-0.17)
常数项	-0.472 *** (-8.96)	-0.516 *** (-9.84)	-0.476 *** (-8.96)	-0.506 *** (-9.62)	-0.505 *** (-9.62)	-0.502 *** (-9.58)	-0.505 *** (-9.61)	-0.507 *** (-9.63)
样本数	9 840	9 840	9 840	9 840	9 840	9 840	9 840	9 840
R^2	0.129	0.128	0.126	0.124	0.125	0.129	0.125	0.124
行业效应	控制	控制	控制	控制	控制	控制	控制	控制
年度效应	控制	控制	控制	控制	控制	控制	控制	控制
调整 R^2	0.126	0.126	0.123	0.122	0.122	0.126	0.122	0.122
F 值	45.26	45.13	44.03	43.58	43.72	45.46	43.82	43.55

注：* 表示在10%水平下显著，** 表示在5%水平下显著，*** 表示在1%水平下显著。

由表6-9可知，除银行之外，其他七种类型机构投资者持股和真实盈余行为均显著相关。基金、QFII、保险、社保基金的回归系数显著为负，即当基金、QFII、保险、社保基金持股时，企业的真实盈余行为会受到约束；券商、信托和财务公司的回归系数显著为正，即当券商、信托和财务公司持股时，企业的真实盈余管理行为能够得到促进。

由表6-10可知，除基金、保险和银行外，其他五种类型机构投资者持股与应计盈余行为都显著相关。证券公司、信托和财务公司的回归系数显著为正，即证券公司、信托和财务公司持股时，会促进公司的应计盈余管理行为。QFII 和社会保障基金的回归系数显著为负，即 QFII 和社会保障基金持股时，会抑制公司的应计盈余管理行为。

表 6 – 10　　不同类型机构投资者与应计盈余管理行为的中介效应回归分析

自变量	AM 为因变量							
	$INST_1$	$INST_2$	$INST_3$	$INST_4$	$INST_5$	$INST_6$	$INST_7$	$INST_8$
$INST_i$	- 0. 020 (- 1. 39)	- 0. 416 *** (- 3. 54)	0. 176 *** (3. 31)	- 0. 038 (- 1. 16)	- 0. 183 *** (- 2. 69)	0. 067 *** (2. 99)	0. 575 ** (2. 16)	0. 267 (0. 53)
常数项	- 0. 131 *** (- 7. 18)	- 0. 136 *** (- 7. 52)	- 0. 125 *** (- 6. 81)	- 0. 135 *** (- 7. 45)	- 0. 134 *** (- 7. 39)	- 0. 134 *** (- 7. 38)	- 0. 134 *** (- 7. 39)	- 0. 134 *** (- 7. 39)
样本数	9 840	9 840	9 840	9 840	9 840	9 840	9 840	9 840
R^2	0. 107	0. 108	0. 108	0. 107	0. 107	0. 108	0. 107	0. 107
行业效应	控制	控制	控制	控制	控制	控制	控制	控制
年度效应	控制	控制	控制	控制	控制	控制	控制	控制
调整 R^2	0. 104	0. 105	0. 105	0. 104	0. 105	0. 105	0. 104	0. 104
F 值	36. 79	37. 07	37. 01	36. 68	36. 89	37. 00	36. 79	36. 63

注：* 表示在 10% 水平下显著，** 表示在 5% 水平下显著，*** 表示在 1% 水平下显著。

将股价波动 DIFF 作为因变量作回归分析，回归结果如表 6 – 11。通过表 6 – 11 可知，在八种不同类型的机构投资者中，有三类的回归系数显著，其中基金的回归系数为 3. 985，t 值为 17. 14，在 1% 水平上显著；社会保险基金的回归系数为 3. 651，在 1% 水平上显著，说明整体基金持股对股价波动有显著的正向影响。这是由于基金的市场化特征，其核心利益是实现保本增值。为了实现该目标，基金会更加看重股价的年度变化，以获取更多的利益。证券公司的回归系数为 - 1. 704，在 10% 的水平上显著。说明券商持股比例越高，越会在一定程度上抑制股价的年度波动。其他机构投资者与股价波动无显著关系，可能是由于这些类别机构投资者更倾向于其他公司治理的手段。

表 6-11 不同类型机构投资者与股价波动中介效应的回归分析

自变量	DIFF 为因变量							
	$INST_1$	$INST_2$	$INST_3$	$INST_4$	$INST_5$	$INST_6$	$INST_7$	$INST_8$
$INST_i$	3.985 *** (17.14)	-1.489 (-0.77)	-1.704 * (-1.94)	0.407 (0.75)	3.651 *** (3.26)	0.521 (1.41)	-3.639 (-0.83)	9.880 (1.19)
常数项	5.600 *** (18.78)	5.867 *** (19.67)	5.655 *** (18.75)	5.858 *** (19.65)	5.880 *** (19.71)	5.862 *** (19.69)	5.878 *** (19.71)	5.896 *** (19.75)
样本数	9 840	9 840	9 840	9 840	9 840	9 840	9 840	9 840
R^2	0.171	0.163	0.165	0.164	0.163	0.166	0.163	0.163
行业效应	控制	控制	控制	控制	控制	控制	控制	控制
年度效应	控制	控制	控制	控制	控制	控制	控制	控制
调整 R^2	0.168	0.160	0.162	0.161	0.160	0.163	0.160	0.160
F 值	63.22	59.73	60.43	60.14	59.63	60.82	59.65	59.61

注：* 表示在 10% 水平下显著，** 表示在 5% 水平下显著，*** 表示在 1% 水平下显著。

由于中介效应检验程序需要完成系数的检验，为了使结果更加直观，本节将不同机构投资者中介效应的检验结果绘制为表格，结果如表 6-12 所示。

表 6-12 实证的回归结果汇总

变量	RM				AM			
	ρ_1	λ_1	ν_2	ν_1	ρ_1'	λ_1'	ν_2'	ν_1'
$INST$	-	+	+	-	+	+	+	+
$INST_1$	-	+	+	-		+	+	-
$INST_2$						+	+	
$INST_3$	+	-	+	+	+	-	+	+
$INST_4$	-		+				+	
$INST_5$	-	+	+	-	-	+	+	-
$INST_6$	+		+	+			+	+
$INST_7$	+		+	+	+		+	+
$INST_8$			+				+	

注："+"表示显著的正关系，"-"表示显著的负关系，空白表示没有显著的关系。

由表 6 - 12 可知，机构投资者整体可以通过股价波动对盈余管理行为产生影响。但以真实盈余管理为因变量时，基金、券商和社保基金满足中介效应检验程序，说明这三种机构投资者会通过股价年度波动作用于真实盈余管理行为；而以应计盈余管理为因变量时，只有券商持股的回归结果通过中介效应检验程序，说明券商持股会通过股价年度波动来影响应计盈余管理行为。

（三）稳健性检验

为了确保结论具有普适性，本节通过替换真实盈余管理与应计盈余管理度量指标进行如下的稳健性检验。

对于真实盈余管理的度量，使用罗伊乔杜里（2006）、丹尼尔·科恩等（Daniel A Cohen et al. , 2008）的原始模型，与上文模型的区别在于经营现金净流量的估计部分。具体模型如下。

现金流模型：

$$\frac{CFO_t}{TA_{t-1}} = \beta_0 + \beta_1 \frac{1}{TA_{t-1}} + \beta_2 \frac{SALES_t}{TA_{t-1}} + \beta_3 \frac{\Delta SALES_t}{TA_{t-1}} + \varepsilon_t \tag{6.21}$$

产品成本模型：

$$\frac{PROD_t}{TA_{t-1}} = \beta_0 + \beta_1 \frac{1}{TA_{t-1}} + \beta_2 \frac{SALES_t}{TA_{t-1}} + \beta_3 \frac{\Delta SALES_t}{TA_{t-1}} + \beta_4 \frac{\Delta SALES_{t-1}}{TA_{t-1}} + \varepsilon_t$$

$$\tag{6.22}$$

费用模型：

$$\frac{DISEXP_t}{TA_{t-1}} = \beta_0 + \beta_1 \frac{1}{TA_{t-1}} + \beta_2 \frac{SALES_t}{TA_{t-1}} + \varepsilon_t \tag{6.23}$$

利用整体 REM 来代表企业的真实盈余管理的水平，计算如下：REM = RPROD – RCFO – RDISX。

变量说明：

CFO_t 表示第 t 期的异常经营现金净流量，$TA_{i,t-1}$ 为第 $t-1$ 期期末总资产，$SALES_t$ 表示第 t 期销售收入，$\Delta SALES_t$ 表示第 t 期的销售收入与第 $t-1$ 期的差值，$\Delta SALES_{t-1}$ 表示第 $t-1$ 期的销售收入与第 $t-2$ 期的差值，$DISX_{i,t}$ 表示第 t 期的可操控性费用，$PROD_t$ 为第 t 期的生产成本。

对于应计盈余管理的度量，参考陆建桥（1999）的修正模型代替修正 Jones 模型。陆建桥考虑了无形资产和其他长期资产的作用，改进了 Jones 模型。具体的模型如下。

$$\frac{TA_{i,t}}{A_{i,t-1}} = a_0 + a_1 \frac{1}{A_{i,t-1}} + a_2 \frac{\Delta REV_{i,t} - \Delta REC_{i,t}}{A_{i,t-1}} + a_3 \frac{PPE_{i,t}}{A_{i,t-1}} + a_4 \frac{IA_{i,t}}{A_{i,t-1}} + \varepsilon_{i,t}$$

$$(6.24)$$

$$\frac{TA_{i,t}}{A_{i,t-1}} NDA_{i,t} = \hat{a}_0 + \hat{a}_1 \frac{1}{A_{i,t-1}} + \hat{a}_2 \frac{\Delta REV_{i,t} - \Delta REC_{i,t}}{A_{i,t-1}} + \hat{a}_3 \frac{PPE_{i,t}}{A_{i,t-1}} + \hat{a}_4 \frac{IA_{i,t}}{A_{i,t-1}}$$

$$(6.25)$$

$$RAM_{i,t} = \frac{TA_{i,t}}{A_{i,t-1}} - NDA_{i,t}$$

$$(6.26)$$

利用新的替代指标重新进行回归，结果如表 6-13 所示。

表 6-13　　　　稳健性检验：机构投资者对盈余管理影响的回归结果

变量	REM	R_CFO	R_PROD	R_DISEXP	RAM
INST	-0.140 *** (-6.55)	0.009 (1.40)	-0.066 *** (-5.47)	0.070 *** (7.55)	0.027 *** (2.81)
DIFF	-0.004 *** (-3.16)	0.001 (1.64)	-0.001 (-1.59)	0.002 *** (4.20)	0.002 *** (3.35)
EPS	-0.001 (-0.20)	-0.004 *** (-3.62)	-0.007 *** (-2.98)	-0.001 (-0.71)	-0.009 *** (-4.76)
SIZE	0.014 *** (9.07)	0.001 ** (1.96)	0.010 *** (11.74)	-0.005 *** (-6.92)	0.001 ** (1.97)
ROE	-1.465 *** (-37.59)	0.723 *** (63.15)	-0.587 *** (-26.45)	0.162 *** (9.55)	0.702 *** (40.64)
LEV	-0.034 *** (-3.75)	0.036 *** (13.61)	-0.017 *** (-3.29)	-0.019 *** (-4.74)	0.031 *** (7.64)
SAME	-0.008 *** (-2.62)	0.002 *** (2.72)	-0.003 (-1.55)	0.003 ** (2.25)	0.002 (1.42)

续表

变量	REM	R_CFO	R_PROD	R_DISEXP	RAM
GENT	-0.010 (-0.96)	-0.002 (-0.59)	-0.012 ** (-2.15)	-0.004 (-0.85)	-0.013 *** (-2.90)
OPIN	0.048 *** (4.77)	-0.011 *** (-3.57)	0.035 *** (6.14)	-0.005 (-1.10)	-0.008 * (-1.82)
AUD	-0.019 *** (-3.14)	0.003 * (1.90)	-0.011 *** (-3.18)	0.004 * (1.67)	-0.006 ** (-2.41)
EXCP	-0.000 *** (-10.51)	-0.000 * (-1.75)	-0.000 *** (-9.77)	0.000 *** (12.49)	0.000 (0.56)
RAM	1.145 *** (59.13)	-0.765 *** (-134.69)	0.293 *** (26.61)	-0.078 *** (-9.26)	
REM					0.230 *** (59.13)
常数项	-0.303 *** (-8.51)	-0.023 ** (-2.20)	-0.229 *** (-11.28)	0.101 *** (6.51)	-0.027 * (-1.68)
样本数	9 840	9 840	9 840	9 840	9 840
R^2	0.375	0.683	0.208	0.067	0.342
行业效应	控制	控制	控制	控制	控制
年度效应	控制	控制	控制	控制	控制
调整后 R^2	0.373	0.682	0.205	0.064	0.340
F 值	178.3	641.5	77.89	21.37	154.6

由表 6-13 可知，当 REM 为因变量时，INST 的系数显著为负；当 RAM 为因变量时，INST 的系数显著为正。该结果与原模型的回归结果相同，说明本节结论稳健。

类型相异的机构对盈余管理影响的回归结果如表 6-14 所示。

表 6-14　　稳健性检验：类型相异的机构对盈余管理影响的回归结果

自变量	AM 为因变量							
	$INST_1$	$INST_2$	$INST_3$	$INST_4$	$INST_5$	$INST_6$	$INST_7$	$INST_8$
$INST_i$	-0.271 *** (-8.42)	-1.780 *** (-6.77)	0.394 *** (3.30)	0.054 (0.73)	-0.639 *** (-4.19)	0.108 ** (2.15)	1.853 *** (3.11)	-0.898 (-0.79)

续表

自变量	AM 为因变量							
	$INST_1$	$INST_2$	$INST_3$	$INST_4$	$INST_5$	$INST_6$	$INST_7$	$INST_8$
DIFF	-0.002 (-1.14)	-0.003* (-1.90)	-0.002 (-1.56)	-0.002* (-1.67)	-0.002* (-1.73)	-0.002 (-1.46)	-0.002* (-1.73)	-0.002* (-1.77)
常数项	-0.430*** (-10.38)	-0.456*** (-11.02)	-0.423*** (-10.11)	-0.449*** (-10.83)	-0.449*** (-10.85)	-0.450*** (-10.88)	-0.449*** (-10.84)	-0.451*** (-10.89)
样本数	9 840	9 840	9 840	9 840	9 840	9 840	9 840	9 840
R^2	0.155	0.155	0.154	0.152	0.153	0.154	0.153	0.152
行业效应	控制	控制	控制	控制	控制	控制	控制	控制
年度效应	控制	控制	控制	控制	控制	控制	控制	控制
调整 R^2	0.152	0.152	0.151	0.150	0.150	0.151	0.150	0.149
F 值	54.63	54.60	53.90	53.43	53.59	54.20	53.58	53.20

由于篇幅限制，关于不同类型机构投资者与盈余管理的关系与机构投资者通过股价波动影响盈余管理的回归结果不再列示，结果通过整理的表6-15来呈现。对比上文表6-12，发现稳健性检验与原模型得到的结果相同，即研究结果具有稳健性。

表6-15 稳健性检验：实证的回归结果汇总

变量	RM				AM			
	ρ_1	λ_1	ν_2	ν_1	ρ_1'	λ_1'	ν_2'	ν_1'
INST	-	+	+	-	+	+	+	+
$INST_1$	-	+	+	-	-	+	+	-
$INST_2$	-						+	
$INST_3$	+	-	+	+	+	-	+	+
$INST_4$			+				+	
$INST_5$	-	+	+	-	-	+	+	-
$INST_6$	+		+	+	+		+	+

续表

变量	RM				AM			
	ρ_1	λ_1	ν_2	ν_1	ρ_1'	λ_1'	ν_2'	ν_1'
$INST_7$	+		+	+	+		+	+
$INST_8$			+				+	

注："+"表示显著的正关系，"－"表示显著的负关系，空白表示没有显著的关系。

五、研究结论与政策建议

本研究使用异常操纵性项目来衡量企业两种盈余管理程度，以 2014～2018 年我国沪深 A 股上市公司为样本，创新性地从股价波动视角出发，通过描述性统计、相关性分析，并应用多元回归模型以及中介效应检验模型，考察机构投资者整体及不同类型机构投资者对真实盈余和应计盈余管理行为的影响及作用机制。

研究发现，机构投资者持股与真实盈余管理水平显著负相关，与应计盈余管理水平显著正相关。由于不同类型的机构投资者对公司治理的作用不同，对盈余管理水平的影响也存在差异。基金、QFII、保险和社会保障基金的持股与真实盈余管理水平显著负相关，而证券公司和信托公司的持股与真实盈余管理水平显著正相关。券商、信托与财务公司持股与应计盈余管理水平显著正相关，而基金、QFII 与社保基金持股与应计盈余管理水平显著负相关。

从中介效应模型中发现，机构投资者能够通过股价波动影响公司盈余管理水平，进一步分析可知，基金、券商与社保基金持股能够通过影响股价波动影响真实盈余管理水平，券商持股能够通过股价波动影响应计盈余管理水平。根据本节研究结论，就进一步发挥机构投资者对企业发展的影响，提出如下政策建议：

第一，完善上市公司的信息公开系统，加强信息披露。完备的信息披露体系不仅能够帮助公司吸引到优质的机构投资者投资，解决企业融资问题，而且便于机构投资者了解公司日常的生产经营活动，极大地帮助机构投资者监督公司日常经营活动及管理者行为，发挥机构投资者的公司治理效应，抑制公司盈余操纵，从而保障股东权益。

第二，健全相关法律制度，完善市场监管体系，引导机构投资者进入市场。机构投资者具有更为可靠的信息来源和扎实的分析技术，有动机和能力监督企业日常经营活动以维护自身利益。监管层应进一步加大对机构投资者的政策支持力度，鼓励机构投资者积极参与公司日常经营决策，发挥机构投资者的外部监督职能，利用这一外部治理手段，有效监督企业管理层行为。

第三，监管作用的有效性取决于机构投资者的类型，不同类型机构投资者对上市公司盈余管理的影响不同，监管部门需要结合各类型机构投资者的不同特点，有针对性地采取措施，充分发挥异质性机构持股对企业的外部监督作用。

第三节　机构投资者持股稳定性对真实盈余管理的影响

随着会计准则和制度的日益完善，应计盈余管理受到限制，公司倾向于使用具有更高隐蔽性、不易被缺少内部信息的投资者与分析师识别的真实盈余管理。然而，相较于应计盈余管理，真实盈余管理会严重影响企业正常经营活动。因此，本节进一步讨论不同机构持股对真实盈余管理的影响，以期为相关机构监管上市公司真实盈余管理行为提供经验参考。

一、理论分析与假设提出

（一）机构投资者与真实盈余管理

首先机构投资者持有大量股票，且短时间内难以实现完全抛售，因而可以判断其更多的还是希望获取长期收益，具有较强的积极监管动机。根据委托代理理论及公司治理理论，机构投资者为了自身利益，同时为了对自身的投资者负责，会积极主动地发挥自己的专业优势对上市公司进行全面深入的研究调查，获取更多的信息，来缓解信息不对称问题，即机构投资者会充分发挥自身的外部监管作用，积极参与公司治理。

大量实证研究表明，机构持股比例与企业盈余管理水平呈负相关。桑塔努·米特拉和威廉·克雷迪（2005）发现随着机构持股比例的提高，对真实盈余管理的抑制作用更加显著。范海峰和胡玉明（2013）通过利用 R&D 支出数据，指出机构投资者持股能够有效减少企业盈余操纵。王瑶和郭泽光（2021）研究指出，通过增加机构投资者持股比例，企业内部资源配置效率能够有效提升，从而通过高效的资源配置，在一定程度上制约企业进行杠杆操纵等盈余管理行为。综上，机构投资者具有发挥有效监管作用的能力和动机，会抑制上市公司的真实盈余管理水平。据此提出假设：

假设 H22：机构投资者持股会降低企业真实盈余管理水平。

（二）机构投资者异质性与真实盈余管理

不同机构投资者之间存在差异，机构投资者的类别不同，参与上市公司的治理程度和发挥的作用也不相同，如相对于持股比例较低的机构时，持股比例高的机构会因为投入了大量的资金到企业中，具有更加强烈的动机积极参与公司治理，发挥有效的外部监管作用，且持股比例低的机构投资者参与公司治理的边际成本较高，不符合成本效益原则。根据持股稳定性对机构投资者进行分类，分为交易型和稳定型两类。一般而言，交易型机构投资者持股相对分散，持股时间短，交易活跃，参与公司治理程度较低，对公司盈利变化较为敏感，谋取短期利益，具有投机性；稳定型机构投资者则相反，他们一般持股相对集中，持股时间长，对盈利变化不敏感，会更加积极地参与企业经营活动，以期为上市公司实现价值而获得长期的投资回报。

杰伊·哈泽尔和劳拉·斯塔克斯（Jay C Hartzell & Laura T Starks，2003）研究发现，稳定的机构投资者会激励管理层，以使他们改善企业的长远业绩；另一类机构投资者以交易为目的，会更加偏好通过真实盈余管理获取短期收益。姚靠华等（2015）发现，稳定型机构投资者比交易型机构投资者对真实盈余管理的抑制作用更强。胡凌云（2019）认为，稳定型机构投资者会减少企业真实盈余管理行为。据此提出假设：

假设 H23：稳定型机构投资者比交易型更能抑制上市公司真实盈余管理。

（三）机构投资者异质性、产权性质与真实盈余管理

在假设 H23 的基础上，再考虑上市公司的产权性质。公司治理的各个方面都会受到产权性质的影响，上市公司的产权性质不同，其资源条件、承担责任也都有所差异。国有企业会获得更多的政府支持，但国有企业除了需要保证一定的经营业绩，还要承担诸如缓解就业压力等社会责任；而非国有企业则追求自身利润最大化，不需要承担过多的社会责任。李姝等（2019）研究发现，相较于国有企业，非国有企业承担社会责任的机会主义动机更强。因此，机构投资者在两种不同产权性质的公司中，抑制真实盈余管理的作用也会有所区别。

薄仙慧和吴联生（2009）发现，机构投资者持股的增加只能抑制非国有企业的向上盈余管理，国有企业的向上盈余管理和向下盈余管理均不能得到抑制。李增福等（2013）发现，在国有企业中，机构投资者对真实盈余管理的积极治理和监督作用受到限制。薛雅元（2019）研究发现，内部控制质量在非国有企业中对盈余管理的影响比在国有企业中更加显著。因此，在不同产权性质下，不同类型机构投资者对真实盈余管理的作用也各有区别。据此提出假设：

假设 H24：在非国有企业中，稳定型机构投资者抑制真实盈余管理作用更显著；

假设 H25：在国有企业中，交易型机构投资者抑制真实盈余管理作用更显著。

二、数据来源与样本选择

本节的研究样本是 2014~2018 年沪深 A 股上市公司，研究所使用的数据

均来自国泰安 CSMAR 数据库和 RESSET 研究数据库, 所采用的计量软件为SPSS 25.0。

为了确保数据的有效性和研究结果的可靠性, 对样本数据作了如下处理: ①剔除了数据缺失的样本; ②剔除了 ST 及 *ST 的上市公司; ③剔除了金融业及样本数据不足 20 个样本的细分行业数据。

最终获得样本观测值 4 410 个, 包括涉及 8 个行业的 882 家上市公司的连续 5 年的数据。

三、变量度量

结合已有研究和参考文献, 选取了以下 4 类变量: 被解释变量、解释变量、分组变量和控制变量。其中, 被解释变量为真实盈余管理及其构成部分, 解释变量为机构投资者持股比例, 分组变量为投资稳定度和产权性质, 控制变量为公司规模、资产负债率、总资产收益率、盈利状态及年份和行业等, 具体的变量定义如表 6 – 16 所示。

表 6 – 16　　　　　　　　　变量定义表

类型	变量名称	变量符号	变量定义
被解释变量	真实盈余管理	*REM*	*REM = Ab PROD – Ab CFO – Ab SDISX*
	销售操纵	*Ab CFO*	异常的经营现金流量
	生产操纵	*Ab PROD*	异常的生产成本
	费用操纵	*Ab DISX*	异常的操纵性支出
解释变量	机构投资者持股	*IISH*	资产负债表日上市公司机构投资者持股比例总和
分组变量	产权性质	*STO*	上市公司为国有时则取值为 1, 否则取值为 0
	投资稳定度	*ISI*	机构投资者为稳定型时取值为 1, 否则为 0
控制变量	公司规模	*SIZE*	期末总资产的自然对数
	资产负债率	*LEV*	企业负债和总资产之比
	总资产收益率	*ROA*	本期净利润和期末总资产之比

类型	变量名称	变量符号	变量定义
控制变量	盈利状态	*PROFIT*	期末上市公司净利润为正时取值为1，否则为0
	行业	*IND*	当样本数据属于某行业时取值为1，否则为0
	年份	*YEAR*	当样本数据属于某年份时取值为1，否则为0

（一）被解释变量

真实盈余管理（REM）涉及的企业运作活动主要来自经营活动的现金流量、生产成本和操纵性支出，因此为了衡量上市公司的真实盈余管理程度，需要对这三部分分别作回归分析。根据罗伊乔杜里（2006）使用的方法和模型，企业真实盈余管理水平（REM）主要由三部分构成，一是异常经营活动产生的异常净现金流量（Ab CFO）；二是异常生产成本（Ab PROD）；三是异常可操控费用（Ab DISX），即 $REM = Ab\ PROD - Ab\ CFO - Ab\ DISX$。REM 的值越大，说明上市公司利用真实活动来操纵盈余的程度越高。

（二）解释变量

机构投资者持股比例（IISH）为解释变量。机构投资者之所以会参与上市公司治理，对真实盈余管理产生影响，是因为其投资于该上市公司，而不同的投资额度或持股比例，意味着机构投资者的话语权及施加的影响不同。因此，为了探究机构持股对企业真实盈余管理的影响，本研究选择了上市公司资产负债表日机构持股比例作为解释变量。

（三）分组变量

为了验证假设，选取的分组变量主要有两个，其一为机构投资者的持股稳定度（ISI），其二为产权性质（STO）。

根据机构投资者的持股稳定度（ISI）将机构投资者分为两类，当 ISI 取值为 1 时，说明机构投资者为稳定型；反之当 ISI 取值为 0 时，为交易型。所谓稳定型机构投资者是指长期持有企业股票，且不降低持股比例的机构投资者，交易型机构投资者则相反。这一指标的选取主要参考了牛建波等（2013）的做法。由于机构投资者持股是否稳定是一个长期的动态过程，选取三年为对比范围，用当年持股比例除以前三年机构持股比例标准差，得到的商值记为 IS，表示机构投资者在稳定性方面的性能特征。该指标越大，机构投资者持股稳定性越好。考虑到行业之间企业属性的不同，不同行业间的企业稳定性指标不具有可比性，因此，定义了 IOS 为行业内部相对稳定性指标，IOS 指的是年度行业中位数。最后，将 IS 与 IOS 进行比较，如果 IS 大于 IOS，则 ISI 为 1，表示为稳定型机构投资者；否则为 0，为交易型机构投资者。

由于我国特殊的政治背景，公司产权是否为国有性质，很大程度上会影响机构持股对企业生产经营活动的监督效果，因此选取产权性质作为分组指标。产权性质（STO）指的是上市公司是否为国有控股，若为国有企业，则取值为 1，否则为 0。

（四）控制变量

公司规模（$SIZE$）为总资产的自然对数，即 $SIZE = \ln$（总资产）。一般来说，公司规模越大，需要考虑的方面越多，其中可以操纵的余地越大，进行真实盈余管理的可能性越高；公司规模越大，来自政府、股东及社会公众等利益相关者的监管程度越高，致使公司进行盈余管理的难度加大。因此，选择 $SIZE$ 作为控制变量，其数值越大，说明公司规模越大。

资产负债率（LEV）为公司期末的负债与总资产之比，LEV 越大，说明上市公司负债水平越高，从而影响公司的融资能力。为了满足债权人的要求，避免财务危机，企业存在为了美化业绩而进行盈余管理的动机。

总资产收益率（ROA）指企业年度的净利润与年末总资产之比，是公司盈利能力的体现，ROA 越大，说明公司盈利能力越好。公司为了维持自己的盈利能力，完全有动机进行真实盈余管理。

盈利状态（$PROFIT$）是哑变量，若企业当年净利润大于 0，则取值为 1，否则为 0。由于市场上存在连年盈利的企业为了缓解当年业绩出现急剧下滑所带来的消极影响而进行真实盈余管理活动，及连年亏损的企业为了避免可能出现的退市风险而将本期利润移转入下一年度等为捏造盈利假象进行真实盈余管理行为的情况，选择了盈利状态这一虚拟变量作为控制变量。

行业（IND）为行业哑变量。由于不同行业有不同的特点，上市公司的行业不同，其真实盈余管理的程度有所区别。本研究涉及 8 个行业，为此设置 7 个虚拟变量，当样本数据为某一行业时则取 1，否则取 0。

年份（YEAR）为年度哑变量。不同年份存在不同的经济及市场形势。本研究共涉及 2014～2018 年 5 个年份，为此设置 4 个虚拟变量，当样本数据为某一年度时取 1 时，否则取 0。

四、模型设计

（一）真实盈余管理的度量

为了度量公司的真实盈余管理程度，本研究参考了罗伊乔杜里（2006）使用的方法和模型：真实盈余管理（REM）＝异常生产成本（Ab PROD）－异常经营活动产生的异常净现金流量（Ab CFO）－异常可操控费用（Ab DISX）。为了得到异常值，需要先估算出相应的正常值。

1. 正常经营活动现金流量估计模型

罗伊乔杜里（2006）认为，正常经营活动所产生的现金流量（CFO）与销售收入的变化额之间存在线性关系。因而可以构建如下线性回归模型来计量。

$$\frac{CFO_{i,t}}{Assets_{i,t-1}} = \beta_0 + \beta_1 \frac{1}{Assets_{i,t-1}} + \beta_2 \frac{Sales_{i,t}}{Assets_{i,t-1}} + \beta_3 \frac{\Delta Sales_{i,t}}{Assets_{i,t-1}} + \varepsilon_{i,t} \quad (6.27)$$

其中，$CFO_{i,t}$ 表示 i 公司第 t 年经营活动产生的现金流量；$Assets_{i,t-1}$ 表示 i 公司第 $t-1$ 年年末的总资产，即表示第 t 年年初的总资产；$Sales_{i,t}$ 表示 i 公司第 t 年的销售收入；$\Delta Sales_{i,t}$ 表示 i 公司第 t 年和上一年销售收入的变动额；$\varepsilon_{i,t}$ 为残值，表示异常经营现金流量。

2. 正常生产成本估计模型

罗伊乔杜里（2006）提出，正常生产成本（PROD）由存货变动额和销售成本两者构成，而存货变动额是关于本期销售收入变动额与上期销售收入变动额的线性函数，同时销售成本是关于销售收入的线性函数，因此可以构建以下模型来计量。

$$\frac{PROD_{i,t}}{Assets_{i,t-1}} = \beta_0 + \beta_1 \frac{1}{Assets_{i,t-1}} + \beta_2 \frac{Sales_{i,t}}{Assets_{i,t-1}} + \beta_3 \frac{\Delta Sales_{i,t}}{Assets_{i,t-1}} + \beta_4 \frac{\Delta Sales_{i,t-1}}{Assets_{i,t-1}} + \varepsilon_{i,t}$$

$$(6.28)$$

其中，$PROD_{i,t}$表示公司 i 第 t 年生产成本；$\varepsilon_{i,t}$为残值，表示异常生产成本；其他变量定义同上文。

3. 正常可操控费用估计模型

罗伊乔杜里（2006）认为，正常可操控费用（DISX）由广告费用、销售费用和研发费用构成。鉴于证监会未规定上市公司需要对广告费用及研发费用单独披露，而是将其包括在管理费用和销售费用中，故将销售费用和管理费用之和作为正常可操控费用，因此可以构建下列模型进行计量。

$$\frac{DISX_{i,t}}{Assets_{i,t-1}} = \beta_0 + \beta_1 \frac{1}{Assets_{i,t}} + \beta_2 \frac{Sales_{i,t}}{Assets_{i,t-1}} + \varepsilon_{i,t} \qquad (6.29)$$

其中，$DISX_{i,t}$表示 i 公司第 t 年可操控费用；$\varepsilon_{i,t}$为残值，表示异常可操控费用；其他变量定义同上文。

先分别对模型（6.27）、模型（6.28）、模型（6.29）分年度、分行业进行线性回归，计算到回归系数，求出各公司每个年度的估计值后，用实际值减去估计值，即可求出相应的异常值 $Ab\,CFO$、$Ab\,PROD$ 和 $Ab\,DISX$，从而有 $REM = Ab\,PROD - Ab\,CFO - Ab\,DISX$。

（二）机构投资者与真实盈余管理关系的模型设计

为了验证 3 个假设，本研究借鉴了前人的方法。首先，探究机构投资者持股对上市公司真实盈余管理的影响，即检验假设 H22，机构投资者持股能降低上市公司真实盈余管理水平。

其次，在得到机构投资者持股可以降低被投资企业的真实盈余管理水平的初步结论后，再将机构投资者按投资稳定度分为稳定型和交易型两类，分别探究其对真实盈余管理的影响，作对比分析，从而验证假设 H23，即相较于交易型，稳定型机构投资者更能显著抑制上市公司的真实盈余管理水平。

最后，在上述研究的基础上，引入产权性质变量，分为国有企业组和非国有企业组，分别探究两种组别中稳定型和交易型机构投资者对真实盈余管理的影响。

具体的回归模型如下：

$$REM = \beta_0 + \beta_1 IISH + \beta_2 SIZE + \beta_3 LEV + \beta_4 ROA + \beta_5 PROFIT$$
$$+ \beta_{6 \sim 12} \sum IND + \beta_{13 \sim 16} \sum YEAR + \varepsilon_{i,t} \tag{6.30}$$

五、实证结果分析

（一）描述性统计

为了对样本具有概述性认识，对被解释变量、解释变量、分组变量和控制变量作描述性统计，列示了相关变量的平均值、标准差、中位数、最大值和最小值，具体结果见表 6 - 17。

表 6 - 17　　　　　　　　　　　描述性统计结果

变量	观测数	平均值	标准差	中位数	最大值	最小值
REM	4 410	$1.09104E - 15$	2.0289	0.2136	71.6157	-35.4305
Ab CFO	4 410	$-7.16761E - 16$	0.9995	0.0078	15.0081	-31.8023
Ab PROD	4 410	$8.52837E - 16$	0.9994	0.0107	40.8965	-27.7265
Ab DISX	4 410	$4.36888E - 16$	0.9997	-0.2208	16.9253	-10.8709
IISH	4 410	0.3437	0.2524	0.3090	0.9872	0
SIZE	4 410	22.4842	1.3760	22.2880	28.5200	17.6413
LEV	4 410	0.4484	0.2092	0.4410	3.2619	0.0098
ROA	4 410	0.0289	0.1490	0.0277	8.4414	-1.2199

续表

变量	观测数	平均值	标准差	中位数	最大值	最小值
ISI	4 410	0.4998	0.5000	0	1	0
STO	4 410	0.3968	0.4892	0	1	0
PROFIT	4 410	0.8850	0.3190	1	1	0

由表 6 - 17 可以看出，在观测的 4 410 个样本中，上市公司真实盈余管理水平的 3 个变量（*Ab CFO*、*Ab PROD* 和 *Ab DISX*）最大值均大于零、最小值均小于零，导致 *REM* 的最大值和最小值也均大于零和小于零，同时 *REM* 的平均值和中位数均大于零，表明我国企业更倾向于向上的真实盈余管理方式，而其标准差较大，为 2.0289，说明各上市公司的真实盈余管理水平差别较大。

机构投资者持股比例（*IISH*）的最大值为 0.9872，接近于 1，最小值为 0，均值和中位数均大于 0.3，这说明至少有一半的机构投资者持股维持在一个较高水平。另外，公司规模（*SIZE*）的平均值为 22.4842，稍大于已有研究结果，说明我国上市公司的规模不断扩大。而财务杠杆（*LEV*）的最大值为 3.2619，最小值为 0.0098，说明上市公司的经营负债程度差别较大，参差不齐。资产回报率（*ROA*）的最大值为 8.4414，最小值为 -1.2199，其中位数大于零，说明各企业的盈利能力差别显著，但大部分企业仍是盈利状态，这一点和虚拟变量 *Profit* 的平均值为 0.8850 契合。

将机构投资者区分为交易型和稳定型两类的虚拟变量 *ISI* 的均值为 0.4998，接近于 0.5，说明在研究样本中，交易型和稳定型机构投资者所占比例基本持平。虚拟变量产权性质（*STO*）的中位数为 0，均值为 0.3968，说明在研究样本中，非国有控股企业占比较大。

（二）相关性分析

由于样本的各变量之间可能存在多重共线性，从而影响研究结果的可靠性。为此，对各变量之间的关系进行了 Pearson 和 Spearman 相关性分析，具体相关性分析结果如表 6 - 18 所示。

表6-18　　　　Pearson（左下）及 Spearman（右上）相关性分析结果

变量	REM	Ab CFO	Ab PROD	Ab DISX	IISH	SIZE	LEV	ISI	STO	ROA	PROFIT
REM	1	-0.648**	0.665**	-0.742**	0.010	0.190**	0.344**	-0.034*	0.177**	-0.414**	-0.135**
Ab CFO	-0.755**	1	-0.310**	0.098**	0.092**	0.033*	-0.178**	-0.030*	0.014	0.389**	0.172**
Ab PROD	0.676**	-0.345**	1	-0.503**	-0.075**	0.104**	0.284**	-0.040**	0.183**	-0.488**	-0.231**
Ab DISX	-0.599**	0.188**	-0.027	1	-0.121**	-0.317**	-0.326**	0.027	-0.270**	0.208**	0.005
IISH	-0.026	0.052**	-0.032*	-0.030*	1	0.381**	0.146**	0.266**	0.278**	0.106**	0.096**
SIZE	0.099**	0.009	0.049**	-0.161**	0.411**	1	0.548**	0.074**	0.393**	0.023	0.087**
LEV	0.205**	-0.129**	0.072**	-0.215**	0.133**	0.509**	1	0.047**	0.318**	-0.360**	-0.148**
ISI	-0.024	0.000	-0.015	0.033	0.239**	0.082**	0.044**	1	0.043**	0.016	0.001
STO	0.093**	0.019	0.019	-0.189**	0.289**	0.397**	0.310**	0.043**	1	-0.107**	0.006
ROA	-0.074**	0.051**	-0.036*	0.063**	0.046**	0.020	-0.147**	0.026	0.005	1	0.552**
PROFIT	-0.059**	0.072**	-0.028	0.019	0.097**	0.089**	-0.168**	0.001	-0.005	0.311**	1

注：** 表示 $p<0.01$，* 表示 $p<0.05$。

由表 6 - 18 可以发现，机构投资者持股比例（*IISH*）与 *Ab CFO* 显著正相关，与 *Ab PROD* 和 *Ab DISX* 显著负相关，与 *REM* 呈负相关但不显著，目前并不能验证假设 H22。另外，*IISH* 和公司规模（*SIZE*）显著正相关，相关系数分别高达 0.411 及 0.381，说明机构投资者更偏向于规模大的公司；*IISH* 和产权性质（*STO*）之间存在显著正相关，说明机构投资者更偏向于国有企业；*IISH* 和 *ROA* 及 *Profit* 之间显著正相关，说明机构投资者更偏向于投资盈利能力较强的企业。

ISI 和 *REM* 之间存在负相关但并不显著，产权性质 *STO* 和 *REM* 之间显著正相关，这说明相对于非国有企业，国有企业更多地采用真实盈余管理。

总体而言，除 *LEV* 和 *SIZE* 之间，各控制变量之间的相关系数均小于 0.5。而 *LEV* 和 *SIZE* 之间的相关系数为 0.509，小于 Hossain 提出的影响多元回归分析的相关系数阈值 0.6，这说明样本的控制变量之间不存在显著的多重共线问题。

（三）回归结果分析

按照假设提出顺序依次进行回归分析检验。

为了验证假设 H22，第一步将机构投资者整体持股比例（*IISH*）作为解释变量，研究其对上市公司真实盈余管理的影响；第二步引入虚拟变量 *ISI* 将机构投资者分为交易型和稳定型两类，分别探究其对上市公司真实盈余管理水平的影响，从而验证假设 H23；第三步为了检验假设 H24 和假设 H25，在引入虚拟变量 *ISI* 的基础上再引入另一个虚拟变量产权性质 *STO*，分别探究交易型和稳定型机构投资者在国有和非国有控股的条件下对真实盈余管理水平的影响。

1. 机构投资者与真实盈余管理

该部分对机构投资者持股比例（*IISH*）和上市公司真实盈余管理（*REM*）及其组成的三部分（*Ab CFO*、*Ab PROD*、*Ab DISX*）回归，探究机构投资者整体持股能否抑制上市公司真实盈余管理水平，即验证假设 H22。若 *IISH* 与 *REM* 的回归系数为负且显著，则说明机构整体持股可以抑制上市公司真实盈余管理水平，即假设 H22 得到验证。具体的回归结果见表 6 - 19。

表 6 – 19 机构投资者持股与真实盈余管理

变量	REM	Ab CFO	Ab PROD	Ab DISX
_CONS	-0.418 (-0.716)	-1.035 *** (-3.536)	-0.546 * (-1.846)	0.907 *** (3.208)
IISH	-0.705 *** (-4.751)	0.222 *** (2.985)	-0.220 *** (-2.924)	0.263 *** (3.662)
SIZE	0.006 (0.198)	0.048 *** (3.364)	0.024 * (1.663)	-0.030 ** (-2.151)
LEV	1.454 *** (8.172)	0.686 *** (-7.690)	0.175 * (1.948)	0.593 *** (-6.876)
ROA	-0.577 *** (-2.741)	0.075 (0.708)	-0.162 (-1.521)	0.340 *** (3.337)
PROFIT	-0.117 (-1.165)	0.127 ** (2.515)	-0.034 (-0.671)	-0.044 (0.899)
YEAR	已控制			
IND	已控制			
Adj R_Squared	0.070	0.037	0.017	0.101
F 值	21.634 ***	11.513 ***	5.690 ***	31.880 ***

注：①括号内为 t 值；②* 表示 $p < 0.1$，** 表示 $p < 0.05$，*** 表示 $p < 0.01$。

如表 6 – 19 所示，机构投资者持股比例（IISH）与 REM 呈显著的负相关，回归系数为 -0.705，在 1% 水平上显著，说明机构整体持股对上市公司真实盈余管理水平起到抑制作用，即研究假设 H22 成立。同时，机构投资者持股比例（IISH）与 Ab CFO 及 Ab DISX 显著正相关，与 Ab PROD 显著负相关，均在 1% 水平上显著，说明机构投资者整体持股会降低企业真实盈余管理水平。

2. 机构投资者异质性与真实盈余管理

引入虚拟变量 ISI 对真实盈余管理进行分组回归验证假设 H23，即相较于交易型，稳定型机构投资者更能显著抑制上市公司真实盈余管理水平。

ISI 将机构投资者分为交易型和稳定型，当 ISI 取 1 时为稳定型机构投资者，取 0 时为交易型机构投资者。当 ISI = 1 时比 ISI = 0 时机构投资者持股比例（IISH）对真实盈余管理 REM 有更加明显的抑制作用，说明稳定型机构投资者比交易型机构持股对上市公司真实盈余管理的抑制作用更加明显。具体的回归结果见表 6 - 20。

表 6 - 20　　　　　　　　机构投资者异质性与真实盈余管理

变量	REM		
	全样本	交易型（ISI = 0）	稳定型（ISI = 1）
CONS	- 0. 148 (- 0. 716)	- 1. 326 ** (- 2. 045)	- 0. 924 (- 0. 983)
IISH	- 0. 705 *** (- 4. 751)	- 0. 306 ** (- 1. 968)	- 1. 013 *** (- 3. 726)
SIZE	0. 006 (0. 198)	0. 041 (1. 301)	0. 024 (0. 533)
LEV	1. 454 *** (8. 172)	0. 821 *** (4. 266)	1. 610 *** (5. 435)
ROA	- 0. 577 *** (- 2. 741)	- 4. 226 *** (- 8. 893)	- 0. 202 (- 0. 741)
PROFIT	- 0. 117 (- 1. 165)	0. 418 *** (3. 668)	- 0. 250 (- 1. 471)
YEAR	已控制		
IND	已控制		
Adj R_Squared	0. 07	0. 123	0. 062
F 值	21. 634 ***	20. 407 ***	10. 070 ***
N	4 410	2 206	2 204

注：（1）括号内为 t 值；（2）* 表示 p < 0.1，** 表示 p < 0.05，*** 表示 p < 0.01。

从表 6 - 20 可知，在全样本中，机构投资者持股比例（IISH）与真实盈余管理（REM）呈显著的负相关。将机构投资者分为两类，可以发现，交易型机构投资者（$ISI = 0$）与真实盈余管理（REM）呈显著的负相关，回归系数为 -0.306，显著性水平为 5%，而稳定型机构投资者（$ISI = 1$）与真实盈余管理（REM）也呈显著的负相关，回归系数为 -1.013，显著性水平为 1%。可以发现，稳定型机构投资者持股与 REM 回归系数的绝对值 1.013 远大于交易型机构投资者持股与 REM 回归系数的绝对值 0.306，说明和交易型机构投资者相比，稳定型机构投资者对上市公司真实盈余管理的抑制作用更加明显。

3. 机构投资者异质性、产权性质与真实盈余管理

在机构投资者异质性的基础上引入了虚拟变量产权性质（STO），探究交易型和稳定型机构投资者与产权性质不同的上市公司真实盈余管理之间的关系，即验证假设 H24 和假设 H25，稳定型机构投资者在非国有控股公司中更能抑制真实盈余管理；交易型机构投资者在国有控股公司中更能抑制真实盈余管理。具体的回归结果见表 6 - 21。

表 6 - 21　　　　　　机构投资者异质性、产权性质与真实盈余管理

变量	稳定型（$ISI = 1$）		交易型（$ISI = 0$）	
	$STO = 1$	$STO = 0$	$STO = 1$	$STO = 0$
CONS	-0.270 （-0.283）	-2.352 （-1.351）	-0.425 （-0.637）	-1.662 （-1.556）
IISH	-0.807 ** （-2.387）	-1.202 *** （-2.918）	-0.492 ** （-2.195）	-0.460 ** （-2.033）
SIZE	0.022 （0.485）	0.069 （0.796）	0.020 （0.649）	0.034 （0.655）
LEV	0.761 ** （2.448）	1.902 *** （3.746）	0.858 *** （3.951）	0.749 ** （2.596）
ROA	0.126 （0.607）	-4.602 *** （-3.738）	-1.716 *** （-2.987）	-5.594 *** （-8.396）
PROFIT	-0.190 （-1.021）	0.310 （0.997）	-0.013 （0.100）	0.716 *** （4.302）

续表

变量	稳定型（ISI = 1）		交易型（ISI = 0）	
	STO = 1	STO = 0	STO = 1	STO = 0
YEAR	已控制			
IND	已控制			
Adj R_Squared	0.062	0.073	0.155	0.109
F	4.810 ***	7.278 ***	10.487 ***	11.491 ***

注：（1）括号内为 t 值；（2）＊表示 p＜0.1，＊＊表示 p＜0.05，＊＊＊表示 p＜0.01。

由回归结果可知，在国有企业（STO = 1）和非国有企业（STO = 0）中，稳定型机构投资者持股与真实盈余管理呈显著的负相关，但两者的显著性水平和回归系数有所区别。在国有企业中，回归系数为 - 0.807，显著性水平为5%，而在非国有企业中，回归系数为 - 1.202，显著性水平为1%，说明在国有企业中，稳定型机构投资者对真实盈余管理活动的抑制作用受到限制，不及在非国有企业中显著，假设 H24 得证。而对于交易型机构投资者而言，在国有和非国有企业中，其持股比例与真实盈余管理水平也是显著负相关的。其中，在国有企业中，回归系数为 - 0.492，显著性水平为5%；在非国有企业中回归系数为 - 0.460，显著性水平为5%。两者的显著性水平相同，但在国有企业中，持股比例的回归系数更小，这说明在国有企业中交易型机构投资者对真实盈余管理的抑制作用更强，假设 H25 得证。

（四）稳健性检验

为了控制内生性问题，本节参考了薄仙慧和吴联生（2009）的做法，替换不同时间点的机构投资者持股比例进行稳健性检验。选取了 2014～2018 年第三季度末的机构投资者持股比例数据，探究机构投资者持股和真实盈余管理之间关系的稳健性。具体检验结果见表 6 - 22。

表 6 – 22   稳健性检验结果

变量	全样本	稳定型（$ISI=1$）			交易型（$ISI=0$）		
		全样本	$STO=1$	$STO=0$	全样本	$STO=1$	$STO=0$
CONS	− 0.168 （ − 0.291）	− 0.629 （ − 0.680）	− 0.173 （ − 0.178）	− 1.803 （ − 1.025）	− 1.208 * （ − 1.881）	− 0.388 （ − 0.584）	− 1.417 （ − 1.330）
IISH	− 0.617 *** （ − 4.031）	− 0.764 *** （ − 2.930）	− 0.241 （ − 0.745）	− 1.071 *** （ − 2.731）	− 0.239 （ − 1.478）	− 0.519 ** （ − 2.369）	− 0.287 （ − 1.213）
SIZE	− 0.007 （ − 0.260）	0.003 （0.073）	− 0.003 （ − 0.067）	0.049 （0.584）	0.034 （1.110）	0.020 （0.630）	0.019 （0.372）
LEV	1.450 *** （8.129）	1.622 *** （5.454）	0.851 *** （2.718）	1.900 *** （3.739）	0.823 *** （4.278）	0.859 *** （3.963）	0.759 *** （2.626）
ROA	− 0.582 *** （ − 2.763）	− 0.204 （ − 0.746）	0.135 （0.646）	− 4.676 *** （ − 3.802）	− 4.239 *** （ − 8.911）	− 1.702 *** （ − 2.962）	− 5.621 *** （ − 8.424）
PROFIT	− 0.121 （ − 1.201）	− 0.254 （ − 1.494）	− 0.202 （ − 1.082）	0.307 （0.988）	0.414 *** （3.637）	− 0.020 （ − 0.155）	0.716 *** （4.294）
YEAR	已控制						
IND	已控制						
Adj R^2	0.068	0.06	0.057	0.072	0.123	0.156	0.107
F	21.210 ***	9.716 ***	4.463 ***	7.206 ***	20.286 ***	10.547 ***	11.302 ***

注：①括号内为 t 值；②* 表示 $p<0.1$，** 表示 $p<0.05$，*** 表示 $p<0.01$。

由表 6 – 22 可以看出，在全样本中，机构投资者持股可以显著降低上市公司真实盈余管理水平；将机构投资者分为稳定型和交易型后，稳定型机构投资者持股比交易型在抑制真实盈余管理方面的作用更加显著；同时，对于稳定型机构投资者，其在非国有企业中抑制真实盈余管理的作用更显著，而对于交易型机构投资者，则在国有企业中的抑制作用更显著，证明了研究结论是稳健的。

六、研究结论与政策建议

（一）研究结论

为了验证假设，选取了 2014~2018 年沪深 A 股上市公司数据作为研究样本，对数据进行了描述性统计、Pearson 和 Spearman 相关性分析、多元回归分析以及稳健性检验，得到如下结论。

第一，机构投资者持股可以抑制上市公司真实盈余管理，即机构投资者持股比例越高，上市公司真实盈余管理水平越低。整体而言，作为外部监管方，机构投资者会积极履行监督上市公司日常经营活动的职责，发挥自己的监管职能，抑制上市公司真实盈余管理等损害股东利益的操纵性行为，以期被投资的企业能够实现长期的价值增长，而并非短期的股价上涨，从而实现自身价值的最大化。

第二，稳定型机构投资者比交易型更能抑制上市公司真实盈余管理行为。原因可能是，稳定型机构投资者更关注上市公司价值的提升，以期获得长期的利益，因而会更加积极地参与公司治理，发挥有效的外部监管作用，减少有损企业长期价值的真实盈余管理行为的发生，而机构投资者为交易型时往往更多地关注上市公司的短期利益，持有股票具有投机性，一般会频繁地转手股票，极少具有长期增持行为。考虑到成本效益原则，他们往往很少履行甚至不履行监督公司经营活动的职责。作为外部监管方，交易型机构投资者虽然承担着监管的责任，但往往难以发挥有效的监管作用。

第三，稳定型机构投资者在非国有控股公司中抑制真实盈余管理作用更显著，交易型机构投资者在国有控股公司中抑制真实盈余管理作用更显著。由于我国特有的政治背景，国有企业在社会中需要承担更多责任。因而国有企业的内部控制往往会考虑很多政治因素，如对国家法规及政府倡议等的支持，往往会在一定程度上忽视来自外部力量的监管作用。也就是说，即使稳定型机构投资者在国有企业中想发挥自己应有的监督职责，参与公司治理，但却会受到来自管理层的限制，难以有效发挥自己的作用。而非国有企业承担的社会责任相对较小，且有动机为了吸引机构投资者投资而进行真实盈余管理。此时，作为外部监管力量，稳定型机构投资者追求的是企业长期的价值实现，会充分发挥自己的治理作用，抑制真实盈余管理活动的发生。而交易型机构投资者则相反。由于交易型机构投资者不会积极参与公司治理，非国有企业往往更容易通过真实盈余管理行为美化当期或下期经营业绩，而国有企业由于政治性因素，会对自身行为进行预防检查，使得交易型机构投资者在国有企业中抑制作用更加显著。

（二）政策建议

根据以上结论，从完善相关法律制度、促进机构投资者参与公司治理，以及优化股权结构等方面提出如下政策建议。

1. 完善相关法律制度，推动机构投资者规范发展

作为上市公司的外部监管方，机构投资者能够监督企业正常经营活动。但是不难发现目前这种积极的监管作用并没有得到充分有效的发挥，这主要来自两个方面：一是机构投资者本身发展不规范的原因，二是来自公司治理的内部障碍。第一，目前的金融环境和资本市场还不够成熟，应完善有关的条例规定，积极引导机构投资者参与公司日常经营活动，发挥机构投资者的有效监管作用。第二，目前的法律法规对机构投资者的约束性较大，如在《公司法》中缺乏明确支持机构投资者参与公司治理的法律条款，且对于持股比例也有着严格的约束。这使得机构投资者难以积极地参与公司日常经营活动，从而发挥有效的监管作用。因此，应健全完善相关法律法规，一方面积极引导机构投资者参与公司治理，另一方面为机构投资者积极参与公司治理创造条件。

2. 推动机构投资者提高持股稳定性

我国机构投资者发展比较晚，机构投资者的投资目的和持股态度存在差异，使得机构投资者不能持续稳定地发挥有效的监管作用。其中一个重要原因在于部分机构投资者存在投机心理。如果机构投资者只是为了短期利益，

即使购买了足够的股权，也不会积极参与公司治理，这主要是因为参与公司治理的作用不会立竿见影地展现出来，而交易型机构投资者会频繁地转手股票。因此，交易型机构投资者会较少地甚至完全不参与公司治理，无法发挥监管作用。因此，机构投资者应该转变持股态度，摒弃投机心理，减少助长市场短期利益的行为，而把更多的关注点放在上市公司长期价值的增长上。

为促进机构投资者由交易型向稳定型转变，一方面需要机构投资者转变心态，树立主人翁意识，积极参与公司治理；另一方面则需要市场和相关部门进行引导和激励。此外，如果每个机构投资者都具有较强的能力、较高的水平，关注长期价值，那么为了自身的长远利益，机构投资者会在投资时进行甄别，仅投资那些具有长期投资价值的企业，使得企图通过真实盈余管理等行为以谋取短期利益的上市公司因为缺乏融资渠道被市场淘汰。

3. 优化上市公司股权结构

由于我国特殊的政治背景，不少公司存在着一股独大的情况。无论是国有企业还是非国有企业，股权过度集中很容易产生内部治理问题，第一大股东也存在动机侵害中小股东的利益。为了防止此类问题的出现，需要优化上市公司的股权结构。可以通过建立多个股东制衡的股权结构，实现股权结构的多元化，有效分散权利，保护中小投资者，同时可以发挥股东大会的作用，逐步扩大上市公司流通股的比例，建立公司控制权市场。

第四节　金融监管对机构投资者与盈余管理间关系的影响

随着我国经济的迅速发展，企业之间的市场竞争加剧，企业内部各利益体之间的矛盾也呼之欲出。企业管理者为了个人利益，采用各种手段粉饰公司财务报表，通过盈余管理等行为，降低了企业向外披露信息的真实性和可靠性，不仅会使企业投资者和部分股东的利益受到损失，也对资本市场的正常运行造成干扰。而机构投资者作为投资市场中占据信息优势和专业优势的一方，其分析处理市场信息、监督企业行动以及向投资者公开调查结果等日常行为，在经济市场中都起着至关重要的作用。

机构投资者能对企业管理层进行监督，降低其出于私欲的违规行为，缓解企业内部的委托代理问题。但目前，我国的金融监管制度不够完善，加上机构投资者自身发展时间短、经验不足等情况，不能对证券市场进行强有力的监督，违法违规的行为时有出现，因此，有必要对机构投资者的行为加以外部监管。

一、金融监管视角下对不同类型机构投资者的研究

金融监管一方面通过法律、法规等监管渠道对机构投资者的交易行为进行监管，避免其在市场信息不透明的环境下因有限理性而产生的羊群行为或者短视行为造成股市异常价格波动，维护证券市场的有效性；另一方面通过对上市公司的会计信息披露质量进行监管，间接影响企业内部控制与内部治理情况，从而对机构投资者的投资决策产生影响。

（一）外部监督的必要性

证券市场的资源配置效率受信息不对称和投资者有限理性的共同影响。一方面，投资者的投资决策除受情绪和自身风险倾向的影响外，信息不对称也会导致投资认识和分析的偏差。另一方面，受制于投资者的有限理性，其盲目跟风的行为会进一步加剧投资市场的信息不对称，尤其是存在内幕交易、市场操控的情况下。信息不对称和投资者的有限理性相互影响，导致了市场资源的错配，难以达到最优。因此，通过外部金融监管来增加信息透明度、减少投资者的不理性行为显得尤为重要。

1. 证券市场的信息不对称

信息不对称是经济学中的一个基本概念，但由于私人信息通常是不可观测的，因此对其估计具有挑战性。对信息不对称的研究包括买卖价差、价格影响和来自结构模型的估计。摆在证券发行者和投资者之间的最大问题是信息不对称。发行人知道证券的质量但投资者不知道，也不容易找到，互联网

可以降低发行人向投资者传递信息的成本。但是存在一个大问题：发行人有吹嘘或撒谎的动机，而投资者不能直接验证发行者提供的信息的质量，对于小型发行人来说这个问题尤其严重，发行方越小，投资者对其的信任就越少。投资者不知道哪些发行者是真实的，哪些是虚假的，所以他们会降低对所有证券的出价，这使得诚实的发行方丧失发行证券的动力，但这并不能阻止不诚实的人。证券市场"逆向选择"发行人，高质量的发行人因为他们无法为自己的股票获得一个公平的价格而离开，而低质量的发行者使得投资者面临的"柠檬问题"更加严重。因此，投资者对他们将要支付的价格预期更低，这反过来只会赶走更多诚实的发行方，从而加剧了逆向选择问题。

信息会直接反映公司的经营成果和财务状况，高质量的信息披露可以使投资者更加真实、准确、全面地了解一个企业的发展状况，为投资者作出有效决策提供良好的依据。然而信息的准确性、公开性等问题还有待提高，低质量的信息披露会制约市场发展、损害投资者的利益。

证券市场存在两种信息不对称形式，一是由于信息披露制度不健全造成的融资方和投资方之间的信息不对称，融资方隐瞒对自己不利的投资信息，不对社会公众展示，因而投资方只能看到融资方想让公众看到的信息；二是由于信息收集成本和投资者理性程度的差异造成的各投资方之间的信息不对称，部分投资者获取了其他投资者所没有的信息。

造成上市公司与投资者之间信息不对称局面的原因主要有：上市公司利用信息杠杆，保留对自己不利的信息，制定较高的发行价格，从源头上造成了信息的不完全；真假信息在市场上混杂，并且真实的信息可能会随着时间的推移变得不正确，尚未来得及更新的正确信息因过时变成错误信息；收集信息的边际成本大于边际收益，投资者缺乏收集信息的动力；投资者有选择惯性，当他开始认为某些信息是"重要信息"时，会倾向于一直沿袭这个思维；投资者拥有不同的知识背景和行为习惯，在对收集来的原始信息进行处理和加工时，能力不同的投资者能挖掘到的深层信息各不相同，部分素质过硬的投资者能从不起眼的表面信息分析得出深层的原因，而有些投资者则不能。

在投资市场信息披露不完全的前提下，散户相较于专业的机构投资者，由于信息收集成本的存在，很难获取到更多的真实原始信息；且由于自身能力的限制，对信息的分析处理深度不够，往往停留在表面，不能识别出企业所做的盈余管理。中小投资者作为市场信息的不知情者，在与机构投资者的博弈中处于劣势地位，而处于优势地位的机构投资者之间，由于发展历史、经验积累、人员素质等的不同，又不可避免地会出现信息差异。所以，考虑机构投资者的情况下，信息不对称体现在三个维度：企业与机构投资者、机构投资者与中小投资者、不同机构投资者。

2. 机构投资者的有限理性

经济理论基于有效市场假说（EMH），该理论假定投资者完全理性，价格是完全信息的反映，资产公平定价，股价变化除去突发信息外基本可预测。但是大量的实证研究皆表明，市场并不是有效市场，信息不能完全流通，投资者也不是完全理性，这些都不符合有效市场理论。例如，中国证监会基金监管部的研究报告指出，个人投资者更倾向于反应过度，而机构投资者更倾向于反应不足，即机构投资者和个人投资者一样并不是完全理性的投资主体。投资主体的不理性行为以"羊群效应"和"正反馈交易现象"为典型。

市场中的每一个投资者的几乎每一项活动都会受到他人的影响，当然也包括投资和金融交易。机构投资者具有高度的同质性，在这种情况下，机构投资者往往会作出相似的投资决策，表现为羊群行为。机构投资者和经理人经常因为在行为上的非理性趋同而被指责，这可能是因为从众本能，也可能是对压力事件的传染性情绪反应。羊群效应有很多例子，例如没有合理关联性的事件却意外地导致股票价格变动，20世纪90年代后期美国科技股的定价过高，新发行和收购等公司行为频繁发生，机构投资者在不同时期迷恋某些特定行业的趋势等。有些市场假说认为，投资者根据过去价格作出投资决策是不理性的，会扰乱市场秩序。

现阶段，我国机构投资者群体的理性意识还不健全，其投资行为中存在较为明显的羊群效应，且在下跌的市场行情中这种盲目卖出行为更加严重。投资者厌恶损失，相较于获得超额收益，其拒不接受损失的意愿更加强烈。

市场大幅下滑的情况下，群体抛售行为严重，且抛售压力大于上涨时期的购买冲动，使股价的波动偏离正常范围，破坏价格对市场资源的调控配置，扰乱市场秩序。

（二）对不同机构投资者的外部监管

1. 证券投资基金的外部监管

（1）政府监管

政府监管主要是指政府通过制定法律、银保监会的行政监督等手段对市场行为进行监督管理。政府监管在证券发展史上具有重要的推动作用，主要通过法律手段和行政手段来实现。其中，法律是基石，是一切行为所需遵守的底线，是一种强制性手段，其以《证券投资基金法》为核心，为基金业的发展打造了广阔的发展空间，而行政监管则更加具有主动性，能弥补法律手段的不足，二者共同构成证券市场的基本监管体系。

（2）行业监管

我国证券投资基金起步较晚，行业的自律发展也比较滞后，现行的行业监管主要指中国证券投资基金业协会（以下简称"协会"）、证券交易所、中国上市公司协会等自律性组织对证券市场的监管，基金管理人、基金托管人以及基金服务机构等都可以是协会的成员，共同参与监督管理，维护市场秩序，保护持有人权益。

（3）第三方监管

第三方监管指独立于交易双方之外的机构，秉持完全公平、公正、公开的立场和态度，不偏袒任何一方，努力维持双方良性竞争秩序，获得竞争收益。国外的经验证明，市场的第三方监管具有政府监管和行业的内部监督等监管途径不可比的优势。第三方处于中立的地位，可以用专业知识和技巧对证券投资基金作出客观评价。其中，媒体可以在市场的压力下，对一些微小的线索深入发掘出一些微小的线索，给基金市场的参与者造成压力，而基金评级机构可以修正信息的不对称并且教育普通投资者，提高市场效率。

2. 保险公司的外部监管

保险业是金融业的重要组成部分，不仅因为保险公司是金融市场的大投资者，还因为它们为消费者和企业提供各种服务。保险业的发展与经济增长密切相关，然而，保险业的国家差异很大，是什么真正造成了各国人寿保险业发展的巨大差异？保险消费的决定因素很复杂，其中国家差异起着重要作用，金融发展以及社会经济和宏观经济因素会影响人寿保险部门的发展。此外，文化、全球化、利率自由化、健康感知状况和医疗支出也可以解释人寿保险消费的跨国差异。

保险公司的监管举措分为两个主要类别：旨在保护投保人免受保险公司无法履行其财务义务风险的偿付能力监管，以及旨在确保公平合理保险价格的市场规则。然而，偿付能力监管可能会改变行业和市场竞争的结构，从而限制保险公司的价格和产品。同时，价格竞争可能会削弱保险公司的财务状况，从而削弱其偿付能力。因此，保险监管机构不仅应要求最低保费以防止因保费竞争造成的内部市场秩序紊乱，而且要最大限度防止因市场竞争受限而导致的不公平高保费。此外，由于保险公司与客户在议价能力方面的不平等，监管部门必须确保客户不会受到保险公司的不公平对待。

3. QFII 的外部监管

合格境外机构投资者（QFII）制度是指一种开放股票市场的模式，允许经批准的合格境外机构投资者，在严格监管下通过专用账户投资当地证券市场，它正在许多国家和地区特别是在新兴经济体中实施。在货币不能完全自由兑换、资本项目尚未开放的背景下，有限规模引进外资和开放股票市场是一种过渡性安排。

我国对 QFII 的监管主要由中国证监会和国家外汇管理局进行，中央银行负责政策制定。QFII 的典型投资流程是首先向证监会申请 QFII 牌照；然后向国家外汇管理局申请投资额度；国家外汇管理局向 QFII 授予投资额度后，境外投资者将投资资金汇入境内并兑换成人民币，用于买卖 A 股、债券、基金份额、认股权证等人民币计价金融工具。对于基金管理人类型的 QFII，需要披露将使用 QFII 额度的基础投资基金的整体结构。QFII 制度的主要内容包括：准入要求、投资登记、投资范围、投资金额、投资方向、资金汇出、出口管制等。此外，QFII 的实际操作还包括特殊账户管理、托管银行选择、外汇风险控制等。我国自实施 QFII 制度以来，投资运行总体平稳。境外机构投资的流入，增加了中国资本市场的长期资本资源，也促进了中国资本市场的国际化。当下，尽管监管格局变得更加清晰，普遍做法也更加成熟，但整体 QFII 制度和相关证券法律法规仍需要朝着进一步透明和开放的方向发展。

（三）金融监管与内部控制、内部公司治理对机构投资者的联合影响

企业内的委托代理问题体现在两个方面。一是董事会与管理层之间的矛盾，即所有权和控制权的分离导致的矛盾，减少信息不对称能有效缓解这一矛盾；二是大小股东之间的矛盾，大股东在企业拥有话语权，凭借其优势地位侵占小股东的利益，对会计报表进行操纵，公司治理能缓和这一矛盾。公司发展受到环境的影响，包括内部环境和外部环境都会影响企业的政策选择，公司治理能减少内部人控制，形成互相制衡的治理机制，合理化企业利益分配，提高企业绩效。金融监管通过对上市公司的会计信息披露质量进行监管，间接影响企业内部控制与内部治理情况，从而对机构投资者的投资决策产生影响。

一般而言，高管薪酬激励被认为是协调高管和股东利益以解决代理问题的关键手段。因此，对企业财务不当行为的研究往往非常关注这一问题。除了高管薪酬的绝对水平这一因素的影响外，高管薪酬的相对水平对高管行为和公司治理的影响更为显著。

习仲等（Xi Zhong et al.，2021）认为，非 CEO 高管有强烈的动机参与财务舞弊行为以赢得内部晋升机会，这不仅威胁现任 CEO 利益，也威胁他的职位安全和社会地位。为了确保职位、薪酬和福利的安全，现任 CEO 受自身利益的驱使，将积极监督和防止其他高管在内部晋升竞赛中的消极努力。因此，内部竞争机制激励 CEO 和非 CEO 高管之间进行相互监管，并最终抑制企业财务不当行为。另外，现任 CEO 可能会通过财务不端行为提升企业业绩，追逐

行业"大奖",非 CEO 高管将在 CEO"获胜"后填补空缺。因此,内部竞争可能会增加代理成本,并导致 CEO 与非 CEO 高管之间的默契勾结,最终诱发企业财务失当,并且 CEO 与非 CEO 高管之间勾结的可能性随着组织复杂性水平的提高而增加。因此,内部公司治理也会存在不同甚至完全相反的作用结果。

实现公司的高效管理,保证会计信息的真实性和准确性,需要内部公司治理和内部控制的共同作用,需要提高相关人员的专业能力。高管作为会计信息的负责人,其自身的素质包括法律意识、文化修养、专业素质以及过往积累的经验等,这些都会对公司的经营决策产生影响;监事会代表股东对管理层行使监督管理权,监事会的规模、人员构成等,这些都会影响企业会计报表对信息的披露程度;独立董事是身份特殊的外部董事,其具备深厚的专业理论知识和丰富的实践经验,并能将其所拥有的知识储备和实践经验与公司的经营管理相结合,对决策提供科学有效的意见和建议,为公司实现战略目标助力。组织成员能力的提升、素质的提高,能帮助企业塑造良好的对外形象,实现持续经营。

二、金融监管视角下对盈余管理的研究

经济的发展,最终必然会推动制度的更新,政策的制定只有符合当下的经济特点才能发挥出制度的规范监督作用。当下层出不穷的盈余管理手段,扭曲了会计报表向公众提供公开信息的重要作用,市场信息失真导致市场价格机制失灵,资源不能得到合理配置,经济秩序混乱。本部分基于对现有研究的分析,重点探讨金融监管背景下我国上市公司的盈余管理现状。

(一)金融监管视角下的 IPO 与盈余管理

在过去的 25 年中,中国的 IPO 主要受两个法律框架的约束:一是通过政府机构进行严格的公共监管执法;二是市场化的制度,即保荐改革制度。现阶段,我国 A 股 IPO 市场已经从国家控制体制转向所谓的保荐体制。然而,

IPO 过程仍然受到高度监管，每一次 IPO 都要经过证监会的审查，公开发行审查委员会最终决定哪些公司可以公开发行。这个过程要求很高，其结果不一定完全取决于经济价值，政治关系在 IPO 分配决策中也发挥着重要作用。

高敬忠和杨朝（2020）研究发现，由于 IPO 改革，对于信息披露的要求越发提高，不仅 IPO 公司需要承担相应责任，公司治理层、高级管理层和相关中介机构都要承担连带责任，一定程度上增加了 IPO 公司的盈余管理成本，从而对 IPO 盈余管理产生了抑制作用。毛志宏和窦雨田（2022）从企业盈余管理的成本和收益的角度出发，研究发现，企业受 IPO 激励会进行应计和真实盈余管理。更重要的是，可以通过 IPO 筹集资金的公司总数受到中国证监会的高度控制，导致大量候选公司在等待审查。

IPO 定价效率是该领域研究的焦点，随着相关政策和改革措施的陆续推行，并不断进行试点推广，制度改革是否起到了预想中的提高 IPO 效率的作用，是一个值得研究的课题。IPO 定价受多种因素的影响，包括投资者情绪、诉讼风险、监管制度等。保荐改革时期的监管安排在为民营机构的 IPO 监管提供便利的同时，也在两个方面起到了替代民间执法不力的作用。首先，由中国证监会检查保荐机构和发行人制作的信息披露材料，并决定是否有资格进行首次公开招股。其次，针对私人执法不力的最直接的公共措施就是对保荐人和代表实施纪律处分。

总体而言，在像中国这样的新兴经济体中，仅通过政府机构的法律安排不太可能完全提高 IPO 市场效率，而证券法规中促进私人执法和强制要求特定披露的规定，能降低股权融资的间接成本。"去中心化"的新股发行制度改革、市场化程度的提高有助于改善 IPO 的定价效率。

（二）金融监管视角的新三板与盈余管理

2001 年，国务院依据《证券法》批准设立了全国中小企业股份转让系统（以下简称全国股系统或新三板）。作为一个全国性的证券交易所，全国中小企业股份转让系统是我国多层次资本市场的重要组成部分。而在当今的新金融监管背景下，新三板的红利期已然结束，要分蛋糕没那么容易了。由于上市公司在进行配股、公开增发股票，甚至退市等种种金融活动时，面临着很多以会计数字为基础的监管，这对其会计盈利能力提出了一定的要求，进而使得筹资活动中上市公司盈余管理动机激增。为进一步深化新三板改革，缓解因金融监管制度差异导致的创业板公司与新三板公司之间向上盈余管理水平的差距。2021年1月28日召开的证监会系统工作会议指出，应进一步对新三板进行改革，这意味着制度变革仍然是新三板的研究焦点。此外，为了使得此次改革能够更加深入、全面及透彻，改革的定义也在此次会议中得到了补充和完善。因而不难看出，新三板市场将在改革红利的收益中发生"质"的飞跃。

（三）金融监管视角下的股权质押与盈余管理

由于新的金融监管对于当下的股权质押提出了更高的规范要求，于是企业加杠杆这一行为也相应有了更多的束缚。作为企业大股东外部融资手段的一项重要组成部分，股权质押在缓解融资压力的同时也使得企业在进行生产经营活动时不得不面对更多的风险。

近年来，业界学者就上市公司控股股东的股权质押行为开展了一系列研究。首先，在股东股权质押动因方面。研究发现，大股东利用股权质押变相收回投资（李永伟和李若山，2007）、增加控制权杠杆（郝项超和梁琪，2009）、盘活资产，乃至缓解自身面临的财务困境（郑国坚等，2014）。就质押意愿而言，徐寿福等（2014）发现，大股东的这一意愿与上市公司股价的"高估"呈现出显著的正相关。此外，大股东进行股权质押的意愿在信贷市场宽松时期更为强烈。

其次，研究者同样在上市公司股东股权质押与上市公司盈余管理的关系研究上取得了不错的进展。谭燕和吴静（2013）认为，债权人更信任盈余质量高的公司，更愿意接受这些企业的股权质押融资；王斌和宋春霞（2015）发现，股权质押公司的应计和真实盈余管理负相关；谢德仁等（2017）发现，控股股东股权质押的公司在选择将开发支出资本化的会计政策上具有更高的倾向性。孙晓燕和刘亦舒（2021）研究发现，股东股权质押后，股东的自利动机增强，会更加重视市值管理，更有可能通过盈余管理来防止业绩下滑。我国的法律法规对股权质押的金额和数量都有明确的要求和规定，而这些要求与规定直接影响企业的财务状况和经营业绩。因而，为了筹集到更多的资金，企业在进行大股东股权质押的过程中，往往会采取向上操纵盈余的做法，对公司的真实绩效和相关财务数据进行粉饰，以营造企业运营状况良好的氛围，更好地达到自己的融资目的。

（四）金融监管视角下的并购重组与盈余管理

新的金融监管背景下，并购重组趋严，蚂蚁吞象的资本游戏不好玩了。并购重组可以有效提高企业的资源配置，越来越多的上市公司参与到并购重组的浪潮中来，并因此收获高额商誉。然而有研究表明，并购重组并未给公司带来长远的利益，甚至相较于并购之前，企业的核心盈利能力显著下降。有些企业运用并购重组活动来吸引投资者，将并购重组视为操纵市值的短期谋利工具。

并购重组作为企业的重大决策，最容易被投资者关注，并购行为的成功与否会对会计信息产生重大影响。并购行为对公司的影响可大致分为两种：其一，并购使内部现金流量更充分，节约交易成本，带来公司业绩的增长，收益增加，企业状况向好，管理层无须再进行盈余管理；其二，并购不能增加企业价值，管理者可能出于盲目自信或自身私利作出错误的并购决策，加剧委托代理问题，损害公司价值，在这种情况下，管理层使用盈余管理手段调增收益的可能性大大提高。

并购重组中的业绩承诺对盈余管理也会产生一定的影响。由于古典契约理论假定人具有完全理性，在现实世界中不存在，导致契约存在缺口和遗漏，这种契约被称为不完全契约。有效契约观认为，管理者有一定的会计政策选择权来保证契约的顺利展开，但这一选择权也给了管理者谋取私利的空间，"契约摩擦"由此产生。由于管理者与企业签订的薪酬契约中会对会计盈余有一定绩效要求，因此管理者会在会计盈余高于薪酬契约的要求时进行反向盈余管理，将超出部分的收益递延到下一期；当会计盈余大大低于薪酬契约的要求时，依旧选择反向盈余，确保下一期的绩效奖励；当且仅当会计盈余处于契约要求的区间时，采取正向盈余管理，赚取绩效奖励。契约会影响管理者的盈余管理决策。

三、金融监管对机构投资者异质性与盈余管理间关系的调节作用

随着中国特色社会主义资本市场的逐步完善，机构投资者在参与上市公司治理、监督企业管理者等经营活动中起到至关重要的作用。机构投资者由于持股目的、持股期限、风险可承受能力等因素的不同，参与公司治理程度不同、对盈余管理行为产生的影响效用也不尽相同。同时，企业所处的外部金融监管环境和自身的内部控制强度也会影响机构投资者的治理效果。因此，机构投资者异质性对公司治理的影响效果值得进一步研究，同时，探索金融监管的调节效应，对于政府加强金融监管、公司提升内部自治工作具有实际意义。

（一）研究假设

1. 机构投资者与盈余管理

21 世纪初，我国开始重视机构投资者，相继出台了各种政策扶持机构投资者，在国家政策的大力支持下，我国机构投资者实现了跨越式的发展。从统计数据上可以看出，目前我国机构投资者的持股比例达到1/3。相较于个人投资者而言，机构投资者具备更专业的知识储备，具有更雄厚的资金基础，对维护自身投资利益更具主动性。

从发展历程来看，最初，大部分学者对机构投资者参与公司治理的研究主要从机构投资者对公司盈余管理行为产生的影响这一角度来展开。翁洪波和吴世农（2007）通过实证分析发现，我国机构投资者会利用自身优势积极参与企业的内部治理，发挥有效的监管作用，并且能够抑制上市公司的"恶意派现"行为。穆纳·恩贾和阿尼斯·贾布伊（Mouna Njah & Anis Jarboui，2013）通过实证分析发现，在企业兼并收购的过程中，机构投资者可以凭借

自身优势，监督和抑制企业管理者的盈余管理行为。谭劲松和林雨晨（2016）构建了机构投资者治理效应影响信息披露质量的理论模型，通过理论模型推导发现机构投资者会积极参与公司治理，进而提升了公司的信息披露质量。杜亚飞、杨广青等（2020）发现，提高经营分部报告中的盈余质量水平会提升市场发展的稳定性和长久性，并且认为机构投资者持股比例对此具有正向的调节作用。吴晓晖、李玉敏等（2022）研究共同机构投资者认为，其存在"合谋效应"，通过引导投资组合公司利用应计盈余管理隐藏合谋收益，并通过真实盈余管理行为操纵生产成本。

企业管理者出于自身利益考虑，通过经营现金流操纵、费用操纵、成本操纵、会计政策选择等手段，进行真实盈余管理和应计盈余管理，降低企业对外披露信息的真实性和完整性，甚至构成财务舞弊，此行为不利于企业的长远发展，同时侵害了股东的利益。就中国证券市场来说，虽然机构投资者发展时间较短，但在人力和国家政策等方面存在较大优势，致使我国机构投资者有能力和有动机去监督企业的盈余管理行为。机构投资者为了得到更长久更稳定的回报，会利用自身优势来监督企业管理者的行为，督促其作出更有利的决策。基于上述推论，提出以下假设：

假设 H26：机构投资者持股比例与盈余管理呈负相关。

2. 机构投资者异质性与盈余管理

我国机构投资者种类较多，借助以往学者的研究方法，将证券公司、保险公司、信托公司以及企业年金这些与被投资企业之间存在密切的商业关系的机构投资者归为压力敏感型机构投资者，将证券投资基金、社保基金以及 QFII 这些很少参与被投资公司业务中的机构投资者归为压力抵抗型机构投资者。

在机构投资者异质性对企业生产经营和公司治理产生的影响方面，学者们进行了不少的研究。尹志宏、李艳丽等（2010）认为，压力敏感型机构投资者往往会为了维持现有或潜在的商业关系，不对高管的行为进行监督，但是压力抵抗型机构投资者不需要考虑这层商业关系，所以其持股比例越高越能抑制企业的盈余管理行为。赵惠芬、向桂玉等（2015）通过实证分析发现，机构投资者能够有效地促进企业完善内部控制；压力抵抗型机构投资者对内部控制有效性的提升作用强于压力敏感型机构投资者。王曦（2017）通过实证分析验证了压力抵抗型机构投资者持股会降低企业的真实盈余管理行为，对企业应计盈余管理无影响，而压力敏感型机构投资者则不会对企业的任何盈余管理行为产生影响。刘爱明和张静波（2019）从税务基金的角度对机构投资者进行研究，发现与压力敏感型机构投资者相比，压力抵抗型机构投资者更能够发挥重要的治理作用。舍怒涛、赵丽萍等（2020）认为，机构投资者的退出威胁促进股东参与公司治理，压力抵抗型机构投资者的退出威胁对企业盈余管理行为的影响程度更大。

由此可见，压力敏感型机构投资者和压力抵抗型机构投资者因持股目的不同和所处环境的不同，对公司治理产生的影响效果和影响程度也存在差异。这一差异的形成主要有两方面的原因：一方面，压力抵抗型机构投资者与被投资企业之间没有商业联系，他们相对独立，与企业管理者之间没有牵制，可以凭借自己的专业能力履行自身的监督责任，对企业的盈余管理行为进行监督；压力敏感型机构投资者与企业之间存在商业往来，从一定意义上来说属于利益共同体，甚至会受制于被投资公司，比较倾向于和管理者之间达成协议，对企业的盈余管理行为影响较小，即与压力抵抗型机构投资者相比，其对盈余管理的抑制性更弱一些。另一方面，机构投资者的持股比例及地位虽不及企业的控股股东，但是要绝对高于部分小股东及散户，虽然话语权有限，但是会在一定程度上干涉和影响企业决策，并且机构投资者的退出会对散户的投资决策具有一定的带动效应。压力抵抗型机构投资者没有潜在的商业关系，入市目的是在风险可控的前提下实现资产的保值增值，其退出会给散户带来更可靠的信息暗示，所以压力抵抗型机构投资者的退出威胁影响程度会比压力敏感型机构投资者的影响程度大，而企业管理者会考虑其潜在的退出威胁行为，作出更加慎重的经营决策。基于上述推论，提出以下假设：

假设 H27：相较于压力敏感型机构投资者，压力抵抗型机构投资者更能有效抑制企业的盈余管理行为。

3. 金融监管的调节作用

2020 年 10 月 9 日我国颁布了《关于进一步提高上市公司质量的意见》，文件中提到要严格落实证券法等法律规定，加大对欺诈发行、信息披露违法、操纵市场、内幕交易等违法违规行为的处罚力度。继续发展扶持实体经济，保证投资者的合法权益，加强全程审慎监管，推进科学监管、分类监管、专业监管、持续监管，提高上市公司监管的有效性。金融监管的重要性不言而喻。

金融监管不仅影响着整个市场的经营环境，还影响着在这个大环境中生存的企业及个人。陆磊（2000）认为，信息不对称性会对金融市场和消费者产生不利影响，应该提升金融监管政策的透明度，逐步放开市场准入管制。吴弘和徐振（2009）提出，需要对现有的法律程序作适当调整，保护金融消费者的合法权益，为市场中的所有行业提供全面的保护。潘敏和魏海瑞（2015）通过实证分析，发现随着银行业监管部门事前发布的监管公文和事后违规惩戒措施强度的增加，其风险抑制效应也更为明显。李扬（2017）提出，需要加强金融行业服务实体经济的措施，通过发展普惠金融，建立完善的市场风险应对体系、构建牢固的金融监管架构。陈旭和邱斌（2021）分析发现，严格的金融监管能够减少数字金融业务中的违约风险，可以促进资金流向实体经济。史建平、张绚等（2021）通过研究金融监管的不确定性发现，随着不确定性的增加，企业出于对外部融资压力、内部财务风险和经营状况的考虑，会降低外部负债融资，进而导致企业的资产负债率降低。

国家实施金融监管既是为了防范金融风险、维护金融稳定，也是为了保护投资者的权益。保护投资者权益可以从两个角度出发：一是制定相关法律法规，赋予机构投资者相应的监管权力，允许投资者采用适当的方法和手段对被投资企业进行监督治理；二是规范企业的经营，以降低企业管理者采用不当经营手段对会计报告进行操纵的可能性，从源头上保护投资者。

在较强的金融监管强度下，为了降低因违规操作而导致的经济损失和被监管部门警告的风险，企业自身会更加注重规范经营，减少盈余管理行为。相较于金融监管强度较低的市场环境，机构投资者在较高的金融监管强度下会选择相信和依赖管理当局实施的金融监管措施，放松对被投资企业的监管，使机构投资者对盈余管理的抑制作用减弱；在金融监管薄弱时，机构投资者无法依赖其他监管部门所提供的监管服务，需要依靠自身能力更加谨慎地监督管理企业，进而得以充分发挥监督和管理职能，减少企业的盈余管理行为，防止自身利益遭受损失。基于以上推论，提出以下假设：

假设 H28：金融监管能够调节机构投资者异质性与盈余管理之间的关系，并且金融监管强度越弱，机构投资者异质性对盈余管理的抑制作用越强。

（二）研究设计

1. 样本选择与数据来源

采用 WIND 数据库和国家统计局官网进行数据收集，截取 2015～2020 年沪深 A 股上市公司的数据。并对数据进行如下处理，得出 17 218 个样本数据：一是剔除 ST、*ST 的公司；二是剔除金融业上市公司；三是剔除样本不足 10 个的行业数据；四是对变量进行 1% 以下和 99% 以上的缩尾处理，避免极端值对研究结果的影响。

2. 变量的定义与度量

对于金融监管强度（FS）的衡量，采用王韧（2019）、唐松和伍旭川（2020）的衡量方法，使用"区域金融监管支出"作为金融监管的基础代理变量，并采用区域金融业增加值消除规模的影响，计算公式为 $FS =$ 区域金融监管支出/金融业增加值。然后基于金融监管强度进行分组，以 50% 中位数为界，进行调节效应的检验，分析在不同强度的金融监管下，对投资者异质性与盈余管理相关性的驱动作用。其余变量的衡量见表 6－23。

表 6－23　　　　　　　　　　　变量的定义及度量

变量分类	变量名称	变量符号	变量说明
被解释变量	应计盈余管理	DA	采用修正的 Jones 模型衡量
	真实盈余管理	RM	采用 Roychowdhery 的衡量方法计算
	盈余管理	EM	通过 $DA + RM$ 计算得出

续表

变量分类	变量名称	变量符号	变量说明
解释变量	机构投资者持股比例	*INVH*	机构投资者持股数量总和/流通 A 股股数总和
	压力抵抗型机构投资者持股比例	*PRERESI*	证券投资基金、*QFII*、社保基金的总持股比例
	压力敏感型机构投资者持股比例	*PRESENTI*	券商、保险公司、信托、企业年金的总持股比例
调节变量	金融监管	*FS*	地方性金融监管支出/金融业增加值
控制变量	公司规模	*SIZE*	期末资产总额的对数
	资产负债率	*LEV*	期末总负债/期末总资产
	总资产收益率	*ROA*	净利润/总资产
	资产周转率	*TURNOVER*	主营业务收入/年平均总资产
	审计意见类型	*OPIN*	标准无保留意见为 1，否则为 0
	审计单位	*BIG4*	四大事务所审计为 1，否则为 0
	现金流量	*CF*	期末现金流量
	上市年龄	*AGE*	样本年份 – 上市年份
	年度	*YEAR*	控制年份固定效应
	行业	*INDUSTRY*	按照证监会的行业分类标准

3. 模型设计

（1）机构投资者持股与盈余管理模型

为验证假设 H26，设计了模型（6.31）。

$$EM_{i,t} = \alpha_0 + \alpha_1 INVH_{i,t} + \alpha_2 CONTROL + \alpha_3 \sum INDUSTRY + \alpha_4 \sum YEAR + \alpha_{i,t}$$

$$(6.31)$$

其中，i 代表公司，t 代表年份。被解释变量 $EM_{i,t}$ 表示企业的整体盈余管理；自变量 $INVH$ 表示机构投资者总持股比例；$CONTROL$ 表示一系列控制变量，包括公司规模（$SIZE$）、资产负债率（LEV）、总资产收益率（ROA）、上市年龄（AGE）、审计意见类型（$OPIN$）、审计单位（$BIG4$）、现金流量（CF）、年份（$YEAR$）、行业（$INDUSTRY$）。

（2）机构投资者异质性与盈余管理模型

为验证假设 H27，设计了模型（6.32）和模型（6.33）。

$$EM_{i,t} = \alpha_0 + \alpha_1 Presenti_{i,t} + \alpha_2 CONTROL + \alpha_3 \sum INDUSTRY + \alpha_4 \sum YEAR + \alpha_{i,t}$$

$$(6.32)$$

$$EM_{i,t} = \alpha_0 + \alpha_1 Preresi_{i,t} + \alpha_2 CONTROL + \alpha_3 \sum INDUSTRY + \alpha_4 \sum YEAR + \alpha_{i,t}$$

$$(6.33)$$

其中，$Presenti_{i,t}$ 表示压力敏感型机构投资者的持股比例，$Preresi_{i,t}$ 表示压力抵抗型机构投资者的持股比例。

（3）调节效应模型

调节效应检验方法如下：为了验证假设 H28，即金融监管对于机构投资者异质性和盈余管理之间关系的调节效应，根据金融监管强度（FS）的中位数，将样本数据划分为高水平金融监管组和低水平金融监管组，进行分组检验。

（三）实证检验与结果分析

1. 描述性统计分析

机构投资者持股、压力敏感型机构投资者、压力抵抗型机构投资者、盈余管理、金融监管、内部控制及相关控制变量的描述性统计结果如表 6 - 24 所示。

表 6 - 24　　　　　　　　　描述性统计分析

变量	N	mean	sd	min	max
$INVH$	17 218	0.0360	0.0510	0	0.24000
$Presenti$	17 218	0.0060	0.0130	0	0.0800
$Preresi$	17 218	0.0290	0.0440	0	0.2130
DA	17 218	- 0.0010	0.0930	- 0.3510	0.2620
$A\ CFO$	17 218	0.0020	0.0750	- 0.2500	0.2290

续表

变量	N	mean	sd	min	max
A PROD	17 218	− 0.0030	0.1160	− 0.4150	0.3020
A DISX	17 218	− 0.0020	0.0720	− 0.1210	0.3230
RM	17 218	− 0.0040	0.2130	− 0.7970	0.5250
EM	17 218	− 0.0050	0.2430	− 0.8380	0.6520
FS	17 218	0.0080	0.0080	0.0010	0.0390
SIZE	17 218	22.2700	1.3070	19.9000	26.1900
LEV	17 218	42.0700	20.2300	6.3100	90.3400
BIG4	17 218	0.0540	0.2250	0	1
TURNOVER	17 218	0.6310	0.4190	0.0760	2.5490
OPIN	17 218	0.9670	0.1780	0	1
AGE	17 218	10.6500	7.7000	0	26
ROA	17 218	5.5710	7.1830	− 24.9100	25.6800
CF	17 218	$7.484e + 08$	$2.309e + 09$	$− 1.833e + 09$	$1.751e + 10$

（1）被解释变量的描述性统计

从表6-24中可以看出，企业的应计盈余管理（DA）最小值为−0.3510，最大值为0.2620，均值为−0.0010，标准差为0.0930；真实盈余管理（RM）最小值为−0.7970，最大值为0.5250，均值为−0.0040，标准差为0.2130；整体盈余管理（EM）最小值为−0.8380，最大值为0.6520，均值为−0.0050，标准差为0.2340。可以看出，我国目前上市公司的盈余管理存在方向性差异，普遍进行向下盈余管理行为，其标准差普遍小于0.24，说明我国的各个公司之间的盈余管理水平相差较小。

（2）解释变量的描述性统计

机构投资者的总持股比例（INVH）最小值为0，最大值为0.2400，均值为0.0360，方差为0.0510；压力敏感型机构投资者的持股比例（Presenti）最小值为0，最大值为0.0800，均值为0.0060，方差为0.0130；压力抵抗型机构投资者的持股比例（Preresi）最小值为0，最大值为0.2130，均值为

0.0290，方差为 0.0440。从均值中可以看出，目前，我国机构投资者参与公司治理的程度较低，同时也可以看出，我国压力抵抗型机构投资者持股比例高于压力敏感型机构投资者的持股比例，压力敏感型机构投资者在不同上市公司的持股比例波动性低于压力抵抗型机构投资者持股的波动性。

（3）调节变量的描述性统计

金融监管（*FS*）最小值为 0.0010，最大值为 0.0390，均值为 0.0080，方差为 0.0080，可以看出不同地区的金融监管存在较大的差异，但是不同上市公司所受到的金融监管力度的波动性并不大。

2. 相关性分析

主要变量的 *VIF* 值，目的是变量是否存在多重共线问题，结果如表 6 – 25 所示。全部变量的方差膨胀系数（*VIF* 值）均小于 2.5，说明不存在严重的多重共线性问题。

表 6 – 25 多重共线性检验

变量	*VIF*	*1/VIF*
SIZE	2.44	0.410410
LEV	1.70	0.589523
CF	1.57	0.635692
ROA	1.36	0.734749
AGE	1.30	0.770259
OPIN	1.19	0.841624
BIG4	1.18	0.849338
Preresi	1.15	0.867311
TURNOVER	1.09	0.913653
Presenti	1.07	0.936501
FS	1.00	0.996976
Mean VIF	1.35	

3. 回归分析

（1）机构投资者异质性与盈余管理

为验证假设 H26 和假设 H27，将已收集整理的数据代入下文模型 1、模型

2 和模型 3。回归结果如表 6 - 26 所示。3 个模型的因变量均为企业整体盈余管理（*EM*），自变量分别为企业机构投资者总体持股比例（*INVH*）、压力敏感型机构投资者（*Presenti*）、压力抵抗型机构投资者（*Preresi*）。

表 6 - 26　　　　　　　　　　　　机构投资者与盈余管理

变量	模型 1	模型 2	模型 3	标准化系数
	EM	*EM*	*EM*	*EM*
INVH	- 0. 544 *** (- 15. 16)			
Presenti		- 0. 242 * (- 1. 85)		0. 001 (0. 53)
Preresi			- 0. 673 *** (- 16. 47)	- 0. 030 *** (- 16. 37)
SIZE	0. 032 *** (15. 73)	0. 026 *** (12. 84)	0. 032 *** (15. 80)	0. 032 *** (15. 66)
LEV	0. 001 *** (5. 10)	0. 001 *** (5. 41)	0. 001 *** (5. 18)	0. 001 *** (5. 19)
BIG4	- 0. 017 ** (- 2. 09)	- 0. 015 * (- 1. 82)	- 0. 018 ** (- 2. 24)	- 0. 018 ** (- 2. 24)
TURNOVER	- 0. 055 *** (- 11. 26)	- 0. 057 *** (- 11. 74)	- 0. 054 *** (- 11. 20)	- 0. 054 *** (- 11. 21)
OPIN	0. 088 *** (9. 01)	0. 088 *** (8. 98)	0. 088 *** (9. 04)	0. 088 *** (9. 04)
AGE	0. 001 *** (5. 49)	0. 001 *** (5. 30)	0. 001 *** (5. 20)	0. 001 *** (5. 17)
ROA	- 0. 003 *** (- 12. 37)	- 0. 004 *** (- 15. 29)	- 0. 003 *** (- 11. 82)	- 0. 003 *** (- 11. 82)
CF	- 0. 000 *** (- 25. 07)	- 0. 000 *** (- 24. 75)	- 0. 000 *** (- 25. 14)	- 0. 000 ***

续表

变量	模型 1	模型 2	模型 3	标准化系数
	EM	*EM*	*EM*	*EM*
Constant	− 0.748 *** (− 17.79)	− 0.627 *** (− 15.01)	− 0.748 *** (− 17.86)	− 0.757 *** (− 16.72)
Observations	17 218	17 218	17 218	17 218
R − squared	0.207	0.196	0.209	0.209
Number of year	6	6	6	6

注：* 代表在 10% 水平下显著，** 代表在 5% 水平下显著，*** 代表在 1% 水平下显著。

由模型 1 的回归结果可知，机构投资者的总体持股比例（*INVH*）与企业整体盈余管理（*EM*）关系系数为 − 0.544，并在 1% 水平上显著负相关，这说明机构投资者总体持股比例与企业整体盈余管理呈负相关。假设 H26 得到验证。

由模型 2 的回归结果可知，压力敏感型机构投资者持股比例（*Presenti*）与企业整体盈余管理（*EM*）关系系数为 − 0.242，并在 10% 水平上显著负相关，说明压力敏感型机构投资者持股比例（*Presenti*）与企业整体的盈余管理（*EM*）行为呈负相关。

由模型 3 的回归结果可知，压力抵抗型机构投资者持股比例（*Preresi*）与企业整体盈余管理（*EM*）关系系数为 − 0.673，并在 1% 水平上显著负相关，说明压力抵抗型机构投资者持股比例（*Preresi*）与企业整体盈余管理呈负相关。

为了比较组间系数，进行了系数标准化处理，由表第（5）列可以看出压力敏感型机构投资者持股比例（*Presenti*）与企业整体盈余管理（*EM*）关系系数为 0.001，但不显著，而压力抵抗型机构投资者持股比例（*Preresi*）与企业整体盈余管理（*EM*）关系系数为 − 0.030，且在 1% 水平上显著负相关。由此可以看出，相较于压力敏感型机构投资者（*Presenti*），压力抵抗型机构投资者（*Preresi*）更能抑制企业的盈余管理行为，即假设 H27 得到验证。

（2）金融监管的调节效应。

为验证假设 H28，即金融监管的调节效应，将已收集整理的数据代入前文模型 2 和模型 3。将金融监管的全部样本数据以中位数为划分依据，分为高金融监管组（high_FS）和低金融监管组（low_FS）。表 6 – 27 的第（1）列和第（2）列为研究在高金融监管强度和低金融监管强度下压力敏感型机构投资者（Presenti）对公司整体盈余管理的影响，表 6 – 27 的第（3）列和第（4）列为研究在高金融监管强度和低金融监管强度下压力抵抗型机构投资者（Preresi）对企业整体盈余管理的影响。

表 6 – 27　　　　　　　　　　　金融监管的调节效应

变量	(1)	(2)	(3)	(4)
	high_FS	low_FS	high_FS	low_FS
	EM	EM	EM	EM
Presenti	0.124 (0.61)	– 0.547 *** (– 2.79)		
Preresi			0.116 (1.11)	– 0.079 (– 0.85)
SIZE	0.029 ** (2.01)	0.061 * (1.95)	0.028 ** (1.98)	0.061 * (1.94)
LEV	– 0.001 ** (– 2.06)	– 0.001 * (– 1.82)	– 0.001 ** (– 2.07)	– 0.001 * (– 1.80)
BIG4	0.010 (0.29)	– 0.078 (– 1.55)	0.010 (0.28)	– 0.077 (– 1.52)
TURNOVER	– 0.102 *** (– 2.92)	– 0.007 (– 0.33)	– 0.101 *** (– 2.92)	– 0.006 (– 0.28)
OPIN	0.033 * (1.79)	0.086 *** (4.08)	0.033 * (1.77)	0.087 *** (4.13)
AGE	0.005 ** (2.27)	– 0.007 ** (– 2.10)	0.005 ** (2.36)	– 0.007 ** (– 2.03)

续表

变量	(1) high_FS EM	(2) low_FS EM	(3) high_FS EM	(4) low_FS EM
ROA	0.002 ** (2.27)	0.000 (0.25)	0.002 ** (2.14)	0.000 (0.33)
CF	−0.000 *** (−7.70)	−0.000 *** (−2.68)	−0.000 *** (−7.72)	−0.000 *** (−2.67)
Constant	−0.596 ** (−2.00)	−1.298 ** (−1.96)	−0.583 ** (−1.97)	−1.301 ** (−1.96)
Observations	8 825	8 393	8 825	8 393
R − squared	0.069	0.033	0.070	0.033
Number of stock	2 670	2 695	2 670	2 695

注: *代表在10%水平下显著，**代表在5%水平下显著，***代表在1%水平下显著。

从表6－27第（1）列可以看出，在较高的金融监管强度下，压力敏感型机构投资者（Presenti）与盈余管理的回归系数为0.124，但不显著；从第（2）列可以看出，在较低的金融监管强度下，压力敏感型机构投资者（Presenti）与盈余管理的回归系数为－0.547，且在1%水平下显著，则说明金融监管能够调节压力敏感型机构投资者对盈余管理的抑制作用，即金融监管强度越低，抑制作用越明显。

从表6－27第（3）列、第（4）列可以看出，在较高的金融监管强度下，压力抵抗型机构投资者（Preresi）与盈余管理（EM）的回归系数分别为0.116，且不显著；在较低的金融监管强度下，压力抵抗型机构投资者（Preresi）与盈余管理（EM）的回归系数为－0.079，且不显著，则说明金融监管不能够调节压力抵抗型机构投资者对盈余管理的抑制作用。假设H28得到检验。

4. 稳健性检验与内生性检验

（1）稳定性检验

参考了薄仙慧和吴联生（2009）的做法，替换不同时间点的机构投资者持股比例进行稳健性检验。选取了 2015～2020 年的第三季度末的总机构投资者持股比例、压力敏感型机构投资者持股比例和压力抵抗型机构投资者持股比例的数据代替年末其持股比例，探究假设的稳健性。具体结果如表 6－28所示。

表 6－28　　　　　　　　　　　机构投资者与盈余管理

变量	模型 1	模型 2	模型 3	标准化系数
	EM	EM	EM	EM
INVH	−0.005 *** (−15.15)			
Presenti		−0.002 ** (−2.41)		−0.002 (−0.71)
Preresi			−0.006 *** (−16.43)	−0.029 *** (−12.56)
SIZE	0.030 *** (15.14)	0.026 *** (12.91)	0.030 *** (14.93)	0.017 *** (7.24)
LEV	0.001 *** (5.25)	0.001 *** (5.38)	0.001 *** (5.39)	0.000 *** (3.53)
BIG4	−0.017 ** (−2.11)	−0.015 * (−1.82)	−0.018 ** (−2.28)	−0.038 *** (−3.70)
TURNOVER	−0.054 *** (−11.24)	−0.057 *** (−11.74)	−0.054 *** (−11.14)	−0.024 *** (−5.26)
OPIN	0.086 *** (8.83)	0.088 *** (8.96)	0.087 *** (8.85)	0.102 *** (8.22)
AGE	0.001 *** (4.19)	0.001 *** (5.24)	0.001 *** (3.81)	0.002 *** (4.56)
ROA	−0.003 *** (−12.13)	−0.004 *** (−15.25)	−0.003 *** (−11.54)	−0.005 *** (−14.81)
CF	−0.000 *** (−25.38)	−0.000 *** (−24.79)	−0.000 *** (−25.36)	−0.000 *** (−13.93)

续表

变量	模型 1	模型 2	模型 3	标准化系数
	EM	*EM*	*EM*	*EM*
Constant	− 0. 713 *** (− 17. 11)	− 0. 629 *** (− 15. 08)	− 0. 701 *** (− 16. 92)	− 0. 463 *** (− 8. 63)
Observations	17 213	17 213	17 213	17 213
R − squared	0. 207	0. 196	0. 209	0. 141

注：＊代表在10%水平下显著，＊＊代表在5%水平下显著，＊＊＊代表在1%水平下显著。

由表 6 - 28 中的模型 1 的回归结果可知，机构投资者的总体持股比例（*INVH*）与企业整体盈余管理（*EM*）关系系数为 − 0. 005，并在 1% 水平上显著负相关，说明在控制相关因素后，机构投资者总体持股比例与企业整体盈余管理呈负相关。假设 H26 得到验证。

由表 6 - 28 中的模型 2 的回归结果可知，压力敏感型机构投资者持股比例（*Presenti*）与企业整体盈余管理（*EM*）关系系数为 − 0. 002，并在 5% 水平上显著负相关，这说明在控制相关因素后，压力敏感型机构投资者持股比例（*Presenti*）与企业整体盈余管理（*EM*）呈显著负相关。

由表 6 - 28 中的模型 3 的回归结果可知，压力抵抗型机构投资者持股比例（*Preresi*）与企业整体盈余管理（*EM*）关系系数为 − 0. 006，并在 1% 水平上显著负相关，这说明在控制相关因素后，压力抵抗型机构投资者持股比例（*Preresi*）与企业整体盈余管理呈显著负相关。

为了比较组间系数，进行系数标准化处理，表 6 - 28 最后一列显示压力敏感型机构投资者持股比例（*Presenti*）与企业整体盈余管理（*EM*）关系系数为 0. 002，但不显著，而压力抵抗型机构投资者持股比例（*Preresi*）与企业整体盈余管理（*EM*）关系系数为 − 0. 029，且在 1% 水平上显著负相关。由此可以看出，相较于压力敏感型机构投资者（*Presenti*）而言，压力抵抗型机构投资者（*Preresi*）更能抑制企业的盈余管理行为。假设 H27 得到验证。

为验证假设 H28，将收集整理的数据代入前文模型 2 和模型 3。回归结果如表 6 - 29 所示。

表 6 - 29　　　　　　　　　金融监管的调节效应

变量	(1) high_FS EM	(2) low_FS EM	(3) high_FS EM	(4) low_FS EM
Presenti	0.002 (1.15)	-0.004 ** (-2.21)		
Preresi			-0.006 *** (-10.59)	-0.007 *** (-12.51)
SIZE	0.037 *** (3.26)	0.055 *** (4.93)	0.026 *** (9.01)	0.034 *** (12.10)
LEV	-0.001 ** (-2.20)	-0.001 ** (-1.98)	0.001 *** (4.04)	0.001 *** (3.73)
BIG4	0.010 (0.41)	-0.010 (-0.30)	-0.010 (-0.85)	-0.027 ** (-2.43)
TURNOVER	-0.094 *** (-4.20)	-0.030 (-1.59)	-0.058 *** (-8.56)	-0.048 *** (-6.95)
OPIN	0.026 (1.59)	0.071 *** (4.09)	0.076 *** (5.66)	0.098 *** (6.91)
AGE	0.005 *** (2.76)	-0.004 ** (-2.06)	0.001 *** (3.87)	0.001 (1.50)
ROA	0.003 *** (4.56)	0.002 *** (2.83)	-0.003 *** (-7.97)	-0.003 *** (-8.10)
CF	-0.000 *** (-10.71)	-0.000 *** (-9.51)	-0.000 *** (-18.97)	-0.000 *** (-17.42)
Constant	-0.794 *** (-3.38)	-1.187 *** (-5.08)	-0.179 *** (-2.83)	-0.310 *** (-5.53)
Observations	8 824	8 389	8 824	8 389
R - squared	0.115	0.103	0.191	0.176

注：*代表在10%水平下显著，**代表在5%水平下显著，***代表在1%水平下显著。

从表 6-29 第（1）列可以看出，在较高的金融监管强度下，压力敏感型机构投资者（Presenti）与盈余管理的回归系数为 0.002，但不显著；从第（2）列可以看出，在较低的金融监管强度下，压力敏感型机构投资者（Presenti）与盈余管理的回归系数为 -0.004，且在 5% 水平下显著，则说明金融监管能够调节压力敏感型机构投资者对盈余管理的抑制作用，即金融监管强度越低，对其抑制作用越明显。

从第（3）列、第（4）列可以看出，在较高金融监管强度下，压力抵抗型机构投资者（Preresi）与盈余管理（EM）的回归系数为 -0.006，在 1% 水平下显著负相关，在较低的金融监管强度下，压力抵抗型机构投资者（Preresi）与盈余管理（EM）的回归系数为 -0.007，在 1% 水平下显著负相关，由于两组数据均呈现显著性结果，无法判断金融监管的调节效应，进行了似无相关检验，得出 P 值为 0.2527，不显著，这说明金融监管不能够调节压力抵抗型机构投资者对盈余管理的抑制作用。假设 H28 得到检验。

（2）内生性检验

将被解释变量盈余管理滞后一期，形成动态面板数据，进行内生性检验。依次检验的 4 个假设，具体结果如表 6-30 所示。

由表 6-30 中的模型 1 的回归结果可知，机构投资者的总体持股比例（INVH）与企业整体盈余管理（L. EM）关系系数为 -0.570，并在 1% 水平上显著负相关，这说明在控制相关因素后，机构投资者总体持股比例与企业整体盈余管理呈负相关。假设 H26 得到验证。

表 6-30　　　　　　　　　　　机构投资者与盈余管理

变量	模型 1	模型 2	模型 3	标准化系数
	L. EM	L. EM	L. EM	L. EM
INVH	-0.570 *** (-13.86)	.	.	
Presenti		-0.399 ** (-2.52)		0.002 (0.75)

续表

变量	模型 1	模型 2	模型 3	标准化系数
	L. EM	L. EM	L. EM	L. EM
Preresi			- 0. 713 *** (- 15. 19)	- 0. 030 *** (- 11. 15)
SIZE	0. 023 *** (10. 24)	0. 016 *** (7. 03)	0. 023 *** (10. 39)	0. 016 *** (5. 91)
LEV	0. 001 *** (5. 81)	0. 001 *** (6. 02)	0. 001 *** (5. 85)	0. 001 *** (4. 41)
BIG4	- 0. 046 *** (- 5. 21)	- 0. 057 *** (- 6. 08)	- 0. 047 *** (- 5. 33)	- 0. 059 *** (- 5. 15)
TURNOVER	- 0. 045 *** (- 8. 28)	0. 005 (0. 95)	- 0. 044 *** (- 8. 22)	- 0. 010 ** (- 1. 97)
OPIN	0. 074 *** (6. 85)	0. 065 *** (5. 69)	0. 074 *** (6. 88)	0. 077 *** (5. 66)
AGE	0. 001 *** (4. 38)	0. 001 *** (3. 32)	0. 001 *** (4. 12)	0. 002 *** (4. 44)
ROA	- 0. 006 *** (- 18. 86)	- 0. 007 *** (- 23. 64)	- 0. 005 *** (- 18. 25)	- 0. 007 *** (- 17. 63)
CF	- 0. 000 *** (- 10. 53)	- 0. 000 *** (- 9. 42)	- 0. 000 *** (- 10. 58)	- 0. 000 *** (- 5. 81)
Constant	- 0. 548 *** (- 11. 66)	- 0. 422 *** (- 8. 86)	- 0. 553 *** (- 11. 83)	- 0. 445 *** (- 7. 18)
Observations	15 043	15 043	15 043	14 169
R - squared	0. 200	0. 074	0. 202	0. 143

注：*代表在10%水平下显著，**代表在5%水平下显著，***代表在1%水平下显著。

由表 6 – 30 中的模型 2 的回归结果可知，压力敏感型机构投资者持股比例（*Presenti*）与企业整体盈余管理（*L. EM*）关系系数为 - 0. 399，并在 5% 水平上显著负相关，这说明在加入控制相关因素后，压力敏感型机构投资者持股比例（*Presenti*）与企业整体盈余管理（*L. EM*）呈显著负相关。

由表 6 - 30 中的模型 3 的回归结果可知，压力抵抗型机构投资者持股比例（*Preresi*）与企业整体盈余管理（*L. EM*）回归系数为 - 0.713，并在 1% 水平上显著负相关，这说明在控制相关因素后，压力抵抗型机构投资者持股比例（*Preresi*）与企业整体盈余管理（*L. EM*）呈显著负相关。

为了比较组间系数，进行系数标准化处理，由表第（5）列可以看出压力敏感型机构投资者持股比例（*Presenti*）与企业整体盈余管理（*L. EM*）关系系数为 0.002，但不显著，而压力抵抗型机构投资者持股比例（*Preresi*）与企业整体盈余管理（*L. EM*）关系系数为 - 0.030，且在 1% 水平上显著负相关。由此可以看出，相较于压力敏感型机构投资者而言，压力抵抗型机构投资者更能抑制企业的盈余管理行为。假设 H27 得到验证

为验证假设 H28，将已收集整理的数据代入前文模型 2 和模型 3。回归结果如表 6 - 31 所示。

表 6 - 31　　　　　　　　　　金融监管的调节效应

变量	(1) high_FS L. EM	(2) low_FS L. EM	(3) high_FS L. EM	(4) low_FS L. EM
Presenti	- 0.053 (- 0.24)	- 0.410 ** (- 1.99)		
Preresi			- 0.711 *** (- 10.45)	- 0.714 *** (- 10.96)
SIZE	0.013 *** (3.98)	0.018 *** (5.80)	0.021 *** (6.31)	0.025 *** (7.97)
LEV	0.001 *** (4.04)	0.001 *** (4.83)	0.001 *** (3.67)	0.001 *** (4.69)
BIG4	- 0.035 *** (- 2.82)	- 0.049 *** (- 3.90)	- 0.038 *** (- 3.00)	- 0.052 *** (- 4.24)

续表

变量	(1)	(2)	(3)	(4)
	high_FS	low_FS	high_FS	low_FS
	L. EM	L. EM	L. EM	L. EM
TURNOVER	-0.045*** (-5.94)	-0.049*** (-6.26)	-0.041*** (-5.44)	-0.047*** (-6.05)
OPIN	0.057*** (3.72)	0.093*** (5.94)	0.055*** (3.64)	0.092*** (5.95)
AGE	0.002*** (3.95)	0.001** (2.06)	0.002*** (3.89)	0.001* (1.91)
ROA	-0.006*** (-15.34)	-0.007*** (-15.29)	-0.005*** (-12.90)	-0.006*** (-12.79)
CF	-0.000*** (-7.21)	-0.000*** (-7.31)	-0.000*** (-7.15)	-0.000*** (-7.69)
Constant	-0.370*** (-4.88)	-0.423*** (-6.26)	-0.520*** (-6.82)	-0.551*** (-8.13)
Observations	7 451	7 592	7 451	7 592
R-squared	0.208	0.184	0.220	0.196

注：* 代表在10%水平下显著，** 代表在5%水平下显著，*** 代表在1%水平下显著。

从表6-31第（1）列可以看出，在较高的金融监管强度下，压力敏感型机构投资者（Presenti）与盈余管理（L. EM）的回归系数为-0.053，但不显著；从第（2）列可以看出，在较低的金融监管强度下，压力敏感型机构投资者（Presenti）与盈余管理（L. EM）的回归系数为-0.410，且在5%水平下显著负相关，则说明金融监管能够调节压力敏感型机构投资者对盈余管理的抑制作用，即金融监管强度越弱，压力敏感型机构投资者对企业盈余管理的抑制作用越强。

从表6-31第（3）列、第（4）列可以看出，在较高的金融监管强度下，压力抵抗型机构投资者（Preresi）与盈余管理（L. EM）的回归系数为

-0.711，在 1% 水平下显著负相关，在较低的金融监管强度下，压力抵抗型机构投资者（$Preresi$）与盈余管理（$L.EM$）的回归系数为 -0.714，在 1% 水平下显著负相关。为此进一步进行似无相关检验，得出 P 值为 0.9806，不显著，则说明金融监管不能够调节压力抵抗型机构投资者对盈余管理的抑制作用。假设 H28 得到检验。

综上所述，在稳健性和内生性检验中，主回归结果和调节效应结果不变，实证结果稳健。

（四）研究结论

本部分研究通过构建面板固定效应模型，分析机构投资者持股对企业整体的盈余管理行为的影响效果，接着以是否与被投资单位存在商业关系为划分依据，探究机构投资者异质性对企业整体盈余管理的影响效果，最后讨论企业外部金融监管对机构投资者异质性所产生的抑制效应的调节作用，得出以下结论：

①机构投资者持股比例与企业整体盈余管理呈显著负相关。构投资者出于对自身利益和市场环境的维护，借助所拥有的专业的技能和平台，监督企业规范化经营，进而使企业管理者减少利润操纵行为，即降低了企业的盈余管理行为。

②相较于压力敏感型机构投资者，压力抵抗型机构投资者对盈余管理的抑制作用更强。这种抑制作用的程度受到多种因素的影响，如机构投资者的持股目的、持股期限和可接受的风险水平。不同类型的机构投资者对企业的盈余管理行为的抑制作用也不同。

之所以压力抵抗型对盈余管理的抑制作用会强于压力敏感型的抑制作用，原因有二：一方面，压力抵抗型机构投资者具有相对独立性，可以不受被投资者单位的胁迫作出完全有利于自身利益的投资决策，监督企业管理者正规经营，并且披露较为完整可靠的会计信息，而压力敏感型机构投资者由于与被投资企业存在商业关系，从某种意义上来说属于利益共同体，甚至受制于被投资企业，无法对企业管理者的利润操纵行为产生绝对影响。另一方面，压力抵抗型机构投资者持股期限较长，更加考虑企业的长期发展状况，入市目的是在风险可控的前提下，实现自有资产的保值增值。于散户而言，压力抵抗型机构投资者的行为更具有说服力，所以相较于压力敏感型机构投资者而言，压力抵抗型机构投资者的退出威胁影响效应更强，而企业管理者考虑这种潜在退出威胁的影响，也会降低企业的盈余管理行为。

③金融监管强度能够调节机构投资者异质性对企业盈余管理行为的抑制效应。金融监管能够有效防范金融风险、维护市场秩序，促进所有经济体稳健发展，为经济市场中的所有企业提供公平且合理的竞争环境，保护投资者的合法权益。所以金融监管对机构投资者与盈余管理的相关性具有调节作用，压力抵抗型机构投资者的独立性较强，无论外部金融监管强度如何改变，压力抵抗型机构投资者始终会凭借自身的监管能力和优势持续监督企业的盈余管理行为。

（五）政策建议

机构投资者进入市场所发挥的治理效用有目共睹，但是目前我国机构投资者发展正处于初级阶段，所表现出来的治理成果有限，因此我国需要大力发展机构投资者，提供较好的治理环境。根据的理论分析和实证结果，提出以下几点政策建议。

①适当扩大机构投资者规模，积极引导其参与公司治理。机构投资者所代表的利益是整体利益，所作的投资决策更多体现的是一种社会责任。要培养机构投资者的社会责任感，顺应政策导向，成为监管机构的有力帮手。适当扩大机构投资者规模，从国家政策角度，可以适当放宽机构投资者入股条件，协助机构投资者发展壮大，提供政策支持，不让制度制约机构投资者的发展。从企业角度，可以引导机构投资者参与公司重大决策的讨论，督促其积极参与公司决策的制定。

②促进机构投资者种类多元化，优化机构投资者队伍建设。压力抵抗型机构投资者更能对企业的盈余管理行为具有更加明显的监督作用，这类机构投资者能够更加独立、公正地参与公司治理，因此要大力发展证券投资基金、

QFII、社保基金这类机构投资者进入市场。放宽对压力抵抗型机构投资者的相关限制，在有侧重性鼓励支持的同时建立多元化的机构投资者群体，有关政策的制定需要充分考虑机构投资者的异质性，避免进行"一刀切"。

③完善金融监管机制，为企业提供良好竞争环境。可以通过加强市场信息透明度建设、制定合理的监督措施以及颁布规范性的惩罚措施文件等方式引导、监督机构投资者健康地参与资本市场。为机构投资者提供更加完善的金融平台，加强金融工具的开发，既要避险又要符合其投资所需，在培养机构投资者的同时也要注重维护市场的公平性，提高整个经济市场的透明度，降低企业信息的不对称性。

④加强公司内部治理，维护良好的公司经营环境。企业需加强内部控制建设，提高企业的风险评估能力和风险应对水平，形成企业内部独立的审计部门，及时发现并高效解决企业生产经营活动中存在的内部缺陷。完善企业内部治理结构，充分发挥企业内部监事会的监督管理职能，让更多员工成为企业内部治理的主体，督促管理者规范经营，减少盈余管理行为，提高信息披露质量。

第七章

现代化金融监管体系的启示与思考

中国正在积极推进现代化金融监管，以适应快速变化的金融市场和日益复杂的金融业务。在这一进程中，中国的监管机构致力于采用创新科技，加强风险管理，加大执法力度，并注重投资者保护和市场透明度。现代化金融监管也对金融体系、实体企业等多方主体产生重要影响。中国未来仍需继续发展和完善金融监管体系，建设一个更加透明、公开、公平的金融市场。

第一节 现代化金融监管体系对多方主体的影响

随着我国金融市场的日益完善，金融市场所容纳的企业以及企业的种类也越来越多，要想金融市场能够更加稳定并健康地发展，金融监管必不可少。由前几章内容可知，金融监管是政府通过特定的机构，对金融交易行为主体所作出的一些限制和规定，是政府监督金融领域的重要手段，其目的是规范市场上的交易活动及交易主体，维护市场秩序，并以此促进金融机构依法稳健地经营发展。

一、现代化金融监管存在的必要性

目前，在实行市场经济的国家中，都客观存在政府设立的金融监管机构，通过设立这些机构，对市场进行有效的监督和管理。为了取得更有效的监管效果，监督必须具有全面性、经常性及专业性，这样才能使金融监管起到国家有效管理市场的作用。那么，金融监管机构的存在究竟解决了哪些问题？

首先，能够有效地防止金融市场的失灵并及时发现存在的缺陷。在一个自由市场中，很多企业可能会为了获得更高的利润，滥用资源，或者对某项资源进行垄断，最终导致整个金融市场资源配置无效。这时金融监管则会起到一个纠正金融市场失灵的作用，通过定期的监督检查，迫使企业必须按照法律法规进行正规的经营运作，进而营造一个良好的市场环境，形成公平的竞争机制，共同进步。

其次，有效降低道德风险。道德风险是指由于外在因素的改变导致经营人行为的改变，进而出现有害于他人的行为。这时，如果有金融监管机构的存在，部分个人及企业会对其存在产生信任，认为会降低发生违约的可能性，或者即使发生危险事项，也会有金融监管机构保证金融秩序，得到应有的补偿。从另一个角度来看，金融监管能够有效地维护市场上的金融秩序，良好的金融市场环境能够提高公众对金融行业的认可度，从而更愿意投入金融市场。因此，金融监管可以作为一种维护金融市场的公共工具，既能够提高金融市场在公众心中的认可度，也能够完善金融市场上存在的一些缺陷和不足，继而降低金融市场的成本。

再次，促进货币制度演变。现代货币制度是从有形的物品作为一般等价物到无形的信用形式，这种新的货币形式，促进了现代的货币制度，也有利于在金融市场中进行正常的交易，达到提高资源配置效率的效果。

最后，信用创造。金融机构的存在大大提高了整个金融市场的信誉。其优点是可以减少货币流通，降低机会成本，但也存在一定的风险，如商业结构可能面临更大的支付挑战。任何对金融机构无力变现的怀疑都将引发连锁反应。突如其来的挤兑将使金融机构在很短的时间内陷入支付危机，使社会公众对机构丧失信心，最终导致体系坍塌，而金融全球化加速这种风险在全球范围内的扩散。

二、现代化金融监管对实体企业的影响

结合我国金融监管体系现状，目前新金融监管对实体企业的影响主要体现在以下几个方面：第一，加强对 IPO 的审查，IPO 难度加大，过会率降低。第二，证监会的新政策为独角兽回归提供了新渠道，拓宽了国内投资者的红利来源，但是该渠道需要公司具有更高的市值。第三，新三板流动性弱，分层制度实施后，资金不断向创新层集中，基础层的性价比越来越低，新三板的红利期结束。第四，证监会新规出台后，再融资结构有所优化，最为常用的定增降温，再融资更加规范。第五，针对股票质押乱象的政策新规出台，硬性限制股票质押行为，约束质押杠杆，整顿质押贷款，控制整体系统性风险。第六，金融去杠杆化，实行紧缩的货币政策，企业债券融资难度加大，从根源上减少债券违约。

现代化金融监管对实体企业的影响是多方面的，除以上影响外，它可以影响企业的融资环境、经营环境以及市场竞争等方面。

改善融资环境：现代化金融监管可以提升金融市场的透明度和规范性，使得企业融资更加规范、高效。清晰的信息披露标准和监管机制有助于投资者更准确地评估企业价值，从而提高融资的可行性和成功率。降低融资成本：有效的金融监管可以降低融资成本。合规经营和透明的信息披露可以增加投资者的信任，从而降低融资利率和成本。加强风险管理：现代化金融监管强调风险管理，这有助于企业更好地识别、评估和应对潜在风险。企业可以借助监管的风险提示，优化战略规划和业务决策。促进创新与发展：现代化金融监管鼓励金融创新，为企业提供了更多融资和发展的机会。监管科技的应用也有助于提升金融服务的效率，为企业创造更好的融资和经营环境。净化市场竞争：现代化金融监管促使市场竞争更加公平和透明，有助于减少不正当竞争行为。这能够为实体企业提供更公平的市场环境，鼓励优质企业脱颖而出。加强投资者保护：现代化金融监管的加强将保护投资者利益，提高市场信任度。这有助于增加企业在资本市场上的声誉，提升吸引力。促进可持

续发展：现代化金融监管逐渐引入绿色金融理念，鼓励可持续投资。这对于注重企业社会责任和可持续发展的企业来说是积极的影响。

三、现代化金融监管对金融市场的影响

金融监管对我国兼容性的市场的有效运行功不可没。为了能够促使我国金融体系运行更加稳定有效，并保障我国金融消费者的利益安全，必须完善我国的金融监管体系，以此为目标，结合当前我国发展的情形，在不断牢固我国现有监管体系的基础上，积极构建审慎监管和微观监管相结合的金融监管体系，保证我国金融业得以稳定发展。

自 17 世纪以来，全球发生过多次影响范围广泛及影响深远的金融危机。1637 年的荷兰郁金香危机事件，1720 年的英国海南泡沫事件，1837 年的美国金融恐慌，1907 年的美国银行业危机，1997 年的亚洲金融危机，以及较近的2007～2009 年发生的美国次贷危机，至今还影响深远。这些金融灾难背后的原因有很多，金融监管的缺失也是其一。在经历这些金融危机之后，各个国家也都察觉到本国在金融监管中存在的一些问题，开始通过寻求更有效的加强金融监管的途径，试图提升应对金融危机的能力。

总之，金融监管的设立是为了维护金融行业持续健康发展，降低金融风险，保护金融消费者的个人利益。继而更好地促进我国经济平稳发展。同时，金融监管可以提供一个交易账户，为投资者和融资者搭建一个公平、公开的平台，向投资者提供市场信息，确保金融服务达到一定水平，进而提高社会福利；向企业等融资者提供融资平台，并维护市场秩序，督促其遵守秩序，避免资金的乱拨乱划，防止欺诈活动或者不恰当的风险发生。

四、现代化金融监管对投资者的保护

监管部门要依法加强对投资者的保护，对造假、欺诈等行为应该从重处理。我国在加强对市场投资者的保护问题上，明确提出，资本市场必须坚持

市场化、法治化原则。目前，我国对投资者保护的法律还不健全，募集资金阶段缺乏操作性的监管规范，也就是说，在金融机构营销管理和投资者保护方面，我国的相关法律法规较少。保护投资者特别是中小投资者的合法权益，是资本市场持续发展的基础，因此，在保护中小投资者的个人利益方面，我国也在不断的努力，既要提升投资者自身的自我保护意识，也从外部制度上来不断完善国家对投资者的保护机制。2020 年 5 月 15 日，证监会主席易会满在"5·15 全国投资者保护宣传日"活动上，首次提出了"投资者是资本市场发展之本"，重新重视对投资者的保护，并提出"尊重投资者、敬畏投资者、保护投资者"，这是资本市场践行以人民为中心的发展思想的具体体现，也是证券监管部门的根本监管使命。监管部门要秉持资本市场"公开公平公正"的原则，提早发现问题，及时地去同步调整，维护消费者的权益，更好地维护中小投资者的利益，更是维护资本市场的长期健康发展。

无论何时，加强金融监管依然在路上。在党的二十大报告中也提到要深化金融体制改革，加强和完善现代金融监管，守住不发生系统性风险底线。

第二节　基于机构投资者、盈余管理视角对现代化金融监管体系的建议

本书研究机构投资者、盈余管理与现代化金融监管的关系，首先研究机构投资者与金融监管的关系，介绍金融监管体系下机构投资者的监管目标，探究机构投资者交易行为对市场稳定性的影响，通过实证方法证明机构投资者交易对企业投资效率的影响。因此，一方面从机构投资者角度对完善现代化金融监管提出建议。另一方面，研究金融监管下公司治理、内部控制与盈余管理的关系，研究公司治理及内部控制对盈余管理的影响及作用机制，进而将公司治理、内部控制、盈余管理与现代化金融监管紧密结合，并从公司治理、内部控制等角度提出金融监管建议。

一、基于机构投资者发展对现代化金融监管体系的建议

完善机构投资者结构，对机构投资者的发展给予高度重视。大力发展机构投资者是中国政府的既定政策，但要提高机构投资者参与公司治理的积极性，发挥其监督作用，仅仅依靠机构投资者规模和实力的提升是不够的，还需要完善机构投资者结构，提高监管积极性高、监管能力强的机构投资者比例。实现这一目标的途径是大力推动养老基金和保险基金进入市场，积极引进国外机构投资者，成立合资基金管理公司。

加强对机构投资者的监管，建立完善的基金经理评价体系。增强机构投资者的监管积极性，提高机构投资者监管的有效性，解决我国机构投资者存在的问题和消除缺陷，加强对机构投资者的监管，建立完善的基金经理评价体系，促进基金业的竞争。

（一）大力促进养老基金及保险公司入市

加快养老基金入市的步伐，扩大养老基金入市的范围。由于养老基金的特点，决定了投资于资本市场的养老基金比其他机构投资者更加具备参与公司治理的意愿，也使发挥机构投资者的监督作用更具有紧迫性。首先，养老基金的安全性关系到广大人民群众的利益和社会安定，它对政府和市场的影响能力都是其他机构投资者无法比拟的。养老基金入市之后，有关法律和政策将朝着更加能够保护中小投资者的方向转变，中国公司治理的大股东任意掠夺中小股东的顽症有望得到一定程度的改变。其次，养老基金与其他资金相比更具有长期性，从投保人年轻时建立到退休时领取有几十年的跨度，可以作长期统筹安排，这有利于资本市场长期投资理念的形成，促使公司治理向股东价值最大化发展。最后，养老金进入资本市场后必然要求公司加强信息披露，会对公司内幕交易行为质询，有助于资本市场趋向规范化，提高上市公司的治理水平。

目前，国内资本市场的投资理念已经转变为价值投资，稳定优秀的大盘

股和蓝筹股已逐渐得到投资者的认可。全国社保基金理事会选举基金管理人和受托人，形成社保基金管理制度。除了国家社保基金外，中国还有企业年金和养老基金，个人账户可以投资股市。其中，企业年金应该是近期较为可行的选择。企业年金又称企业补充养老保险制度，是企业和职工建立的养老储蓄基金和定期缴费制度的总和，退休后作为养老保障基金存入个人账户。企业年金在我国多层次养老保险体系中发挥着重要作用。加快制定企业年金投资法律法规，在现有基础上继续扩大养老金资本市场准入范围。

同时，扩大社会保障资金来源。现有补充社保基金的渠道只有中央财政拨款、利息税、部分社会福利彩票募集资金及其投资收益。社会保障基金也可以通过兑现或转让一些国有资产来补充。考虑将部分国有资产直接划入社保基金，社保基金代表全体人民持有国有股份，或委托专业人士担任董事，从公司股息中获利，或逐步将其转给其他投资者以获取现金，以扩大社保基金规模。调整国家财政支出结构，补充社会保障基金。发行长期国债，补充社会保障资金。此类债券的到期日可以设定为更长，以便在未来 20 至 30 年内分散债务负担，避免政府承受过于集中的赎回压力。然而，应该注意的是，当局必须仔细计算这种特殊国债的年度发行数量和期限，不仅要计算养老金拖欠金额，还要计算政府未来的偿还能力。征收特别税，补充社会保障基金。除了从个人所得税、利息税和其他税收中保留一定比例外，政府还应考虑征收遗产税和奢侈品消费税，以补充社会保障基金。

与保费收入和总资产的强劲增长相比，保险公司通过证券投资基金间接投资股市仍相当谨慎。中国的保险资金仍然主要用于银行存款。由于我国现有国债中 90% 以上为固定利率国债，保险公司 60% 以上的资金投资于银行存款和固定利率国债，利率风险较大。如果这种情况得不到及时改善，中国保险业，尤其是人寿保险业，可能面临未来赔付缺口的潜在风险。从公司治理的角度来看，保险公司也是积极有效的公司监事。保险公司成为股票市场的机构投资者，可以极大地增强机构投资者的实力，加快公司治理的完善。放宽保险资金投资比例，鼓励保险资金直接投资股市，使其像发达国家的保险公司一样，在股市发挥机构投资者的重要作用。

（二）积极引入合格境外机构投资者

QFII 的出现不仅可以引进国际先进的基金投资理念，促进中国基金管理业的发展，还可以引进国际机构投资者对公司治理的认识、策略和操作方法，这将有助于尽快建立一套适合我国国情并同时具有国际先进理念的监管模式，有利于我国公司治理水平的提高。现行法律法规设定的合格投资者准入门槛明显偏高。此外，投资范围也有限制，规定符合条件的外国投资者暂时不能参与国债回购和公司债券交易，本金汇入汇出规定也比较严格。

证监会和金融监督管理办公室可以增加合格投资者的数量，使最合格的投资者能够进入中国市场并持有上市公司的股份，从而更好地发挥合格投资者的监管作用。中国取消了 IFF 的投资限额，这有利于满足 IFF 在中国金融市场的投资需求，因此监管部门也需要鼓励管理层积极提高公司内部治理水平和信息环境，为了吸引更多外国投资者了解、熟悉和进入中国资本市场，让更多的上市公司在中国上市并发挥其监管作用。鼓励 IFF 参与内部治理和自由市场监管较差的领域，可以更好地发挥 IFF 的监管作用，并最终提高中国资本市场的有效性。

监管者需要不断完善有关政策，切实做到保护 *QFII* 的权益，以达到其能在中国的资本市场上长期发展的目的。通过良好的 *QFII* 行为，也能对国内的投资者提供示范作用，继而起到影响国内投资者投资行为的作用，传递好的投资方式和投资理念，再以良好的内部治理和信息披露质量入股，最终促进中国资本市场趋近于规范化和国际化。此外，也应该加强对 *QFII* 的监管，鼓励并规范 *QFII* 的投资行为，维护市场秩序。

（三）加强立法对机构投资者的监管

运用立法手段对我国机构投资者的运作进行监管。证券投资基金的监管，目前尚处于行政法规管理和市场自律相结合的阶段，市场并没有形成对整个证券投资基金行业严格的立法监管机制。由于监管松懈、违法成本低，部分投资基金为获得短期收益铤而走险也就不足为怪。即便将来携有先进投资理念、在发达国家中规范运作的境外投资者进入国内，其逐利的本性也将决定他们不会主动提高对自身行为的监管。因此，为保护投资者利益和证券市场的长期、稳定和健康发展，尽早出台证券投资基金的相关立法，提高违法成本。

（四）建立成熟的基金评价体系

国外成熟市场的发展经验表明，合理完善的评级体系和权威评级机构是基金业规范化发展的重要支撑措施，基金的销售和管理水平可以完全影响一个时期的投资业绩，同时这些业绩也是一个综合指标，涉及投资业绩、资产质量、管理能力等诸多因素，以及市场表现和财务状况。基金的核心是比较基金的投资风险和回报。

中国将建立多层次的评级体系，一般评级体系的第一层次是基金业绩评级，通过对影响基金业绩的一些指标进行综合分类，为普通投资者提供最直观、最快速的基金价值估值，并为投资者作出投资决策提供适当的基准。第二层次是基金不在场证明制度，是基金评级制度的延伸。根据基金的初步评级，对基金进行更彻底、更全面的分析，为投资者提供更详细的指标。第三层次是资金跟踪系统。在对评级和基金进行分析后，它将继续监控基金组合和头寸的变化，有利于及时了解基金的新趋势。因此，合格投资者可以通过监测基金监测系统来评估基金的未来业绩，并考虑在下一步作出持续的投资决策。

总体而言，建立一个健康有效的证券基金评级体系有赖于政府、机构和投资者的共同努力。评级机构是评级体系的主体。需要强调评级机构的独立性，要求评级机构不仅具有高度的技术性，而且具有中立和负责任的专业精神，以确保评级质量。基金评价体系是一项复杂的系统工程。在成熟市场国家，这项工作通常由独立和专业的基金管理公司进行评估，并提供给投资者，投资者可以根据市场评价选择基金公司。

二、基于公司治理、盈余管理对现代化金融监管体系的建议

就中、短期而言，非流通的国有股在企业中仍然占据控股地位的局面难以改变，然而机构投资者仍可发挥一定的监督作用。应大力发展机构投资者，使机构投资者在数量上达到一定的规模，增强其实力，而且应改变机构投资者的结构，提高养老基金和保险公司的比重，同时积极引入境外机构投资者。同时，应加强对机构投资者本身的监管，形成独立、公正的机构投资者评价体系。运用法律手段大幅增强少数股东的权力，以制衡控股股东。同时，提高上市公司的信息披露质量降低盈余管理，又分别从公司外部治理与公司内部治理中的股权结构、董事会特征、监事会等几个方面提出相应的政策建议。站在公司治理的角度探讨盈余管理问题及应对措施，防范和减少盈余管理。

（一）机构投资者与公司治理

作为一种外部治理机制，公司控制权市场出现在机构投资者之前。公司控制权市场也被称为接管市场，指通过收集股权或投票代理权取得对企业的控制权，达到接管和更换不良管理层的目的。这种收集可以是从市场上逐步购入小股东的股票，也可以是从大股东手中批量购买。机构投资者作为一种外部治理机制的出现并没有取代公司控制权市场的作用，而是在一定程度上强化了公司控制权市场的矫正作用，弥补了公司控制权市场的缺陷。

另外，公司控制权市场又为机构投资者提供了最后的手段。机构投资者作为一种外部治理机制也有自身的缺陷。治理方式较为温和，他们大多希望公司管理层与其合作。从监督手段来看，他们大多采用私下协商，即使公开提出建议，也希望公司管理层能考虑采用而无须提交股东大会表决。这种治理机制只有在公司管理层抱有合作态度时才能发挥有效的作用。在公司持续出现重大的管理问题，而公司管理层又对机构投资者的建议和批评置若罔闻，机构投资者就需要借用另一种治理机制的力量——公司控制权市场。收购的威胁可以产生的约束压力。当公司管理层继续保持不合作的态

度时，实际的收购就会发生，以一种激烈的、突进的变革方式去消除公司内部阻碍业务经营与公司治理改善的力量，以实现机构投资者自身无法实现的治理目标。

（二）内部公司治理监管建议

目前，在我国上市公司中，通常有大股东持有较高的股权比例，甚至最大股东持有公司的控制权。机会主义动机越大，操纵盈余管理的能力越强。针对这一现象，一方面，我国上市公司应实现股权结构多元化，降低大股东持股比例，分散大股东控制权。另一方面，内部监督处罚机制更加完善，要求大股东及时准确披露企业信息，减少与大股东相关的信息不对称，加大对虚假信息的处罚力度。因此，大股东操纵股权的动机和能力受到约束。

对于公司内部治理和监督计划，从股权结构、董事会、监事会特征、股权激励等方面提出建议。

1. 股权结构

优化上市公司股权结构，降低股权集中度，完善股权制衡机制。中国上市公司国有股比例很大，股权集中度很高，大股东之间的持股比例差异很大，因为大多数上市公司是由国有企业改制而来，再加上中国独特的国情，也决定了这种情况的延续。在相同股份、相同权利的前提下，第一大股东形成绝对控制权后，利用控制权优势，不顾中小股东的权益，以其自身的私人利益约束上市公司。此外，在国有控股之后，"虚拟所有制"和持股主体的缺位也导致监管效率低下和管理者权利过度，进一步加剧了盈余管理的程度。因此，要深化股权分置改革，保护中小股东的权益。

2. 董事会特征

完善独立董事制度，通过规范选聘和任免制度，确保独立董事在决策上的独立性，给予独立董事足够的职权，充分发挥独立董事的智慧，真正实现对高管行为的制衡和约束。

对董事长的职权进行约束，董事长不得兼任总经理，两个职位应相互制衡，避免董事长以个人意志左右公司决策，减少董事长个人的自利行为，提高企业盈余信息的可靠性。

3. 监事会

充分发挥监事会的职能，对监事会给予足够的重视，坚决杜绝董事会和监事会之间的人员兼职，保障监事会中有足够比例的职工代表，确保监事会真正有效地起到了监督制衡作用，发现并及时解决企业在日常经营活动中暴露出的问题。此外，从严选拔董事会成员，确保其具有良好的职业道德，优秀的专业知识以及丰富的实践经验。为了避免职权的滥用，监事会应有严格的任职期限，到期重选。

4. 股权激励

我国经理人股权激励制度，特别是股票期权激励制度存在诸多问题，包括相关法律法规不完善、股票市场效率低下、经营者选择机制不合理、公司治理结构不完善等一些问题。规范试点，总结经验，完善制度，逐步推广。除了股权激励外，货币奖励激励的治理效果也相对较好。因此，对于实施股权激励改革有一定困难的上市公司，增加货币薪酬激励将是一种很好的激励手段。不同管理类型的激励效果存在显著差异。因此，上市公司股东可以根据董事、高级管理人员和监事的不同治理特征采取不同的激励方案，以充分发挥各自的治理作用，减少盈余管理行为，增加会计信息的透明度，最终达到提高企业价值的目的。

（三）外部公司治理监管建议

外部公司治理是所有者（股东）监督、激励、控制和协调公司经营管理和绩效改革的一套制度安排，包括经理的选拔、聘用、激励、监督、解聘以及与整个管理层的充分整合。

资本市场通常对会计收入信息高度敏感，会计收入信息直接反映在企业市场价值的变化上。由于企业市场价值的变化涉及管理者的私人利益，管理者有足够的动机通过操纵利润信息来影响企业价值的变化。一般来说，公司价值的变化与管理者的个人利益密切相关。由于股东和管理者之间的代理问题，管理者不可避免地会偏离股东利益，对管理者进行监督是非常必要的。

由于监督的成本和效果很高，通常的做法是允许管理者承担其行为的后果，以实现其利益的一致性，即赋予职业经理人一定条件和比例的剩余索取权，职业经理人的利益与公司的价值密切相关，他们自然具有较强的盈余管理动机。如果经营业绩下降或会计收益率不符合预期，且股票市场价格不理想，股东可将管理层变更为 FIM，以保护其自身利益，这场潜在的危机还将导致经理人通过实施收入管理来稳定股价。

临时管理人员在市场上的透明竞争也对收入管理产生重大影响。在这个市场上，管理人员的人力价值主要取决于他们管理的公司的会计利润。管理者的利益与股东的利益相关。为了提高自身的价值和效率，管理者首先需要提高股东的收益。因此，一方面，管理者应该通过艰苦的管理活动来增加企业的实际利润；另一方面，应该通过分配未来时期和阶段的实际盈余来稳定股票价格。这种行为不仅对管理层有利，而且对股东也有积极影响。

产品市场对企业盈余管理也有特定的影响，如高盈余数字可能会引起政府关注和调查，并导致潜在竞争对手加入该行业。这些因素将导致管理者有意识地降低利润，降低他们的暴利形象。因此，在完善公司内部治理的同时，需要不断优化外部环境，及时揭露和严惩违反法律法规、严重误导投资者的盈余管理行为，减少各类违规行为。

第三节　对构建现代化金融监管体系的建议

纵观当今金融管制体系的变迁，构建中国现代化金融监管体系需要多方面的努力和改进，需要完善金融监管系统并提高其效率，以更好地适应金融市场的变化和挑战，保障金融体系的稳定和可持续发展。金融体系的构建需要不断的改进和创新，同时也需要各方的积极参与和合作，共同建立一个科学有效的金融监管体系应包括政府监管、行业自制、机构自律这三个层级，分别从不同的层次，相互牵制，相互配合，构成一个完整的、严密的监管体系。

一、分业监管并加强政府监督

（一）明确监管目标与任务

分业监管有明确监管目标有助于确保各个金融领域都能够得到适当的监管，促进金融市场的稳定和健康发展。然而，这种监管模式也需要保证不同监管机构之间的协调与合作，以避免监管盲区和风险传导。公共财政监督的对象是金融机构，而不是直接管理和监督金融部门的业务决策和业务，央监管局依法核查金融机构的合法性、金融机构行为的规范性、金融机构资产的安全性和金融机构服务的质量标准，履行金融监管职能。

在分业监管下，不同类型的金融机构或金融业务领域会由专门的监管机构负责，比如银行业、证券业、保险业等。每个监管机构会根据自身的监管领域，明确一系列监管目标，以确保金融市场的稳定、公平和健康发展。

（二）明确监管内容

政府要明确自己监管的内容，对监管内容规范化、程序化、制度化，这样才能对症下药，有针对性地解决问题，避免盲目性和随意性的工作，减少工作的重复性。同时，在监管过程中，要对整个过程进行把控，监管目的和内容要始终贯穿到市场准入、营运规则、市场退出的全过程之中。

（三）明确监管方法

主要监管方式包括以下四个：第一，贯彻分业经营、分业监管的原则，停止所有非法和超出范围的操作。第二，在总行的垂直领导下，实现相对独立的内部控制和统一管理能力。第三，按照属地原则对金融机构实施日常监管，即对属地金融机构进行监管，以确保一方的财务安全。第四，既要注意市场准入，又要注意市场退出，依法处理债权债务关系。

（四）完善监管手段

完善监管手段是建设现代化金融监管体系的重要一环，它能够提升监管效能、减少风险、保护投资者权益，可以通过实行金融资产价值评估制度、建立金融风险预警机制等加强机构自身风险监管。政府可通过创新或引进先进技术，结合数据分析与大数据技术、人工智能与机器学习、区块链技术等时刻跟踪数据变化，预防金融腐败的发生；同时，健全法律法规和行业规范，建立金融机构评级制度、存款保险制度和应急管理体系，来完善金融监管体系建设，保证金融市场的平稳运行。

二、同业公会自制

充分履行行业协会的自我管理、自我服务和自我监督职能，是确保金融部门顺利运作的必要条件。行业自律主要基于银行所有成员的利益，旨在维护行业成员之间市场竞争的公平性和充分性。主要从以下几个方面实施监督：第一，行业成员资格的审查和登记；第二，产业成员的功能；第三，解决争端，协调行业成员之间的关系。

三、健全金融监管法制和法规

发达国家随着经济体制和金融市场的完善，已经形成了相对成熟有效的监管体系，随着内外部环境的不断变化，也在逐步修订和完善监管法律法规。在这些条例中，全面阐述了监管原则、目标、主体和客体以及监管的方式和方法，使监管活动有了遵循的规则。目前，我国市场经济正处于转型阶段，金融监管的法律环境基础依然健全。制度遗传的缺陷导致市场监管手段层次较低，行政监管手段层次较高。法治化的缺陷给推进标准化和制度化带来了一定困难。要改变这一现状，必须加强现阶段监管法治建设，改善金融监管的法律基础环境，特别是在金融机构退出市场方面。

四、确定金融监管的侧重点

随着我国金融市场的不断发展和扩大，所包含的监管对象也逐渐多样化，关注的侧重点也在不断发生转变。例如，在关注商业银行传统资产负债监管的同时，更注重对银行中间资产和表外资产的监管；在重视商业银行监管的同时，应该更加重视对非银行金融机构的监管。虽然这将是困难和艰巨的，但它是必要的。在重视传统金融机构监管的同时，应更加重视对资本市场和金融衍生品市场的监管；在继续重视金融机构和国内市场监管的同时，要更加重视对外国金融机构和跨境市场的监管，以及金融监管的国际协调与合作。

五、提高金融监管的市场化程度

人为抑制市场机制作用的强制性行政监督模式已逐渐被抛弃，但沿着市场机制作用日益加大的力度和方向发展。我国金融发展的基础和现状不能与发达国家相比，金融监管的方式和手段应该有所不同，即在监管目标一致的前提下，既要积极防范金融风险和金融危机，又要加快金融监管的市场化进程，促进金融效率的提高。在控制手段方面，要尽快与国际接轨，落实存款保险制度和资本充足率控制，减少强制性行政监管，促进金融市场发展。

参 考 文 献

[1] 白宏宇，张荔．百年来的金融监管：理论演化、实践变迁及前景展望 [J]．国际金融研究，2000 (1)：74 - 77．

[2] 白华．内部控制、公司治理与风险管理：一个职能论的视角 [J]．经济学家，2012 (3)：46 - 54．

[3] 白钦先．20 世纪金融监管理论与实践的回顾和展望 [J]．城市金融论坛，2000 (5)：8 - 15．

[4] 薄仙慧，吴联生．国有控股与机构投资者的治理效应：盈余管理视角 [J]．经济研究，2009，44 (2)：81 - 91，160．

[5] 毕晓方，邢晓辉，刘晟勇．稳定型机构投资者、盈余平滑与股价同步性 [J]．北京工商大学学报（社会科学版），2023，38 (3)：93 - 106．

[6] 边泓，贾婧，张君子．会计盈余激进度反转对盈余持续性的影响研究 [J]．会计与经济研究，2016 (2)：34 - 53．

[7] 卞金鑫．机构投资者与我国上市公司治理研究 [D]．北京：对外经济贸易大学，2017．

[8] 卜华，范璞．机构投资者持股与盈余管理：基于产品市场竞争视角 [J]．会计之友，2020 (4)：87 - 92．

[9] 蔡吉甫．会计盈余管理与公司治理 [J]．当代财经，2008 (6)：109 - 114．

[10] 蔡宁，梁丽珍．公司治理与财务舞弊关系的经验分析 [J]．财经理论与实践，2003 (6)：80 - 84．

[11] 曹丰，鲁冰，李争光，等．机构投资者降低了股价崩盘风险吗？[J]．会计研究，2015 (11)：55 - 61，97．

[12] 曹海敏，钟雅婷. 经济政策不确定性对机构投资者持股影响研究：基于企业社会责任的调节效应 [J]. 会计之友，2021 (13)：84－90.

[13] 曹建新，陈志宇. 机构投资者对上市公司内部控制有效性的影响研究 [J]. 财会通讯，2011 (18)：100－102.

[14] 曹冉，母赛花，朱彩霞. 应计盈余管理与真实盈余管理研究综述 [J]. 新会计，2019 (2)：18－21.

[15] 曹廷求，钱先航. 公司治理与盈余管理：基于上市公司的实证分析 [J]. 山东大学学报（哲学社会科学版），2008 (6)：50－58.

[16] 曹越，罗政东，张文琪. 共同机构投资者对审计费用的影响：合谋还是治理？[J]. 审计与经济研究，2023，38 (3)：22－34.

[17] 陈德球，陈运森. 政策不确定性与上市公司盈余管理 [J]. 经济研究，2018，53 (6)：97－111.

[18] 陈汉文，林志毅. 公司治理结构与会计信息质量：由"琼民源"引发的思考 [J]. 会计研究，1999 (5)：2.

[19] 陈慧姿. 高管薪酬、机构投资者持股与真实盈余管理研究 [D]. 郑州：河南财经政法大学，2019.

[20] 陈锦. 机构投资者对上市公司盈余管理的影响研究 [D]. 成都：西南财经大学，2013.

[21] 陈晶. 跟投制度、承销费用与 IPO 盈余管理 [J]. 证券市场导报，2022 (9)：37－48.

[22] 陈磊. 论内部公司治理与内部控制的关系 [J]. 中国民商，2018 (9)：72，191.

[23] 陈威，王晓宁，周静. 真实盈余管理影响因素研究 [J]. 重庆理工大学学报（社会科学），2017，31 (6)：50－56.

[24] 陈晓，戴翠玉. A 股亏损公司的盈余管理行为与手段研究 [J]. 中国会计评论，2004 (2)：299－310.

[25] 陈信元. 夏立军. 审计任期与审计质量：来自中国证券市场的经验证据 [J]. 会计研究，2006 (1)：44－53.

[26] 陈旭，邱斌. 数字金融、金融监管与出口扩张：来自中国工业企业的证据 [J]. 国际经贸探索，2021，37（9）：35 – 50.

[27] 陈运森，邓祎璐，李哲. 证券交易所一线监管的有效性研究：基于财务报告问询函的证据 [J]. 管理世界，2019，35（3）：169 – 185，208.

[28] 陈泽艺，李常青，黄忠煌. 股权质押、股权激励与大股东资金占用 [J]. 南方金融，2018（3）.

[29] 陈志娟，董彦杰，张顺明. 谁对股票市场发展的影响更大？：投资者情绪还是杠杆交易？[J]. 系统科学与数学，2019，39（10）：1655 – 1671.

[30] 程书强. 机构投资者持股与上市公司会计盈余信息关系实证研究 [J]. 管理世界，2006（9）：129 – 136.

[31] 程小可，李昊洋，高升好. 机构投资者调研与管理层盈余预测方式 [J]. 管理科学，2017，30（1）：131 – 145.

[32] 程小可，武迪，高升好. 注册制下IPO过程中机构投资者合谋报价研究：来自科创板与创业板的经验证据 [J]. 中国软科学，2022（8）：103 – 118.

[33] 程小可，郑立东，姚立杰. 内部控制能否抑制真实活动盈余管理？：兼与应计盈余管理之比较 [J]. 中国软科学，2013（3）：120 – 131.

[34] 邓德强，温素彬，潘琳娜，等. 内部控制质量、机构投资者异质性与持股决策：基于自选择模型的实证研究 [J]. 管理评论，2014，26（10）：76 – 89.

[35] 邓可斌，唐小艳. 机构投资者真的有助于降低盈余管理吗？：来自中国上市公司混合与平衡面板数据的证据 [J]. 产业经济研究，2010（5）：71 – 78，86.

[36] 邓路，刘瑞琪，廖明情. 盈余管理、金融市场化与公司超额银行借款 [J]. 管理科学学报，2019，22（2）：22 – 35.

[37] 翟淑萍，毛文霞，白梦诗. 国有上市公司杠杆操纵治理研究：基于党组织治理视角 [J]. 证券市场导报，2021（11）：12 – 23.

[38] 丁方飞，陈智宇，李苏，等. 关键审计事项披露与非机会主义盈余

管理：基于两种盈余管理方式转换视角的研究［J］．审计与经济研究，2021，36（5）：35 –46.

［39］丁红艳．海外机构投资者能够产生金融支持吗?：基于微观企业的信贷证据［J］．财会通讯，2023（5）：59 –64.

［40］丁友刚，胡兴国．内部控制、风险控制与风险管理：基于组织目标的概念解说与思想演进［J］．会计研究，2007（12）：51 –54.

［41］丁志杰．金融监管体制的主要问题及改革方向［J］．甘肃金融，2016（2）：4 –6.

［42］董卉娜，何芹．机构投资者持股对内部控制缺陷的影响［J］．山西财经大学学报，2016，38（5）：90 –100.

［43］窦笑晨．高管长期任职有助于降低盈余管理吗?［J］．中国注册会计师，2020（3）：31 –36.

［44］杜亚飞，杨广青，汪泽镕．管理层股权激励、机构投资者持股与经营分部盈余质量［J］．现代财经（天津财经大学学报），2020，40（12）：33 –49.

［45］杜阳，郝碧榕．公募基金持股对交易型市场操纵行为的影响研究［J］．上海金融，2022（10）：41 –49.

［46］杜勇，刘龙峰，鄢波．机构投资者增持、高管激励与亏损公司未来业绩［J］．中央财经大学学报，2018（1）：53 –67.

［47］段亚林．监管控股股东滥用股权的博弈分析［J］．北京：中国工业经济，2000（5）：70 –75.

［48］樊行健，刘光忠．关于构建政府部门内部控制概念框架的若干思考［J］．会计研究，2011（10）：34 –41.

［49］樊行健，肖光红．关于企业内部控制本质与概念的理论反思［J］．会计研究，2014（2）：4 –11，94.

［50］范海峰，胡玉明，石水平．机构投资者异质性、公司治理与公司价值：来自中国证券市场的实证证据［J］．证券市场导报，2009（10）：45 –51.

［51］范海峰，胡玉明．R&D支出、机构投资者与公司盈余管理［J］．科

研管理, 2013, 34 (7): 24 - 30.

[52] 范经华, 张雅曼, 刘启亮. 内部控制、审计师行业专长、应计与真实盈余管理 [J]. 会计研究, 2013 (4): 81 - 88, 96.

[53] 方红星, 金玉娜. 高质量内部控制能抑制盈余管理吗?: 基于自愿性内部控制鉴证报告的经验研究 [J]. 会计研究, 2011 (8): 53 - 60, 96.

[54] 方红星, 金玉娜. 公司治理、内部控制与非效率投资: 理论分析与经验证据 [J]. 会计研究, 2013 (7): 63 - 69, 97.

[55] 方红星, 张志平. 内部控制质量与会计稳健性: 来自深市 A 股公司 2007—2010 年年报的经验证据 [J]. 审计与经济研究, 2012, 27 (5): 3 - 10.

[56] 冯根福. 双重委托代理理论: 上市公司治理的另一种分析框架: 兼论进一步完善中国上市公司治理的新思路 [J]. 经济研究, 2004 (12): 16 - 25.

[57] 符安平, 谭招晖. 混合所有制改革、股权结构与真实盈余管理 [J]. 湖南财政经济学院学报, 2022, 38 (2): 92 - 104.

[58] 高昊宇, 刘伟, 马超群, 等. 机构卖出和暴跌风险: 优势信息的作用 [J]. 管理科学学报, 2022, 25 (1): 64 - 80.

[59] 高敬忠, 杨朝. IPO 制度改革、盈余管理与 IPO 定价效率 [J]. 贵州财经大学学报, 2020 (1): 21 - 36.

[60] 高敬忠, 周晓苏, 王英允. 机构投资者持股对信息披露的治理作用研究: 以管理层盈余预告为例 [J]. 南开管理评论, 2011, 14 (5): 129 - 140.

[61] 高雷, 张杰. 公司治理、机构投资者与盈余管理 [J]. 会计研究, 2008 (9): 64 - 72, 96.

[62] 高利芳, 盛明泉. 证监会处罚对公司盈余管理的影响后果及机制研究 [J]. 财贸研究, 2012, 23 (1): 134 - 141.

[63] 高群, 黄谦, 任志刚. 中国上市公司机构持股时对大股东控制与盈余管理关系的影响研究 [J]. 统计与信息论坛, 2012, 27 (3): 43 - 49.

[64] 高群，黄谦．机构投资者持股对内部人控制与盈余管理关系的影响：基于中国上市公司的经验分析 [J]．北京工商大学学报（社会科学版），2010，25（2）：52-57，67.

[65] 葛格，肖翔，廖添土．内部控制质量对盈余管理的影响：基于企业社会责任的中介效应 [J]．财会月刊，2021（23）：50-57.

[66] 弓劲梅．论存款保险中的道德风险 [J]．南开经济研究，2001（4）：49-55.

[67] 宫兴国，李贺杰．股票流动性、机构投资者持股与商业信用融资 [J]．财会通讯，2021（16）：65-69.

[68] 古朴，翟士运．监管不确定性与企业盈余质量：基于证监会换届的准自然实验 [J]．管理世界，2020，36（12）：186-202.

[69] 郭东杰，李梦雨，邹谧．我国上市公司的社会责任研究：基于境内外机构投资者比较的视角 [J]．贵州财经大学学报，2023（2）：42-52.

[70] 郭娜，祁怀锦．业绩预告披露与盈余管理关系的实证研究：基于中国上市公司的经验证据 [J]．经济与管理研究，2010（2）：81-88.

[71] 郭树清．加强和完善现代金融监管 [J]．金融监管研究，2022（10）：1-5.

[72] 韩杨，范静．农业上市公司治理结构、技术创新对企业绩效的影响研究 [J]．经济纵横，2022（11）：106-114.

[73] 郝军章，翟嘉，高亚洲．投资者进出对股票市场波动性影响研究：基于投资者异质信念定价模型 [J]．投资研究，2020，39（7）：83-96.

[74] 郝项超，梁琪．最终控制人股权质押损害公司价值么？[J]．会计研究，2009（7）：57-63，96.

[75] 郝颖．股权结构对盈余管理的治理效应：基于内部控制质量视角 [J]．会计之友，2022（10）：2-9.

[76] 侯德鑫，薛博．从行为金融学角度分析股票市场的羊群效应 [J]．科技经济市场，2015（11）：29-30.

[77] 胡超斌，葛翔宇．正反馈交易模型与中国股市价格波动：对 DSSW

模型的扩展讨论 [J]. 金融理论与实践, 2013 (5): 20 - 25.

[78] 胡凡, 邹新月, 武瑶瑶. 长期机构投资者与股价崩盘风险 [J]. 湖南科技大学学报 (社会科学版), 2023, 26 (2): 81 - 90.

[79] 胡凌云. 高管薪酬差距、机构投资者异质性与真实盈余管理 [J]. 财会通讯, 2019 (12): 56 - 62.

[80] 胡再勇. 国际金融监管体系改革的成就及最新进展 [J]. 银行家, 2014 (11): 79 - 82.

[81] 胡志颖, 周璐, 刘亚莉. 风险投资、联合差异和创业板 IPO 公司会计信息质量 [J]. 会计研究, 2012 (7): 48 - 56, 97.

[82] 花冯涛. 机构投资者如何影响公司特质风险: 刺激还是抑制?: 基于通径分析的经验证据 [J]. 上海财经大学学报, 2018, 20 (1): 43 - 56, 101.

[83] 黄梅. 盈余管理计量方法评述与展望 [J]. 中南财经政法大学学报, 2007 (6): 110 - 115, 122, 144.

[84] 黄谦. 中国证券市场机构投资者与上市公司盈余管理关联性的研究 [J]. 当代经济科学, 2009, 31 (4): 108 - 115, 128.

[85] 黄文伴, 李延喜. 公司治理结构与盈余管理关系研究 [J]. 科研管理, 2010 (6): 114 - 150.

[86] 黄心波. 微观视角下机构投资者市场稳定作用之分类研究 [D]. 成都: 西南财经大学, 2013.

[87] 霍远, 陶圆, 景国文. 合格境外机构投资者影响了企业避税行为吗 [J]. 金融监管研究, 2022 (7): 95 - 114.

[88] 贾丽. 内部控制、供应商关系与盈余管理 [J]. 会计之友, 2022 (12): 83 - 91.

[89] 简玉峰, 刘长生. 股权集中度、股权制衡度与公司盈余管理研究: 基于 A 股上市公司 2009—2011 年的实证数据 [J]. 会计之友, 2013, 436 (4): 74 - 79.

[90] 姜付秀, 马云飙, 王运通. 退出威胁能抑制控股股东私利行为吗?

[J]．北京：管理世界，2015（5）：147－159．

[91] 姜永宏，张馨颖，穆金旗，等．资本市场开放如何影响上市公司的盈余管理：基于"陆港通"数据的实证检验 [J]．金融监管研究，2022（4）：40－57．

[92] 蒋和胜，褚祎鹤．监管信息披露、机构投资者行为与新股发行定价效率 [J]．科学决策，2023（6）：117－130．

[93] 靳文辉．互联网金融监管组织设计的原理及框架 [J]．法学，2017（4）：39－50．

[94] 雷英，吴建友，孙红．内部控制审计对会计盈余质量的影响：基于沪市 A 股上市公司的实证分析 [J]．会计研究，2013（11）：75－81，96．

[95] 黎文靖，路晓燕．地区环境，第一大股东与会计信息质量：来自中国证券市场的经验证据 [J]．经济与管理研究，2007（12）：6．

[96] 李安泰，张建宇，卢冰．机构投资者能抑制上市公司商誉减值风险吗？：基于中国 A 股市场的经验证据 [J]．金融研究，2022（10）：189－206．

[97] 李补喜，王平心．上市公司审计费用率能作为审计定价吗？：审计费用与审计费用率的比较研究 [J]．数理统计与管理，2005（4）：23－30．

[98] 李晨溪，陈宋生，谭韵．机构投资者社会网络与关键审计事项信息质量 [J]．当代财经，2023（5）：142－156．

[99] 李成，李玉良，王婷．宏观审慎监管视角的金融监管目标实现程度的实证分析 [J]．国际金融研究，2013（1）：38－51．

[100] 李春涛，薛原，惠丽丽．社保基金持股与企业盈余质量：A 股上市公司的证据 [J]．金融研究，2018（7）：124－142．

[101] 李鼎墼．国内上市公司特征与盈余管理的关系 [J]．投资与创业，2022，33（19）：122－124．

[102] 李峰，傅国华．机构投资者持股期限、股东权益与企业社会效益：基于中国 A 股市场的实证分析 [J]．海南大学学报（人文社会科学版），2021，39（4）：188－196．

[103] 李广纬．大数据背景下穿透式金融监管研究 [J]．财会通讯，

2022，904（20）：148－152.

[104] 李红权，曹佩文. 大股东股权质押、机构投资者与股价崩盘风险 [J]. 湖南师范大学社会科学学报，2022，51（6）：68－78.

[105] 李兰云，步艳培，曹志鹏. 机构投资者与真实盈余管理的关系探析：制造业与非制造业对比分析 [J]. 会计之友，2019（1）：100－105.

[106] 李林芳，王烨. 管理层权力、媒体关注与内部控制质量 [J]. 财会通讯，2023（4）：46－49.

[107] 李青原，时梦雪. 监督型基金与盈余质量：来自我国 A 股上市公司的经验证据 [J]. 南开管理评论，2018，21（1）：172－181.

[108] 李善民，王媛媛，王彩萍. 机构投资者持股对上市公司盈余管理影响的实证研究 [J]. 管理评论，2011，23（7）：17－24.

[109] 李姝，柴明洋，狄亮良. 社会责任偏重度、产权性质与盈余管理：道德行为还是机会主义？[J]. 预测，2019，38（6）：1－8.

[110] 李姝，梁郁欣，田马飞. 内部控制质量、产权性质与盈余持续性 [J]. 审计与经济研究，2017，32（1）：23－37.

[111] 李万福，赵青扬，张怀，等. 内部控制与异质机构持股的治理效应 [J]. 金融研究，2020（2）：188－206.

[112] 李文新，刘小佩. 机构投资者异质性与公司绩效：基于 A 股民营上市公司的实证检验 [J]. 商业会计，2019（3）：15－18.

[113] 李文洲，冉茂盛，黄俊. 大股东掏空视角下的薪酬激励与盈余管理 [J]. 管理科学，2014，27（6）：27－39.

[114] 李小胜. 盈余信息披露、投资者行为与市场内幕交易 [J]. 经济理论与经济管理，2021，41（1）：52－64.

[115] 李延喜，包世泽，高锐，等. 薪酬激励、董事会监管与上市公司盈余管理 [J]. 南开管理评论，2007（6）：55－61.

[116] 李延喜，杜瑞，高锐. 机构投资者持股比例与上市公司盈余管理的实证研究 [J]. 管理评论，2011，23（3）：39－45，70.

[117] 李扬."金融服务实体经济"辨 [J]. 经济研究，2017，52（6）：

4 – 16.

[118] 李映照, 黎睿云, 林诗慧. 业绩补偿承诺企业一定会进行盈余管理吗: 基于企业社会责任及披露信号作用的研究 [J]. 会计之友, 2022 (13): 124 – 133.

[119] 李永伟, 李若山. 上市公司股权质押下的 "隧道挖掘": 明星电力资金黑洞案例分析 [J]. 财务与会计, 2007 (2): 39 – 42.

[120] 李远慧, 陈思. 政府补助对机构投资者与企业创新产出关系的调节效应: 来自 2007 – 2019 年 A 股上市公司的经验证据 [J]. 科技进步与对策, 2021, 38 (20): 28 – 36.

[121] 李增福, 曾庆意, 魏下海. 债务契约、控制人性质与盈余管理 [J]. 经济评论, 2011 (6): 88 – 96.

[122] 李增福, 林盛天, 连玉君. 国有控股, 机构投资者与真实活动的盈余管理 [J]. 管理工程学报, 2013, 27 (3): 35 – 44.

[123] 李增福, 郑友环, 连玉君. 股权再融资、盈余管理与上市公司业绩滑坡: 基于应计项目操控与真实活动操控方式下的研究 [J]. 中国管理科学, 2011, 19 (2): 49 – 56.

[124] 李争光, 赵西卜, 曹丰, 等. 机构投资者异质性与会计稳健性: 来自中国上市公司的经验证据 [J]. 南开管理评论, 2015, 18 (3): 111 – 121.

[125] 李争光, 赵西卜, 曹丰, 等. 机构投资者异质性与企业绩效: 来自中国上市公司的经验证据 [J]. 审计与经济研究, 2014, 29 (5): 77 – 87.

[126] 李梓, 刘亚宁. 新金融工具准则对企业应计盈余管理的影响研究: 基于金融资产分类视角 [J]. 北京工商大学学报 (社会科学版), 2023, 38 (2): 40 – 51.

[127] 李宗怡, 冀勇鹏. 我国是否应该引入资本充足性管制制度 [J]. 财经科学, 2003 (2): 51 – 57.

[128] 林芳, 冯丽丽. 管理层权力视角下的盈余管理研究: 基于应计及真实盈余管理的检验 [J]. 山西财经大学学报, 2012, 34 (7): 96 – 104.

［129］林志远. 中国金融监察与监管体系：现状、问题和对策 ［M］. 北京：中国青年出版社，1997.

［130］林钟高，徐正刚. 公司治理结构下的盈余管理 ［J］. 财经科学，2002 (4)：57 - 62.

［131］刘爱明，张静波. 机构投资者、异质性与上市公司税务激进 ［J］. 金融与经济，2019 (1)：69 - 74.

［132］刘贝贝，李春涛. 合格境外机构投资者与公司盈余管理 ［J］. 管理科学，2022，35 (2)：97 - 110.

［133］刘贝贝，赵磊. 合格境外机构投资者持股与中国资本市场有效性 ［J］. 中南财经政法大学学报，2021，245 (2)：79 - 93，160.

［134］刘斌，李延喜，迟健心. 内部控制意愿、内部控制水平与盈余管理方式：基于文本分析与机器学习的计量方法 ［J］. 科研管理，2021，42 (9)：166 - 174.

［135］刘东，王竞达. 政策预期、盈余管理动机与商誉减值：基于 A 股上市公司的经验证据 ［J］. 会计之友，2021 (12)：100 - 110.

［136］刘凤元，邱铌. 论跨境监管套利的风险规制 ［J］. 中南大学学报 (社会科学版)，2022，28 (4)：42 - 52.

［137］刘鸿儒. 发展商品经济与银行体制改革 ［J］. 金融研究，1981 (1)：5 - 13.

［138］刘京军，徐浩萍. 机构投资者：长期投资者还是短期机会主义者？ ［J］. 金融研究，2012 (9)：141 - 154.

［139］刘立国，杜莹. 公司治理与会计盈余管理关系的实证研究 ［J］. 会计研究，2003 (2)：28 - 37.

［140］刘莉. 羊群行为对我国股市的影响及对策分析 ［J］. 财会研究，2010 (10)：52 - 53.

［141］刘孟晖，高友才. 现金股利的异常派现、代理成本与公司价值：来自中国上市公司的经验证据 ［J］. 天津：南开管理评论，2015 (1)：152 - 160.

［142］刘明辉，张宜霞. 内部控制的经济学思考 ［J］. 会计研究，2002

（8）：54 – 56.

[143] 刘启亮，陈冬，唐建新. IFRS 强制采用与盈余操纵：来自 2006 年亏损上市公司的经验证据 [J]. 经济管理，2010，32（6）：119 – 128.

[144] 刘启亮，罗乐，何威风，等. 产权性质、制度环境与内部控制 [J]. 会计研究，2012，293（3）：52 – 61，95.

[145] 刘芹. 机构投资者持股比例对民营上市公司盈余管理影响研究 [J]. 统计与决策，2012（3）：174 – 176.

[146] 刘庆，邢成. 应计盈余管理周期性特征研究：基于税与非税因素权衡的分析视角 [J]. 工业技术经济，2021，40（9）：98 – 104.

[147] 刘伟，平新乔. 现代西方产权理论与企业行为分析 [J]. 经济研究，1989（1）：3 – 12.

[148] 刘扬. 美国金融监管改革对我国的启示 [J]. 经济纵横，2011（1）：104 – 106.

[149] 刘银国，孙慧倩，王烨. 股票期权激励、行权业绩条件与真实盈余管理 [J]. 管理工程学报，2018，32（2）：128 – 136.

[150] 刘永祥，赫明玉. 我国上市公司机构投资者持股偏好研究 [J]. 经济研究参考，2017（14）：43 – 47.

[151] 刘峥颖，张海燕. 内部控制、媒体关注与真实盈余管理 [J]. 航空财会，2021，3（4）：72 – 79.

[152] 柳建华，徐婷婷，陆军. 并购业绩补偿承诺会诱导盈余管理吗？ [J]. 管理科学学报，2021，24（10）：82 – 105.

[153] 陆建桥. 我国证券市场中会计研究的实证发现：1999 年度实证会计研究综述 [J]. 会计研究，2000（8）：55 – 59.

[154] 陆建桥. 中国亏损上市公司盈余管理实证研究 [J]. 会计研究，1999（9）：25 – 35.

[155] 陆磊. 信息结构、利益集团与公共政策：当前金融监管制度选择中的理论问题 [J]. 经济研究，2000（12）：3 – 10，75 – 76.

[156] 罗付岩. 机构投资者异质性、投资期限与公司盈余管理 [J]. 管

理评论, 2015, 27 (3): 174 – 184.

[157] 罗劲博. 机构投资者异质性、CEO 政治关联与盈余管理 [J]. 会计与经济研究, 2016, 30 (1): 52 – 77.

[158] 马超群, 田勇刚. 股息率、机构投资者与股价崩盘风险 [J]. 系统工程理论与实践, 2020, 40 (12): 3019 – 3033.

[159] 马杰, 邓静文. 亏损企业持续盈余管理的影响与治理研究: 以厦华电子为例 [J]. 财会通讯, 2021 (8): 114 – 117.

[160] 马啸宇. 内部控制、战略差异度与盈余管理关系的实证研究 [J]. 绿色财会, 2021 (9): 43 – 48.

[161] 马亚红. 交易所年报问询能提升上市公司盈余质量吗?: 基于深交所数据的实证分析 [J]. 南京审计大学学报, 2021, 18 (2): 69 – 78.

[162] 毛磊, 王宗军, 王玲玲. 机构投资者与高管薪酬: 中国上市公司研究 [J]. 管理科学, 2011, 24 (5): 99 – 110.

[163] 毛志宏, 窦雨田. IPO 制度激励对企业盈余管理的影响研究: 熵平衡匹配法的研究证据 [J]. 当代经济研究, 2022 (10): 116 – 128.

[164] 梅洁, 张明泽. 基金主导了机构投资者对上市公司盈余管理的治理作用?: 基于内生性视角的考察 [J]. 会计研究, 2016 (4): 55 – 60, 96.

[165] 倪敏, 黄世忠. 非机会主义动机盈余管理: 内涵分析与实证研究述评 [J]. 审计与经济研究, 2014, 29 (1): 58 – 67.

[166] 聂建平. 盈余管理动机对真实盈余管理影响的实证检验: 基于动机差异化视角 [J]. 财会月刊, 2016 (36): 24 – 28.

[167] 牛建波, 吴超, 李胜楠. 机构投资者类型、股权特征和自愿性信息披露 [J]. 管理评论, 2013, 25 (3): 48 – 59.

[168] 潘家祥. 国家银行在信贷工作中究竟应该监督些什么? [J]. 中国金融, 1956 (17): 21 – 22.

[169] 潘敏, 魏海瑞. 提升监管强度具有风险抑制效应吗?: 来自中国银行业的经验证据 [J]. 金融研究, 2015 (12): 64 – 80.

[170] 潘启东. 董事会治理、机构投资者抱团与大股东掏空 [J]. 财会

通讯，2023（2）：32 – 37.

[171] 彭彬. 公司特征影响盈余管理的实证研究 [D]. 武汉：华中科技大学，2011.

[172] 彭牧泽，靳庆鲁. 公司盈余压力与供应链真实盈余管理 [J]. 财经研究，2021，47（10）：156 – 169.

[173] 祁怀锦，黄有为. IPO 公司盈余管理行为选择及不同市场间的差异 [J]. 会计研究，2016（8）：34 – 41，96.

[174] 钱红光，程熠琳，周叶叶. 内部控制、机构投资者持股与盈余管理 [J]. 湖北工业大学学报，2021，36（3）：24 – 29.

[175] 秦婧华，李竹梅，和红伟，等. 公司治理与盈余质量：内部控制的中介传导效应检验 [J]. 财会月刊，2015（36）：64 – 69.

[176] 卿小权，董启琛，武瑛. 股东身份与企业杠杆操纵：基于机构投资者视角的分析 [J]. 财经研究，2023，49（2）：138 – 153.

[177] 尚航标，宋学瑞，王智林. 监督与纾困！机构投资者持股与企业投资效率的关系研究 [J]. 技术经济，2022，41（3）：128 – 138.

[178] 沈红波，杨玉龙，潘飞. 民营上市公司的政治关联、证券违规与盈余质量 [J]. 金融研究，2014（1）：194 – 206.

[179] 沈睿诚，宋夏云. 社保基金持股与企业金融化 [J]. 财经论丛，2023（2）：68 – 79.

[180] 石美娟，童卫华. 机构投资者提升公司价值吗？：来自后股改时期的经验证据 [J]. 金融研究，2009（10）：150 – 161.

[181] 时昊天，石佳然，肖潇. 注册制改革、壳公司估值与盈余管理 [J]. 会计研究，2021（8）：54 – 67.

[182] 史建平，张绚，黄超. 金融监管政策不确定性与企业资本结构及其动态调整 [J]. 中央财经大学学报，2021（4）：24 – 37.

[183] 史忠党. 管理层能力、内部控制与盈余质量研究 [D]. 长春：吉林大学，2019.

[184] 宋建波，高升好，关馨姣. 机构投资者持股能提高上市公司盈余

持续性吗?: 基于中国 A 股上市公司的经验证据 [J]. 中国软科学, 2012 (2): 128 – 138.

[185] 宋璐. 业绩期望落差与应计盈余管理: 来自 A 股上市公司的经验证据 [J]. 经济问题, 2022 (1): 114 – 121.

[186] 宋岩, 刘悦婷, 张鲁光. 异质机构投资者持股与企业声誉: 基于企业社会责任的中介效应检验 [J]. 中国管理科学: 2021: 1 – 17.

[187] 宋云玲, 宋衍蘅. 机构投资者持股与注册会计师视角下的会计信息质量: 来自审计调整的经验证据 [J]. 会计研究, 2020 (11): 136 – 151.

[188] 苏三妹, 刘微芳. 混合所有制改革对盈余管理的治理效应 [J]. 企业经济, 2021, 40 (9): 45 – 57.

[189] 孙光国, 刘爽, 赵健宇. 大股东控制、机构投资者持股与盈余管理 [J]. 南开管理评论, 2015, 18 (5): 75 – 84.

[190] 孙君威. 我国证券市场股价波动同步性研究 [J]. 时代金融, 2018 (6): 148, 152.

[191] 孙亮, 刘春. 公司治理对盈余管理程度的制约作用: 以所有权性质为背景的经验分析 [J]. 金融评论, 2010, 2 (3): 65 – 72, 124.

[192] 孙维章, 郭珊珊, 佟成生, 等. 机构投资者持股、产品市场竞争与上市公司违规治理 [J]. 南京审计大学学报, 2022, 19 (6): 71 – 79.

[193] 孙伟. 所得税递延税项、盈余管理手段与行为 [J]. 哈尔滨工业大学学报 (社会科学版), 2020, 22 (5): 136 – 145.

[194] 孙晓燕, 刘亦舒. 股权质押、员工持股计划与大股东自利行为 [J]. 会计研究, 2021 (4): 117 – 129.

[195] 谭劲松, 林雨晨. 机构投资者对信息披露的治理效应: 基于机构调研行为的证据 [J]. 南开管理评论, 2016, 19 (5): 115 – 126, 138.

[196] 谭晓鸣, 李彤彤. 避税动因型盈余管理的异质性市场反应: 基于融资约束的视角 [J]. 企业经济, 2023, 42 (4): 60 – 71.

[197] 谭燕, 吴静. 股权质押具有治理效用吗?: 来自中国上市公司的经验证据 [J]. 会计研究, 2013 (2): 45 – 53, 95.

［198］谭中明，李庆尊. 正反馈交易模型及机构投资者交易行为的作用 ［J］. 统计研究，2005（12）：31 - 35.

［199］唐松，伍旭川，祝佳. 数字金融与企业技术创新：结构特征、机制识别与金融监管下的效应差异［J］. 管理世界，2020，36（5）：52 - 66，9.

［200］田高良，齐保垒，程瑶. 内部控制缺陷对会计信息价值相关性的影响：针对中国股票市场的经验研究［J］. 西安交通大学学报（社会科学版），2011，31（3）：27 - 31.

［201］田高良，齐保垒，李留闯. 基于财务报告的内部控制缺陷披露影响因素研究［J］. 南开管理评论，2010，13（4）：134 - 141.

［202］田昆儒，韩飞. 内部控制、机构投资者与真实盈余管理：基于央企、地方国企和其他企业的划分［J］. 华东经济管理，2017，31（4）：128 - 135.

［203］汪玉兰，易朝辉. 投资组合的权重重要吗？：基于机构投资者对盈余管理治理效应的实证研究［J］. 会计研究，2017（5）：55 - 61，99.

［204］王斌，宋春霞. 基于股东资源的公司治理研究：一个新的视角［J］. 财务研究，2015（1）：88 - 96.

［205］王丙楠，郭景先，鲁营，等. 机构持股对企业财务困境的影响研究：企业数字化转型的调节作用［J］. 管理现代化，2022，42（6）：22 - 29.

［206］王典，薛宏刚. 机构投资者信息竞争会引发羊群行为吗：基于中国股票市场的证据［J］. 当代财经，2018（12）：60 - 70.

［207］王福胜，吉姗姗，程富. 盈余管理对上市公司未来经营业绩的影响研究：基于应计盈余管理与真实盈余管理比较视角［J］. 南开管理评论，2014，17（2）：95 - 106.

［208］王化成，曹丰，叶康涛. 监督还是掏空：大股东持股比例与股价崩盘风险［J］. 管理世界，2015（2）：45 - 57，187.

［209］王化成，佟岩. 控股股东与盈余质量：基于盈余反应系数的考察［J］. 会计研究，2006（2）：66 - 74，97.

[210] 王建文，奚方颖．我国网络金融监管制度：现存问题、域外经验与完善方案［J］．法学评论，2014，32（6）：127－134．

[211] 王建新．公司治理结构、盈余管理动机与长期资产减值转回［J］．会计研究，2007（5）：60－66．

[212] 王克敏，刘博．公开增发业绩门槛与盈余管理［J］．管理世界，2012（8）：30－42，187－188．

[213] 王垒，沙一凡，康旺霖．同心协力抑或明争暗斗：机构投资者抱团与大股东掏空行为［J］．金融评论，2022，14（6）：37－57，122－123．

[214] 王敏，何杰．大股东控制权与上市公司违规行为研究［J］．管理学报，2020，17（3）：447－455．

[215] 王敏．内部控制、外部审计对上市公司盈余管理影响的研究述评［J］．市场周刊，2021，34（11）：131－135．

[216] 王韧，张奇佳，何强．金融监管会损害金融效率吗［J］．金融经济学研究，2019，34（6）：93－104．

[217] 王生年．减值准备与盈余管理：来自中国上市公司的证据［J］．当代财经，2008（10）：121－125．

[218] 王帅．科技金融发展中的政府监管与法律规制研究［J］．财会通讯，2022（2）：156－159．

[219] 王卫星，杜冉．股权集中度、内部控制与盈余质量：来自沪市A股市场的经验证据［J］．财会月刊，2016（24）：3－8．

[220] 王曦．控股股东、机构投资者和会计稳健性［J］．中国商论，2017（4）：164－166．

[221] 王晓艳，温东子．机构投资者异质性、创新投入与企业绩效：基于创业板的经验数据［J］．审计与经济研究，2020，35（2）：98－106．

[222] 王瑶，郭泽光．机构投资者持股与企业全要素生产率：有效监督还是无效监督［J］．山西财经大学学报，2021，43（2）：113－126．

[223] 王跃堂，王亮亮，贡彩萍．所得税改革、盈余管理及其经济后果

[J]. 经济研究, 2009, 44 (3): 86 - 98.

[224] 王运陈, 李明, 唐曼萍. 产权性质、内部控制与会计信息质量: 来自我国主板上市公司的经验证据 [J]. 财经科学, 2015 (4): 97 - 106.

[225] 王志成, 徐权, 赵文发. 对中国金融监管体制改革的几点思考 [J]. 国际金融研究, 2016 (7): 33 - 40.

[226] 魏龙飞, 刘璐, 朱颜萃. 险资持股对上市公司股价波动的影响研究: 基于机构投资者异质性视角 [J]. 财经理论与实践, 2021, 42 (1): 55 - 61.

[227] 魏明海. 盈余管理基本理论及其研究述评 [J]. 会计研究, 2000 (9): 37 - 42.

[228] 魏文君, 李黎. 机构投资者持股与企业杠杆操纵 [J]. 财会月刊, 2023, 44 (5): 21 - 30.

[229] 魏益华, 孙军. 正反馈交易者对股指期货套利的影响: 对 DSSW 模型的扩展讨论 [J]. 工业技术经济, 2008 (4): 146 - 150.

[230] 温忠麟, 侯杰泰, 张雷. 调节效应与中介效应的比较和应用 [J]. 心理学报, 2005 (2): 268 - 274.

[231] 翁洪波, 吴世农. 机构投资者、公司治理与上市公司股利政策 [J]. 中国会计评论, 2007 (3): 367 - 380.

[232] 邬松涛, 何建敏, 李守伟. 基于多属性羊群行为的股票风险及其传染 [J]. 北京理工大学学报 (社会科学版), 2017, 19 (1): 64 - 72.

[233] 吴弘, 徐振. 金融消费者保护的法理探析 [J]. 东方法学, 2009 (5): 13 - 22.

[234] 吴虹雁, 朱璇. 盈余管理方式对 ST 类上市公司 "摘星摘帽" 的影响: 基于退市制度变更的分析视角 [J]. 会计之友, 2021 (12): 125 - 132.

[235] 吴晓晖, 李玉敏, 柯艳蓉. 共同机构投资者能够提高盈余信息质量吗 [J]. 会计研究, 2022 (6): 56 - 74.

[236] 武长海, 刘凯全. 科创板机构投资者的功能定位与监管制度的完善 [J]. 江西社会科学, 2020, 40 (8): 200 - 212.

［237］夏冬林，李刚．机构投资者持股和会计盈余质量［J］．当代财经，2008（2）：111-118.

［238］向诚，陆静．投资者有限关注、行业信息扩散与股票定价研究［J］．系统工程理论与实践，2018，38（4）：817-835.

［239］肖淑芳，刘颖，刘洋．股票期权实施中经理人盈余管理行为研究：行权业绩考核指标设置角度［J］．会计研究，2013（12）：40-46.

［240］肖燕明．我国金融业上市公司综合经营绩效对高管薪酬影响的实证研究：基于超额高管薪酬视角［J］．2023-07-21.

［241］谢德仁，廖珂，郑登津．控股股东股权质押与开发支出会计政策隐性选择［J］．会计研究，2017（3）：30-38，94.

［242］谢平，邹传伟，刘海二．互联网金融监管的必要性与核心原则［J］．国际金融研究，2014（8）：3-9.

［243］谢平，邹传伟．金融危机后有关金融监管改革的理论综述［J］．金融研究，2010（2）：1-17.

［244］谢志华．内部控制：本质与结构［J］．会计研究，2009（12）：70-75，97.

［245］邢嘉慧．基于行为金融学的证券投资分析［J］．合作经济与科技，2021（10）：66-67.

［246］熊海芳，张泽．基金持股如何导致流动性共变：需求侧视角下原因及渠道分析［J］．山西财经大学学报，2019，41（1）：42-56.

［247］徐灿宇，王俊秋，闫珍丽．异质机构投资者、实地调研与公司财务重述行为［J］．北京工商大学学报（社会科学版），2023，38（2）：52-63.

［248］徐浩峯，高峰，项志杰，等．信息透明度与机构投资者的周期性交易［J］．管理科学学报，2022，25（11）：69-84.

［249］徐虹，林钟高，何亚伟．内部控制有效性、盈余质量识别与企业债务期限：基于长期债务决策视角的研究［J］．江西财经大学学报，2014（5）：30-40.

[250] 徐经长, 李兆苋. 薪酬管制与会计信息质量: 基于超额薪酬的中介效应 [J]. 经济理论与经济管理, 2022, 42 (9): 97 - 112.

[251] 徐明亮, 张蕊. 反收购条款设立会影响企业真实盈余管理行为吗 [J]. 会计研究, 2022 (2): 86 - 98.

[252] 徐沛勋. 高管薪酬、董事会治理与分类转移 [J]. 财贸经济, 2020, 41 (3): 80 - 99.

[253] 徐鹏, 杨潇影. 战略激进度、机构投资者异质性与真实盈余管理 [J]. 会计之友, 2021 (12): 118 - 124.

[254] 徐寿福. 现金股利政策影响了 QFII 的投资偏好么? [J]. 上海金融, 2014 (1): 71 - 77, 118.

[255] 徐颖文. 机构投资行为及其对证券市场安全影响 [D]. 长沙: 湖南大学, 2009.

[256] 徐忠. 新时代背景下中国金融体系与国家治理体系现代化 [J]. 经济研究, 2018, 53 (7): 4 - 20.

[257] 许可. 从监管科技迈向治理科技: 互联网金融监管的新范式 [J]. 探索与争鸣, 2018 (10): 23 - 25, 141.

[258] 许年行, 于上尧, 伊志宏. 机构投资者羊群行为与股价崩盘风险 [J]. 管理世界, 2013 (7): 31 - 43.

[259] 许文静, 王君彩. 应计盈余管理动机、方向与公司未来业绩: 来自沪市 A 股经验证据 [J]. 中央财经大学学报, 2018 (1): 68 - 76.

[260] 许晓芳, 陈素云, 陆正飞. 杠杆操纵: 不为盈余的盈余管理动机 [J]. 会计研究, 2021 (5): 55 - 66.

[261] 许莹莹. 机构投资者持股对真实盈余管理的影响研究 [D]. 北京: 中国财政科学研究院, 2019.

[262] 薛坤坤, 王凯. 机构持股与公司行为: 迎合还是改进?: 基于公司盈余管理的经验证据 [J]. 中南财经政法大学学报, 2021 (3): 15 - 25, 158.

[263] 薛爽, 郑琦. 盈余质量与定向增发股份解锁后机构投资者的减持

行为 [J]. 财经研究, 2010, 36 (11): 93 - 103.

[264] 薛雅元. 产权性质视角下内部控制质量对盈余管理的影响研究 [D]. 延吉: 延边大学, 2019.

[265] 严若森, 陈静, 李浩. 企业盈余管理与政府补贴绩效: 区分创新补贴与非创新补贴 [J]. 东南大学学报 (哲学社会科学版), 2023, 25 (1): 45 - 57, 146 - 147.

[266] 颜敏, 陈柯帆, 闫明杰. 交易所非处罚性监管会提高会计信息可比性吗?: 来自财务报告问询函的经验证据 [J]. 财会通讯, 2021 (11): 54 - 58.

[267] 杨德明, 胡婷. 内部控制、盈余管理与审计意见 [J]. 审计研究, 2010 (5): 90 - 97.

[268] 杨海燕, 韦德洪, 孙健. 机构投资者持股能提高上市公司会计信息质量吗?: 兼论不同类型机构投资者的差异 [J]. 会计研究, 2012 (9): 16 - 23, 96.

[269] 杨海燕. 机构投资者持股稳定性对代理成本的影响 [J]. 证券市场导报, 2013 (9): 40 - 46.

[270] 杨瑞龙, 周业安. 一个关于企业所有权安排的规范性分析框架及其理论含义 [J]. 经济研究, 1997 (1): 22 - 22.

[271] 杨侠, 马忠. 机构投资者调研与大股东掏空行为抑制 [J]. 中央财经大学学报, 2020 (4): 42 - 64.

[272] 杨潇影. 企业战略激进度、机构投资者与真实盈余管理 [J]. 西南政法大学, 2021.

[273] 杨旭东. 内部控制与盈余管理波动性实证研究 [J]. 中国注册会计师, 2019 (12): 65 - 70.

[274] 杨志强, 王华. 公司内部薪酬差距、股权集中度与盈余管理行为: 基于高管团队内和高管与员工之间薪酬的比较分析 [J]. 会计研究, 2014 (6): 57 - 65, 97.

[275] 姚宏, 李延喜, 高锐, 等. 信息结构、风险偏好与盈余操纵行为:

一次实验研究的结论 [J]. 会计研究，2006（5）：58 – 65，96.

［276］姚靠华，唐家财，蒋艳辉. 机构投资者异质性、真实盈余管理与现金分红 [J]. 山西财经大学学报，2015，37（7）：85 – 98.

［277］姚靠华，唐家财，李斐. 制度环境、机构投资者异质性与企业真实盈余管理行为 [J]. 系统工程，2015，33（5）：40 – 47.

［278］姚佩怡. 浅议羊群效应对金融市场运行效率的影响 [J]. 市场周刊：理论研究，2014（6）：88 – 89.

［279］叶康涛，曹丰，王化成. 内部控制信息披露能够降低股价崩盘风险吗？[J]. 金融研究，2015（2）：192 – 206.

［280］叶莹莹，杨青，胡洋. 股权质押引发机构投资者羊群行为吗：基于信息质量的中介效应 [J]. 会计研究，2022（2）：146 – 163.

［281］叶永刚，张培. 中国金融监管指标体系构建研究 [J]. 金融研究，2009（4）：159 – 171.

［282］伊志宏，李艳丽，高伟. 异质机构投资者的治理效应：基于高管薪酬视角 [J]. 统计与决策，2010（5）：122 – 125.

［283］伊志宏，李艳丽. 机构投资者的公司治理角色：一个文献综述 [J]. 管理评论，2013，25（5）：60 – 71.

［284］易碧文. 新收入准则对上市公司盈余管理的影响研究 [J]. 湖南社会科学，2022（1）：59 – 66.

［285］易宏仁. 金融体制改革讨论文集 [M]. 北京：中国金融出版社，1986.

［286］尹洪英，徐星美，权小锋，等. 压力还是监督：机构投资者实地调研与盈余管理 [J]. 苏州大学学报（哲学社会科学版），2021，42（5）：102 – 114.

［287］尹江熙，李明. 出口形势、政府补助与盈余管理：基于上市出口企业的实证检验 [J]. 商业经济研究，2021（7）：130 – 133.

［288］尹明，李春艳. 盈余管理方式权衡研究 [J]. 中国注册会计师，2016（5）：58 – 61.

[289] 尹哲，张晓艳. 次贷危机后美国、英国和欧盟金融监管体制改革研究 [J]. 南方金融，2014 (6)：35 – 38，81.

[290] 余怒涛，赵立萍，张华玉. 机构投资者能抑制盈余管理吗?：基于退出威胁视角的经验证据 [J]. 财务研究，2020 (1)：79 – 90.

[291] 袁知柱，郝文瀚，王泽燊. 管理层激励对企业应计与真实盈余管理行为影响的实证研究 [J]. 管理评论，2014，26 (10)：181 – 196.

[292] 袁知柱，王泽燊，郝文瀚. 机构投资者持股与企业应计盈余管理和真实盈余管理行为选择 [J]. 管理科学，2014，27 (5)：104 – 119.

[293] 岳思诗，杨墨，董大勇. 基于机构调研的投资决策对盈余管理的影响研究 [J]. 管理现代化，2023，43 (3)：100 – 110.

[294] 曾康霖. 金融理论问题探索 [M]. 北京：中国金融出版社，1985.

[295] 曾振，张俊瑞，于忠泊. 机构投资者持股对应计异象的影响 [J]. 系统工程，2012，30 (5)：1 – 8.

[296] 曾志远，蔡东玲，武小凯. "监督管理层" 还是 "约束大股东"? 基金持股对中国上市公司价值的影响 [J]. 金融研究，2018 (12)：157 – 173.

[297] 张成虎，刘鑫，王琪. 互联网金融监管的动态演化与长效机制研究 [J]. 西安交通大学学报 (社会科学版)，2023：1 – 20.

[298] 张成业. 银行的信贷监督不能以放款办法为主 [J]. 中国金融，1956 (20)：22 – 23.

[299] 张国清. 内部控制与盈余质量：基于 2007 年 A 股公司的经验证据 [J]. 经济管理，2008 (Z3)：112 – 119.

[300] 张红，汪小圈. 避免亏损与公开增发盈余管理的识别与估计：来自聚束设计的实证证据 [J]. 金融研究，2021 (4)：187 – 206.

[301] 张宏霞，杨婷. 控股股东股权质押、机构投资者持股与真实盈余管理 [J]. 商业会计，2023 (1)：72 – 76.

[302] 张俊瑞，李彬，刘东霖. 真实活动操控的盈余管理研究：基于保盈动机的经验证据 [J]. 数理统计与管理，2008 (5)：918 – 927.

［303］张亮．机构投资者持股下的股权激励与真实盈余管理研究［J］．陕西科技大学，2019．

［304］张玲，刘启亮．治理环境、控制人性质与债务契约假说［J］．金融研究，2009（2）：102－115．

［305］张龙平，王军只，张军．内部控制鉴证对会计盈余质量的影响研究：基于沪市 A 股公司的经验证据［J］．审计研究，2010（2）：83－90．

［306］张普，蒋月娥，倪文辉．羊群行为与股价波动的关系：来自理论层面的证据［J］．管理科学，2021，34（2）：144－158．

［307］张琴．基于外部公司治理视角的企业盈余管理综述研究［J］．商场现代化，2022（10）：131－133．

［308］张然，王会娟，许超．披露内部控制自我评价与鉴证报告会降低资本成本吗？：来自中国 A 股上市公司的经验证据［J］．审计研究，2012（1）：96－102．

［309］张茹，姚晖．制度环境、机构持股与会计稳健性［J］．财会通讯，2022（1）：35－39．

［310］张体勤，汤媛媛．债券违约风险与企业盈余管理行为：来自中国债券市场的经验证据［J］．东岳论丛，2022，43（9）：57－67，192．

［311］张祥建，郭岚．盈余管理与控制性大股东的"隧道行为"：来自配股公司的证据［J］．南开经济研究，2007（6）：76－93．

［312］张祥建，徐晋．盈余管理的原因、动机及测度方法前沿研究综述［J］．南开经济研究，2006（6）：123－141．

［313］张逸杰，王艳，唐元虎，等．上市公司董事会特征和盈余管理关系的实证研究［J］．管理评论，2006（3）：14－19．

［314］张永明，潘攀，邓超．私募股权融资能否缓解中小企业的投资不足［J］．金融经济学研究，2018，33（3）：80－92．

［315］张月玲，周娜．内部控制、审计监督与会计信息披露质量［J］．财会通讯，2020（9）：11－16．

［316］张志平，鞠传宝．基于多维控制权视角的异质机构投资者治理效

应研究：源自中国 A 股并购市场的经验证据 [J]. 东岳论丛，2021，42（8）：110 - 125.

[317] 张子健，沈玉净，甘顺利. 财务报告审计意见与内部控制审计意见不一致影响商业信用吗？[J]. 审计研究，2023（2）：148 - 160.

[318] 章卫东，邹斌，廖义刚. 定向增发股份解锁后机构投资者减持行为与盈余管理：来自我国上市公司定向增发新股解锁的经验数据 [J]. 会计研究，2011（12）：63 - 69.

[319] 章卫东. 定向增发新股与盈余管理：来自中国证券市场的经验证据 [J]. 管理世界，2010（1）：54 - 63，73.

[320] 赵国宇. 大股东控制下的股权融资与掏空行为研究 [J]. 管理评论，2013，25（6）.

[321] 赵焕卫. 基于系统理论的企业内部控制与公司治理的关系研究 [J]. 对外经贸，2012（10）：123 - 124.

[322] 赵惠芳，向桂玉，张璇. 机构投资者对内部控制有效性的影响 [J]. 华东经济管理，2015，29（3）：132 - 138.

[323] 赵汝为，熊熊，沈德华. 投资者情绪与股价崩盘风险：来自中国市场的经验证据 [J]. 管理评论，2019，31（3）：50 - 60.

[324] 赵玉洁，刘敏丽. 盈余管理、高管操纵动机和政府补助 [J]. 证券市场导报，2018（4）：42 - 51.

[325] 赵钰桓，郭茂蕾. 机构投资者持股对企业价值影响研究：基于机构投资者异质性视角的实证研究 [J]. 价格理论与实践，2019（9）：88 - 91.

[326] 赵越，侯文哲. 上市公司盈余管理动机分析 [J]. 经济研究导刊，2015（17）：236 - 237.

[327] 郑国坚，林东杰，林斌. 大股东股权质押、占款与企业价值 [J]. 管理科学学报，2014，17（9）：72 - 87.

[328] 郑国坚，林东杰，张飞达. 大股东财务困境、掏空与公司治理的有效性：来自大股东财务数据的证据 [J]. 管理世界，2013（5）：157 - 168.

[329] 钟海燕，王捷臣. 连锁机构投资者能抑制企业盈余管理吗 [J].

会计之友，2022（8）：54 – 62.

[330] 钟宁桦，唐逸舟，王姝晶，等. 融资融券与机构投资者交易占比
[J]. 管理科学学报，2021，24（1）：1 – 18.

[331] 仲伟周，任炳群，张金城. 我国金融监管制度演进的非均衡分析
及其政策含义 [J]. 现代财经（天津财经大学学报），2012，32（10）：
24 – 30.

[332] 周卉. 交易所年报问询函与上市公司盈余管理方式的选择 [J].
财会月刊，2021（20）：30 – 39.

[333] 周夏飞，周强龙. 产品市场势力、行业竞争与公司盈余管理 [J].
会计研究，2014（8）：60 – 66.

[334] 朱彬彬. 预算松弛、机构投资者持股与公司盈余质量 [J]. 财会
通讯，2018（36）：41 – 46.

[335] 朱德胜，李金怡，朱磊. 社保基金持股、市场竞争与企业研发投
入 [J]. 经济与管理评论，2022，38（4）：104 – 112.

[336] 朱凯，潘舒芯，胡梦梦. 智能化监管与企业盈余管理选择：基于
金税三期的自然实验 [J]. 财经研究，2021，47（10）：140 – 155.

[337] 朱磊，王曼，王春燕，等. 异质机构投资者持股与企业绿色创新
[J]. 会计之友，2023（16）：54 – 63.

[338] 朱泽钢，姜丽莎. 关键审计事项披露对盈余管理行为的治理作用研
究：基于 DID 模型与文本分析 [J]. 经济经纬，2021，38（1）：124 – 133.

[339] Aerts W，Cormier D. Media Legitimacy and Corporate Environmental
Communication [J]. Accounting Organizations & Society，2009，34（1）：1 – 27.

[340] Aggarwal R et al. Does Governance Travel Around the Wark？Evidence
from Institutional Investors [J]. Journal of Financial Economics，2011，100（1）.

[341] Aggarwal，Reena，Prabhala，Nagpurnanand R. Institutional Allocation
In Initial Public Offer-ings：Empirical Evidence [J]. NBER Working Paper
No. 9070，July 2002.

[342] Allen F，Gale D. Competition and Financial Stability [J]. Journal of

Money, Credit and Banking, 2004, 36 (3): 453 – 480.

[343] Almazan A, Hartzell J C, Starks L T. Active Institutional Shareholders and Costs of Monitoring: Evidence from Executive Compensation [R]. Financial Management, 2005.

[344] Baker M, Wurgler J. Investor Sentiment in the Stock Market [J]. Journal of Economic Perspectives, 2007, 21 (2): 129 – 152.

[345] Balsam S, Chen H, Sankaraguruswamy S. Earnings Management Prior to Stock Option Grants [J]. SSRN Com Abstract, 2003: 378 – 440.

[346] Beasley M S. An Empirical Analysis of the Relation between the Board of Director Composition and Financial Statement Fraud [J]. The Accounting Review, 1996, 71 (4): 443 – 465.

[347] Bedard Jean, Sonda Marrakchi Chtourou, Lucie Courteau. The Effect of Audit Committee Expertise, Independence, And Activityon Aggressive Earnings Management [J]. Journal of Practice Theory, 2004 (9): 13 – 35.

[348] Bennedsen M, Fosgerau M, Nielsen K. The Strategic Choice of Control Allocation and Ownership Distribution in Closely Held Corporations [J]. Working Paper, Copenhagen Business School, 2003.

[349] Bleck A, Liu X W. Market Transparency and the Accounting Regime [J]. Journal of Accounting Research, 2007, 45 (2): 229 – 256.

[350] Bodie Z, Merton R C. Pension Benefits Guarantees in the United States: A Functional Analysis [M]//Schmitt R. the Future of Pension in the United States, Philadelphia, PA. University of Pennsylvania Press, 1993: 121 – 203.

[351] Brandt M W, Brav A, Graham J R et al. The Idiosyncratic Volatility Puzzle: Time Trend or Speculative Episodes? [J]. Review of Financial Studies, 2010, 23 (2): 863 – 899.

[352] Brian J. Bushee, Mary Ellen Carter, Joseph Gerakos. Institutional Investor Preferences for Corporate Governance Mechanisms [J]. Journal of Management Accounting Research, 2014, 26 (2): 123 – 149.

［353］Brickley J A, Lease R. C, Smith C W. Ownership Structure and Voting on Antitakeover Amendments ［J］. Journal of Financial Economics, 1988, 20 (1 – 2): 267 – 291.

［354］Burgstahler D, Dichev I. Earnings Management to Avoid Earnings Decreases and Losses ［J］. Journal of Accounting and Economics, 1997, 24 (1): 99 – 126.

［355］Bushee B. The Influence of Institutional Investors on Myopic R&D Investment Behavior ［J］. Accounting Review, 1998, 73 (3): 305 – 333.

［356］Bushee B J. Do Institutional Investors Prefer Near-term Earnings Over Long-run Value? ［J］. Contemp Account Res, 2001, 18 (2): 207 – 246.

［357］Chant J. Financial Stability as a Policy Goal ［J］. Essays on financial stability, 2003, 95.

［358］Chapple L, Dunstan K, Truong T P et al. Corporate Governance and Management Earnings Forecast Behaviour. Evidence from a Low Private Litigation Environment ［J］. Pacific Accounting Review, 2018 (2).

［359］Chen J Z, Rees L L, Sivaramakrishnan S. On the Use of Accounting vs. Real Earnings Management to Meet Earnings Expectations – A Market Analysis ［J］. Science Electronic Publishing, 2010.

［360］Chen X, Harford J, Li K. Monitoring: Which Insititutions Matter? ［J］. Journal of Financial Economics, 2007, 86 (2): 279 – 305.

［361］Chung R, Firth M, Kim J B. Institutional Monitoring and Opportunistic Earnings Management ［J］. Corp Finance, 2002, 8: 29 – 48.

［362］Cohen D A, Zarowin P. Accrual-based and Real Earnings Management Activities Around Seasoned Equity Offerings ［J］. Journal of Accounting and Economics, 2008, 50 (1): 2 – 19.

［363］Cornett M M, Marcus A J, Saunders A et al. The Impact of Institutional Ownership on Corporate Operating Performance ［J］. Bank Finance, 2007, 31 (6): 1771 – 1794.

[364] Crockett A. Why is Financial Stability a Goal of Public Policy? [J]. Economic Review – Federal Reserve Bank of Kansas City, 1997, 82: 5 – 22.

[365] D A Cohen, A Dey, T Z Lys. Real and Accrual – Based Eamings Management in the Pre and Post – Sarbanes Oxley Periods [J]. The Accounting Review, 2008, 83 (3): 757 – 787.

[366] Dang L, Yang S. Earnings Management under Public Offerings and Private Placements: Evidence from China [J]. International Journal of Business Innovation and Research, 2018, 17 (1).

[367] Dang T V, W Li and Y. Wang. Managing China's Stock Markets: The Economics of the National Team [R]. Working Paper, 2020.

[368] Davis E P. Ageing and financial stability [J]. Ageing, Financial Markets and Monetary Policy, 2002: 191 – 227.

[369] Davis E P & Steil B. Institutional Investor [D]. MIT Press, 2001.

[370] De Long J B, Shleifer A, Summers L H et al. Positive Feedback Investment Strategies and Destabilizing Rational Speculation [J]. The Journal of Finance, 1990, 45 (2): 379 – 395.

[371] DeAngelo L. Aocounting Numbers as Market Valuation Substi-tutes: A Study of Management Buyouts of Public Stockholders [J]. The Accounting Review, 1986, 61 (3).

[372] Dechowmp, Sloan R G, Sweeney A P. Detecting Earnings Management [J]. The Accounting Review, 1995, 70 (2): 193 – 225.

[373] Defond M L & Jiambalvo J. Debt Covenant Violation and Manipulation of Accruals [J]. Journal of Accounting and Economics, 1994, 17 (1): 145 – 176.

[374] Degeorge Franscois, Jayendu Patel, Richard Zeckhauser. Earnings Management to Exceed Thresholds [J]. Journal of Business. 1999, 72 (1): 1 – 33.

[375] Diamond Douglas W, Dybvig Philip H. Bank Runs, Deposit Insurance and Liquidity [J]. Journal of Political Economy, University of Chicago Press,

1983, 91 (3): 401 −419.

[376] Eko Suyono, Omar Al Farooque. Do Governance Mechanisms Deter earnings Management and Promote Corporate Social Responsibility? [J]. Accounting Research Journal, 2018, 31 (3): 479 −495.

[377] Ertimur Yonca, Ferri Fabrizio, Stubben Stephen R. Board of Directors' Responsiveness to Shareholders: Evidence from Shareholder Proposals [J]. Journal of Corporate Finance (Amsterdam, Netherlands), 2010, 16 (1): 53 −72.

[378] Fama E F. The Behavior of Stock-market Prices [J]. The Journal of Business, 1965, 38 (1): 34 −105.

[379] Farooq O, El Jai H. Ownership Structure and Earnings Management: Evidence from the Casablanca Stock Exchange [J]. Int Res J Finance Econ, 2012, 84: 95 −105.

[380] Foot M. What Is Financial Stability and How Do We Get It? [J]. The Roy Bridge Padoa − Schioppa, T, Central Banks and Financial Stability: Exploring a Land in between. Policy Panel Introductory Paper from the Second ECB Conference, 2002: 1 −48.

[381] Francois Degeorge, Yuan Ding, Thomas Jeanjean et al. Analyst Coverage, Earnings Management and Financial Development: An International Study [J]. Journal of Accounting and Public Policy, 2013, 32 (1): 1 −25.

[382] Froot K A, Scharfstein D S, Stein J C. Herd on the Street: Informational Inefficiencies in a Market with Short-term Speculation [J]. The Journal of Finance, 1992, 47 (4): 1461 −1484.

[383] Gaspar J M, Massa M, Matos P. Shareholder Investment Horizons and the Market for Corporate Control [J]. Financ Econ, 2005, 76: 135 −165.

[384] Geert Braam, Monomita Nandy, Utz Weitzel, Suman Lodh. Accrual-based and Real Earnings Management and Political Connections [J]. International Journal of Accounting, 2015, 50 (2).

[385] Graham J, R Harvey and S Rajgopal. The Economic Implications of

Corporate Financial Reporting [J]. Journal of Accounting and Economics, 2005, 40 (13): 3 - 73.

[386] Haldane A, Hall S, Saporta V et al. Financial Stability and Macroeconomic Models [J]. Bank of England Financial Stability Review, 2004, 16: 80 - 88.

[387] Hart Oliver, Firms, Contracts and Financial Structure [M]. Oxford University Press, 1995: 125 - 137.

[388] Hartzell J C, Starks L T. Institutional Investors and Executive Compensation [J]. The Journal of Finance, 2003, 58 (6): 2351 - 2374.

[389] Healy P. The Effect of Bonus Schemes on Accounting Decisions [J]. Journal of Accounting and Economics, 1985 (7).

[390] Hiribar Paul, Collins Daniel W. Errors in Estimating Accruals: Implications for Empirical Research [J]. Journal of Accounting Re-search, 2002, 40 (1).

[391] Hirschman A, Exit, Voice and Loyalty: Response to Decline in Firms, Organizations, and States, Harvard University Press, Cambridge, MA. 1971.

[392] Hong H, Stein J C. Differences of Opinion, Short-sales Constraints, and Market Crashes [J]. Review of Financial Studies, 2003, 16 (2): 487 - 525.

[393] Jin L, Myers S C. Around the World: New Theory and New Tests [J]. Journal of Financial Economics, 2006, 79 (2): 257 - 292.

[394] Jones J. Earnings Management During Import Relief Ilnvestiga-tion [J]. Journal of Accounting Research, 1991 (29).

[395] Josef, Lakonishok et al. The Impact of Institutional Trading on Stock Prices [J]. Journal of Financial Economics, 1992.

[396] Julie Cotter, Muftah M Najah. Institutional Investor Influence on Global Climate Change Disclosure Practices [J]. Australian Journal of Management, 2012, 37 (2).

[397] Jung K, Kwon S Y. Ownership Structure and Earnings Informativeness:

Evidence from Korea [J]. The International Journal of Accounting, 2002, 37 (3): 301 – 325.

[398] Kahn C, Winton A. Ownership Structure, Speculation, and Shareholder Intervention [J]. Journal of Finance, 1992, 47 (1): 247 – 270.

[399] Kim I, Miller S, Wan H et al. Drivers Behind the Monitoring Effectiveness of Global Institutional Investors: Evidence from Earnings Management [J]. Journal of Corporate Finance, 2016, 40: 24 – 46.

[400] Kim J B, Yi C H. Ownership Structure, Business Group Affiliation, Listing Status, and Earnings Management: Evidence from Korea [J]. Contemporary Accounting Research, 2006, 23 (2): 427 – 464.

[401] Kim J B, Li Y H, Zhang G L D. CFOs versus CEOs: Equity Incentives and Crashes. Journal of Financial Economics, 2011, 101 (3): 713 – 730.

[402] Klein. Audit committee, Board of Director Characteristics and Earnings management [J]. Journal of Accounting and Economies, 2002 (33): 375 – 400.

[403] Koh P S. Institutional Investor Type, Earnings Management and Benchmark Beaters [J]. Journal of Accounting and Public Policy, 2007 (26): 267 – 299.

[404] Kregel J A. Margins of Safety and Weight of The Argument in Generating Financial Fragility [J]. Journal of Economics Issues, 1997 (6): 543 – 548.

[405] Krueger Anne. The Political Economy of the Rent – Seeking Society [J]. American Economic Review, 1974, 64 (3): 46 – 87.

[406] Leckie S, Pan N. A Review of the National Social Security Fund in China [J]. Pensions: An International Journal, 2007 (12): 88 – 97.

[407] Lin F, Wu C M, Fang T Y et al. The Relations among Accounting Conservatism, Institutional Investors and Earnings Manipulation [J]. Econ Model, 2014, 37: 164 – 174.

[408] Lin L, Manowan P. Institutional Ownership Composition and Earnings Management [J]. Rev Pac Basin Finan Mark Policies, 2012, 15 (4).

[409] Liu L and E Peng. Institutional Ownership Composition and Accruals

Quality [D]. California State University and Fordham University, 2006.

[410] Manuel. The Effect of Ownership Composition on Earnings Management: Evidence for the Mexican Stock Exchange [J]. Journal of Economics, Finance and Administrative Science, 2018 (46): 289 – 305.

[411] Maug E. Large shareholders as Monitors: Is There a Trade off between Liquid and Control? [J]. Journal of Finance, 1998, 53 (1): 65 – 98.

[412] Maureen F McNichols. Research design issues in earnings management studies [J]. Journal of Accounting and Public Policy, 2000, 19 (4 – 5): 313 – 345.

[413] Mayer, Colin. Corporate Governance in Market and Transition Economics [J]. For Presentation at the International Conference on Chinese Corporate Governance, Shanghai, 1995, 10: 6 – 30.

[414] Minsky Hyman P. The Financial – Instability Hypothesis: Capitalist Processes and the Behavior of the Economy [M]//Kindleberger, Laffargue. Financial Crises: Theory, History and Policy. London: Cambridge University Press, 1982: 13 – 38.

[415] Mishkin F S. Anatomy of a Financial Crisis [J]. Journal of Evolutionary Economics, 1992, 2: 115 – 130.

[416] Mishkin F S. Global Financial Instability: Framework, Events, Issues [J]. Journal of Economic Perspectives, 1999, 13 (4): 3 – 20.

[417] Mitra S & Cready W M. Institutional Stock Ownership, Accrual Management, and Information Environment [J]. Journal of Accounting, Auditing & Finance, 2005, 20 (3): 257 – 286.

[418] Muniandy P, Tanewski G, Johl S K. Institutional Investors in Australia: Do They Play a Homogenous Monitoring Role? [J]. Pacific – Basin Finance Journal, 2016, 40: 266 – 288.

[419] Neifar S, Abdelaziz F B, Halioui K. Principal Agent Model of Earnings and Tax Management Relationship [C]//The 2016 International Conference on Decision Aid Sciences and Applications (DASA'16), 2016.

[420] Njah M and A Jarboui. Institutional Investors, Corporate Governance, and Earnings Management Around Merger: Evidence from French Absorbing Firms. Journal of Economics, Finance and Administrative Science, 2013, 18 (35): 89 – 96.

[421] Pandey Aprajita, Pattanayak J K, Singh Prakash. Role of Corporate Governance in Constraining Earnings Management Practices: A Study of Select Indian and Chinese firms [J]. Journal of Indian Business Research, 2022, 14 (3): 231 – 250.

[422] Pankaj Saksena. The Relationship between Environmental Factors and Management Fraud: An Empirical Analysis [J]. International Journal of Commerce and Management, 2001, 11 (1): 120 – 120.

[423] Paul M. Healy, James M. Wahlen. A Review of the Earnings Management Literature and Its Implications for Standard Setting [J]. Accounting Horizons, 1999, 13 (4).

[424] P M Dechow, R G Sloan, A P Sweeney. Causes and Consequences of Earnings Manipulations: An Analysis of Firms Subject to Enforcement Actions by the SEC [J]. Contemporary Accounting Research, 1996, 2 (13): 1 – 36.

[425] R P Sitanggang, Yusuf Karbhari, Bolaji Tunde Matemilola, M. Ariff. Audit Quality and Real Earnings Management: Evidence from the UK Manufacturing Sector [J]. International Journal of Managerial Finance, 2020, 16 (2): 165 – 181.

[426] Rajgopal S, Venkatachalam M, Jiambalvo J J. Is Institutional Ownership Associated with Earnings Management and the Extent to Which Stock Prices Reflect Future Earnings? [J]. Available at SSRN, 1999.

[427] Richardson S. Over – Investment of Free Cash Flow [J]. Review of Accounting Studies, 2006, 11: 159 – 189.

[428] Romer D. Rational Asset – Price Movements Without News [N]. The American Economist Papers, 1993.

[429] Roychowdhury S. Earnings Management through Real Activities Manipulation [J]. Journal of Accounting & Economics, 2006, 42 (3): 335 – 370.

[430] Roychowdhury S, Watts R L. Asymmetric Timeliness of Earnings, Market – To – Book and Conservatism in Financial Reporting [J]. Account Econ, 2007, 44: 2 – 31.

[431] Schinasi G J. Defining Financial Stability [J]. Avai lable at SSRN, 2004.

[432] Schipper K. Commentary on Earnings Management [J]. Accounting Horizons, 1989, 3 (4): 91 – 102.

[433] Scott. Financial Accounting Theory [M]. Prentice – Hall Inc. , 1997.

[434] Shleifer A, R Vishny. Large Shareholders and Corporate Control [J]. Journal of Political Economy, 1986, 94: 461 – 488.

[435] Sonda Wali, Sana Mardessi Masmoudi. Internal Control and Real Earnings Management in the French Context [J]. Journal of Financial Reporting and Accounting, 2020, 18 (2): 363 – 387.

[436] Steven Balsam. Jagan Krishnan. Joon S Yang Auditor Industry Specialization and Earnings Quality [J]. A Journal of Practice & Theory, 2003, 22 (2): 71 – 97.

[437] Stigler G J. The Theory of Economic Regulation [J]. The Bell Journal of Economics and Management, 1971, 2: 3 – 211.

[438] Syed Numan Chowdhury, Yasser Eliwa. The Impact of Audit Quality on Real Earnings Management in the UK Context [J]. International Journal of Accounting & Information Management, 2021, 29 (3): 368 – 391.

[439] Thomas J, Zhang X J. Identifying Unexpected Accruals: A Comparison of Current Approaches [J]. Journal of Accounting and Public Policy, 2000 (19).

[440] Thomas, Randall S. The Evolving Role of Institutional Investors in Corporate Governance and Corporate Litigation [J]. Vanderbilt Law Review, 2008, 3.

[441] Wagner H. The Causes of the Recent Financial Crisis and the Role of

Central Banks in Avoiding the Next One [J]. International Economics and Economic Policy, 2010, 7 (1): 63 –82.

[442] Wermers R. Mutual Fund Herding and the Impact on Stock Prices [J]. The Journal of Finance, 1999, 54 (2): 581 –622.

[443] William H Beaver. The Information Content of Annual Earnings Announcements [J]. Journal of Accounting Research, Vol. 6, Empirical Research in Accounting: Selected Studies, 1968, 6 (3): 67 –92.

[444] Working H. A Random – Difference Series for Use in the Analysis of Time Series [J]. Journal of the American Statistical Association, 1934, 29 (185): 11 –24.

[445] Yang, Chi – Yih, Lai, Hung – Neng, Leing Tan B. Managerial Ownership Structure and Earnings Management [J]. Journal of Financial Reporting & Accounting, 2008, 6 (1): 35 –53.

[446] Zang A Y. Evidence on the Trade-off between Real Activities Manipulation and Accrual-based Earnings Management [J]. The Accounting Review, 2012, 87 (2): 675 –703.

[447] Zeghal D. Timeliness of Accounting Reports and Their Informational Content on the Capital Market [J]. Journal of Business Finance & Accounting, 2018, 11: 367 –380.

[448] Zhong X, Ren L, Song T. Different Effects of Internal and External Tournament Incentives on Corporate Financial Misconduct: Evidence from China [J]. Journal of Business Research, 2021, 134: 329 –341.

[449] Zouari, Anis and Rebaï, Iskandar, Institutional Ownership Differences and Earnings Management: A Neural Networks Approach (October 20, 2009). International Research Journal of Finance and Economics, No. 34, 2009.